D1662536

México

Erico Verissimo

México

Ilustrações
Erico Verissimo

Prefácio
Flávio Aguiar

Posfácio
Anita de Moraes

COMPANHIA DAS LETRAS

À Companheira de Viagem e aos amigos
associados às nossas andanças mexicanas:
Moog, Frigga e Yara;
Aurélio, Marina e Mary;
Tito e Yoly,
é este livro afetuosamente dedicado.

Prefácio

Era uma vez um contador de histórias chamado Erico Verissimo. Eis um belo começo para comemorar e encerrar esta aventura no espaço privilegiado da Companhia das Letras: a edição das obras completas do escritor gaúcho, no novo século e no apogeu da revolução virtual.

Erico pertenceu a uma geração para quem a máquina de escrever já fazia parte do cotidiano, mas ainda era uma novidade. Numa delas (ou em várias) ele escreveu todos os seus livros. E a web do escritor era sua extraordinária curiosidade pelas coisas do vasto mundo, aliada a seu amor pela terra natal, o Rio Grande do Sul, no extremo sul do Brasil.

Esse amor, no entanto, jamais o impediu de ter um espírito crítico, em que manifestava seus valores de um humanismo generoso e socialmente empenhado, junto ao horror pela violência e pelo arbítrio, que tanto marcaram a história de seu estado natal e do Brasil.

Trazer seus livros para o século XXI era um desafio de monta. Felizmente, a editora o enfrentou com o espírito aberto e a vontade necessária para atualizar a leitura desse escritor notável, gaúcho, brasileiro e ao mesmo tempo cidadão do mundo.

Tudo começou em 2004, quando, coletivamente, em sucessivas reuniões na sede da Companhia, em São Paulo, delineamos o projeto e as características essenciais da coleção e de cada volume particular. Os diversos livros teriam pelo menos um prefácio feito por algum reconhecido estudioso da nossa literatura, abordando seus vários ângulos: crítica literária, história, antropologia. Além disso, duas crônicas seriam incluídas: uma literária, expondo a peculiaridade daquela obra no conjunto e no contexto de sua criação; outra biográfica, falando da situação pessoal de Erico quando da escrita e da primeira publicação do livro.

Além disso, alguns volumes seriam valorizados por aportes, na forma, por exemplo, de censo de personagens, cronologias históricas ou das séries de romances de que fizessem parte. Assim, por exemplo, criou-se uma cronologia cruzada dos personagens de *O tempo e o vento* com os do chamado "ciclo de Porto Alegre". É claro que nos livros autobiográficos, como os de viagens (inclusive neste *México*), foram dispensadas cronologias e crônicas biográficas, por seu conteúdo, de certo modo, já espelhar essas facetas.

Outro aspecto importante foi a especificidade do tratamento gráfico, cuja estética deveria ser relevante e não mera ilustração do texto, embora com este mantivesse ligação orgânica. A escolha recaiu sobre desenhos ilustrativos, numa interpretação pessoal dos artistas, que seriam um prolongamento da capa escolhida. Naturalmente, onde cabia, houve o concurso de fotos do escritor e de ambientes ligados a ele ou aos temas das obras publicadas.

Dessa forma, tornou-se a publicação da obra completa de Erico Verissimo um esforço conjunto da equipe da Companhia das Letras, dos familiares do escritor, das equipes de pesquisa e preservação de seu acervo, de artistas plásticos e/ou gráficos e dos estudiosos empenhados na análise e na avaliação de sua obra, assim como na atualização de sua fortuna crítica. Um extraordinário exemplo dessa mobilização coletiva foi o seminário realizado em 2004 na sede da editora, para sua equipe, como motivador do empreendimento que se seguiria.

Assim, o número de pessoas diretamente envolvidas na edição da obra ultrapassou a casa da centena. É impossível enumerá-las todas aqui, não só pelo tamanho da lista, como porque alguma traição da memória produziria uma injustiça. Entretanto cabe homenagear toda essa gama de pessoas através da menção de uma delas: Maria da Glória Bordini, a incansável preservadora, durante décadas, do acervo de Erico Verissimo na Pontifícia Universidade Católica do Rio Grande do Sul e depois, por algum tempo, na casa do próprio escritor, onde hoje moram seu filho e também escritor (com luz própria, sublinhe-se) Luis Fernando Verissimo e esposa. Hoje, esse acervo repousa no Instituto Moreira Salles, no Rio de Janeiro, e se está em perfeitas condições para consulta, isso se deve aos familiares de Erico e à extraordinária dedicação de Maria da Glória, que mais de uma vez orientou esta edição em vários aspectos, da fixação do texto ao concurso de fotos e ilustrações.

Cada volume da coleção é autônomo e vale por si mesmo. Mas aquele que possuir o conjunto dos volumes disporá também de um cabedal crítico de excelente qualidade sobre a obra do escritor e seu contexto literário e cultural. A seu alcance estará um panorama comentado do universo ficcional de Erico, que abrange mais de dois séculos de história brasileira e mundial, e do contexto em que ele o criou, durante os mais de quarenta anos de sua incansável atividade como escritor, editor, radialista, assessor editorial, viajante, repórter, entrevistador, intelectual, pensador e também — como atesta sua passagem pelo Departamento de Cultura da União Pan-Americana — diplomata.

Também terá, em cada obra e no seu conjunto, a percepção da permanência e da ressonância de Erico junto às futuras e novas gerações. Nesse sentido, cabe destacar a escolha, planejada desde sempre, deste *México* para encerrar a coleção. Além de um clássico da literatura de viagem, gênero em que Erico se tornou expoente de primeira grandeza, *México* é um marco na produção intelectual brasileira. Com ele, publicado pela primeira vez em 1957, Erico transpõe de vez a linha demarcatória de Tordesilhas, que dividia a ampla área geográfica ao sul do rio Bravo (para os mexicanos) ou Grande (para os norte-americanos) em dois mundos por vezes estanques e com frequência de costas um para o outro. Naquela época o termo "América Latina" era usado quase exclusivamente em relação ao mundo de fala hispânica, e os países dessa macrorregião costumavam ter relações mais estreitas com a Europa e os Estados Unidos do que entre si.

Como diretor do departamento cultural da União Pan-Americana, Erico esforçou-se por viajar por um grande número de países, fazendo reuniões, consultas, estreitando laços, levando o Brasil no coração e abrindo todos os olhares, além do próprio, a uma percepção comum. Um esforço parecido fora feito, deve-se assinalar, a partir dos Estados Unidos, durante a Segunda Guerra Mundial. Encerrado o conflito, no entanto, no mundo marcado pelas ingerências e pelos confrontos da Guerra Fria, novas divisões tendiam a engessar ou enclausurar a percepção da possível comunidade espiritual e de inteligência — sem esquecer as diferenças — que poderia animar a região.

Seguindo uma tradição, ainda recente, iniciada por intelectuais do passado, Erico deu assim substantiva contribuição para que o Brasil se percebesse e fosse percebido como parte integrante da América Latina. Esse impulso está registrado em *México* desde suas primeiras linhas, quando o escritor confessa ter a necessidade de buscar — ou reformular, ou recriar, ou ampliar, seja o que for — sua identidade na viagem ao país que ambicionava conhecer em suas manifestações mais conspícuas e também nos seus segredos mais íntimos.

Esse esforço de Erico é vital, como exemplo de uma abertura de espírito, para este nosso século XXI em que, ao lado de tantas e notáveis conquistas técnicas espirituais, vemos com apreensão o nascimento ou renascimento de preconceitos e ódios étnicos, culturais, religiosos, sexistas, nacionais, regionais, continentais, que ameaçam o futuro da humanidade.

A reedição de *México* é, portanto, uma justa homenagem a um cidadão escritor dos mais ilustres que nosso país já teve e coroa o esforço da editora para trazê-lo aos olhos das novas gerações, ou de volta, em edições enriquecidas e enriquecedoras, àquelas que já o conhecem.

México

Prólogo

— Vamos ao México?

Atirei a pergunta ao chegar a casa naquele anoitecer de abril. Era em Washington e as cerejeiras estavam floridas à beira do Potomac. Minha mulher, que lia o *Evening Star*, ergueu a cabeça e pousou em mim os olhos azuis.

— México? — repetiu ela com ar vago. E tornou a baixar a cabeça, o olhar e a atenção para o jornal.

Tirei o casaco e larguei sobre uma poltrona todo o peso do cansaço somado ao do corpo. Aos poucos os ruídos familiares me foram envolvendo. No andar superior, a filha recitava um trecho do *Macbeth*, preparando a lição para o dia seguinte, na escola dramática da Universidade. No térreo, o rapaz mamava no bocal do saxofone, apojando dele o grosso e morno leite dum *blues*. Da cozinha me chegava aos ouvidos o miúdo chiar do assado de carneiro. Cerrei os olhos.

Estranho mundo, mestre Shakespeare! O lento fogo da Washington Gas Company doura as costeletas dum carneirinho possivelmente oriundo dos prados de Montana. Por obra e arte do autor do *blues*, e graças ao engenho e ao bico do jovem saxofonista, dói agora nesta sala o lamento que há muitos anos espedaçou o peito dum escravo, numa plantação do Mississippi. Lá em cima, Lady Macbeth arrasta seu remorso pelo quarto, imaginando ver sangue nas brancas mãos de pecadora. Mundo singular, meu velho poeta, em que madame lê o último discurso de John Foster Dulles, enquanto aqui me estou a consumir no desejo dumas férias. Sim, férias, William Shakespeare, *vacations*. Já viu um homem cansado? Pois aqui tem um. Cansado de corpo e espírito. Não quero fazer tragédia. Não sou candidato a Hamlet nem a Rei Lear e estou velho demais para Romeu. Sou apenas um funcionário enfarado da burocracia e do mundo que o cerca. Mas espere! Quero que me compreenda. Amo este país, gosto de Washington. É um burgo encantador, um plácido jardim de turistas, diplomatas e funcionários públicos — *correct, charmant et ridicule*. Um modelo de organização, um primor de urbanismo. Tudo aqui funciona direitinho, "a tempo e a hora", como dizia dona Maurícia, minha falecida avó. Escute, meu bardo, escute. Ontem falei durante o almoço semanal do Clube dos Alegres Ursos. No seu tempo havia dessas organizações? Não? Grandes tempos! Pois os meus ursos urraram, contaram anedotas, puseram nas cabeças grotescos chapéus de papel, aplaudiram a minha falação com palmas e assobios. Cordialíssimos, não resta a menor dúvida, divertidíssimos! E quando chegou a hora das perguntas, sobre que pensa você que eles indagaram? Esperei que perguntassem como vivem os brasileiros, como amam, dançam, cantam, sonham e morrem... Mas qual! Queriam que eu lhes desse as cifras da exportação de café, o rendimento *per capita* da população, o índice de precipitação pluvial. O cavalheiro que estava a meu lado, os lábios lambuzados de sorvete de baunilha, quis saber que está fazendo nosso governo para combater a erosão do pátrio solo. Respondi que Villa-Lobos havia escrito uma sinfonia intitulada *Erosão* e que todos nós esperávamos que isso resolvesse definitivamente o problema. E não é que o homem levou a resposta a sério e quis pormenores técnicos? Pois é, poeta. Vivo também cercado por velhotas. Limpas, alegres, enfeitadinhas, decentes, gentis, sedentas de informação e animadas pelos mais puros sentimentos cívicos. Pertencem a mil clubes, mil comissões, mil fraternidades. Fazem coisas, organizam coisas, querem saber coisas. Colaboro com elas, faço-lhes conferências sobre todos os assuntos, inclusive e principalmente sobre os que não conheço. Respondo às suas perguntas com paciência filial. Mas elas me sufocam, Bill, ai, elas me enlouquecem! Viva as nossas velhas brasileiras! Salve dona Maurícia com seu xale xadrez, suas chinelas bordadas, seus bolinhos de polvilho, seus guardanapos de crochê, sua asma e seus silêncios! Nunca pertenceu a nenhum clube. Nunca foi a uma conferência, benza-a Deus!

Cessou o roufenho lamento do saxofone. Mas Lady Macbeth prosseguiu em seu trágico solilóquio. Madame murmurou qualquer coisa sobre o carneiro ou sobre Foster Dulles — não ouvi bem. Entreabri os olhos, o suficiente para perceber que não se tratava de pergunta que exigisse resposta, e que a leitora desdobrava o jornal, passando da página política para a cômica. Voltei ao devaneio.

Há mais ainda, meu velho. Anteontem fui a um jantar diplomático. *Black tie.* O adido militar sul-americano que estava à minha direita passou todo o tempo, da salada à sobremesa, tentando provar que Bach é uma besta. Por que goza "esse alemão" de tanta fama? Suas composições não passam de um cachorro-vai-cachorro-vem enjoativo, sem beleza nem novidade. Disse horrores do João Sebastião durante todo o jantar, sem me dar deixa para pronunciar uma palavra. Eu me limitava a sacudir a cabeça a intervalos, concordando automaticamente com "el señor general". Lá pela hora do brinde de honra, parece que o homem deu pela minha existência e perguntou qual era o meu compositor predileto. Timidamente murmurei: Bach. O general ficou um instante pensativo, provocou com um palito borbulhas na sua taça de champanha, e depois, sentenciosamente, rosnou: "*Por supuesto, un gran compositor, uno de los raros genios de la Humanidad*". Senti que o homem punha um enorme H em Humanidade. Tornei a sacudir a cabeça. Pois, amigo Bill, essa é a gente que você ordinariamente encontra nas festas diplomáticas. Claro que há exceções, mas vou lhe confiar um segredo: sou um sujeito perseguido pela regra geral. Uma desgraça. É como lhe digo. Esta cidade simétrica, que funciona como uma máquina eletrônica de selecionar fichas, começa a me cansar e emburrecer. Desde que cheguei, não escrevi uma linha sequer. Não sinto gana. Tenho a impressão de estar vivendo dentro dum cartão-postal colorido, lustroso, encantador, pois não, mas desprovido da terceira dimensão. E talvez essa dimensão que falta seja o simples fato de não ter eu nascido aqui, não possuir um passado neste país, raízes sentimentais nesta terra. É possível que tudo me corra demasiadamente bem. Ou que eu sinta falta dos atritos brasileiros. Não se disse já (deve ter sido Shakespeare ou Goethe, pois não há o que vocês rapazes já não tenham dito antes de todo o mundo), não se disse que a pérola é o produto duma doença da ostra? Um japonês descobriu que provocando uma irritação em certa parte da anatomia da ostra pode-se pôr o bicharoco a produzir uma secreção que com o tempo florescerá numa pérola. Pois creio que o romance é o produto duma irritação do romancista. Mas tem de ser um certo tipo especial de irritação. Esta que tomou conta de mim não serve, é estéril, só leva ao bocejo. E nós sabemos que a vida, major, não merece bocejos. É rica demais, séria demais, interessante demais e principalmente curta demais para que fiquemos diante dela nessa atitude de fastio. Em suma, estou cansado deste mundo lógico, anseio por voltar, nem que seja por poucos dias, a um mundo mágico. Sinto saudade da desordem latino-americana, das imagens, sons e cheiros de nosso mundinho em que o relógio é apenas um elemento decorativo e o tempo, assunto de poesia. Deem-me o México, o mágico México, o absurdo México! Há um ano e pouco visitei esse país, meu poeta, e voltei a Washington perturbado com o pouco que vi e o muito que adivinhei. O gosto de México ainda não me saiu da memória. Doce? Não. Amargo? Também não. Esquisito, raro, diferente, mistura de *tortilla*, cigarro de palha, chile e sangue. Um gosto seco, às vezes com certa aspereza de terra desértica, não raro com inesperadas e perecíveis doçuras de fruto tropical. Se eu fosse dar-lhe uma cor, diria que é um gosto pardo. Se me pedissem para qualificá-lo, arriscaria dizer: gosto de rústica tragédia. Céus! Será que estou ficando metafísico? Positivamente, William Shakespeare, preciso urgentemente dumas férias.

Levantei-me brusco. Madame teve um sobressalto.

— Que foi? Pesadelo?

— Quem te disse que eu estava dormindo?

Minha filha agora descia lentamente a escada. Evidentemente, não estava em casa, mas num palco, no quinto ato de *Macbeth*. Esfregando as mãos sem cessar, ela as mirava com olhos dementes, murmurando: "Aqui há ainda cheiro de sangue; nem todos os perfumes da Arábia conseguiriam dar fragrância a esta pequena mão. Oh! Oh! Oh!".

Madame interveio:

— Lady Macbeth, vá pôr os pratos na mesa.

— Mas lave essas mãos! — recomendou o saxofonista. E a seguir pôs-se a tocar escalas, furiosamente.

Pondo mais convicção na voz, repeti o convite:

— Vamos mesmo ao México?

Aí está narrada, de maneira um tanto esquemática e estilizada, a origem de minha segunda visita ao México.

Naquela noite a Família discutiu longamente o assunto à mesa do jantar. Como madame tem horror às viagens de avião, decidimos enfrentar as prováveis agruras duma jornada de trem. Os filhos ficariam em Washington, seguindo a rotina, enquanto os pais trilhassem os caminhos da aventura. (Neste ponto os irmãos naturalmente trocaram um olhar malicioso.) Os turistas levariam escassa bagagem e uma câmara fotográfica Argus, que nenhum dos dois sabia manejar direito. Minha mulher havia aprendido a mudar os rolos de filme, e eu a admirei pela proeza. Quanto a mim, tinha uma vaga ideia de como focar as imagens. E quando o rapaz perguntou se com tal ignorância esperávamos trazer boas fotografias coloridas da viagem, repliquei que sim, pois estávamos certos de poder contar com a assistência técnica de Deus Nosso Senhor, segundo velho hábito brasileiro.

E assim, nos primeiros dias de maio, quando já estavam fanadas as flores das cerejeiras mas a primavera chegava a seu auge, meti-me com a companheira num limpo e confortável trem, rumo de Los Angeles. E se eu disser que havia sido convidado a fazer dali a cinco dias o discurso inaugural duma mesa-redonda na Universidade da Califórnia, terei esclarecido a razão por que tomávamos a rota mais longa para a capital do México.

Entre dois trens, visitamos velhos amigos no Instituto de Arte de Chicago: Van Gogh, Cézanne, Gauguin, Renoir... Em San Francisco comemos *abalone* num restaurante do Cais dos Pescadores. E nessa mesma cidade, como mais tarde em Los Angeles — onde fiz o discurso — revisitamos lugares e pessoas importantes em nossa geografia sentimental.

E uma bela manhã nos encontramos com armas e bagagens na plataforma da estação de El Paso, no Texas, esperando o trenzinho que nos levaria à cidade de Juárez, do outro lado do rio, já em território mexicano.

1

A viagem

JUÁREZ

O lendário rio Grande, naquele trecho onde o cruzamos e naquela época do ano, não passava dum magro fio d'água a escorrer melancólico pelo leito cor de cobre brunido.

— A seca — explica lacônico o chefe de trem, sujeito baixo, de agudo perfil asteca.

Nossa composição — dois carros com pouquíssimos passageiros — era arrastada por uma velha locomotiva, lerda e dispneica.

— Tu vês — murmurei para a companheira — nenhuma pessoa em seu juízo perfeito faz esta viagem de trem...

— Os loucos viajam de avião — sorriu ela. — Até agora não tenho de que me queixar.

O exame de passaportes foi rápido. O funcionário americano era louro, magro e jovial. O mexicano, gordo, cabeludo e taciturno. Não tivemos nenhuma complicação com a Aduana: à vista de meu *laissez-passer* com o timbre da Organização dos Estados Americanos, desistiram de revistar nossas malas. Entramos lentamente em território do México. Sob a luz que cai dum céu desbotado, de tonalidade metálica, esta parte de Juárez próxima da estação da estrada de ferro lembra uma cidade do Nordeste brasileiro, com suas casas baixas, algumas pintadas de amarelo, azul ou rosa, o chão arenoso e o ar seco, duma transparência rútila. Índios e índias descalços, parados nas ruas, erguem para o trem suas enigmáticas caras cor de terra. São retacos, feios, sujos e tristes. Vejo homens vestidos de branco, sentados a dormir à sombra de árvores, dobrados sobre si mesmos numa posição fetal, o chapéu de palha caído sobre os olhos, bem como nas mais convencionais gravuras que pretendem representar o México. Meninos com macacões de zuarte, de visível influência texana, jogam beisebol numa pracinha. As torres duma velha igreja avultam acima dum maciço de árvores, nítidas contra o horizonte de maio. Aos poucos vou sendo invadido por essa sensação que, em certos lugares que visitamos pela primeira vez ou em certas situações, nos leva a pensar: "Já estive aqui antes. Isto já me aconteceu".

Vejo e ouço o espoucar dum foguete no ar. Quando descemos na plataforma da estação de Juárez, um vendedor de bilhetes de loteria me assalta. "*Su fortuna, patroncito!*". Digo-lhe que odeio o dinheiro e trato de me safar. Moscas esvoaçam ao redor de nossas cabeças. Emanações amoniacais nos entram pelas narinas, de mistura com o áspero cheiro de fumaça de carvão de pedra. Um cego se aproxima conduzido por um menino. *"Una limosna por el amor de Dios! Una limosna p'a el cieguito, señor!"* — suplica a criança com sua clara voz de cincerro. Os olhos do cego, muito abertos, parecem refletir essa luz de zinco do céu de Chihuahua. Dou-lhe um peso.

Mendigos, foguetes, bilhetes de loteria, moscas... Estou em casa! Vem-me de súbito, numa onda, um urgente desejo de escrever. O romancista que hibernara durante dois anos à beira do Potomac ressurge aos primeiros contatos com este mundo dramático, tão próximo da terra e das raízes da vida.

Carregadores com caras patibulares fazem em espesso silêncio o transbordo de nossa bagagem. Tiramos as primeiras fotografias. Os metódicos, os cautelosos, e — por que não dizer? — os sensatos usam fotômetros para medir a intensidade da luz ambiente, a fim de ver que tempo de exposição se necessita ou que abertura se deve dar às lentes. Limitamo-nos, porém, a ler rapidamente a "bula" que acompanha o filme e a confiar no olho, o que me leva a uma reflexão psicossociológica, que cristalizo numa frase: "O latino usa sempre o corpo em situações em que o anglo-saxão preferirá usar uma de suas muitas engenhocas. Resultado: eles fazem as coisas melhor, mas nós nos divertimos mais".

MAUS PRESSÁGIOS

O trem que nos levará à Cidade do México está parado junto da plataforma. No costado do carro-restaurante leio um nome: Juventino Rosas. Deve ser um general — imagino — um deputado ou um ex-governador desta província. Mais tarde alguém me informa que se trata dum compositor popular, autor da famosa valsa "Sobre as ondas". *"México, I love you!"* — exclamo. E nesse estado de espírito entro no trem. Nosso Pullman se parece com todos os Pullmans dos Estados Unidos. Um pouco menos bem conservado... vá lá! O sistema de ar condicionado talvez não funcione com perfeição mas existe, e isso é muito. Não temos como cabineiro um desses gordos, luzidios e sorridentes negrões americanos de voz grave. O nosso é um sujeito magro e calvo, de face cadavérica e barba de dois dias. Fala pouco e nunca sorri.

Pela janela minha mulher espia os *peones* que transportam gelo para o carro-restaurante. Uma das barras cai no chão poeirento, onde verdejam ilhas de esterco. Os homens tornam a pô-la nos ombros, e lá se vão, aureolados de moscas.

Mulheres esquálidas erguem os braços para as janelas do vagão, oferecendo *tamales* e *tortillas*. Uma delas traz num tabuleiro vários pratos fundos com um líquido amarelento e gorduroso, em cuja superfície boiam rodelas de cenoura e folhas de salsa.

Sinto que minha companheira está um pouco inquieta. Avisto o cabineiro. Tento estabelecer com ele um ambiente de camaradagem.

— Então, quando chegamos, amigo? — pergunto sorrindo.

O homenzinho encolhe os ombros e responde:

— *Pues, quién sabe?*

E se vai. Ouvimos vozes abafadas no compartimento vizinho. Uma criança rompe a chorar no corredor. Um pigarro rasca um peito invisível, uma tosse convulsiva arranha o ar, numa ameaça de vizinhança bronquítica.

— Está quente... — murmura minha mulher.

Vou perguntar ao cabineiro se o aparelho de ar condicionado está funcionando. Responde que parece haver um *"desperfecto en el aparato"*. Acho encantadora a palavra "desperfecto", embora ela pressagie algo de terrível. Cruzar o deserto de Chihuahua num carro de aço sem ar refrigerado? Nem é bom pensar. Levo à companheira o sombrio resultado de minhas investigações. E ela, recordando famosa página de uma antologia escolar, murmura: "Aqui começa o sertão chamado bruto".

E começava mesmo.

O DESERTO

O trem põe-se em movimento. Aos poucos vamos deixando para trás a cidade de Juárez em demanda do interior do estado de Chihuahua, cuja superfície é em grande parte um altiplano que desce em suaves declives para as barrancas do rio Grande. Isto quer dizer que daqui por diante só iremos subindo, até chegar à Meseta Central, onde se encontra a capital federal do México. O que temos pela frente durante as próximas vinte e quatro horas ou mais — *quién sabe!* — é uma savana arenosa e árida que alguns viajantes comparam com os desertos da África do Norte.

O estado de Chihuahua terá escassamente um milhão de habitantes para uma superfície de uns 160 mil quilômetros quadrados. A agricultura tem progredido pouquíssimo nesta região por causa da falta d'água e da quase impossibilidade da irrigação artificial. Para as bandas do Oeste, entre os tremendos esporões da Sierra Madre, existem vales elevados de solo vulcânico, de grande fertilidade, e canhadões duma beleza que rivaliza com a do Grand Canyon. Nos distritos dessa zona montanhosa é que se acham as importantes criações de gado do estado. Mas a riqueza principal de Chihuahua é a mineração. Em sua maioria as cidades pelas quais passaremos nesta jornada — Villa Ahumada, Ojo Caliente, Moctezuma, Chihuahua — nasceram ao redor de minas de chumbo, zinco, cobre, mercúrio, carvão, ouro e prata.

Em vão tento concentrar a atenção na leitura duma novela de Simenon: meus olhos não resistem ao chamado da paisagem. É uma fascinação quase mórbida. Jamais vi tamanha desolação. A savana que o trem atravessa é dum pardo acobreado, eriçada a espaços de cactos e *magueys*. A única nota de frescura e cor neste deserto é dada pelo tênue perfil azulado das montanhas, muito longe, assim com um jeito incerto de miragem. Só de contemplar esse quadro, meus lábios se ressecam, a sede me aperta a garganta. Felizmente temos água fresca na cabina e o ar-condicionado funciona razoavelmente bem.

O comboio faz paradas misteriosas no meio do descampado onde não vejo nenhum posto ou estação, e depois retoma sua marcha ronceira. Um condutor silencioso nos vem pedir os bilhetes. Tento, sem sucesso, entabular conversação. O homem, que masca pachorrentamente um palito, limita-se a mirar-nos de soslaio com seus olhos de esclerótica amarelada, e depois se vai, murmurando para si mesmo: "Trinta e cinco... Trinta e cinco...". Minha mulher e eu nos entreolhamos, mudos.

Leio meia página da novela e torno a olhar para fora.

Passamos agora por um velho muro onde escurejam manchas. Sangue dos fuzilados de antigas revoluções — penso. De vez em quando o vento ergue uma onda de poeira e eu como que sinto nos lábios e nos dentes a aspereza daquela areia. A poeira torna a cair e lá está de novo o deserto na sua monótona imobilidade. O sol é como uma úlcera crônica no pálido tecido do céu. E sobre essa impiedosa pupila de fogo não baixa sequer a pálpebra duma nuvem, para dar um momento de alívio à terra estorricada.

Algo começa a inquietar-me. Não vi ainda nesta paisagem nenhum rio, lagoa, cascata ou mesmo córrego. Duas coisas parecem estar ausentes deste mundo inóspito: água e sorrisos. Faço esta observação a um homem taciturno com quem puxo conversa na plataforma do carro, numa das paradas, e ele me arrasa com estas palavras : "O senhor acredita que esses pobres índios têm algum motivo para sorrir?".

RAÇA TELÚRICA

Como a paisagem, o índio desta região é triste, seco e solitário. Nunca encontrei em toda a minha vida maior identificação entre o homem e a terra. O chão aqui é dum pardo acobreado como a pele de seus habitantes e o adobe de suas casas. Terra, caras, casas — tudo da mesma cor, como que feito da mesma substância. Começo a ter a impressão de que o índio mexicano não nasce como os outros mortais: brota do solo como uma planta. Tem muito de vegetal ou mesmo de mineral. Ocorre-me agora compará-lo ao *maguey* ou agave, esse tipo de aloés, estranha planta dum verde-escuro que semelha um feixe de longas espadas, com suas carnudas folhas debruadas de espinhos, e que terminam em ponta aguda. Do polpudo coração do *maguey* o índio extrai uma seiva, o *aguamiel*, que, fermentada, produz o pulque, bebida esbranquiçada com propriedades nutritivas. De outro tipo de *maguey* se obtém a tequila, forte bebida destilada, a cachaça do mexicano. O *maguey* também produz uma fibra com que se tece um pano de grande resistência. Como o *maguey*, o índio é retaco e cheio de espinhos, numa permanente atitude de defesa. Como a planta, ele tira deste solo árido o seu escasso sustento.

Existe em Chihuahua um tipo de índio, o tarahumara, que, para caçar os patos selvagens que todos os anos em novembro vão hibernar nos lagos dos altiplanos, fica às vezes um dia inteiro imóvel, como se fosse árvore ou pedra, e o faz com tanta perfeição e mesmo com tanta *convicção* de sua natureza vegetal ou mineral, que até as próprias aves se enganam e vêm pousar sem medo nas proximidades do caçador. Só nessa hora é que ele se move, usando de seu arco, e então não se trata mais de caçada, mas de massacre. Os tarahumaras andam sempre aos pares, o marido alguns passos à frente da mulher.

Sobre esse curioso tipo aborígine Alfonso Reyes escreveu:

> *Desnudos y curtidos,*
> *duros en la lustrosa piel manchada,*
> *denegridos de viento y sol, animan*
> *las calles de Chihuahua,*
> *lentos y recelosos,*
> *con todos los resortes del miedo contraídos*
> *como panteras mansas.*

Vi um casal de tarahumaras nos arredores de Juárez, o homem com seu gorro vermelho e sua túnica caída até a metade das coxas nuas. A mulher, que o seguia a uma respeitosa distância, metida nas suas múltiplas saias rodadas, parecia uma barriquinha colorida com pernas.

O trem torna a parar numa pequena e rústica estação, em cuja plataforma vejo meia dúzia de índios e centenas de moscas, concentradas estas numa tenda onde se expõem sumarentas rodelas de ananás e mangas dum amarelo alaranjado. Fico a contemplar a velha que toma conta da quitanda, e concluo que, com alguma fantasia, poderemos ver no corpo destes nativos sinais dos produtos minerais de sua província. No aspecto geral do índio estarão o peso e a cor sombria do chumbo. Na sua atitude esquiva, a qualidade resvaladia e arisca do mercúrio. Na pele, o cobre. O carvão nos olhos.

Bom, mas tudo isto não passa de literatura. Que siga o trem!

A ERA DO FOGO

Há quem sustente a ideia de que os índios desta parte do mundo são autóctones. Aqui temos a ciência a confirmar a minha intuição poética — digo à companheira de viagem. Segundo o índio convertido Ixtlilxóchitl, que escreveu a sua "História" depois da Conquista, a cosmogonia dos astecas reconhece a existência de quatro Épocas ou Sóis, após a criação do mundo. Durante a segunda Época, denominada "Sol da Terra", o mundo estava povoado de gigantes, os Quinametzins. Sobrevieram, porém, tremendos abalos sísmicos que destruíram essa raça, tendo escapado apenas alguns de seus representantes. "Sol do Vento" chamava-se a terceira Época em que as raças humanas dos Olmecas e Xicalancas, tendo matado os últimos gigantes, tomaram posse da terra e fundaram a cidade de Cholula, indo até Tabasco. Foi nessa idade que o grande Quetzalcóatl — a Serpente Emplumada, o deus da civilização e da sabedoria — teve seu reino e fez suas prédicas. Terminou esse Sol pela transformação dos homens em macacos e por uma série de cataclismos que destruíram a terra.

— Em que época estamos agora? — pergunta minha mulher.

— No quarto período: "Sol do Fogo", que acabará com o incêndio do mundo.

A companheira olha para fora e murmura:

— Não te duvido.

E saímos alucinados na direção do Juventino Rosas em busca de bebidas geladas.

VIAGEM DENTRO DA VIAGEM

À noite sonho que ando a vaguear em agonia por uma região desolada e opaca, povoada de vultos silenciosos nos quais não vejo mas pressinto a fisionomia de amigos mortos. Eles tentam dizer-me algo, mas de suas bocas não saem palavras, cai areia. Entre as sombras caminha meu pai, vejo que está perdido, tenho o dever de ajudá-lo mas não posso, porque não sei o caminho, estou mudo e, mesmo que conseguisse falar, não saberia a língua do país dos mortos. Esforço-me por enxergar melhor, compreender, explicar a confusa situação. Digo a mim mesmo: deves ter calma, porque tudo isto bem pode ser apenas um sonho, espera que desponte o dia: os fantasmas se apagarão. Mas no momento mesmo em que me digo essas coisas, sinto a angústia de perder outra vez meu pai, deixá-lo abandonado neste deserto, só, sem água nem sepultura. Depois... não sei o que acontece nem quanto tempo se passa. Estou no fundo dum rio, a água me entra pela boca e pelas narinas, sufocando-me. Eu me debato no esforço inútil de subir à tona, o coração me incha no peito, mais e mais, vai estourar... Desperto banhado em suor, levo alguns segundos para compreender onde estou. Vejo o quadrado violáceo da janela, ouço o ruído ritmado das rodas do trem. A angústia, porém, continua, agravada agora pelo abafamento e pelo calor do camarote. O aparelho de ar condicionado deve estar funcionando mal. Salto do leito e tento abrir a janela. Inútil. Fico com a testa colada ao vidro, olhando estupidamente para fora, espreitando a noite sem lua, o misterioso mundo morto que o trem atravessa e que tanto se parece com o de meu pesadelo. Agora tenho na mente a imagem de meu pai, retomamos velhos diálogos que eu preferia esquecer. O suor me escorre pelas faces, pelo pescoço, pelas costas. Acendo a luz e olho o relógio. Apenas duas da madrugada. Tão cedo! Desejo a manhã e o sol, que me libertarão dos íncubos. Meto a cabeça na pia e abro a torneira. A água, morna, me dá apenas um alívio momentâneo. Trato de convencer-me de que se voltar para a cama hei de dormir em paz. A sensação de mal-estar, entretanto, persiste. Por que se repetem tanto esses sonhos em que estou morrendo asfixiado no fundo dum rio ou enterrado vivo?

Tamanho homem! Volta para a cama. Estás num trem, a caminho da Cidade do México, numa viagem de recreio, e tudo até agora vai bem. Vamos! Obedeço humildemente à minha própria ordem e me estendo no leito. Mas o desejo de quebrar o vidro da janela continua, e toda a minha angústia — agora um pouco atenuada, é verdade — se concentra no peito, numa espécie de mancha. No compartimento vizinho, alguém rompe a tossir convulsivamente. A velocidade do trem aos poucos diminui, até que com um ranger de ferros a composição estaca. Entram pela janela as luzes duma estação. Ouço vozes: *Tamales calientes! Enchiladas! Taquitos!* Não quero nada disso. Quero o dia. Quero o sol. Quero ar fresco. Quero sair deste túmulo de aço!

O comboio fica parado uma eternidade. Ouço passos no corredor. Cerro os olhos, penso em Pancho Villa, no cavalo branco de Emiliano Zapata e, por associação, num caudilho gaúcho da Revolução de 23. Mas que diferença entre as planícies áridas de Chihuahua e os verdes campos do Rio Grande!

Agora me branqueja na mente o monumento a Lincoln, que logo desaparece para dar lugar a algumas faces americanas. Como é possível — pergunto a mim mesmo — existirem tão perto um do outro dois países tão diferentes como o México e os Estados Unidos? Até que ponto a influência americana estará modificando o caráter e os costumes mexicanos? É o que espero verificar nesta viagem. Começo a compor mentalmente uma carta: "Escrevo-te dum estranhís-

simo trem que não parece viajar no espaço temporal, mas na Eternidade...". E a palavra Eternidade era a deixa que o sono esperava para
tomar conta de mim e me projetar de novo no sonho.

Quando torno a despertar o sol já vai alto.

SAUDADE

Um novo dia principia. Desço em algumas estações, caminho por entre índios, malas, sacos, engradados, tendas e quitandas coroadas de
moscas... Tento entabular conversação com algumas das pessoas que
encontro nas fuliginosas plataformas. Inútil. Algumas limitam-se a
mirar-me com olhos frios, como se não me tivessem ouvido ou entendido. Outras nem sequer me olham. Um garoto descalço coberto de
farrapos me pede *"una propina"*. Tem olhos negros e adultos.
Deixo-lhe uma moeda de cobre na mão encarvoada.

O trem apita. Subo para o carro e a viagem continua. Temos bom
apetite, mas é sem a menor alegria que fazemos nossas visitas ao Juventino Rosas. Sentimos saudade da alvura das toalhas dos carros-res-
taurantes americanos, do brilho argentino de seus talheres, da limpa
rigidez dos geladinhos caracóis de manteiga. Aqui as toalhas são de
má qualidade e estão cheias de nódoas de vinho, banha e café. A manteiga é amarela como margarina e já vem para a mesa meio derretida,
com uma consistência de pomada. Os talheres são de qualidade inferior e estão de ordinário com os cabos engordurados. O açúcar é
grosso e dum branco duvidoso. E como sabemos que em cada gota da
água que nos servem pode abrigar-se toda uma população de proto-
zoários, só bebemos a mineral de Tehuacán. Queixo-me de tudo isso
à minha mulher, que observa:

— O teu mundo mágico.

Reajo:

— Ah, mas teremos compensações! Espera.

— É essa esperança que me traz de pé.

Na segunda noite de viagem, depois do jantar, ficamos a conversar com duas senhoras mexicanas de meia-idade, naturais de Juárez, ambas gordas e morenas, evidentemente mestiças, uma delas de luto fechado. São mais comunicativas que as pessoas que até agora temos encontrado.

A dama de negro tem nas mãos um rosário, e seus lábios se movem inaudivelmente. A outra nos explica que a companheira está rezando alternadamente por alma do marido (assassinado com cinco tiros no peito, senhor) e pela segurança de todos os que viajam neste trem.

— Está pedindo a Nossa Senhora de Guadalupe que nos proteja de desastres.

Acrescenta que os descarrilamentos são comuns nesta linha dos Nacionales Mexicanos. Ainda o mês passado um trem tombou num precipício. As pontes? Virgem puríssima! Sempre em mau estado. Os trilhos? Frouxos, podres. Viajar no México é arriscar a vida.

Minha mulher e eu nos entreolhamos. A conversa a seguir toma rumos menos sinistros. As damas querem saber de onde somos e a que vimos. Conto-lhes. Nada sabem do Brasil. Perguntam se tencionamos visitar Puebla. Claro, está no nosso itinerário. Uma das senhoras, a de verruga no queixo, diz:

— Linda cidade, senhorial e solarenga. É uma pena que as pessoas lá sejam tão sovinas. Se o senhor vai visitar um amigo e chega na hora do almoço ou do jantar, ele esconde a comida numa gaveta da mesa, feita especialmente para esse fim. Os *poblanos* não são nada hospitaleiros. *Muy tacaños!*

A de negro me olha e inclina a cabeça, confirmando. Depois interrompe a oração para recomendar à minha companheira:

— Em Puebla, senhora, não deixe de comprar *camotes*.

Camote é batata-doce. Puebla se especializa em doces de *camote*, bastõezinhos de massa de batata com gosto de baunilha, morango, limão ou abacaxi.

Quando a conversa começa a definhar avistamos as luzes de Chihuahua, a capital do estado, que fica num vale entre dois esporões da Sierra Madre. A cidade foi fundada em princípios do século XVIII ao redor duma mina de prata. Terá hoje seus 200 mil habitantes. Dizem que muitos de seus modernos magazines são de propriedade de franceses. O comércio sírio-libanês aqui é também muito forte, e os habitantes de Chihuahua — informa a dama da verruga — dão aos membros dessa colônia o nome geral de "turcos".

Quando o trem para na ampla estação, desço e fico longamente a observar a perspectiva duma avenida iluminada onde correm automóveis e ônibus. Depois, volto para o camarote, deito-me com uma novela sobre o peito e assim adormeço. As duas damas de Chihuahua aparecem no meu sonho, suas imagens se fundem com as de vagas tias que tenho no Rio Grande do Sul. E a verruga de uma delas me persegue a noite inteira, como nesses sonhos de febre, e é alternadamente uma montanha de pedra, uma duna de areia, a conta dum rosário, uma rosa, uma anêmona, um câncer. Um câncer que me dói numa das faces. Compreendo que tenho de acordar para ver um médico, mas não consigo, pois o sono é mais forte que o medo. A apreensão, porém, continua e não posso compreender como é que o câncer da dama dói em mim. Finalmente desperto, levo a mão ao rosto e sinto uma ampola numa das faces. Acendo a luz e, como o detetive da novela que tenho sobre o peito, busco o negro, ágil, minúsculo criminoso que me assaltou.

CÚPULAS

A manhã do terceiro dia de viagem. O deserto bravo ficou para trás. Vemos alguns verdes, umas poucas águas. As montanhas, que antes pareciam tão fugidias na distância, começam a aproximar-se. Quando o trem estaca nas estações, salto para a plataforma. Sinto que o ar está mais fino. Como é que ele se torna cada vez mais fresco à medida que nos aproximamos do equador? É que nossa marcha não é apenas horizontal, mas também vertical. Devemos estar a uns dois mil metros de altitude, e isso explica a primavera que nos envolve.

Agora um de nossos divertimentos é ficar à janela procurando cúpulas de igrejas. Alguém já disse que o México é o país das cúpulas. Com seus azulejos amarelos, azuis ou vermelhos e sua ingênua graça barroca, elas brotam a nossos olhos nos lugares mais inesperados, às vezes em meio desses grandes cactos, verdes e espinhosos torpedos que continuam a dar uma agressiva aspereza à terra.

Também nos divertimos quando pelas poeirentas estradas que não raro correm ou, melhor, se arrastam paralelamente aos trilhos, vemos burrinhos em trote batido, com suas canastras carregadas, sacudindo as orelhas, levantando poeira, dando uma nota bíblica à paisagem. Penso no *Platero* de Juan Ramón Jimenez, e nos pacientes burricos de Francis Jammes. A sobrevivência desses nossos peludos *hermanitos* como veículos de carga na era do avião a jato me comove, dando-me uma secreta esperança não sei bem em quê.

Avistamos longe uma montanha de pico nevado. Minha mulher pede notícias dos famosos vulcões mexicanos.

VULCÕES

Sim, os vulcões... Fiz um curso-relâmpago dessa matéria com um simpático geólogo americano, enquanto papávamos cordial almoço no Cosmos Club, em Washington, pouco antes de nossa partida para cá.

O eixo vulcânico mexicano é um cinturão de novecentos quilômetros de extensão e de setenta a cem de largura que vai do golfo do México ao oceano Pacífico. Mas já na fronteira com os Estados Unidos começa a cadeia de vulcões que se estende, praticamente sem interrupção, até o extremo sul do continente.

O vulcão que domina o estado de Sonora tem um pacato nome de fruta — Piñacate. O Nevado, de Toluca, de tremebundas atividades em tempos idos, parece hoje aposentado. Há um vulcão que ostenta o inquietante nome de Fuego. Dois colossos nos surgem a uma das entradas da Cidade do México, o Iztaccíhuatl e o Popocatépetl, ambos meus conhecidos dos tempos da escola primária. O mais belo, o mais alto e imponente de todos os vulcões mexicanos é o Orizaba, que se eleva com sua crista nevada a 5747 metros de altitude. Para meu gosto, porém, o vulcão mais representativo desta brava terra e desta brava gente é o Paricutín. Sua história é de ontem.

A uns três quilômetros da pequena cidade de San Juan Parangaricutiro, no sul do México, cercado de colinas vulcânicas coroadas de florestas de pinheiros, existia pequeno vale quase todo coberto de lavouras de milho. Não era raro ver-se uma roça dentro da cratera dum vulcão extinto. Havia no sítio dum tal Dionisio Pulido um buraco de uns cinco metros de diâmetro e um metro e meio de profundidade que atraía a atenção e a superstíciosa desconfiança dos habitantes do vale. Dona Severina Murillo, velha moradora do lugar, contava que, quando menina, costumava brincar nesse poço, apesar de o pai havê-la proibido disso, não só porque desconfiava ser o buraco a entrada duma velha mina espanhola, como também porque ali se ouviam com frequência ruídos subterrâneos que semelhavam o rolar de grandes pedras. Mais de um lavrador afirmava que, nos dias de chuva, via erguer-se do poço uma espécie de cerração. Em princípios de fevereiro de 1943, estando os camponeses a arar a terra, sentiram o chão estremecer a seus pés. Os tremores repetiram-se, tornando-se cada vez mais fortes, e ao cabo de quinze dias o solo de repente se fendeu e começou a vomitar fumo, lava e pedras. E aos poucos foi subindo do ventre da terra, num parto tonitruante, um negro cone.

Quem me contou essa história, com riqueza de pormenores técnicos, foi o meu excelente geólogo, entre bocados de peixe com molho tártaro. Descreveu o fenômeno geológico do seu frio ângulo de cientista: eu vi o drama com um quente olho de romancista. Perguntei-lhe quanto tempo levara o novo vulcão para ser o que hoje é.

— O Paricutín — explicou — levou dois anos e meio para adquirir um padrão definido de atividade, e para que seu edifício vulcânico se pudesse considerar maduro e bem estabelecido.

Maduro e bem estabelecido!

Hoje lá está o Paricutín (conheci-o pessoalmente numa viagem anterior a este país) com seu cone escuro e ameaçador a erguer-se a 365 metros de altura, dominando o vale cujo aspecto e história seu aparecimento alterou.

— A alma mexicana — digo sentenciosamente — pode comparar-se a uma lavoura de milho de aparência tranquila. Mas cuidado, forasteiro! A qualquer momento a roça pode explodir num vulcão, sem aviso prévio. E toda a contida e ardente lava do subsolo brotará com fúria, mudando por completo, em poucos minutos, a paisagem em torno.

Diz minha mulher que isso é filosofia barata. Lugar-comum? Mas o lugar-comum não teria sido um dia um vulcão explosivo e inesperado, a que o tempo e o uso acabaram dando — como diria o meu amigo geólogo — "um edifício maduro e bem estabelecido", mas já sem imprevisto, força ou novidade?

QUADRO

O último dia de viagem! Chegaremos esta manhã à Cidade do México. O trem leva um atraso de cinco horas, o que não me parece exagerado. A expectativa da chegada e o friozinho mordente do ar contribuem para atenuar nosso *cafard*. Desço na estação de Dañu e tiro o que espero seja a minha obra-prima fotográfica. No primeiro plano, enorme cacto verde-cinza, desses de gordas folhas que semelham uma planta de pé humano a que não falta nem o simulacro dos dedos, na forma de pequenos frutos espinhentos. No segundo plano, um mexicano de colete azul de índigo, calças cor de havana e *sombrero* branco de palha, puxando um burrico em cujo lombo pesam duas canastras cheias de mangas dum amarelo de gema de ovo. Ao fundo, a verde planície — tudo isso sob um sol matinal de ouro novo. Pronto! O momento e as imagens ficam gravados no celuloide. Ponho-me sob a proteção de Nossa Senhora de Guadalupe e confio em que tudo tenha saído bem e bonito. E agora toca a voltar para o trem, que já deu sinal de partida.

O DEVANEIO E O DESASTRE

Uma das cem coisas mais gostosas da vida é ficar a gente à janela dum trem ou dum automóvel, a olhar a paisagem, deixando o pensamento correr com o veículo que nos conduz — mas correr livre da tirania dos trilhos, sem itinerário certo, ao sabor de espontâneas associações de imagens e ideias. Se fosse possível registrar nossos pensamentos em instantes assim, quem entenderia depois essa sarabanda dançada fora do tempo e do espaço? Muitos romancistas tentaram reproduzir o *stream of consciousness*. Não sei se algum foi realmente bem-sucedido. A palavra é um paquiderme demasiado lento e pesado para tão difícil coreografia. Nem sequer tentarei dar uma ideia de tudo quanto me passou pela mente (cinema doido, filme sem roteiro, fotografia ora de duas, ora de três e até quatro dimensões, com cortes bruscos e fusões contínuas de imagens) naqueles deliciosos momentos de devaneio à janela do vagão.

Só me lembro dum trecho desse filme surrealista. Um cacto na forma de candelabro se transformou em sinagoga, imagem que se fundiu na de um rabino e depois na de um velho amigo judeu, que me disse uma frase que as rodas do Pullman ficaram repetindo e que acabaram cantando no meu espírito um trecho do Quarteto em Mi de Villa-Lobos... Alguém já imaginou a *explosão* dum quarteto? Pois é o que acontece agora. O trem estaca de repente e minha mulher e eu somos quase projetados contra a parede do camarote. Ouço um ruído de ferros que se chocam, seguido de outros baques surdos. A primeira ideia que me ocorre é a de que a terra se abriu e engoliu a locomotiva. Vejo os fios do telégrafo violentamente sacudidos, alguns deles a ponto de rebentar, como se algum poste tivesse sido derribado. Precipito-me para o corredor, onde encontro o cabineiro.

— Que foi que aconteceu? — Ele encolhe os ombros. Saímos ambos para fora.

Uma luz dourada cai sobre a planície. São dez da manhã. Mas para que diabo consulto o relógio nesta hora? Maldito hábito! Um passageiro que também desceu explica lacônico e frio:

— Um descarrilamento.

Cheio de esperança arrisco:

— Coisa pequena, não? — O homem faz um gesto de dúvida. A companheira está a meu lado, de câmara fotográfica em punho. Não parece muito alarmada ante o desastre, mas mira o solo a seu redor, temendo pisar em cascavéis.

Caminhamos na direção da locomotiva. Nosso Pullman e mais dois carros estão de pé sobre os trilhos, intatos. O Juventino Rosas também sobreviveu. Do carro-restaurante para diante todos os demais se acham fora dos trilhos, uns completamente caídos, outros adernados; dois deles estão empinados, um contra o outro, como potros bravos em luta. Há mais de cem metros de trilho arrancados ao leito. Mas o que impressiona é a posição da locomotiva, que está completamente tombada, como um enorme e negro cascudo, quase de patas para o ar. Vemos emergir dela, impassíveis, e, ao que parece, incólumes, o maquinista e o foguista. Os feridos começam a sair dos outros carros. São em sua maioria índios que viajavam na segunda classe. Alguns deles sangram abundantemente. Uma criança de rosto arroxeado chora em altos berros. Avisto um homem estirado no solo. Os outros passam por ele sem olhar. Cada qual trata de safar-se dos carros com suas trouxas, suas gaiolas, seus familiares. Fazem isso com lentidão de gestos, num silêncio absoluto. Portam-se, nesta conjuntura dramática, com uma fleuma britânica.

Como vermes que abandonassem a carcaça dum animal, os passageiros continuam a surgir e afastar-se da composição. O chefe de trem contempla a cena em silêncio, com as mãos na cintura. Passageiros conversam em surdina.

— Felizmente o trem não ia muito depressa murmura um deles. — Podia ter sido pior. — O outro sacode a cabeça, lento:

— *Por supuesto.* — E as vítimas do desastre? A um índio que se parece com Pedro Armendáriz pergunto se não vão socorrer os feridos. Responde:

— *No soy autoridad, señor.* — E se vai, sobraçando o seu baú de folha pintado de flores. Um homem alourado aproxima-se e diz:

— Que vergonha para nós, os mexicanos. No país dos senhores, em Norte América, não acontecem essas coisas. — Retruco:

— Mas quando acontecem, meu amigo, são muito piores. Morre mais gente. — Não tento explicar que não somos americanos. Seria inútil, pois minha mulher tem olhos azuis e está a bater fotografias desesperadamente.

Olho em torno. O solo, roído em muitos pontos pela erosão, é dum pardo acinzentado. Dum verde grisáceo e baço é a vegetação rasteira que, como os cactos, acentuam a desolação da paisagem. Longe, ao pé duma colina, branqueja o casario dum povoado. Cerca de um quilômetro de onde nos encontramos reluz a superfície azul e vidrada duma lagoa. Recortada contra o pálido horizonte, a um tempo lírica e terrível, a Sierra Madre parece espreitar a cena.

Contribuímos com os medicamentos que temos — água oxigenada, iodo e aspirina — para os primeiros socorros. Um mestiço de seus vinte e poucos anos parece gravemente ferido. Tem equimoses no rosto e nas mãos, e dá a impressão de ter sofrido alguma lesão interna muito séria.

Dá-me pena ver uma rapariguita branca, de seus quinze anos, estendida no chão, com a cabeça no colo duma senhora que deve ser sua mãe. Tem o rosto inchado e roxo, e dos cantos da boca escorrem dois fios de sangue que lhe vão empapando a blusa. O silêncio continua. O tempo passa. Tento em vão encontrar o olhar de algum destes índios para dizer-lhe uma palavra de conforto. Mas nenhum me mira de frente. São resvaladios como enguias. Cada qual cuida de sua vida. Por ordem do chefe de trem estão passando para os carros que ficaram de pé. Suas fisionomias se mantêm impassíveis. Noto que os feridos não gemem, sofrem numa mudez estoica.

Escrevendo sobre sua viagem à América Central, disse Aldous Huxley que as festas nestas regiões de população indígena têm uma sinistra qualidade de aquário. Só as festas? Tenho a impressão de que estes índios vivem num mundo à parte do nosso, como peixes num aquário a mirar-nos furtivamente com seus olhos imóveis, num silêncio líquido e oblíquo. Hostilidade? Não. Talvez indiferença. Não creio que jamais possamos romper o cristal que nos separa desse mundo aquático. E toda a tragédia do mestiço está na sua dúbia condição de anfíbio.

Agora, observando melhor a terra, descubro nela uma riqueza de matizes que não havia notado antes: cobre, rosa, ouro, cinza, violeta.

O sol sobe para o zênite. Dentro de menos de uma hora começam a chegar curiosos, vindos do povoado próximo — homens, mulheres, moças endomingadas, numa riqueza de *rebozos* de cores vivas que aos poucos vão enfeitando a paisagem. Chega também um sargento com soldados do exército armados de fuzis. Parecem, pelas feições, cor da pele e estatura, e pelo tipo de capacete que usam, soldados da Coreia do Sul. Aos poucos se reúne pequena e festiva multidão ao redor do trem e a coisa toda vai tomando o ar de feira. Ninguém parece ter pressa. E o pior é que ninguém sabe que fazer. Sentados nos seus baús à sombra dos carros tombados, alguns índios comem *tortillas* recheadas de carne picada e chile.

Ao cabo de cinco horas chega-nos o socorro. Uma locomotiva vinda de Dañu puxará os vagões que ficaram de pé. Mas para onde? — pergunto ao chefe de trem.

— Para trás — informa ele.

— A quantos quilômetros estamos da Cidade do México?

— Menos de duzentos.

— Não podemos seguir em frente?

— Não.

— Temos de fazer uma volta muito grande?

— Claro.

— E quantas horas levaremos para chegar?

— *Quién sabe!*

Solto um suspiro de impaciência. O chefe de trem me encara por um instante e depois diz:

— Estamos vivos, senhor. Isso é o que importa.

No fundo, o homem tem razão. Voltamos para o vagão. O aparelho de ar condicionado não está funcionando. O calor é de fornalha. Consigo abrir a janela.

ONDE OS LÉPIDOS TURISTAS?

Começa, então, a mais estranha viagem de minha vida.

Não é só o aparelho de refrigeração do ar que não funciona. Dentro de algumas horas minha própria geografia se desconcerta e eu me sinto perdido, sem mapa, sem bússola e sem poder contar com a menor colaboração da tripulação do trem. Sei vagamente que vamos passar por Querétaro, lugar famoso por ter sido em seus arredores que o imperador Maximiliano foi fuzilado. Fora disso, silêncio e mistério. No princípio a coisa não nos inquieta, pois à medida que entardece a paisagem se faz mais bela, a luz brinca de mudar a cor das montanhas, velhas igrejas aparecem com mais frequência na paisagem, e trigais maduros — coisa que eu até então só conhecia em sonetos — ostentam o seu ouro, num contraste com a terra escura, mas num belo parentesco cromático com o pardo das casas de adobe. Aos poucos, porém, vamos imaginando as dificuldades e agruras que nos esperam. Agora que as janelas estão abertas, a poeira entra livremente nos carros junto com as moscas. Acabou-se a bebida gelada do trem. O Juventino Rosas deixou de ser o oásis onde nos refrigerávamos na travessia do deserto. De vez em quando passo para outros carros a visitar os feridos. O que mais me impressiona é a criança de colo, que está completamente roxa, em estado de coma. Os pais a contemplam em silêncio com suas caras de pedra. A emoção não lhes move sequer um músculo facial, mas vejo a tristeza nos seus olhos pretos e mornos. De resto a tristeza jamais abandona o olhar do índio.

O fartum destes carros é insuportável — suor de hoje somado ao de muitos dias, semanas ou meses passados, de mistura com o cheiro de cebola e chile, pois os nativos parecem estar sempre a comer. Líquidos suspeitos escorrem pelo chão. Um bodum se ergue das trouxas empilhadas entre os bancos ou no corredor. Uma passageira loura e magra improvisou-se em enfermeira e dirige os curativos. Parece ser a única pessoa ativa e articulada em todo este comboio. Suas mãos finas e dessangradas, recendentes a água-de-colônia, agitam-se como pássaros, espantando as moscas que insistem em pousar nos rostos dos pacientes.

Paramos numa estação à espera da ambulância que vem buscar os feridos cujo estado inspira maior cuidado. Os outros vão continuar a viagem. O socorro médico chega. Antes de remover a rapariguita e o jovem para a ambulância, os enfermeiros fazem-lhes uma transfusão de sangue. Tudo isso nos retém por mais de uma hora na estação.

Por fim a locomotiva arranca e lá nos vamos. Anoitece. O cabineiro passa como uma sombra pela nossa porta e eu o faço parar.

— Então, amigo, quando chegamos?

Ele hesita por um segundo:

— Creio que lá pelas dez da noite.

Enfim, já é alguma coisa.

São quase sete. Dirigimo-nos para o Juventino Rosas com o propósito de jantar. O garçom apresenta-nos o cardápio enodoado. Pelo corredor do carro-restaurante passam os índios, um a um. É um desfile de cheiros. As pontas de seus ponchos tocam nossos pratos. São homens, são teus irmãos, digo para mim mesmo com a melhor intenção franciscana. Quero amá-los. Quero ao menos tolerá-los. Dou disfarçadamente um peso a um menino que ao passar nos lança um olhar comprido. Ele apanha a nota indiferente, sob o olhar ainda mais indiferente da mãe. Por que fiz isso? Sentimento de culpa? Será que pretendo com esse peso penitenciar-me de ser um "pequeno-burguês sentimental", como diria Jorge Amado, de ter o que tenho, de não haver nascido índio numa casa de adobe no deserto de Chihuahua?

Minha mulher e eu nos entreolhamos. Onde estão os lépidos, frescos turistas que, numa alegria de rotarianos, tomaram um prateado trem em Washington? Que vamos jantar? Nenhum dos dois parece ter o menor apetite. Acho vagamente sacrílego comer neste vagão quando no outro há feridos que sofrem, as peles e as vestes ainda manchadas de sangue.

O trem sacoleja. Já observei que quando o viajante está triste ou cansado ele se deixa sacolejar sem reagir. Abandona-se ao balanço do trem. É uma espécie de suicida. Não lhe importa mais conservar o aprumo, manter as aparências. O que ele quer é chegar. Ou morrer.

— Já escolheste? — pergunto, apontando para o cardápio.

A companheira sacode negativamente a cabeça.

— Não vou comer nada. E tu?

— Nada.

Pedimos água mineral e nos pomos a bebericá-la sem vontade. A mornidão a torna grossa e até meio viscosa. Olho para fora. Uma faixa carmesim tinge o horizonte, por trás duma montanha dum roxo profundo. Por onde andaremos? Quantos descarrilamentos teremos ainda pela frente? Quando chegaremos?

A essas perguntas mudas o trem responde com o matraquear ritmado de suas rodas — nunca, nunca, nunca... E os índios continuam a passar. Cada qual parece metido no seu aquário particular de água turva. E, diante dessa dor contida, dessa miséria resignada, sinto uma certa vergonha de ser turista.

O TREM FANTASMA

A noite caiu por completo. Estou à janela do carro para respirar melhor. Acho que não devemos deitar-nos, já que chegaremos às dez... É uma noite sem lua, fresca e estrelada. O trem atravessa misteriosa planície onde piscam, aqui e ali, algumas luzes. Onde estamos? Pergunto ao chefe de trem, que sem se deter dá de ombros e murmura:

— *Pues, quién sabe!*

Eis a resposta que com mais frequência ouço durante esta noite interminável em que me obstino em não ir para a cama, pois podemos a qualquer momento chegar à Cidade do México. Meus olhos pesam de sono. Assobio, cantarolo, chamo pensamentos otimistas, imagino-me no hotel, sob um chuveiro frio, ou metido em roupas frescas, estendido numa cama limpa. Inútil. A realidade está aqui. Salta-me na cara. Aos poucos aprendo que não há país mais substancial que o México, onde todas as coisas *são* duma maneira intensa, sem meios-termos.

Minha mulher, mais realista que eu, acomoda-se no leito, convencida de que só chegaremos amanhã de manhã. O teimoso continua sentado à janela, recebendo nos olhos a poeira da estrada de mistura com a areia do sono. De vez em quando atiro-me no leito, fico deitado incomodamente, em diagonal. De repente acordo em sobressalto e volto à janela na esperança de vislumbrar na distância as luzes da capital. De novo deito, decidido a não me entregar, agarrando-me com unhas e dentes à esperança de chegar em breve. E há momentos em que não sei dizer ao certo se estou dormindo, modorrando ou acordado.

Agora, quando tento recordar essa viagem, lembro-me vagamente de misteriosas paradas em que, num torpor, eu ouvia vozes. *"Café negro... quién toma café?"* No meu espírito esse café negro tornava a noite mais negra e indecifrável. Mais de uma vez me debrucei, tonto, à janela e vi a luz vermelha ou verde duma lanterna dançando na escuridão. Outros trens passavam pelo nosso, locomotivas resfolegantes bafejavam-me o rosto com seu hálito quente. O mais das vezes, porém, era apenas a savana cor de ardósia do céu, na qual meus olhos se perdiam, hipnotizados. Houve um momento, numa parada, em que a luz do holofote dum automóvel, brotando da treva, revelou todo um mundo: uma estação em forma de castelo, algumas casas de barro, árvores — tudo num rápido segundo. A luz apagou-se e o mundo desapareceu. Ficou a escuridão e umas vozes perdidas que agora relembro mais como imagens do que como sons. Às vezes, eu resvalava para um desses sonos de superfície em que ficamos ouvindo vozes e ruídos. Despertando duma dessas modorras, acendi a luz e olhei o relógio. Duas das madrugada. O trem movia-se lentamente. Na próxima estação alguém cantava acompanhado de guitarra. Era uma voz de homem, quente e lânguida, gemendo uma canção triste. Como seria romântica essa serenata se junto com a voz do cantor entrasse também pela janela a fragrância de jasmins ao luar, e não as fétidas emanações duma privada ferroviária!

Ponho-me de pé, passo água no rosto, saio a caminhar como um sonâmbulo pelo corredor. Pergunto ao cabineiro:

— Que estação é esta?

E o homem, que está descascando metodicamente uma laranja, responde sem me olhar:

— *Pues, quién sabe!* — Sinto-me como uma personagem de Kafka num trem fantasma que erra sem rota fora do tempo e do espaço. E — curioso — essa ideia de certo modo me diverte, consola e acalma.

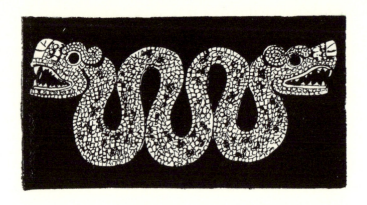

2

Tenochtitlán

A ÁGUIA E A SERPENTE

Segundo a Lenda — que no mundo da magia tem mais autoridade que a História — no ano de 1325 da Era Cristã andava uma tribo asteca, os méxicas, a errar pelo altiplano, em busca dum sítio para fixar-se, quando um dia Huitzilopochtli, o deus da guerra, apareceu ao Grande Sacerdote e ordenou-lhe que continuasse a caminhar com seu povo até encontrar uma águia empoleirada num nopal, tendo nas garras e no bico uma serpente, pois nesse lugar deviam erguer uma cidade. Continuaram os méxicas sua peregrinação e num longo vale a cuja entrada se erguem os vulcões Popocatépetl e Iztaccíhuatl encontraram o cacto, a águia e a serpente, bem como havia predito a severa divindade. Numa ilha em meio do lago Texcoco, que cobria a parte central do vale (isto já começa a ser História), ergueram os astecas suas primeiras cabanas de barro e junco, dando à povoação o nome de Tenochtitlán. Só em fins do século XIV é que construíram as primeiras casas de pedra e as pirâmides, ou *teocallis*, destinadas aos sacrifícios. Entre a fundação de Tenochtitlán e a chegada de Hernán Cortés, mediaram duzentos anos, durante os quais a tribo méxica cresceu em número, poder e glória. Resolveu-se o problema de espaço vital com a construção de vastas jangadas — *chinampas* — que eram ancoradas ao redor da ilha principal. Nessas jangadas recobertas de terra plantaram-se árvores e grama. O tempo encarregou-se do resto. Os sedimentos acumulados debaixo das *chinampas* e as raízes de suas árvores, que se aprofundavam penetrando no leito do lago, acabaram por transformar essas jangadas em pequenas ilhas.

A METRÓPOLE

Graças a Bernal Díaz del Castillo, que escreveu a crônica da Conquista, às cartas do próprio Hernán Cortés e ao mural que Diego Rivera pintou três séculos mais tarde nas paredes do Palácio Nacional — é possível termos hoje uma visão da fabulosa Tenochtitlán tal qual era no ano de 1519, pouco antes de sua total destruição.

Lá está a metrópole dos astecas estendida no vale de Anáhuac, sob o claro sol mexicano, graciosa como Veneza e imponente como Babilônia. Tem 50 mil casas, tantas quantas a Sevilha da mesma época, e sua população não é inferior a 300 mil habitantes.

Seu centro é uma ilha de forma oval, orlada de verdes jardins flutuantes, em vivo contraste com a água azul do lago. Sobre plataformas que semelham pirâmides truncadas, os templos dos clãs se empinam com sólida majestade acima do casario de fachadas recobertas de estuque branco ou salpicadas de pedra-pomes pulverizada, dum vermelho opaco mas intenso. Que grande pirâmide é aquela na praça central? É o *teocalli* de Huitzilopochtli, o fero deus da guerra, cujos altares de quando em quando são lavados com sangue humano. O outro templo, menor, é dedicado a Quetzalcóatl, a "serpente emplumada", deidade mais bondosa e amiga dos homens, aos quais, em sua passagem por este mundo, ensinou a arte de cultivar o solo e a de trabalhar o ouro e a prata.

Três grandes calçadas, interrompidas a espaços por pontes levadiças, ligam a ilha maior à terra, convergindo todas para o centro da cidade.

RUAS E MERCADOS

As ruas propriamente ditas são poucas, mas retas e largas. Incontáveis canais cruzam-se entre as pequenas ilhas, cortados de pontes móveis, coalhados de barcaças que transportam passageiros ou levam para os mercados da cidade os produtos das hortas e lavouras das circunvizinhanças. Nas ruas não se vê nenhum carro, pois esta civilização não conhece a roda nem a tração animal. Escravos caminham encurvados ao peso de fardos, sob o duro olhar de seus senhores e seus deuses de pedras.

Ali está o grande mercado de Tlaltelolco, onde se acotovelam guerreiros, membros da nobreza, chefes de clã, sacerdotes e mercadores, cada qual com suas vistosas roupagens, armas e insígnias. As mulheres, vestidas com mais simplicidade que os homens, ostentam flores nas negras cabeleiras. Plebeus andam dum lado para outro e, com os escravos e os mendigos, são a nota fosca do animado quadro.

À sombra de arcadas, mercadores oferecem produtos dos quatro reinos da natureza e dos mil reinos da fantasia e da habilidade dos ourives e dos prateiros, dos tecelões, dos cesteiros e de outros artesãos. Cada tipo de mercancia tem nesta feira o seu lugar especial. Aqui vemos os frutos da terra — *zapotes*, *capulines*, abacates, mangas, abacaxis, tomates, amontoados em coloridas pirâmides. Ali estão as aves e os peixes. Noutro setor, ervas aromáticas e medicinais, raízes de propriedades mágicas. Moscas enxameiam em torno dos boiões de mel de abelha, ao lado dos quais se empilham barras de cera. As mulheres parecem interessar-se mais pelas joias de ouro, prata e jade. Mas tanto elas como os homens examinam com entusiasmo o rico sortimento de plumas de aves na forma de tiaras, mantos, tapetes e enfeites nos mais variados desenhos. Como não existe dinheiro no império asteca, a forma de transação usada é a troca. Um nobre compra uma canastra de chiles vermelhos a um hortelão, ao qual paga com uma bolsa cheia de grãos de cacau. Uma dama entrega plumas de ânade polvilhadas de ouro em troca dum grande tapete tricolor. Um sacerdote oferece pedaços de estanho em forma de T por um manto de algodão.

Milhares de pessoas agitam-se nesta grande praça. Mas há outros mercados e ruas comerciais. Por exemplo, esta aqui é a rua da caça — palpitante de asas, guinchos e trinados — onde podemos comprar vivos ou mortos patos selvagens, perdizes e outros galináceos. Em suas gaiolas de junco, passarinhos de plumagem multicor atraem a atenção das crianças. Nestas calçadas, casas e arcadas, pombas vizinham com águias, falcões e veados. Coelhos e lebres de olhar tímido encolhem-se, assustados, quando uma das aves de rapina estende e bate as fortes e amplas asas. Corujas de seus cantos sombrios parecem mirar com inveja a rica plumagem dos papagaios tagarelas. E que estranhos animais são aqueles que ali estão presos por coleiras, e que parecem produtos da cruza de porco com cachorro? São cães sem pelo que os astecas criam para comer castrados.

Existe ainda a rua dos herbanários, recendente de perfumes agrestes, onde se encontram folhas, ervas e raízes para os males do corpo e os do espírito. E também espécies de boticas com seus unguentos e poções misteriosas.

O que estamos vendo agora será mesmo uma barbearia? Sem a menor dúvida. Os barbeiros aqui lavam e raspam cabeças.

Esta agora é a rua dos objetos de barro, onde se vendem vasilhas das mais variadas formas e cores, jarros, copos, panelas, utensílios domésticos... Vale a pena examinar os belos tecidos de algodão nesta outra rua, com suas vistosas cores e padrões. Depois será interessante visitar o lugar onde se vendem as tintas para pintores e oleiros... Mas basta de comércio!

O PALÁCIO IMPERIAL

Sigamos agora por este canal que desemboca na avenida principal. Aonde nos levará ele? Chegamos a uma praça menor, em cujo centro vemos uma pirâmide. Num pátio vizinho rapazes recebem instrução militar, aprendendo o manejo das armas. O suor escorre-lhes pela epiderme azeitonada, enquanto, sob o olhar dos instrutores, eles se entregam aos seus duelos, brandindo aos gritos suas clavas chatas e aparando os golpes do adversário com escudos. Num grupo à parte, outros adolescentes se exercitam no lançamento do *atlatl*, espécie de dardo alongado.

Deixemos os futuros guerreiros (sabemos que jamais chegarão a lutar, pois o estranho exército de homens claros que destruirá o império asteca já desembarcou nas praias das terras baixas...) — deixemos os joviais duelistas para voltar à praça maior, ao Palácio Imperial, àquele sólido edifício a cujo pórtico de pórfiro e jaspe soldados montam guarda. Chegamos em boa hora, pois o banquete que reúne os nobres, os notáveis de Tenochtitlán, bem como potentados de outras províncias do império, se aproxima do fim. Mais de trezentos convidados comem e bebem, no maior salão do palácio. O chão está juncado de flores e ervas aromáticas, que os criados pisam ao passarem, dum lado para outro, com salvas de prata, copos, cântaros e cestos. Antes de começar o banquete, trouxeram bacias com água e toalhas, pois seria inconcebível para um convidado começar a comer sem primeiro lavar as mãos. Mas onde está Montezuma? Servido não por escravos, mas por nobres, o imperador come atrás dum biombo, para que os vassalos não o vejam nessa conjuntura pouco sublime. O prato principal é um assado de peru, preparado com um molho especial e servido com legumes. Nos copos de ouro e prata há uma grande variedade de bebidas, três delas tiradas do *maguey*, e todas desconhecidas do paladar europeu, bem como o chocolate perfumado de baunilha que o imperador tanto parece apreciar. Numa grande salva de ouro, com incrustações de jade e turquesa, veem-se os restos duma iguaria também desconhecida das mesas europeias. Se fosse chamado a explicações, o cozinheiro de Montezuma diria com toda a candura — "Assado da carne dum valente guerreiro inimigo sacrificado esta manhã ao deus da guerra".

O jantar terminou. Os criados trazem para os convivas cachimbos com diversas misturas de tabaco e ervas olorosas. A um sinal do imperador, começa o espetáculo. Precipitam-se no salão saltimbancos, malabaristas, dançarinos e todo um regimento de anões e outras aberrações humanas, da coleção privada do imperador, que nesse particular não é diferente de outros soberanos europeus e orientais. E monstrengos, palhaços e burlantins saltam, fazem piruetas, dançam, exibem suas habilidades, enquanto músicos engrinaldados de flores sopram tristemente nas suas flautas e conchas, ao bater ritmado dum tambor cilíndrico.

É uma melopeia triste. Os restos do guerreiro sobre a mesa nos provoca engulhos. O espetáculo dos monstrengos não é nada inspirador. Passemos para outra sala de decoração menos festiva. É aqui que em certos dias os vassalos de Montezuma esperam que o imperador lhes dê audiências. A dependência está agora deserta e sombria. Naquela outra peça, menos severa e burocrática, ricos tapetes com desenhos feitos das mais coloridas penas de pássaros recobrem o chão. Nos aposentos em que Montezuma vive com suas duas esposas, as alfombras têm incrustações de ouro, prata e gemas preciosas. Não menos luxuosas são as alcovas das muitas concubinas do imperador. Lá estão elas agora entregues a seus trabalhos domésticos: tecem, bordam, decoram tapetes e conversam. Feias? Bonitas? Bom, isso é uma questão de gosto e no fim de contas o assunto interessa mais diretamente a Montezuma.

Penetremos agora na sala onde se guardam os tesouros tribais, os presentes que povos vencidos mandaram ao imperador dos astecas, e os produtos do saque de centenas de guerras. É como se tivéssemos entrado na caverna dos ladrões de Ali Babá. Pedras preciosas, escudos, panóplias, joias do mais esquisito lavor, tiaras e peitorais, pulseiras e ombreiras aqui estão reunidos como num coruscante congresso de cor e esplendor juntamente com mantos, plumas, tapetes, cobertas... É possível que alguns destes brincos, braceletes e colares conservem ainda vestígios do sangue dos pescoços, orelhas, peitos e cabeças de onde foram arrancados. Mas não! É sabido que os astecas têm a obsessão do asseio. O palácio imperial conta com inúmeros quartos de banho e toda a gente sabe que Montezuma toma banhos diários e muda de roupa pelo menos três vezes por dia.

Depois de visitar a sala dos tesouros, é natural que passemos de largo pelos silos onde se armazenam as colheitas de grão. Mas vale a pena parar um instante para contemplar o jardim zoológico do Palácio. Neste aviário se encontram pássaros, aves de todos os climas do império, desde os macaus de cores vivas e quentes, vindos das tórridas selvas das terras baixas, perto do mar, até os abutres e águias de plumagem menos brilhante, aprisionados nos píncaros gelados. Dizem que aquele condor que nos mira com seus olhos frios de gelatina veio dos Andes, da região habitada pelos incas. A pequena distância do aviário, jaguares e ocelotes passeiam inquietos em suas jaulas e seus olhos reluzem como os das imagens de certos deuses. No serpentário dormem enroscadas as serpentes.

Estamos agora no jardim, à sombra de pinheiros e ciprestes. Olhamos na direção da colina de Chapultepec, onde fica o palácio de verão do imperador. É de lá que vem, naquele grande aqueduto de barro, a água potável para o povo de Tenochtitlán, pois a do lago é levemente salobra.

O SACRIFÍCIO

Antes de deixar a metrópole de Anáhuac, por que não seguir aquela procissão que ali vai, na direção dum desses templos? Os homens de negro devem ser sacerdotes. Não sei por que entre eles marcha, solene, um homem de roupagens escarlates. No centro do cortejo, como figura principal, caminha um belo adolescente de formas impecáveis, tendo na cabeça um cocar de plumagens multicores, numa das mãos um espelho e na outra um punhado de flautas. Quem é? Aonde o levam?

Um ano antes desta cerimônia o jovem foi escolhido para encarnar Tezcatlipoca, o poderosíssimo e belo deus da eterna juventude, que tem na mão um espelho fumegante onde se refletem o mundo e as criaturas. Os sacerdotes preparam o eleito para este enorme momento. Presentearam-no com incenso e flores perfumadas. Deram-lhe por esposas quatro virgens das mais belas do império. E não faz muito que o arrebataram dos braços das mulheres e o trouxeram para a barca que o conduziu a este lugar através dos canais, por entre aclamações de centenas de pessoas que lhe acenavam das margens. As mulheres o amaram quando o viram passar de pé na proa da embarcação. Os outros jovens o invejaram. Porque naquele momento ele representava a beleza que nunca se apaga, a juventude que jamais se acaba. Ele era o próprio Tezcatlipoca, Alma do Mundo, o maior dos deuses, depois do Ser Supremo.

O cortejo agora se aproxima da parte mais alta do templo. O adolescente arranca da cabeça o cocar, despe-se das ricas roupas e começa a subir as escadas, ladeado pelos homens de negro. À medida que sobe, vai quebrando uma a uma as flautas que tocou em suas noites de amor. Cinco dos sacerdotes erguem o adolescente no ar e o colocam sobre a pedra dos sacrifícios, junto da imagem de Tezcatlipoca, toda de pedra negra, o peito de ouro maciço. O jovem continua sorrindo porque sabe que só agora é que sua vida vai começar. O sacerdote de escarlate ergue no ar a faca de obsidiana. A multidão de repente se cala e um grande silêncio, que parece descer das montanhas, cobre o vale inteiro. Num gesto rápido o sacrificador rasga o peito do moço asteca, numa incisão que vai do esterno até a base do estômago. Depois, metendo a mão pelo talho, de onde o sangue jorra aos borbotões, segura o coração da vítima e arranca-o ainda palpitante do peito. Tezcatlipoca parece contemplar com seus olhos de pedra negra a cena do sacrifício, que se reflete toda no seu fosco espelho.

O carrasco ergue para o sol o coração do adolescente, numa oferenda, e depois lança-o aos pés do ídolo.

A multidão, num delírio místico, rompe a cantar e a gritar.

E a vida da metrópole continua. Uma caravana de mercadores, protegida por soldados, sai neste momento na direção das províncias do Norte. Os escravos caminham e cantam tristes ao peso dos fardos. O Popocatépetl sopra para o alto o seu penacho de fumo. Barcos singram os canais, quebrando os reflexos dos palácios e templos. No centro da praça maior alguns membros do Conselho dos Anciãos conversam ao redor do Calendário, maravilha do engenho asteca, como se quisessem ler nessa pedra circular, nesse espelho do tempo, o futuro do império.

3

A capital federal

SORTILÉGIO

Chegamos à Cidade do México numa luminosa manhã de domingo, 435 anos depois de Hernán Cortés. Hospedamo-nos no Hotel Genève, onde só encontramos turistas americanos, com sua saudável alegria de piquenique, seus *slacks* e gravatas chamativos, suas câmaras fotográficas a tiracolo, e suas velhotas animadas, enfeitadas, salve! salve!

Aqui mesmo no saguão do hotel faço mentalmente uma invocação. Ó Tezcatlipoca, deus da eterna mocidade, eu vos ofereço em sacrifício estas velhas com almas de adolescentes, estes inquebráveis corações de matéria plástica. Tomai-as, ó Alma do Mundo! Mas primeiro fazei-as felizes em Taxco e Guadalajara, deixai-as percorrer todos os lugares pitorescos e históricos desta e outras cidades. Permiti que bailem em Acapulco com os ousados mergulhadores de corpo bronzeado. E que comprem nos mercados *zarapes* e *rebozos* com todas as cores do arco-íris. Alimentai-as com *tortillas*, *quesadillas*, *enchiladas*, *tamales*, *taquitos*, *chicharrones* — tudo isso sem o menor cuidado, ó Tezcatlipoca, pois essas damas, além de terem estômagos e fígados de puro aço, andam sempre com as bolsas recheadas de rodelinhas de Alka-Seltzer. E depois sim, depois levai-as todinhas para a pedra dos sacrifícios.

Mas na portaria me asseguram que os deuses astecas morreram, que o atual governo do México não permite mais esse tipo de sacrifícios humanos. Haverá outros, pois onde e quando não os há?

Dão-nos um quarto de fundo, com vista para o terraço dum edifício de apartamentos, de onde nos vêm os sons dum rádio, o choro duma criança e o parlar dum papagaio.

Num prolongado banho de chuveiro encontramos a compensação para os dias de calor e a ausência de água na paisagem de Chihuahua.

Saímos para a rua com a cautela e o vagar recomendáveis às pessoas que não estão habituadas às grandes altitudes. Esta cidade encontra-se a 2260 metros acima do nível do mar. Sinto a respiração curta, leve dor na nuca e certa fraqueza de pernas.

No princípio deste século a capital do México não tinha mais de meio milhão de habitantes. O gerente do hotel jura que hoje tem quatro. Creio que há nisso um pouco de exagero patriótico, mesmo se contarmos os subúrbios e vilas adjacentes que a metrópole, ao expandir-se, incorporou à sua área. Mas que aqui vivem no mínimo três milhões de criaturas, parece não haver a menor dúvida.

Por que terá esta cidade uma tão grande personalidade? Que é que a torna tão diferente de todas as outras? De onde virá a aura de drama que a envolve? Creio que são vários os fatores, muitas as tintas que, combinadas, produzem — apesar de todo o sol — esse tom escuro, ominoso, que nos dá a sensação de que algo de trágico está sempre por acontecer — um assassínio, um terremoto, uma revolução... Em primeiro lugar, não devemos esquecer que esta metrópole foi erguida sobre o cadáver da Tenochtitlán assassinada por Cortés e seus soldados. Inclino-me a aceitar com alguma fantasia a ideia de que uma cidade possa ser assombrada por um sentimento de culpa. Leve-se em conta também a presença permanente e formidável desses dois vulcões que montam guarda ao vale. Os tremores de terra fazem-se sentir aqui com alguma frequência, se não com demasiada violência. Acrescente-se a tudo isso o singular sortilégio das cidades montanhesas, onde a rarefação do ar, combinada com os acidentes topográficos, parece determinar um tipo de psicologia que torna seus habitantes desconfiados e soturnos. Outro elemento de drama, e esse visível a olho nu, é o fato de que, tendo-se drenado a pouco e pouco, através dos séculos, as águas do lago Texcoco, esta metrópole, construída sobre um leito de areia, lava e rocha porosa, está afundando. Sim, calcula-se que afunde trinta centímetros por ano e não de maneira uniforme, por causa do desequilíbrio que os arranha-céus trazem à distribuição do peso sobre o solo. Não é raro verem-se edifícios guenzos, casas meio adernadas, escadarias fora de prumo, paredes fendidas, torres inclinadas. E como se tudo isso não bastasse para tornar a capital do México uma cidade única, oferece-nos ela ainda a peculiaridade de trazer a marca de cinco culturas diferentes.

Será interessante procurar esses sinais durante nossas andanças.

O *ZÓCALO*

Estamos no *zócalo*. Nesta praça de dimensões monumentais, que foi outrora o coração de Tenochtitlán e mais tarde o da cidade colonial espanhola, encontra-se a grande catedral que os conquistadores construíram com as pedras mesmas do Templo Maior dos astecas. Combinam-se em sua fachada elementos arquitetônicos diversos, e até mesmo um leigo como eu pode ver nela vestígios do coríntio, do jônico e do dórico. Resulta dessa mistura algo a que se poderia chamar neoclássico. Tem essa parda catedral uma imponência sombria, como se houvesse guardado em suas pedras não apenas a marca da idade e da intempérie, mas também a lembrança acumulada e feita pátina de todos os sofrimentos e violências que presenciou. A seu lado ergue-se o Sacrário Metropolitano, belo exemplo do churrigueresco que um tremor de terra desaprumou, dando a seu aspecto, já de si severo, mais um elemento de drama. Construído na forma duma cruz grega, consiste em duas naves que se cruzam, com uma cúpula ao centro.

Outros casarões históricos cercam a grande praça, como o Palacio Nacional, construído no lugar onde foi originalmente a residência de Montezuma e mais tarde a casa de Cortés, que um incêndio destruiu; o Palacio del Ayuntamiento, na face sul do *zócalo*, e o Palacio de la Justicia, de construção muito mais recente, na esquina de sueste.

Têm todos esses edifícios um aspecto maciço, uma solidez atarracada, mas não se lhes pode negar uma certa grandiosidade respeitável. Muitos deles foram feitos de *tezontle*, pedra rosada de origem vulcânica, vinda também dos monumentos astecas demolidos.

Passeamos sob as galerias com arcadas que cobrem a calçada na face ocidental do *zócalo*. Como acontecia nos tempos de Cortés, estes *portales* abrigam uma série de pequenas lojas.

É estranho pensar que sob nossos pés, a alguns metros debaixo do asfalto, jaz soterrada a metrópole asteca. Se não me engano foi nestas vizinhanças que desenterraram a grande pedra do Calendário, que hoje se acha no Museu Nacional de Antropologia. Conta-se que, em princípios deste século, os trabalhadores que demoliam um edifício comercial, na esquina da rua Guatemala com a do Seminário, descobriram os alicerces duma construção que se acredita tenha sido parte da Grande Pirâmide do deus da guerra.

Temos, pois, nesta praça — que continua sendo pelo menos o centro histórico, se não mais o social e o comercial do México —, vestígios de duas civilizações: a asteca e a colonial espanhola. Mas até onde esse colonial é puramente espanhol? Tenho a impressão — e assim pensa muita gente que conhece melhor o assunto — que no momento mesmo em que os conquistadores erguiam suas casas e palácios à imagem e semelhança dos que tinham deixado em sua pátria, do outro lado do mar, já começavam a sofrer a influência do povo que haviam submetido. Não era apenas o fato de estarem usando o material e até certo ponto a técnica de construção dos nativos. Era mais que isso, misteriosa e imponderavelmente mais que isso.

Vemos também no *zócalo* algo que não é nem índio nem espanhol. São os automóveis que aqui circulam ou se acham estacionados. E os cartazes que anunciam produtos comerciais *made in USA*. Quem contempla parte das ruínas do Templo Maior, visíveis a poucos passos da catedral, olha depois para o templo católico e a seguir para os anúncios de Pepsi-Cola, pode até sentir uma tontura. Os saltos no tempo são demasiado vertiginosos. E quando digo *tempo* não estou pensando apenas no cronológico, mas também no psicológico.

Se um grande terremoto derribasse um dia esta igreja e estes palácios, revolvendo o solo, possivelmente veríamos surgir do ventre da terra o cadáver de Tenochtitlán, a que se misturariam os escombros do México colonial e os da metrópole do século xx com seus arranha-céus, cinemas, *night clubs* e *soda fountains*... E nossos olhos testemunhariam cenas espantosas, como por exemplo a cabeça dum ídolo asteca — Tezcatlipoca ou Quetzalcóatl — coroada com um desses discos vermelhos da Coca-Cola que vemos sacrilegamente pregados nas faces destas velhas arcadas.

Ao ouvir a descrição dessa catástrofe hipotética, minha mulher acha que minha fantasia anda excessivamente solta, e atribui isso à altitude. Fotografamos a catedral, o Sacrário, o famoso Sino da Liberdade que Hidalgo fez badalar em 1810 e que agora, aposentado, ali dorme em silêncio sobre a portada central do Palácio — e depois, felizes e meio aéreos, passamos a outras ruas e considerações.

EU, BENITO JUÁREZ

Minha primeira noite na capital do México foi quase tão angustiosa como a que passei no trem depois do descarrilamento. Acordei várias vezes meio agoniado, com falta de ar, sempre com uma sensação de afogado. Tenho a impressão de que andei a noite inteira às voltas com sonhos obsessivos, todos em torno duma espécie de *leitmotiv* que, dessa vez, era a identidade entre o imperador Maximiliano e o escritor Vianna Moog, ambos louros e grandalhões. Havia momentos em que as imagens se fundiam e toda a minha aflição vinha de eu não poder separá-los, pois sabia que, se não os separasse, Vianna Moog acabaria fuzilado, não em Querétaro, mas em São Leopoldo, cidade à beira do Reno. O diabo é que lá pelas tantas entrou em cena outro elemento, Benito Juárez, espécie de figura de pedra, imóvel e silenciosa, agourento pano de fundo. E, como se todas as complicações não bastassem, houve um instante em que Juárez era eu próprio. Na minha imobilidade de estátua eu ouvia os cochichos do monarca e do escritor: "Não se pode ter confiança em índio" — diziam. Eu queria provar-lhes que nada tinha a ver com o fuzilamento do imperador, era tudo uma fatalidade histórica, algo que já havia acontecido. Inútil. Não conseguia mover um dedo, e a água me entrava pelas narinas, pela boca, pelos olhos, asfixiando-me...

No dia seguinte, ao despertar, ponho ordem nos pensamentos. Vianna Moog escreveu *Um rio imita o Reno*. O fuzilado foi Maximiliano. Posso ter cara de índio, mas não sou Benito Juárez. Quem duvidar, que examine meu passaporte.

Do quarto de banho, já a fazer a barba diante do espelho e a mirar contrariado as acentuadas bolsas arroxeadas sob os olhos, grito:

— Sabes quem vai chegar aqui dentro de poucos dias?

— Quem?

— O Vianna Moog.

Perco-me de novo em pensamentos e depois torno a falar.

— Vamos visitar hoje o palácio onde ele morou?

— O Vianna Moog?

— Não. Maximiliano.

À mesa do café, numa sala do Genève que cheira a bacon frito, e onde turistas garrulamente (nunca usei esta palavra em toda a minha vida) conversam, preparando-se para as excursões do dia, rumino os sonhos da noite. Não há nada mais absurdo, improvável e fascinante que a história do México. Este país americano, conquistado e colonizado por espanhóis, com uma tremenda percentagem de sangue índio, já teve um imperador austríaco e uma corte francesa.

CHAPULTEPEC

Fica o Castelo de Chapultepec no alto da colina do mesmo nome, no fim do Paseo de la Reforma, rodeado por grande e belo parque de ciprestes gigantescos, um dos mais antigos do continente. Sua estrutura de pedra, do ponto de vista arquitetônico, não impressiona. Para mim, pelo menos, não diz nada. Mas se nos detivermos um instante a pensar na história deste casarão ele avultará a nossos olhos numa aura de drama e romance.

Construiu-o em 1783 o vice-rei Gálvez, cidadão de quem tenho apenas notícias vagas, bem no sítio onde foi outrora o palácio de verão do imperador Montezuma. O castelo, que veio a ser a residência de outros vice-reis, só foi terminado em 1840, época em que o fortificaram e trouxeram para cá o Colégio Militar.

Com um pouco de fantasia poderemos ouvir as vozes de comando que aqui soavam há pouco mais dum século, e os passos marciais dos jovens cadetes índios e mestiços, possivelmente retacos e morenos, a marchar — *uno-dos!... uno-dos!* sobre estas pedras. Como são compenetrados esses meninos entre dezessete e vinte anos, futuros oficiais do exército mexicano! Mas antes que nos sintamos inclinados a chamar-lhes, entre paternais e irônicos, "soldadinhos de chumbo", será aconselhável abrir um livro de História e ler o que aqui se passou no trágico ano de 1847. O México e os Estados Unidos acham-se em guerra por causa de Texas. As tropas americanas que invadiram o território mexicano entram na capital e cercam a Escola Militar, onde os jovens cadetes lutam sozinhos como homens. É uma batalha perdida, eles sabem, mas preferem morrer a render-se.

Sim, aquele monumento lá embaixo, ao pé da colina, com suas seis colunas e suas figuras de mármore branco, foi erguido em honra dos "*niños héroes*".

Em 1866 Maximiliano transformou o castelo em residência imperial. A própria dona Carlota, sua esposa, desenhou os jardins, onde encontramos a saborosa fonte de Dom Quixote em que a história do herói de Cervantes está resumida em imagens nos azulejos que forram seus bancos.

Turistas fotografam o monumento aos cadetes, sem ter — presumo — nenhuma ideia do que ele representa. Outros reúnem-se, excitados, ao redor da famosa "árvore de Montezuma", que um guia informa em altos brados ser um *ahuehuete* de quase setenta metros de altura, com um tronco de quinze de circunferência.

Entramos no castelo, que é hoje um museu de História. No vitral da clarabóia, sobre a escadaria da entrada, vemos as armas dos dezoito governantes que o México teve, desde o tempo dos astecas até Maximiliano. Começamos a andar por suas dependências — salas com o pé-direito muito alto, cheias de vitrinas onde se veem uniformes, armas, bandeiras, documentos, condecorações, camafeus, bibelôs, joias e vestidos usados pelas damas da corte de Maximiliano, objetos pessoais pertencentes aos soberanos, a baixela de prata, a louça da casa imperial. Nas paredes pendem quadros de pesadas molduras douradas, com retratos a óleo de estadistas, generais, ministros, todos de catadura severa, muitos com barbicha à Napoleão III, uns em trajes civis, de fraque e plastrom, outros em uniformes militares, com dragonas e botões dourados — todos com olhares intensos que parecem seguir-nos. Não deixa de ser inquietante a gente sentir-se foco desses olhos fiscalizadores e meio hostis, vindos do fundo do tempo. Tenho ímpetos de parar, erguer a cabeça para os figurões, tirar para fora o forro dos bolsos e dizer com altivez: "Podem me revistar. Não roubei nada!".

E aqui nos vamos por entre relíquias, já com essa pressa cretina do turista profissional que não visita os lugares porque deseja realmente vê-los, mas sim porque quer ter o direito de mais tarde dizer aos outros e a si mesmo que os viu.

Estamos agora na parte do castelo onde viviam os monarcas. A mobília do quarto de dormir e a da sala de visitas foi-lhes presenteada por Napoleão III, o responsável por este império fantasma. O estofo das cadeiras e sofás ostenta cópias de gobelins do Louvre. Paramos à porta da sala de visitas e olhamos para dentro. Estamos em 1866. Carlota toca ao piano uma sonata de Haydn.

Por mais que me esforce, não posso imaginá-la com as feições que vi há pouco em seu retrato a óleo, numa dessas salas. Vejo-a com a cara de Bette Davis. (O mal que o mau cinema nos tem feito!) O imperador também ali está, sentado, as pernas cruzadas, lendo placidamente um livro. Os *Ensaios* de Montaigne? O *Werther* de Goethe?

Continuamos a andar. Este era o quarto de dormir do casal. Abstenho-me, respeitoso, de qualquer fantasia. Mas ao chegar à porta do quarto de banho, vendo a pequena banheira de mármore onde Carlotta devia tomar seus banhos perfumados, mas onde não posso imaginar o imperador com suas longas pernas, não resisto:

— Como seria a imperatriz... plasticamente? — pergunto.

— Talvez um chaveco.

— Eu só queria saber se os Habsburgo tomavam tantos banhos quanto Montezuma.

— Nesta altura da História, parece que o detalhe não tem lá muita importância.

Sacudo a cabeça, concordando. E lentamente nos aproximamos da balaustrada do grande terraço, de onde se avistam panoramicamente a cidade, e o vale, com seus vulcões, cerros e montanhas. Na falta dum adjetivo preciso para a cor deste céu de maio, direi que ele é dum azul mexicano.

Ali está a perspectiva do Paseo de la Reforma, bela, larga e repousada avenida orlada de árvores e interrompida, a espaços, por círculos que aqui se chamam *glorietas*. Deve-se ela a Maximiliano, que talvez tivesse querido dar à capital de seu áspero império um bulevar que lembrasse os Champs Elysées. Conta-se que quando o imperador saía a cavalo pelas manhãs, ao longo do Paseo, dona Carlota deixava-se ficar neste terraço a segui-lo com o olhar ciumento.

Esperem. Ali vem agora o imperador em pessoa, passos lentos e largos, as mãos trançadas às costas, a cabeça pendida, o ar pensativo. Vejo-o tal qual nos retratos: a cabeleira loura como a barba em forquilha, os olhos claros, o dólmã escuro, as calças brancas justas nas pernas, medalhas no largo peito.

Aproxima-se da balaustrada e queda-se a contemplar a cidade que tanto ama. Penso numa frase de D'Annunzio que li não sei onde nem quando: "Formosa flor de Habsburgo caída em terra bárbara".

Saberá ele que seu destino já está traçado? Terminou a Guerra Civil nos Estados Unidos e agora o poderoso vizinho ameaça intervir no México para restaurar a república. Um índio obstinado e messiânico reúne seus homens no Norte, recebe armas, munições e dinheiro vindos do outro lado da fronteira.

Napoleão III, alarmado ante a ameaça da Prússia, vai abandonar o príncipe austríaco à sua própria sorte. Já ordenou a retirada das forças francesas do território mexicano... E dentro de menos de um ano Maximiliano estará com dois de seus leais companheiros diante dum pelotão de fuzilamento, no alto do Cerro de las Campanas, em Querétaro. Saberá ele que tudo isso vai acontecer? Se sabe, por que não aceita o conselho de Napoleão III e abdica? Se não sabe, acho que eu, desta posição privilegiada no tempo e no espaço, devo avisá-lo do perigo. Basta dar dois passos, tocar-lhe respeitoso o braço e murmurar: *Monsieur...* Talvez seja aconselhável dizer-lhe quem sou e de onde venho. Posso arriscar até uma mentirinha simpática: "Nosso imperador, d. Pedro II, manda-lhe um abraço..." *Wonderful!* — berra um vozeirão ao meu ouvido. Um americano de camisa amarela se interpõe entre mim e a visão e, com a Kodak contra o olho — clique! — fotografa a paisagem.

Muitos outros vestígios da influência francesa, além do Paseo de la Reforma, encontramos nesta cidade tentacular. Vêm eles quase todos do século XIX. Apesar da vizinhança duma nação anglo-saxônica e dum substrato racial índio, costuma-se dizer que o México foi, desde os tempos da Conquista, uma nação latina. Segundo Samuel Ramos, este país latinizou-se "sob a dupla influência da Igreja Católica e da legislação romana".

Depois da experiência malograda com um imperador *criollo*, Augustin I — o México se fez república e tomou como modelo a França, apesar de haver adotado o sistema presidencialista de tipo norte-americano. O catolicismo também contribuiu para aproximar esta nação da França, cuja arte e literatura sempre encontraram na América Latina, principalmente no século passado, os mais entusiásticos adeptos entre os grupos letrados. Era natural que durante esse tempo o modelo francês fosse seguido na literatura, na arte e na política. Atribui-se ao general Porfirio Díaz, que permaneceu no poder durante mais de trinta anos, como um dos mais sólidos ditadores que o país jamais conheceu, a famosa frase: "Pobre México! Tão longe de Deus e tão perto dos Estados Unidos!". Mas foi paradoxalmente durante esse governo tão inspirado nas doutrinas de Augusto Comte e tão enamorado das conquistas espirituais da França, que as jazidas de petróleo e outros minerais do México foram pouco a pouco passando para as mãos de empresas inglesas e norte-americanas.

Em muitos destes velhos bairros residenciais por onde andamos, se nos deparam a cada momento relíquias arquitetônicas da era porfiriana, grandes mansões de tipo francês, com pórticos, *portes-cochères*, águas-furtadas, janelões, estátuas, fontes, alamedas de ciprestes e outras árvores civilizadas.

No centro da cidade encontramos muitos exemplos da detestável *art nouveau*, com suas cúpulas, fachadas ornamentadas, escadarias de mármore e esculturas. Ao lado da Alameda, com a frente para a avenida Juárez, perfila-se o Palácio de Belas-Artes, começado em 1905, no governo de Don Porfirio, e inaugurado em 1935. Desconfio que seu estilo é uma tentativa de combinar motivos maias e mixtecas com a arquitetura clássica de sabor francês. O resultado foi esse mastodonte coroado por uma gorda cúpula encimada por uma águia de bronze de asas estendidas. Sua estrutura de mármore branco é de tal modo pesada, que já afundou quase dois metros neste solo esponjoso. O Palácio contém o teatro nacional, vários auditórios e galerias de arte. Nas paredes de suas escadarias, Orozco, Rivera, Siqueiros e Tamayo pintaram afrescos.

No teatro assistimos uma noite à representação — bastante boa — da *Jeanne d'Arc au bûcher*, o poema de Claudel com música de Honegger. Achei uma delícia as caras índias do coro!

O interior do teatro é todo decorado em púrpura. Um estudante me confessa que, quando entra aqui, tem a impressão de penetrar nos intestinos duma vaca.

A CIDADE INSUBMISSA

Na Tenochtitlán dos astecas os oficiais do mesmo ofício e os mercadores do mesmo ramo agrupavam-se nas mesmas ruas. Parece que até há bem pouco tempo essa tendência predominou aqui. Na rua Francisco Madero, que antigamente se chamava Plateros, encontram-se ainda muitos prateiros, mas principalmente casas que vendem artigos de Paris. A Tacuba está cheia de lojas de calçados e a Donceles especializa-se em móveis.

Por todas estas ruas andamos num espírito de feriado, sem horário nem programa certos, numa disponibilidade de corpo e espírito que por si só vale a viagem.

Que contar deste Distrito Federal? Adiantará dizer que a maioria de suas avenidas se orientam de leste para oeste e que suas ruas correm de norte para sul? Claro que não. Não será com dados estatísticos ou meras informações sobre população, topografia, clima ou progresso econômico que vamos dar a verdadeira fisionomia duma cidade.

Já falei, páginas atrás, nesse estado de espírito que produz a capital do México no visitante: a impressão de desastre iminente ou pelo menos de que algo de anormal vai acontecer no minuto seguinte. Paralelamente a esse mal-estar — não de todo desagradável, confesso — sinto uma espécie de cordial irritação ante esta cidade insubmissa que não se deixa classificar, que repele todos os adjetivos que lhe ofereço, apresentando-se-nos ora moderna ora antiga; agora encantadora, logo depois sinistra; aqui bela e ali adiante feia... Afinal de contas, em que ficamos? Não ficamos. O melhor é caminhar, beber o México, absorver o México, pelos olhos, pelos poros, no ar que respiramos, nas vozes que ouvimos, nos cheiros que nos entram pelas narinas — gasolina queimada, pó de asfalto, *tortilla*, frituras, fragrância de flores e ervas... Para diante! Talvez mais tarde possamos encontrar a palavra exata. Por enquanto, contentemo-nos com anotar a lápis, em rápidos esboços, as imagens e cenas que se nos apresentam, para um dia, com audácia e amor, pintar o grande mural do México. Um dia ou nunca.

Este trecho em que a avenida Juárez se une com a rua Francisco Madero se parece com Los Angeles ou San Francisco. Mas se prestarmos bem atenção a pormenores, veremos logo que não podemos estar nos Estados Unidos, apesar dos arranha-céus, dos automóveis americanos que correm macios pelo asfalto, das marquises dos cinemas com anúncios de filmes de Hollywood, dos turistas gringos e de algumas lojas que bem podiam estar na Quinta Avenida, em Nova York, ou na State Street, em Chicago. É que o selo do México avulta em tudo, inconfundível. É este tipo de atmosfera, este tom de sol, um certo ar de família que irmana a maioria dessas caras, fachadas, calçadas, árvores. De súbito, entre dois edifícios de linhas modernas, como um frade franciscano ladeado por playboys, surge-nos um casarão colonial, com seus renques de janelas com *rejas* e uma velha porta de madeira lavrada na qual com um pouquinho de imaginação podemos ler a história de cem vidas e cem dramas.

Nosso desejo de simplificação nos levará forçosamente a dizer que a cidade antiga, de sabor colonial, é de tom escuro e ruas estreitas; e que a moderna é clara e de largas ruas e avenidas. Entre a muito antiga e a muito moderna existe outra, tipicamente do século XIX. Mas é natural que em muitos trechos as três se misturem e confundam.

Ali está a Alameda, belo parque central, com seus álamos e freixos, seus bancos e seus globos de luz elétrica em cachos sobre postes prateados. Aqui outrora arderam as fogueiras da Inquisição, nas quais índios, mestiços e *criollos* experimentaram, antes de enfrentar o Criador, uma espécie de *avant-première* do Inferno. Em princípios deste século a Alameda era de tal maneira escura, que seus meandros, sombras e arbustos propiciavam assaltos e crimes. Agora, profusamente iluminada, é durante o dia atração turística e à noite ponto de encontro de empregadinhas com soldados.

Um letreiro me atrai a atenção na fachada dum café restaurante: LONCHERÍA. Aqui está um dos muitos neologismos de origem inglesa.

Vem de *lunch* (almoço) que esta gente, por sua incapacidade de dar ao *u* o som de *ã*, pronuncia *lonche. Lonchería* é a casa que vende almoços rápidos, tão ao gosto dos visitantes americanos. Vejo lá dentro a *soda fountain* com os empregados todos de branco, um gorro de dois bicos na cabeça. Já li e ouvi outros neologismos como *dona*, versão mexicana do *doughnut*, rosca semelhante ao nosso sonho e muito popular nos Estados Unidos.

Na rua, os garotos descalços que nos pedem dinheiro ou querem vender-nos coisas tratam logo de dizer-nos frases em inglês que aprenderam como papagaios e que pronunciam à sua maneira. Confesso-me decepcionado ao ver que esses meninos me tomam por americano.

— *Pero con esta cara!* — digo a um deles. — *No sabes que soy mexicano como tu?* Ele sorri incredulamente e, ainda de mão estendida, repete:

— *Please, un pesito, mister.*

Atravessamos a rua para ver a famosa Casa de los Azulejos. É uma joia colonial. Dizem que foi construída em fins do século XVI e por muito tempo considerada uma das mais belas residências da cidade. A fachada está toda recoberta de azulejos brancos e azuis feitos em Puebla. Entramos, esperando encontrar o nobre vestíbulo dum museu ou a frescura dum pátio espanhol, mas caímos na cálida, perfumada e coruscante confusão dum *department store* tipicamente americano, o Sanborn's... Que seja tudo pelo amor de Deus e maior glória do México!

CONTRASTES?

Não direi que o México é uma metrópole de contrastes porque até hoje não li nenhuma descrição de cidade que não repetisse tal chavão. Aqui, como de resto em quase todas as capitais da América Latina, a mais sórdida miséria roça cotovelos com a mais ostentosa riqueza. É o milionário no Cadillac e o índio descalço e a pé. Vejo igrejas a dois passos de prostíbulos. Uma casa funcional moderníssima na frente dum convento do século XVIII.

Perto da Alameda, certa noite, passo pelo sinistro Mercado de Coroas. É um longo galpão coberto de zinco, em cuja frente estão expostas enormes coroas para defuntos, de quase dois metros de altura. Perto desse sombrio mercado fica o edifício onde prostitutas recebem tratamento de doenças venéreas e onde são periodicamente inspecionadas. A pequena distância do ambulatório, escureja a severa fachada duma velha igreja.

A poucos metros do templo, à porta dum casarão de aspecto suspeito, avisto uma mulher de busto imponente e pernas finas sem meias, a cabeçorra plantada sobre um pescoço taurino, a cabeleira dum louro evidentemente artificial. Está a criatura recostada à ombreira da porta, fumando. Detenho-me à beira da calçada, fingindo olhar para a Alameda, do outro lado da rua, e fico a observar a mulher. Sim, esta não é uma prostituta. É *a* prostituta: um símbolo. Deve ter mais de cinquenta anos. O rosto é duma brancura malsã que a luz violácea do letreiro do ambulatório torna lívida. Os olhos exageradamente bistrados parecem falar de noites de insônia, maconha e tequila. As rosas de carmim nas faces dão-lhe um ar grotesco de boneca envelhecida. Os dentes me parecem miúdos e escuros, como que podres. Evidentemente essa mulher espera *un hombre*. E o mais incrível é que esse homem aparecerá, trocará algumas palavras com ela, e depois subirão ambos pela escada escura que os levará a um pobre quarto onde haverá possivelmente uma cama de ferro, um lampião de querosene, uma *china poblana* de pano, um retrato de marinheiro colado ao espelho (a data de dedicatória: setembro de 1920) e o cheiro indescritível dos quartos desse tipo — mistura de bafio de porão, perfume de pó de arroz barato, sarro de cigarros de machos imemoriais...

Sei que devo continuar no meu passeio porque a criatura decerto já começou a desconfiar de mim. Uma estranha fascinação, porém, me prende à calçada. Mulheres como esta eu só conhecia de literatura. As prostitutas da minha adolescência eram seres amáveis, em geral jovens ou, quando velhas, respeitáveis. Tinham pudores, escrúpulos e uma ética quase rígida. Mas esta — pelas cinzas de Cuauhtémoc! — esta merece um poema, uma moldura, um museu. Ela me causa a um tempo piedade e asco. Sinto que devo eliminar o asco e concentrar-me na simpatia humana. Não a vejo como mulher, não posso sequer imaginá-la como símbolo sexual, objeto de prazer. Seu comércio deve ser frio, melancólico e escasso. E a vizinhança das coroas funerárias me dá a sensação de que a pobre criatura tem algo a ver com morte, cemitério e decomposição. Todas estas reflexões me desgostam, pois me parecem um juízo, uma condenação. Tenho de tentar um gesto de simpatia. E se eu lhe dirigisse a palavra? Se a levasse para o fundo dum desses cafés e a fizesse falar? Gostaria de saber como ela é, o que pensa, como vive. Um remoto pregador da minha infância agora se me desenha na memória e eu lhe ouço (ou vejo?) a voz: "Vasos de iniquidade!". Sim, aqui está um velho e quebrado vaso de iniquidade. Talvez sua especialidade seja iniciar no amor adolescentes tímidos. Função sórdida? Não. Serviço social. Uma benemérita! Há pouco, para evitar a atitude farisaica, pensei num gesto apostólico. E agora, com medo de cair em pieguices, torno-me cínico. Que fazer? Para onde me voltar?

O melhor é ir embora. Retomo a marcha. Levo na mente todos os elementos deste conjunto: o ambulatório para doenças venéreas, o mercado de coroas, o prostíbulo, a prostituta e a igreja.

Ali está quase tudo: sexo, morte, comércio, estômago, religião. Marx, Freud, Ford e naturalmente Deus — Deus por toda a parte, claro ou implícito. Deus envolvendo tudo como uma possibilidade, uma certeza, uma dúvida, uma ameaça ou uma esperança...

O México é um país que nos sacode e revolve fundamente o pensamento e as entranhas. É uma terra que não permite a indiferença ou a neutralidade. Mas, seja como for, mantenho a decisão inicial. Não repetirei o chavão de que esta é uma cidade de contrastes. Mas que é, é.

OS *LIBRES*

Como a civilização asteca não conhecia a roda, seus remotos descendentes que hoje dirigem automóveis aqui no México parecem buscar uma compensação para os muitos séculos em que seus maiores não gozaram dos benefícios dessa prodigiosa invenção. E por isso agora correm como desesperados. Não sei ainda qual é o tráfego mais doido, se este ou o do Rio de Janeiro.

Aqui se dá comumente o nome de *libres* aos táxis, por motivos óbvios. Mas nem sempre os *libres* estão livres. Temos usado muitos deles desde que chegamos, e acho divertido e instrutivo conversar com seus condutores. Os mexicanos não falam muito, mas tenho conseguido que alguns choferes respondam a minhas perguntas. Os que até agora conheci são bronzeados, cabeludos, retacos e taciturnos. Duma feita, falta-me troco para completar o pagamento duma corrida. Com minha experiência brasileira, espero uma explosão da parte do *hombre*, mas com surpresa ouço-o dizer, suave:

— Está bem, senhor, na próxima vez me pagará a diferença. *Hasta la vista!* — E se vai. E a história se repetiu muitas vezes, tantas que estou tentado a concluir que a ganância não é um pecado dessa classe aqui no México.

Noutra ocasião, referindo-me à confusão do tráfego local, às voltas vertiginosas ao redor dessas *glorietas*, digo ao chofer do carro em que viajo:

— Para dirigir automóvel no México é preciso ter bons nervos.

Sem voltar a cabeça, o homem acrescenta:

— *Y caracter, señor.*

OS JARDINS DO PEDREGAL

Não num *libre*, mas no carro dum amigo, percorremos zonas residenciais e subúrbios. No bairro de Polanco (classe média), em casas empoladas de relevos e colunas retorcidas, encontramos um falso, ridículo colonial. Rodamos ao longo da avenida dos Insurgentes, que os mexicanos dizem com orgulho ser a mais longa do mundo, pois corta a cidade de norte a sul e passa pela Cidade Universitária, a 22 quilômetros de distância do centro, antes de desembocar na rodovia que leva a Cuernavaca.

Apeamos nos Jardins do Pedregal para ver algo de extraordinário. Coisas como esta só podem acontecer no México, consequência duma estranha combinação de cataclismo com talento inventivo. Há alguns milênios o vulcão Ajusco entrou em erupção, cobrindo de lava boa parte do solo nos arredores da capital. Por alguns séculos esse território vulcânico, dum negro avermelhado, permaneceu no mais completo abandono. Pois bem. Há poucos anos um grupo de urbanistas e arquitetos mexicanos idealizou um projeto audacioso que acabou transformando o Pedregal num dos mais belos e originais distritos residenciais que conheço. Encontramos aqui casas do mais rigoroso estilo funcional — cubos de cimento nas cores rosa, verde, violeta, azul, cinza, amarelo e vermelho — repousando sobre um terreno de cor trágica e de formas acidentadas e agônicas. Não sei como conseguiram fazer nascer flores deste solo rochoso, mas elas aqui estão, nos mais esquisitos e caprichosos jardins, em meio de fontes e lagos artificiais de inesperados desenhos. Não houve neste bairro, que eu saiba, nenhuma demolição considerável de rocha, a não ser a estritamente necessária para abrir ruas. Aproveitaram-se, com coragem e imaginação, todos os acidentes do terreno, e certas residências parecem manter-se num equilíbrio precário sobre estas montanhas, cerros e canhadas miniaturais em que a lava milenar se petrificou. Os muros de algumas das casas foram construídos de acordo com a técnica dos astecas. E as ruas do bairro têm nomes telúricos como Água, Vento, Sol, Lua, Cratera, Chuva, Orvalho, Fogo...

A CIDADE UNIVERSITÁRIA

Esta monumental universidade, construída também simbolicamente sobre a mesma planície de lava vulcânica, é uma prova de quanto podem a tenacidade e a audácia, o engenho e arte do mexicano. São responsáveis por ela alguns engenheiros nacionais, jovens quase todos, e creio que mestiços em sua maioria.

Caminhando agora por suas ruas, jardins, corredores e pátios, e olhando para seus impressionantes edifícios, não posso deixar de sentir a presença espiritual de Francisco Madero, Emiliano Zapata (pouco importa que este último tenha sido um iletrado) e outros heróis da Revolução Agrária de 1910, responsável remota, mas na minha opinião certa, por esta Cidade Universitária e outras expressões do México moderno.

Erguida durante o governo de Miguel Alemán, homem de muitas qualidades e imensos defeitos, custou 300 milhões de pesos, ou seja, 25 milhões de dólares, e ocupa uma área de 225 hectares. Um exército de operários trabalhou em sua construção durante quatro anos, sob a direção de 156 arquitetos e engenheiros.

Estudam hoje aqui cerca de 30 mil mexicanos de ambos os sexos, entre os quais rapazes e raparigas vindos de quase todas as outras repúblicas do continente. Durante os meses de verão, mais de dois mil estudantes dos Estados Unidos fazem nesta universidade cursos especiais.

O conjunto é dum colorido e duma beleza que deixam o observador em estado de poesia. Influências astecas e maias misturam-se com modernas linhas arquitetônicas à mais ousada maneira de Le Corbusier, Niemeyer e Wright. Vejo um frontão para jogo de pelota basca cujo construtor se inspirou nas pirâmides astecas. O estádio olímpico

— com capacidade para 110 mil pessoas — é duma forma que não lembra nada por ser absoluta e desconcertantemente original.

As calçadas, pátios e corredores estão forrados de pedras ou mosaico nas cores rosa e cinza. A Escola de Humanidades fica num pavilhão de trezentos metros de comprimento, considerado a mais longa estrutura de cimento armado do mundo. A administração aloja-se num edifício azul de quinze andares. A pouca distância desse imponente bloco de aço e vidro, sobre um pedestal de pedra vulcânica, assenta a estátua de Don Miguel Alemán. "Mas é Stálin!" — exclama minha mulher ao vê-la. Tem razão. Estou a apostar como a semelhança não é obra do acaso. Possivelmente o escultor, homem de simpatias comunistas ou até mesmo membro militante do Partido, haja recorrido a esse estratagema para plantar impunemente uma estátua do líder soviético no solo desta universidade oficial. Bastou-lhe dar mais corpulência à imagem de Alemán, alterar o desenho da cabeça, reforçar a cabeleira e o bigode, transformar a fisionomia folgazã do presidente do México na pesada carranca de Stálin para que a transformação se consumasse. (Ou tudo não passará de imaginação deste romancista?)

Ali está uma outra bela estrutura com um mural em mosaicos de José Chaves. Um estudante nos informa cortesmente que o quadro se intitula *Revolución de la primavera*. Passamos pela grande piscina olímpica, em cuja água azul rapazes e raparigas nadam. Divide-se ela em quatro partes: uma destina-se aos jogos olímpicos, a segunda ao polo aquático e aos saltos ornamentais, e as outras duas aos principiantes.

E aquele edifício branco de teto côncavo? É o pavilhão onde se estudam os raios cósmicos. E a estrutura alongada, de paredes cor-de-rosa, sobre pilotis? A Escola de Veterinária.

Gosto particularmente da Biblioteca, com espaço para mais de dois milhões de volumes. Nos seus treze andares quase sem janelas, oferece ao observador quatro faces que são partes dum grandioso mural em mosaicos multicores, com símbolos e motivos astecas e maias, e cenas que representam os bons e maus aspectos da Conquista. É da autoria de Juán O'Gorman e tem sido motivo de acaloradas discussões, como aconteceu há muitos anos com o edifício do nosso Ministério de Educação, no Rio de Janeiro. Fico por algum tempo a mirar, na superfície do lago artificial à frente da Biblioteca, o reflexo da sua fachada, sentindo agudamente o contraste entre esta imagem de beleza e a violência desta terra e deste povo.

A cada momento saltam-nos aos olhos outros painéis nestas paredes e muros. Ali está uma pintura em relevo da autoria de Siqueiros: um longo braço de punho cerrado. Ameaça? Promessa? Proteção? Só agora, com esta Cidade Universitária — fabulosa combinação de formas e cores — só agora é que os mexicanos ergueram neste vale uma cidade digna da Tenochtitlán que os conquistadores destruíram.

Quem — partindo do *zócalo*, das ruínas do Templo Maior e, passando pelos palácios representativos do período colonial, pelos edifícios afrancesados da era porfiriana, e pelos arranha-céus imitativos dos Estados Unidos — chegar a esta Universidade, terá não só percorrido mais de quatrocentos anos da História do México como também será recompensado com o privilégio de ter um luminoso vislumbre de seu futuro.

ADÔNIS DE BRONZE

Luís Guillermo Piazza é um jovem advogado argentino que exerce aqui funções relacionadas com o meu departamento em Washington. Sobre o funcionário nada mais direi, pois isso não interessa à narrativa. Daqui por diante designarei esse simpático cordovês pelo seu nome familiar, Tito. Direi mais que ele é um poeta e prosador de sensibilidade e que sua mulher, Yoly, é uma bonita rapariga de olhos e voz cor de mel. (Se alguém achar que voz não tem cor é porque nunca prestou atenção a certas vozes.)

Yoly e Tito são para nós excelentes companheiros e guias nesta cidade que conhecem tão bem. Uma noite, no jardim de inverno do Genève, Tito me fala nos gigolôs de Acapulco, a famosa praia que não visitaremos porque não a considero representativa do México que nos interessa.

Conta-me Tito que muitas dessas turistas solteironas, viúvas ou divorciadas que vêm ao México em busca de aventuras encontram o seu ideal em Acapulco, nesses bronzeados Apolos mestiços com os quais dançam, correm pelas "*carreteras*" em velozes e coloridos conversíveis, e aos quais cumulam de presentes.

Tito me narra o diálogo que manteve certa vez com um desses gigolôs, rapaz esbelto, de olhos mortiços, rica melena dum negro reluzente com fugidios cambiantes azuis. Chamemos ao herói Pancho.

Tito e Pancho acham-se sentados a uma mesa, no terraço dum hotel em Acapulco, contemplando o mar azul. O gigolô está metido em calções pretos, o torso apertado numa camiseta de listas vermelhas e brancas, um gorro de pescador napolitano na cabeça. De uma de suas orelhas pende uma argola de ouro. Pancho dá-se o luxo de estar entediado. Chupa indiferente sua limonada pelo canudinho de palha, preegueando os lábios carnudos e vermelhos. Suas mãos, de dedos longos, têm as unhas bem tratadas. Quando a brisa sopra, Tito aspira o perfume que vem do companheiro. Chanel nº 5.

Pergunta o argentino:

— É verdade, *hombre*, que tua amiga americana te deu uma lancha que custou 30 mil pesos?

— Claro.

A coronela de Pancho é uma californiana cinquentona, ruiva, pintadíssima, que se veste com espalhafato. Possui ações duma companhia petroleira e é viúva e sem filhos.

Tito quer satisfazer uma curiosidade:

— Mas tu gostas mesmo dessas gringas?

O Adônis dá de ombros, sorrindo com seus belos dentes de nácar.

— Total, é uma sensação momentânea...

— Essa argola que trazes na orelha... é para impressionar as turistas?

Pancho fica sério, como que ofendido.

— Não senhor. É uma promessa que fiz à Virgem de Guadalupe. Muitos fazem troça de mim, pensam que é frivolidade. Não sabem que sou um *muchacho muy religioso*.

Seu rosto de repente se ilumina. Ergue o braço, sacudindo no ar a mão espalmada. Avistou na praia a sua gringa, que lhe faz sinais com um lenço vermelho.

— *I'll be with you in a moment, honey!* — grita ele.

E Pancho se vai, rebolando as ancas, o brinco de ouro a fulgir ao sol de Acapulco.

JORNAIS

Alguns dos jornais mexicanos, pelo menos ao primeiro contato, me parecem um pouco provincianos. Talvez um exame mais demorado deles me faça mudar de opinião. Leio um diário da capital federal e me divirto com o tom de certas notícias, principalmente as que anunciam festas de batizado, aniversário ou casamento. A linguagem dessas colunas, bem como a das legendas das fotografias, é duma inocência que me faz lembrar as folhas de minha cidade natal e de minha infância. Mas a inocência para na coluna social, porque o resto não é silêncio, mas violência. Aqui, por exemplo, vai o resumo duma notícia bastante expressiva:

Na povoação de Xoxocotlán, por causa da posse duma velha imagem do Cristo crucificado, discutiram tio e sobrinho. O bate-boca se acirrou de tal maneira, que o tio acabou insultando a mãe do sobrinho, não percebendo, em sua ira, que assim ofendia a própria irmã. O rapaz, cego de ódio, agarrou o crucifixo de madeira e aplicou-o com violência no crânio do velhote, que tombou ao solo sem sentidos, sangrando abundantemente.

Ora, parece-me que sangue de ferimento de cabeça nunca é realmente abundante. Mas para a violência e a dramaticidade mexicanas, quando se sangra só pode ser aos borbotões.

Mais adiante vejo a notícia duma mulher que ateou fogo às próprias vestes e saiu a correr soltando lancinantes gritos de dor. Noutro jornal leio que um menino de oito anos estourou os miolos com uma bala de revólver, quando brincava de "roleta russa".

Nas *Últimas Noticias*, edição especial do *Excelsior*, encontro pitoresca página policial. Debaixo da fotografia dum mestiço com ar de galã de subúrbio, leio estes versos:

> *Antonio Vásquez García*
> *convertido en asaltante,*
> *robó ayer a un policia,*
> *a un señor, y a un estudiante.*
>
> *Y puesto en ese camino*
> *a nadie ya respetó;*
> *cuando iba a asaltar a un cura*
> *un gendarme lo atrapó.*

Passo para outra coluna e vejo uma cara indiática, de larga queixada, nariz chato, lábios grossos debruados de sombria penugem. A legenda é a seguinte:

Don José Jesús Ramírez
es un borracho irredento
que de pulque o de cerveza
siempre se encuentra sediento.

Ayer, con estos calores,
la sed se le acrecentó;
para tener para el trago
un fino reloj robó.

Quase todos os diários hoje trazem cabeçalhos sensacionais em torno duma luta de famílias no istmo de Tehuantepec. Isso me interessa de maneira muito particular, pois dentro duma semana embarcaremos para aquelas bandas.

No Brasil tivemos muitos casos como esse, em que a rivalidade entre dois clãs degenerou em verdadeira guerra. É o que está acontecendo nas proximidades de Oaxaca, um dos pontos estelares de nosso itinerário, onde, segundo os jornais, *impera el terror*. Desde que cheguei acompanho a peleja pelos cabeçalhos. Os de hoje são horripilantes:

SOBE A CINQUENTA O NÚMERO DE ENFORCADOS. A MORTE REINA NO ISTMO. MAIS ENFORCAMENTOS ESPERADOS NAS PRÓXIMAS 24 HORAS. "OLHO POR OLHO, DENTE POR DENTE", EIS A LEI DE TEHUANTEPEC.

Conta-se que um jornal mexicano (mas acho que isso é anedota, pois já vi a história atribuída a um diário cubano) publicou um dia esta manchete: HIJO DESNATURALIZADO ASESINA SU MADRE SIN MOTIVO JUSTIFICADO.

E modelo de humor macabro é o título que encabeçou a notícia de que um jovem mexicano havia assassinado a própria avó, atirando-a dentro de um caldeirão de água fervendo: ABRACADABRANTE CONSOMMÉ DE VELHINHA.

DUAS FIGURAS

Jantamos com os Piazza, cujo apartamento, decorado com muito bom gosto, está juncado de espécimes da arte popular mexicana.

Sentamo-nos à mesa para uma refeição leve, já que se deve comer pouco ao jantar nesta altitude, se não quisermos ficar durante toda a noite com a sensação de ter engolido um tijolo.

A criada entra trazendo numa bandeja o bule de chá e as xícaras. É uma velha pequenina e encurvada, de pele de marfim antigo, rosto pregueado de rugas, mas animado por olhinhos vivos de roedor. Cumprimenta-nos, lançando-nos olhares inescrutáveis. Curiosidade? Desdém? Desconfiança?

Quando a velha se vai, Tito fala-nos dela.

Chama-se Macária. Veio de Oaxaca, é índia e sua idade ninguém sabe ao certo: andará entre setenta e noventa. É forte, lúcida, ágil e pícara. No princípio costumava servir a comida à maneira da terra: punha todos os pratos na mesa ao mesmo tempo. Quando a dona da casa lhe declarou que preferia eles viessem um por um, em certa ordem, dona Macária escutou-a num silêncio meio desdenhoso, as mãos nos quadris. Quando a patroa terminou de falar, a índia encolheu os ombros e disse:

— *Está bien, pero yo no sabia que ustedes eran tan supersticiosos.*

Outro tipo que venho a conhecer, graças a Tito, é Ermelindo, moço de recados do escritório que a Organização dos Estados Americanos mantém aqui.

Baixo, delgado, de ar humilde, Ermelindo aproxima-se dos quarenta, apesar de ostentar um certo ar juvenil, que possivelmente ainda terá na casa dos sessenta.

A breve história que vou contar bem podia ter o título de "Ermelindo contra a técnica". Uma tardinha, no escritório, Tito grita para o empregado.

— Telefone para aquele número que sabes, e vê que horas são.

Referia-se ao número telefônico ao qual os mexicanos, à maneira dos americanos, pedem a hora certa, que é dada por um disco. Ora, Ermelindo, que nunca simpatizou com esse método desumano, achou melhor telefonar para um amigo que trabalha num escritório, nas cercanias duma igreja.

— *Oye, hermanito* — disse ele quando ouviu a voz do outro. — *Asomate a la ventana y mira la hora en el reloj de la torre.* — Esperou um instante e depois, voltando-se para o chefe, informou muito sério: — *Son las siete y cincuenta y uno, señor.*

Um disco é uma coisa morta — achava decerto Ermelindo. Seu *"hermanito"* Paco, uma criatura viva. E podia haver no universo relógio mais digno de confiança que o da casa de Nosso Senhor Jesus Cristo?

Já que estamos tratando de figuras humanas, vou contar aqui mais uma história, pois não sei se terei outra oportunidade de fazê-lo.

Quando estive no México pela primeira vez, hospedei-me na casa de Vianna Moog. No primeiro dia, após o almoço, meu anfitrião me disse:

— Já que és um mísero habitante das planícies, deves dormir uma sestinha depois do almoço. Aqui nesta altitude é aconselhável, pelo menos no princípio.

Obedeci, pois quem recusaria dormir uma sesta com tão bons motivos em tão boa casa? Os Moog saíram, deixando-me entregue ao sono e aos sonhos, que foram muitos e confusos.

Quanto tempo dormi? Vinte minutos ou uma hora? Não sei ao certo. Só me lembro de que em dado momento uma batida me despertou. Saltei da cama meio estonteado e fui abrir a porta. Era a criada:

— Senhor, um cavalheiro o procura.

— Como se chama?

— Não perguntei.

— Onde está?

— No quarto de banho.

— Hem?

Não compreendi mas não fiz mais perguntas, pois sabia que no México não é aconselhável procurar compreender sempre as pessoas e as coisas. Enfiei uma capa de chuva à guisa de *robe de chambre* por cima do pijama de presidiário e fui esperar o visitante na sala. Passaram-se cinco minutos, dez, quinze, e a misteriosa personagem não aparecia. A casa estava mergulhada num silêncio pré-colombiano. (Não sei por que digo "pré-colombiano", mas ocorre-me que essa é a melhor maneira de dar uma ideia daquele silêncio.) Vi em cima da mesa um livro de autor mexicano e pus-me a folheá-lo. Havia nele uma dedicatória para mim. Comecei a compreender... O autor, cidadão respeitável e septuagenário, tivera a gentileza de vir entregar o livro pessoalmente. Ao entrar aqui sentira-se subitamente mal e metera-se no quarto de banho. Estava explicado. Sim, mas a explicação, longe de me tranquilizar, deixou-me mais inquieto. E se o homem teve um ataque cardíaco? Que fazer? Chamar o Pronto-Socorro? Que número? Telefonar para a casa da vítima? Mas como? Que dizer?

Bom, o remédio era esperar mais um pouco, antes de lançar o alarma. Esperei cinco, dez minutos. Finalmente, concluindo que eu também me estava portando com a fleuma do índio mexicano, que tanto me intrigava — fui até a porta do quarto de banho. Bati, primeiro de leve, com todo o respeito que se deve a um autor famoso, idoso e enfermo. Nenhuma resposta. Bati mais forte. Nada. Torci a maçaneta e imaginei a cena numa fração de segundo, enquanto empurrava a folha da porta: o velho estendido de costas no chão de ladrilhos, os olhos vidrados, a boca aberta, o corpo ainda quente mas o coração parado. Li o cabeçalho nos jornais: FAMOSO ESCRITOR MEXICANO ENCONTRADO MORTO. Sim, e ao lado dele, na fotografia, um brasileiro de pijama listado sob a capa de chuva.

Não vi, porém, nenhum cadáver. O que vi foi um homem vivo, sentado nas bordas do banheiro, o busto inclinado para a frente, os cotovelos fincados nas coxas, uma gravata pendente de uma das mãos. Estava vestido de marrom, era um senhor talvez quarentão, cabelos negros, aspecto de mestiço, barba cerrada, olhos estriados de sangue.

Mirei-o por alguns instantes em silêncio. Quem seria o tipo? Que queria? Ele parecia não dar por minha presença. Respirava com dificuldade, fitando nos ladrilhos o olhar de peixe morto.

— Então, amigo — perguntei. — Que foi que aconteceu?

Nenhum movimento fez o desconhecido, nenhuma palavra disse. Achei que a situação exigia um pouco de ação. Aproximei-me dele com esse jeito um tanto paternal dos médicos, dei-lhe duas palmadinhas no ombro e depois, dissimuladamente, fiz descer a mão por aquele dorso gordo e suado na direção da cintura, que apalpei com cuidado para ver se o tipo estava armado. Não estava, e isso me tranquilizou. Repeti as perguntas. Quem era? Que queria? Por que estava ali? O desconhecido nem sequer me olhou. O mais que fazia agora era sacudir a cabeça lentamente e rosnar palavras ininteligíveis. Nesse momento surgiu a criada que, mais realista que eu, informou:

— *El hombre está tomado.*

Sim, aquilo devia ser bebedeira. Mas não era de pulque nem de tequila ou mescal, pois o cavalheiro não recendia a álcool. Só podia ser maconha. Fosse como fosse, tínhamos de tirá-lo dali. Pedi à criada que trouxesse uma xícara de café preto bem quente e sem açúcar. E enquanto ela ficou na cozinha a prepará-lo, continuei a provocar o diálogo. Tentei tudo. Fui fraternal, persuasivo, maquiavélico, casual... Depois resolvi falar alto e ríspido, engrossando a voz e olhando com o rabo dos olhos para um garrafão com sais de banho, que se poderia transformar num tacape em caso de necessidade.

Finalmente chegou o café. Apanhei a xícara e, de novo com um ar de bom samaritano, acerquei-me do desconhecido.

— Vamos, tome um traguito... — Aproximei a xícara de seus lábios gretados. Com um brusco tapa o homem projetou xícara e pires contra a parede, produzindo um ruído que a boa acústica do quarto de banho amplificou. Perdi a calma. Decerto misteriosas vozes da infância me cochicharam frases, histórias, exemplos. Uma vez Zé Bombachudo, num boliche de São Sepé, ofereceu a outro gaúcho um copo de cachaça: "Vamos beber um trago, companheiro". Mas o convidado deu uma tapona no copo e respingou a bebida na cara de Zé Bombachudo, que não teve dúvida: puxou da adaga e furou o bucho do ingrato.

Agarrei o homem por baixo dos braços e gritei:

— Vamos acabar com esta bobagem. Levante-se! — Ele se levantou e apoiou-se em mim. Saímos do quarto de banho e nos fomos ao longo do corredor dançando uma convulsiva conga. No meio da sala de estar fizemos alto, afastamo-nos um do outro — tudo isto sob o olhar perplexo da criada — e nos encaramos.

— Afinal de contas, que é que o senhor quer? — perguntei.

E o homem falou pela primeira vez.

— Minha mulher — balbuciou batendo no peito.

— Sua mulher não está aqui. Você errou de apartamento. Este é o 868.

Ele parecia não me dar crédito. Olhava-me ainda com seus olhos torvos e desconfiados. Era um tipo musculoso, de aspecto crepuscular. E enquanto ali ficamos naquele duelo de silêncio, pensei na estupidez daquela história. Suponhamos que o homem, desconfiado de que a mulher o engana, chega a casa de surpresa, dopado, embarafusta para o quarto de dormir, e quem encontra lá? Um desconhecido de pijama listado. Tira do revólver e mete-lhe cinco balas no corpo. Era uma vez um brasileiro! E jamais a viúva e os órfãos conseguiriam explicar aos amigos que tudo tinha sido apenas um trágico engano.

Mais calmo, segurei o braço do homem e, escandindo bem as sílabas, disse:

— Este não é o seu apartamento, está compreendendo? Sua mulher não está aqui. Agora faça o favor de sair!

— *Usted no es Pepe Mejía?*

— *No, gracias a Dios.*

Empurrei-o com suave energia — se tal gesto é possível — na direção da porta. Abri-a e convidei:

— *Pase.*

E o homem, num súbito e inesperado gesto de cavalheirismo, retrucou:

— *Pase usted primero.*

— *Pase usted.*

— *No. Pase usted.*

Era demais. Dei-lhe um repelão que o projetou no corredor e resolveu o impasse. Depois de fechar a porta, vi que havia ficado com a gravata do desconhecido na mão.

E quando mais tarde Vianna Moog voltou e ouviu a história, sua reação foi justamente a que eu esperava:

— Pra vocês romancistas tudo acontece! Os assuntos e as personagens se oferecem. Nós, os ensaístas, temos de suar à cata de assunto. Ora vá ter sorte pro inferno!

E soltou uma de suas saudáveis gargalhadas.

POVO MESMO

Para mim a palavra *povo* foi sempre uma espécie de figura de retórica. Ouvi demagogos pronunciá-la em praça pública milhares de vezes; outros tantos milhares li essa palavra em artigos, poemas e novelas. Mas nunca tinha *visto* o Povo. Como era ele? Onde estava?

Encontro resposta a estas perguntas aqui na capital do México, onde a palavra *povo* ganha corpo, carne, sangue, em suma: expressão humana. Vejo o povo nestas ruas, acotovelo-me com ele, sinto-lhe o cheiro, ouço-lhe a voz. E ele me encanta, me assusta, me irrita, me fascina. Tem milhares de faces e é capaz de todas as misérias, de todas as covardias, de todas as grandezas, de todas as coragens. Mas cá estou eu já quase a fazer discurso, e minha intenção não era essa. O que eu queria era dizer como vi o Povo no México.

Em todas as outras cidades que tenho visitado, o que se encontra nas ruas é uma classe média ou um arremedo dela, a que se juntam esporadicamente alguns espécimes das classes mais altas, os ricos, quando se dignam descer dos automóveis e caminhar nas calçadas com os outros mortais. Nos Estados Unidos, país que é quase todo uma maciça classe média — e nisso reside sua grande força —, nunca se vê *povo*, mas indivíduos que acidentalmente se cruzam ou se reúnem em grupos disciplinados ao redor de mesas para, membros do mesmo clube, comer, ouvir e pronunciar discursos, lançar campanhas; em salões de conferências para escutar o conferencista e depois fazer-lhe perguntas; nos estádios para incitar com gritos os membros da sua equipe e em geral dirigidos pelos *cheer leaders*. E há ainda as paradas, as convenções, os congressos, que operam dentro da disciplina, segundo as regras, e com o máximo de eficiência. E por se tratar sempre de reuniões de indivíduos geralmente bem-vestidos e bem-educados, com reflexos condicionados mais numerosos que os dos latinos, essas multidões norte-americanas nunca mereceram, pelo menos no meu dicionário particular, o nome coletivo de Povo. Povo é o mexicano.

O americano do Norte apenas *usa* as suas ruas para nelas caminhar ou passar de automóvel quando vai às compras ou quando se dirige para o lugar onde trabalha ou volta dele para casa. O mexicano, como de resto a maioria dos latinos-americanos, *goza* as suas ruas. Eu diria que a sala de visitas do povo desta cidade são as suas ruas. Só sala de visitas? Não. Refeitório também. Aqui eles passam a maior parte do tempo, aqui se encontram, conversam, se visitam e comem. Estes índios parece que jamais se sentam a uma mesa, a horas certas, para comer. Comem na rua, ao sabor do apetite, nas horas mais inesperadas, e em geral de pé, junto dessas inúmeras tendas que existem por aí.

Nestas calçadas, é verdade, encontramos muitos turistas — raça facilmente identificável. Vemos também homens e mulheres bem-vestidos, que entram ou saem de hotéis, cinemas, cafés, restaurantes e casas comerciais. Neste particular a Cidade do México não difere de nenhuma outra capital do mundo. Automóveis americanos e europeus percorrem, atravancam e enfeitam estas ruas, e estou quase a dizer que existem aqui mais Cadillacs que no Rio de Janeiro, e Deus me perdoe pela heresia. Arriscarei também afirmar que o comércio desta cidade é tão rico e variado como o de São Paulo. Tenho visto aqui mais e melhores livrarias que em Washington, Baltimore, Filadélfia ou Chicago. Não me lembro de ter encontrado em Nova York mais livros franceses à venda que na capital mexicana. Já entrei em restaurantes e casas de chá decorados com um gosto e uma graça como jamais encontrei nas outras capitais da América Latina que tenho visitado. Há pouco descrevi a Cidade Universitária e contei o milagre do Pedregal. A cidade está cheia de arranha-céus de linhas ousadas, que desafiam por um lado o gosto duma burguesia conservadora e por outro os perigos deste solo fofo e móvel.

Se enumero todas essas expressões de progresso, riqueza econômica e bom gosto, não é para fugir ao assunto *povo*, mas sim para poder voltar a ele com mais tranquilidade de espírito, pois não quero deixar a impressão de que a Cidade do México é um reduto de índios miseráveis.

Domingo passado vi esse povo a divertir-se no parque de Chapultepec. A multidão que se agitava à sombra dos velhos cedros e *ahuehuetes* não era formada de burgueses endomingados, mas de gente das classes mais humildes. Havia uma profusão de crianças a correr e a gritar, brincando nos escorregadores, nos balanços, nas gangorras, penduradas em argolas e trapézios, montadas em pôneis, ou enxameando em torno das carrocinhas que vendiam pipoca, amendoim torrado, sorvete, picolé ou algodão-doce. Pelo meio delas passavam índios de cara impassível, vendendo balões multicores. Barcas singravam o canal que serpenteia pelo parque, entre as roseiras e buganvílias das margens, passando sob pontes e túneis de verdura. Levavam famílias numerosas em que os adultos exibiam suas caras sérias e acobreadas, como que talhadas em *tezontle*. Mas as crianças riam, gritavam, pulavam e jogavam as mãos para o ar ou metiam os dedos na água verde-musgo. Minha mulher, como eu, sente uma grande ternura por essas criaturinhas. As crianças mexicanas têm em geral olhos negros, grandes, dum lustro líquido e aveludado, tocados duma espécie de névoa que é a um tempo ternura e tristeza.

O parque de verde relva e azuladas sombras estava todo pontilhado de cores — os *rebozos*, blusas e vestidos das mulheres, e as camisas e os *jalecos* dos homens. Pelo número de figuras, pelo movimento, pela policromia e pela rica expressão de vida e humanidade, a cena lembrava um quadro de Brueghel: a *Batalha entre o Carnaval e a Quaresma*.

Não me lembro de jamais ter conhecido povo mais humano que o mexicano. Devo, entretanto, explicar que não considero *humano* sinônimo de *humanitário*. Quando digo *humano* me refiro não só às boas qualidades como também — e talvez principalmente — aos defeitos inerentes à natureza do homem. E essa humanidade aparece aqui quase completamente desnuda. O homem do povo satisfaz quase todas as suas necessidades em público, nas ruas e nos parques, sem a menor dissimulação, numa espécie de brutal inocência. Já vi muito índio encostado a árvores em atitudes hidraulicamente suspeitas. E ali está agora um rapazote moreno de seus vinte e pouquíssimos anos abraçado e aos beijos com uma gorda quarentona vestida de verde. Exorcizo o fantasma do dr. Sigmund e passo adiante.

Vejo a sensualidade lambuzar os olhos de alguns destes *hombres* que atiram *piropos* — galanteios — para *muchachas* que passam rebolando as ancas, numa abundância de cabelos, seios e nádegas. Tenho a impressão de que essa sensualidade masculina à flor da pele, que se revela na maneira de olhar a fêmea, como a despi-la, e não raro em palavras e gestos pornográficos, é mais um atributo do mestiço. Tenho observado que nesse particular o índio é discreto, ou talvez de sensualidade menos exacerbada. No aquário em que vive, sua atividade sexual deve ser meio fria como a dos peixes.

E aqui nos vamos, a companheira e eu, atravessando, deliciados, este quadro de Brueghel. Mas por que Brueghel — pergunto a mim mesmo — se este país tem um Rivera?

A FEIRA DE LAGUNILLA

Um dos espetáculos mais curiosos do México é a feira dominical da Lagunilla, na parte velha da cidade. Visito-a com Tito numa tépida manhã de sol e perdemo-nos, curiosos, nestas ruas em que os vendedores exibem nas calçadas e sarjetas suas mercancias, que vão desde o mais plebeu ferro-velho, com um enferrujado aspecto de sucata, até porcelanas, cristais, pratas e joias que, pelo menos de longe e à primeira vista, ostentam um certo ar de nobreza.

Aqui há de tudo. Diz-se que é possível aparelhar, mobiliar uma casa inteira sem precisar sair da Lagunilla. A freguesia é a mais variada e, como era de esperar, vai desde o homem do povo, interessado no ferro-velho, passando por membros da classe média à procura de pratos, talheres, uma banheira, uma compoteira ou uma lâmpada, até o membro do *café society* em busca de artigos de prata, móveis e quadros antigos, ou o artista e o colecionador à cata de retábulos, ex-votos, crucifixos...

Lembro-me da feira de Maxwell Street, no bairro judeu de Chicago, que visitei em 1941 numa gélida manhã de inverno. Que contraste entre aquela feira e esta! Lá predominavam as epidermes claras e os cabelos louros. Aqui as caras morenas e as cabeleiras escuras. Lá névoa, aqui sol. Na Maxwell Street o que mais se via eram aparelhos mecânicos, coisas de utilidade prática, roupas. Aqui predominam os objetos decorativos e as imagens de santos. Está claro que o fato de estar a feira americana num bairro judeu explica a quase total ausência de santos e anjos. O que havia de melhor qualidade na Maxwell Street era *showmanship*. Os vendedores eram mais agressivos, mais teatrais e alguns deles faziam discursos aos berros, apesar de apregoarem artigos pouco interessantes. Aqui tudo se processa em silêncio ou em voz baixa, à melhor maneira índia. O único vendedor que fala nesta quadra onde estamos agora é um mestiço postado no meio de jarros de porcelana — "Legítimos de Sèvres, senhores!" —, quadros a óleo e uma mobília de sala de visitas em estilo Luís xv. O homem tem uma barbicha rala, um chapéu à moda de Cantinflas, uma "camisa de gringo" vivamente estampada e para fora das calças. Tito discute com ele o preço dum retábulo que parece muito antigo. Chegam finalmente a um acordo e meu companheiro sai feliz com o seu "achado" debaixo do braço. Olho fascinado para um objeto impossível de transportar para Washington ou Porto Alegre: o grande crucifixo que ali está recostado à parede azul duma casa, com um Cristo amarelo e esguio em tamanho natural, o corpo escalavrado e um pano de púrpura e ouro em torno dos quadris.

Se eu comprar esse crucifixo, penso, em que parte da minha casa poderia entronizá-lo? Imagino a cara de meus amigos quando me vissem chegar com a imagem: a perplexidade dos hereges, a desconfiança dos religiosos... E na Alfândega, que diriam os conferentes? Como classificar a estranha bagagem? Objeto de uso particular? Isento de direitos? Bom, é inútil perder tempo com cogitações dessa natureza, já que não vou comprar o crucifixo. Afasto-me dele, como duma tentação pecaminosa. Dou uns dez passos, paro e volto a cabeça. Uma bela peça. Ficaria bem num pátio interno. Vejo outros crucifixos menores. E uma quantidade desnorteante de imagens que não consigo identificar. (Pedro? Paulo? Antônio? Francisco?) Perfilam-se nas sarjetas, são de variados tamanhos, de pedra, barro, bronze, madeira. E em torno dos santos o chão está juncado de panelas, frigideiras, aparelhos sanitários rachados, canos de chumbo, livros com histórias eróticas, chaves de fenda, martelos, pregos e relógios de aspecto vetusto. Por toda a parte se barganha. Por todos os lados índios comem *tortillas, guaca-*

moles e *tacos*. E nas tendas que vendem comida, tripas e torresmos chiam na graxa quente das frigideiras.

Detenho-me diante duma atraente coleção de ex-votos e leio um deles:

Mi marido Pepito y yo veniamos los dos de Cholula para Mexico cuando un bandido sinverguenza atacó a Pepito y lo echó por tierra pobrecito y lo iba matando con su cuchillo sucio y yo me arrodillé y pedi la ayuda urgente de la Virgen de Guadalupe y en ese momento vinieram los soldados y mataran el bandido y nos salvamos de muerte cierta y fea. Cholula, 3 de octubre. Marcolina Gutiérrez.

A pintura é preciosa: o bandido montado no marido de Marcolina, com a faca no pescoço do desgraçado, a pobre mulher ajoelhada, de mãos postas; no céu, num oval luminoso, a Virgem Morena sorrindo para a suplicante, enquanto ao longe soldados de cavalaria se aproximam a galope da cena do drama. Tudo isso em cores vivas e num desenho graciosíssimo na sua inocência e no seu pseudorrealismo.

Tomo nas mãos outro ex-voto e com dificuldade leio a história de mais um milagre:

La mujer que yo quería no me quería y yo me moría de amor y no comía y me emborrachaba no deseaba nada y pensava en matarme con un puñal en el corazón lo que es un gran pecado mortal y me ocurrió invocar la ayuda del Corazón de Jesús y un día sin otra explicación Amparito me miró y me sonrió y nos casamos en la iglesia y yo me salve de las llamas eternas del infierno. Texcoco. 20 de Septiembre. Antonio Maria Picón.

No quadro, em que predomina o tom vermelho, anjos com caras totonacas praticamente estão pescando Antonio Maria das chamas do inferno. A um dos cantos, Jesus sorri apontando para seu coração também em chamas. Ao longe, um vulcão — possivelmente o Popocatépetl — vomita fumo e fogo para um céu esverdeado onde aparece uma imagem de mulher, Amparito, sem a menor dúvida, que contempla a cena com olhos tão duros e com tão má catadura, que o observador tem a impressão nítida de que ela preferia que seu pretendente se matasse e consumisse na fogueira do Diabo.

O TENAMPA

Uma voz brasileira e nordestina tem enchido neste último ano uma certa sala de aulas da Cidade Universitária. É a de Aurélio Buarque de Holanda, que está dando um curso intitulado Cultura Brasileira, sob os auspícios do Itamaraty. Posso imaginá-lo em cima do estrado, com sua cabeçorra flamenga que parece ter sido pintada por Frans Hals, a dissertar sobre a nossa literatura, sacudindo os braços e a juba alourada, não só *dizendo* a sua aula, como também representando, ajudando a palavra com o gesto e a onomatopeia, conseguindo o milagre de fazer que seus estudantes não só saibam como foi Machado de Assis e como é Carlos Drummond de Andrade, mas também que cara tinha o primeiro e ainda tem o segundo. Esse alagoano, a quem o Rio Grande deve uma edição crítica da obra de seu maior contador de causos, Simões Lopes Neto, feita com afetuoso cuidado; esse filólogo que conseguiu tirar o ranço e dar cor à filologia — é um dos intelectuais mais probos que conheço.

Encontrá-lo aqui com a esposa sob este céu mexicano é mais uma surpresa agradável que esta viagem me proporciona.

Mestre Aurélio anda quase sempre escoltado por Marina, espécie de anjo da guarda, mas anjo realista, com os pés na terra, um anjo moderno que sabe ser, a despeito de sua graça feminina, a um tempo secretária, contabilista e memória do Professor. Com os Buarque de Hollanda e os Piazza — grupo que se comunica numa espécie de língua franca, mescla de espanhol e português, e que bem se poderia chamar portunhol — visitamos uma noite a praça Garibaldi. Fica ela na parte antiga da cidade. Sem árvores nem bancos, parece-me apenas uma rua mal-iluminada. Como quase tudo nesta zona velha da cidade, tem um ar de feira, de mercado. Eu diria que é um mercado de canções. Aqui se encontram tradicionalmente os músicos profissionais, grupos de três a seis membros, com um ou mais cantores, conhecidos pelo nome de *mariachis*, que deve ser uma corruptela da palavra francesa *mariage*, pois nos tempos de Maximiliano, sempre que havia um casamento, era costume contratar esses grupos para alegrar a festa. Andam eles em geral vestidos com os *charros*: *bolero* escuro com bordados, gravata de fazenda vermelha tipo borboleta, calças escuras muito justas às pernas, como as de montaria; na cabeça, o famoso *sombrero* de copa alta e cônica, as abas largas com bordados caprichosos. O *charro* é, em última análise, o capadócio. Temos visto muitos deles pela cidade, nas mais inesperadas horas do dia, e sempre com uma guitarra debaixo do braço.

Encontramos aqui vários automóveis com turistas estacionados junto das estreitas calçadas. Ao lado de cada automóvel, um grupo de *mariachis* toca e canta. O beco está cheio de sons de instrumentos de corda e sopro. Sim, e de vozes humanas, dessas belas e quentes vozes mexicanas que parecem feitas de *tortilla*, abacate e sol. Homens e mulheres caminham por entre os carros, e os cantores param aqui e ali, dão dinheiro aos *mariachis* e seguem a escutar outros grupos. Entramos por um momento num dos muitos cabarés da zona. É o Guadalajara por la Noche. Basta um relance em torno para ver que o lugar não é autêntico, mas preparado especialmente para o turista gringo, com tudo quanto ele espera encontrar aqui, depois de mil fitas de Hollywood sobre o México. Estes *charros* em negro e vermelho, bem penteados e barbeados, são falsos. Há nas suas canções um verniz artificial. Os legítimos estão lá fora com suas roupas surradas, suas caras rudes e indiáticas, seus instrumentos velhos, suas canções puras e *su dignidad*. Voltamos para eles. Tito faz-nos entrar no Tenampa, o mais famoso e autorizado dos cafés da praça Garibaldi. A sala não é muito grande nem o teto muito alto. As mesas, entre dois biombos de madeira e a parede, estão quase todas ocupadas. A muito custo conseguimos uma, e depois de duras penas chegamos até ela e nos sentamos. No Tenampa reina o pandemônio. Imagine-se esta coisa impossível: quatro, cinco ou seis grupos de *mariachis* tocando com toda a força ao mesmo tempo neste recinto fechado, abafado e regurgitante de gente. Vejo alguns turistas aqui, mas a maioria dos frequentadores do Tenampa — fica logo claro — são gente da terra. Ali está um mexicano de espesso bigode, com sua negra, rica e lustrosa cabeleira, já deitando olhares ternos e viscosos para as mulheres de nosso grupo. Como represália — mas com a devida cautela — olhamos para as mulheres dos mexicanos, morenas de olhos muito pintados, com beiços que parecem feridas abertas. Envergam vestidos de seda artificial em cores vivas — verde-bandeira, amarelo-canário, azul-elétrico. São fêmeas de cabeças imponentes e generosos seios — dessas que a gente imagina amazônicas, mas que quando se erguem para ir ao lavatório (céus, como será o *ladies room* do Tenampa?) revelam sua verdadeira estatura: mulherinhas retacas, de busto normal, sim, mas de pernas curtas.

O nordestino é um homem que, onde quer que esteja sua pessoa física, psicologicamente está sempre em sua terra natal. Carrega consigo sua paisagem, seu chão, suas lembranças. Mestre Aurélio conta-nos a história de violeiros do Nordeste. Tito pede tequilas. Se eu quisesse provocar tumulto e ser linchado, bastaria pedir uma Coca-Cola. Peço pulque e lanço um olhar orgulhoso para a figura de Emiliano Zapata, que lá está pintado na parede, montado no seu cavalo branco, num campo de cactos e *magueys*.

O pandemônio continua. Um conjunto de *mariachis* aproxima-se de nós: três guitarras, pistão, violino e *guitarrón*. Pedimos que nos cantem as canções mais em voga. O grupo está praticamente formando uma muralha de rostos reluzentes, *sombreros* e torsos, na tentativa de isolar nossa mesa do resto do Tenampa.

Um deles anuncia que vão cantar o *Cu-curru-cu-cu, Paloma*. Rompem os violões e o guitarrão a marcar o compasso da *canción huapango*, enquanto o violino esboça a melodia e o pistão faz bordados em torno da mesma. O solista, olhos velados de melancolia, voz dorida de macho enganado, solta o verbo, conta como era uma certa *paloma*, a cuja voz *el mismo cielo estremecía*. E lá vem o estribilho

> *Ai-ai-ai-ai-ai! cantaba*
> *Ca-ca-ca-ca-ca! Reía*
> *Ai-ai-ai-ai-ai! llorava,*
> *De pasión mortal, moria.*

E nos intervalos entre um verso e outro, enquanto as guitarras tocam em surdina, os cantores soltam no ar o seu lamento, gritos prolongados — *ai... ai... ai... ai...* — num falsete tremido — *ui... ui... ui... ui...* — numa queixa sincopada que parece o uivo do coiote à noite nas savanas do Norte. Como sofrem! Que tristeza nessas canções, nessas vozes, nesses olhares! No fim revela-se que *"esa paloma no es otra cosa más que su alma"*. E voltam o estribilho, os lamentos, os gritos e choradeira convulsiva, até o acorde final dos violões. Aplaudimos e passamos seis pesos para a mão do chefe do grupo.

— Outra! — pede Aurélio.

— *El preso número 9* — diz o cantor.

Mentalmente esfrego as mãos em feliz antecipação. Lembro-me duma dramática canção argentina — "El penado 14" — que em tempos idos meu compadre Ernani Fornari costumava cantar ao violão entre sério e irônico, com sua bela voz de tenor.

El preso número 9 é também um *huapango*. A melodia tem uma trágica beleza que se casa muito bem com a letra. O padre vai ouvir a confissão do condenado *"porque antes del amañecer la vida le han de qui-tar"*, pois o homem *"mató a su mujer y a un amigo desleal"* e vai ser fu-zilado. Na minha imaginação o traje de *charro* do solista transforma-se no uniforme zebrado dum prisioneiro, com o número 9 no peito. Vejo-o ajoelhado junto do sacerdote, a dizer com sua voz machucada: *"Los maté, si señor, y se vuelvo a nacer yo los vuelvo a matar. Padre, no me arrepiendo, ni me dá miedo la eternidad, yo sé que en el cielo el Ser Supremo nos juzgará".* Parece que tudo agora vai depender do arbítrio de Deus, mas não! O preso número 9 geme: *"Voy a seguir sus pasos, voy a buscar-los nel mas allá!".* Assim sendo, a perseguição aos amantes vai conti-nuar na Eternidade, o que me preocupa e entristece, de sorte que o remédio é provar mesmo este pulque, que sabe a leite azedo. Olho para mestre Aurélio e imagino-o com o chapéu de couro dos canga-ceiros. As histórias de Lampião me visitam os pensamentos. Paralelos se esboçam. Bebo mais pulque. Zapata diz adeus a uma mulher, no mural do Tenampa. As guitarras gemem. O pistão traça arabescos no ar pesado de fumaça e emanações de copos e corpos. Por entre as me-sas, um velho magro e triste anda a oferecer não sei quê, com uma caixa de madeira polida nas mãos. Faço-lhe um sinal, ele se aproxima e quando lhe pergunto que está oferecendo, descubro que o homem "vende choques elétricos". O imprevisto da revelação e a inocência da ideia me comovem. Tomo um choque, que remédio! Custa cinquenta centavos. A caixinha se parece com a que tinha em seu consultório o meu avô, que era médico. Tomo outro choque, como um tributo ao Velho e à minha infância. E mais um em honra a Zapata. Dou mais seis pesos aos cantores e peço-lhes outra tragédia. *Três dias* — anuncia o chefe dos *mariachis*. Começa o cantor:

> *Tres días sin verte, mujer,*
> *Tres días llorando tu amor!*

Seis caras sérias, como se tudo quanto estão cantando fosse a ver-dade de Deus. Seis rostos largos, morenos e tristes. Um peso para cada um.

> *Hace tres días que no sé de ti...*
> *Donde, donde estás, con quién me engañas?*
> *Donde, donde estás, que estás haciendo?*

Tomado de brios, quero sair em defesa da mulher mexicana. Ora, esse sujeito, só porque não vê sua amada há três dias, imagina que ela o está enganando com outro. Que falta de confiança em sua "machidumbre", se tal palavra existe. A pobre criatura provavelmente está em casa bordando, cozinhando, fazendo *tortillas* ou renda. Discuto com Tito a letra do tango argentino, em que sempre amantes ou maridos enganados choram suas dores, afogam suas mágoas na bebida, prometendo matar ou morrer. Será a herança espanhola que mexicanos e argentinos têm em comum? A coisa toda me cheira a Idade Média e a mundo árabe. No fundo o que esses *hombres* ciumentos e desconfiados querem é guardar as mulheres em casa a sete chaves, as caras cobertas.

E eu, que muitas vezes me irritava ao ouvir a letra das canções brasileiras, em que o cantor se gaba de suas conquistas amorosas; eu que nunca olhei com simpatia a filosofia de nossos sambas — *Trabalhar? Eu não, eu não!* — agora, diante destas lamúrias hispano-americanas, desse eterno choramingar de amantes enganados, estou inclinado a olhar nossas cantigas com mais simpatia.

Os *mariachis* se vão.

Dois artistas se aproximam e traçam as caricaturas dos membros de nosso grupo. Conseguem que lhes paguemos os trabalhos, mas não alcançam convencer-nos do parecido dos retratos. Outro desenhista pede os nomes das damas que nos acompanham, e com eles desenham figuras: mulheres com sombrinhas, flores e garças. Os pesos continuam a passar de nossos bolsos para o dos artistas do Tenampa. A um canto dorme um velhote que vende chapéus de *charro* em miniatura. Compramos vários deles, pois esta noite é preciso fazer de tudo um pouco. Um novo grupo de *mariachis* nos cerca. Agora o cantor grisalho, ventrudo e cinquentão, diz que a vida não vale nada, pois chorando a vida começa e em choro a vida se acaba. Pode ser, mas eu me recuso a concordar com ele. Entre um choro e outro muita coisa boa acontece. O México, por exemplo. Estes amigos... *Salud!* Ergo o copo para Zapata. O pistão solta no ar as douradas notas duma *ranchera*. Caras suspeitas nos miram de suas mesas. Um bêbedo cai ao solo. Os garçons o carregam para fora, com certa ternura e em silêncio. Zapata vai partir para as montanhas. Não voltará mais dessa viagem — eu sei, li na História. Estão lhe preparando uma armadilha. Não confio no general Carranza. Essa cara não me engana.

Os coiotes do Tenampa erguem para o ar os focinhos bronzeados, uivam — *ui... ui... ui... ui... ui...* — soluçam *ai... ai... ai... ai...* — guincham convulsivamente e eu peço a Deus, numa conversinha particular, que jamais permita que o México mude. Sim, que progrida, enriqueça, resolva o problema da miséria, o da fome, o da distribuição das terras, mas que jamais perca o seu estilo, a sua cor, o seu caráter.

Agora podes partir, Emiliano Zapata. Como no melhor dos *huapangos*, um dia nos encontraremos *"en las estepas de la Eternidad"*. Adeus!

TEATROS

Saímos para a noite, que continua cheia de cantigas e soluços de violões. Visitamos rapidamente o Salón México, que inspirou Aaron Copland, e depois espiamos para dentro de várias espeluncas. De novo na rua, olho o relógio: dez menos quinze. Tito sugere terminemos a noite num teatro de revista. Mestre Aurélio hesita por um instante, mas as mulheres, votando em massa a favor da ideia, decidem nosso destino.

No México, como em quase todas as principais cidades das Américas, há no momento uma espécie de reavivamento do interesse pelo bom teatro. Por todos os cantos vemos "teatros de bolso" onde grupos de profissionais, amadores ou semiprofissionais encenam peças modernas ou clássicas. Representa-se Priestley e Shakespeare, Alarcón e Tennessee Williams, Molière e Giraudoux. Há dois dias vimos gostosa peça de autor mexicano — *Hoy invita la güera*— cuja trama se baseia em fatos e personagens da História do México. Estamos ansiosos, minha companheira e eu, por ver teatro popular.

Encontramos bons lugares numa casa de espetáculos cujo nome não leio e, quando o pano se ergue, ao som duma charanga que me lembra as do Teatro Recreio do Rio, nos velhos tempos, perguntamo-nos — sem que ninguém possa responder — que peça vamos ver. Tito cochicha que é uma revista. O título? Não sabe.

Uma revista mexicana não difere muito das nossas. Há sempre o *compère*, o homem que acompanha o *compère*, os solistas, as coristas, o *lever de rideau*. O tipo de humor é o mesmo, dum nível quase de circo de cavalinhos, com a pimenta erótica a temperar as piadas. A que vemos hoje tem um ar desconjuntado de coisa improvisada. As coristas são feias, malfeitas de corpo, dançam mal e exibem nas pernas as tradicionais manchas roxas, que tanto podem ser resultados de batidas casuais como marcas de mercúrio. Em certos números de baile nota-se já a iniludível influência americana trazida para cá via cinema. Nos *sketches* tem-se a impressão de que ou os artistas não aprenderam os seus papéis ou estão improvisando de acordo com a ideia geral da história. Um *muchacho* imita com perfeição cantores famosos como Agustín Lara, Pedro Vargas e outros. Clavillazo, cômico do tipo de Cantinflas, oferece alguns momentos de humor. Nos *sketches* há intenções satíricas e o alvo da crítica é geralmente a polícia, a incompetência e a venalidade de seus representantes. Na sucessão dos quadros nota-se principalmente uma certa desigualdade: o passável, o mau e o péssimo se alternam. A orquestra é metálica, meio fanhosa e não raro vai para um lado quando os cantores ou os dançarinos vão para outro. Como era de se esperar, não falta o barítono que canta a sério e com voz vibrante, meio operática, a *Granada* ou a *Oración Caribe*. E o melhor número da noite ainda nos é oferecido por um grupo de *mariachis*.

O espetáculo da plateia, porém, me diverte ainda mais que o do palco. Crianças de colo choram, senhoras desnudam os seios na penumbra e amamentam seus bebês. De vez em quando, uma criaturinha de seus dois ou três anos rompe a correr plateia abaixo, pelo corredor entre os grupos de cadeiras. Não se ouve um protesto. A coisa parece fazer parte do espetáculo ou duma tradição. Algumas pessoas trazem comida para o teatro e lá pelas tantas desembrulham suas *tortillas* que recendem a cebola, e começam a mastigar. Está claro que isso não acontecerá nunca no belo e moderno Teatro dos Insurgentes, em cuja marquise há um mural de Diego Rivera. Mas neste teatro mambembe e noutros em que entramos depois, acontecem. Piadas brotam da plateia, apartes, *piropos* para a cançonetista. Os aplausos são mais demorados e generosos do que eu esperava desta gente de ordinário lacônica e introvertida.

Num outro teatro, numa outra noite, vemos Agustín Lara, com sua cara escalavrada de capoeira, uma funda cicatriz a marcar-lhe uma das faces de alto a baixo, tudo isso num contraste com a elegância de seu traje. Dirige sua orquestra, canta de boca torta e com voz de lixa, várias de suas composições. Como seu compadre Pedro Vargas, Agustín Lara é um dos ídolos do povo mexicano. Depois entra La Negra, mulata enorme, de peitos vulcânicos, voz clara e forte, animando uma cena do Caribe. Como agora a moda é o chá-chá-chá, é natural que o tenhamos em largas doses nestes espetáculos de variedades, dançado pelas coristas e por um grupo de *muchachos* de ademanes um tanto suspeitos. Um dos grandes quadros neste outro espetáculo tem como estrela uma gringa, americana loura de olhos azuis, deusa nórdica perdida neste mundo asteca.

E tudo isso — as revistas, os atores, o público — isso tudo nos diverte por ser uma expressão do México que estamos procurando conhecer, fugindo sempre aos lugares preparados para os turistas, cheios dum falso pitoresco, duma postiça cor local.

Que esta gente ama principalmente a música, é coisa que se percebe de imediato. Os números mais aplaudidos são os dos *mariachis*. E os espetáculos nunca podem ter horário certo porque sua duração varia ao sabor dos pedidos de bis.

Mas quem se preocupa com horário no México? Continuo a achar que o melhor símbolo para a ideia latino-americana de tempo são aqueles relógios derretidos de Salvador Dalí em seu quadro intitulado *A persistência da memória*.

O CAVALINHO

Vianna Moog, que acaba de chegar, está agora aqui à minha frente no saguão do Genève. Após mais de um ano de permanência nesta estimulante metrópole, está grávido de teorias sobre o México. Discutimos até a possibilidade de escrever a quatro mãos um livro sobre este país. Ele ficaria com as ideias e eu com as imagens. A mim caberia descrever pessoas, animais e coisas. A ele interpretá-los. Ficamos a imaginar o resultado desse conúbio.

— Possivelmente um monstrengo — diz o ensaísta.

— *Quién sabe!*

Saímos. Moog me vai levar em seu carro num passeio ocioso pela cidade. Rodamos ao longo do Paseo de la Reforma, que tem seis *glorietas* ou círculos, cada qual com seu monumento.

— Já percebeste que não existe no México nenhuma estátua a Cortés? — pergunta meu amigo.

— Nem a Maximiliano.

Assim como para esta brava gente o americano do norte é o gringo, o espanhol é o *gachupín*.

Conta-se que quinze anos após a morte de Hernán Cortés, suas cinzas foram trazidas da Espanha e sepultadas no México. Por ocasião duma revolta em 1823, índios tentaram destruir a sepultura do Conquistador, motivo por que seus despojos foram levados para a igreja de Jesus Nazareno.

Estamos agora contornando a *glorieta* em cujo centro se levanta a estátua de Cuauhtémoc, o último dos imperadores astecas. Conta-se que Cortés o torturou, na vã tentativa de arrancar dele a revelação do esconderijo do tesouro imperial. Todos os anos, a 21 de agosto, aniversário desse vergonhoso acontecimento, os índios vêm dançar ao redor da estátua.

Depois duma grande volta que nos levou Insurgentes em fora e nos trouxe de novo ao centro, passamos pelo monumento a Carlos IV, conhecido na cidade como "El Caballito". Fica no Paseo de la Reforma, num círculo onde desemboca também a avenida Juárez. É uma estátua equestre, e milhares de turistas já anotaram em seus caderninhos as palavras dos guias sobre o monumento feito dum único bloco de bronze; peso: trinta toneladas.

Lembro-me que um chofer de táxi me disse, há poucos dias, apontando para a imagem de Carlos IV:

— Não temos nada a ver com esse senhor. É um estrangeiro.

Tenho notado neste rarefeito ar do vale de Anáhuac uma certa nota de xenofobia, que poderá ser no fundo apenas uma forma agressiva de patriotismo.

— Então por que não tiram a estátua daí? — pergunto.

— *Pero, señor, y El Caballito?*

El Caballito? Só muito depois compreendo o sentido da pergunta. Carlos IV não significa nada, mas o cavalo é um elemento folclórico da cidade. É realmente uma bela escultura (refiro-me ao animal e não ao monarca). Os mexicanos falam nele com certa ternura. A estátua passou a ser, entre outras coisas mais sutis, um ponto de referência da topografia urbana. *"Mira, hermanito, te espero hoy a las cuatro al pié del Caballito." "Mi casa se queda a media cuadra del Caballito."*

Passamos depois pelo horrendo monumento a Juárez, obra-prima do mau gosto. Esse índio tão sério, calado e espartano, merecia homenagem mais simples. Lá está ele na Alameda, sentado na sua cadeira, numa espécie de paródia do monumento de Lincoln, o gringo que ele tanto admirava. Por trás de Don Benito, ergue-se uma figura que não posso discernir claramente, e um anjo de asas abertas no ato de coroar o herói.

A cadeira repousa sobre alto pedestal de mármore branco, muito ornamentado, e no centro duma galeria de colunas dóricas. Montam guarda ao pedestal dois leões sentados mas com a cabeça erguida, o ar atento de quem vai a qualquer momento saltar em defesa da estátua. O conjunto parece mais um pomposo mausoléu, ideia esta acentuada pelas coroas e grinaldas douradas em relevo sobre o mármore.

Moog disserta agora sobre a grande dicotomia mexicana: indianismo e hispanismo. E, distraído, entra contramão numa rua.

SOB O SIGNO DA MAGIA

Ao tempo em que Hernán Cortés e seus soldados desembarcaram no México, as tribos que formavam o império asteca viviam ainda sob o signo da magia. É certo que já despontavam entre elas algumas técnicas e algo a que se poderia chamar "princípios duma ciência indígena", mas na verdade o pensamento mágico dominava tudo. Explica-se assim a antropofagia, que, entre os astecas, era puramente ritual. Acreditavam eles que, ao devorarem as carnes dos indivíduos sacrificados a seus feros deuses, adquiriam todas as qualidades que as vítimas possuíam e que eram julgadas inseparáveis dos corpos das mesmas. Havia outra cerimônia que ilustra à maravilha a atitude dos méxicas diante do mistério do universo. Na última noite de cada período de 52 anos, apagavam-se todos os fogos e as populações dirigiam-se em grave procissão a um lugar sagrado onde — para evitar se extinguisse para sempre a fonte da vida, o fogo que jaz nas entranhas da terra, e para dar nova luz e vigor ao Sol, à Lua e às estrelas — os sacerdotes, de mãos trêmulas e corações descompassados de apreensão, procuravam produzir fogo por meio de fricção. Mas ai deles! ai do povo! ai do mundo! — se não conseguissem provocar a chispa sagrada. Isso constituiria horrendo presságio, o sinal da morte do Sol, da extinção do Grande Fogo, do fim de toda a vida...

A religião asteca era desprovida de objetivos morais, pois o comportamento ético e o aperfeiçoamento espiritual pertenciam ao domínio dos costumes sociais. Era uma religião sem Céu nem Inferno para recompensar ou punir o indivíduo na vida de além-túmulo, de acordo com seu comportamento na terra. Uma das funções dos sacerdotes consistia em, por meio de sacrifícios, preces, oferendas e outros atos simbólicos, atrair as forças naturais benéficas à existência humana e exorcizar as maléficas. Era pois lógico ou, melhor, mágico que os astecas personalizassem os elementos da natureza.

Antes, porém, de falar mais extensamente sobre a teologia e a cosmogonia das tribos do vale do México, será interessante examinar, ainda que a voo de avião ou — menos anacronicamente — a voo de águia, a organização política, social e econômica do império que Cortés conquistou. Estou convencido de que, para compreender o mexicano de hoje, é indispensável ter uma ideia não só de seu passado pré-cortesiano como também do que foi o tremendo, sangrento drama da Conquista.

4

Aspectos do mundo asteca

CIVILIZAÇÕES PRÉ-CORTESIANAS

Os antropólogos não chegam a um acordo quanto à idade e às origens das populações primitivas do continente americano. Há quem afirme que essas tribos povoaram a América de 15 mil a 4 mil anos antes de Cristo, tendo vindo — e neste particular há menos divergências — do viveiro asiático, através do agora chamado estreito de Behring. Estabeleceram-se primeiro no território hoje pertencente aos Estados Unidos e de lá se deslocaram para o México e para a América Central.

Os primeiros povos do vale do México de que se tem notícia viveram ali poucos séculos antes e poucos séculos depois do nascimento de Cristo, e num nível a que os antropólogos chamam de Cultura Média e que representa meio caminho entre as tribos de caçadores e as civilizações ritualistas dotadas de sistemas sociais e técnicos mais desenvolvidos. Tinham esses povos as suas aldeias ou cidades, viviam principalmente da agricultura, sabiam fazer artefatos de pedra, osso, madeira e barro, e parece fora de dúvida que conheciam também o uso do fogo. Desconheciam, porém, a roda, o vidro, o trigo, a cevada, o centeio e — a não ser numa área muito restrita da América Central, onde se usava um sistema especial de hieróglifos — não possuíam uma escrita. Os índios americanos só conheceram o porco e o boi depois que estes animais foram trazidos para a América pelos europeus.

No México pré-colonial houve não uma mas muitas civilizações indígenas, entre as quais as mais importantes foram a maia, no Yucatán, a tarasca no Michoacán, a misteco-sapoteca em Oaxaca e Vera Cruz, a asteca na Cidade do México e arredores, e a tolteca, anterior à asteca, que deixou impressionantes vestígios em Teotihuacán.

Foram os astecas as últimas das tribos nahuas a chegar ao vale de Anáhuac, onde se estabeleceram, dominando quase todo o México central até a chegada dos conquistadores espanhóis. No princípio viviam em estado de barbárie, mas aos poucos se foram civilizando sob a influência de remanescentes dos chichimecas e dos toltecas, que os haviam precedido na posse daquela terra.

O ESTADO E O INDIVÍDUO

Teoricamente o Estado asteca era uma democracia. Cada tribo que formava a nação cuidava de seus negócios e interesses e tinha um representante no Conselho Supremo, ao qual se outorgavam poderes para eleger um chefe. A este cabia a última palavra em assuntos seculares e religiosos. Em caso de guerra o Conselho nomeava um chefe especialmente para esse fim.

Era o indivíduo membro duma família e esta por sua vez se enquadrava num *calpulli* ou clã. Um certo número de clãs — em geral vinte — formava uma tribo.

A educação e a vida social no Estado asteca eram levadas mui a sério e planejadas rigorosamente, como nos Estados totalitários de nossos dias.

A criança ao nascer era lavada e enfaixada pela parteira. No momento do parto acendia-se o fogo sagrado para propiciar um dos mais velhos deuses astecas. O primeiro problema era descobrir se o dia em que a criaturinha nascera era favorável ou desfavorável, de bom ou mau agouro. O pai corria à casa do sacerdote, o qual depois de consultar o Tonalamatl, o livro do Destino, lhe dava a boa ou a má notícia. Só quatro dias mais tarde é que se festejava o nascimento da criança e se lhe dava um nome. A cerimônia consistia em aspergir alimentos e pulque nas chamas sagradas, numa oferenda ao deus do fogo. Vinham então os parentes e os amigos com presentes para o recém-nascido. Era um menino? Davam-lhe armas e instrumentos de brinquedo, e o pai tinha de pô-los nas mãozinhas do filho e guiar seus movimentos num simulacro de trabalho ou combate. Era uma menina? Traziam-lhe miniaturas de instrumentos domésticos, e lá ficava o bebê, ajudado pelos pais, a fazer de conta que tecia ou fiava...

Era costume dar aos filhos machos o nome do dia em que nasciam, de acordo com o calendário. Também se lhes podia dar o nome de algum guerreiro famoso ou dum animal. As meninas recebiam em geral nomes compostos com a terminação *xochtl*, que significa flor.

Já que em nossos dias tratamos com tanto empenho e dúvidas de descobrir, à luz da psicanálise ou do folclore, qual o melhor método para educar nossos filhos, será interessante examinar rapidamente as ideias dos astecas sobre psicologia infantil. Achavam eles que com crianças de menos de nove anos o único método recomendável era o da pura admoestação. Depois dessas idades, era necessário o castigo corporal para disciplinar os desordeiros, os vadios ou os recalcitrantes. Esses castigos eram ricamente variados. O mais comum consistia em picar a mão da criança com o espinho do *maguey*. Se a falta cometida exigia castigo mais severo, amarrava-se o menino completamente despido dentro dum buraco de lama. E se o desgraçadinho não se corrigia, era mandado, à noite, curtir nu e sozinho o frio intenso das montanhas. Acredita-se, porém, que os índios tratavam os filhos com benevolência, raramente recorrendo a essas punições.

Aos quinze ou dezesseis anos, os rapazes, antes de assumirem postos de responsabilidade na vida comunal, eram mandados para o *telpochcalli* (casa da juventude), escola mantida pelo clã, e lá recebiam instrução cívica e religiosa e aprendiam um ofício, bem como a manejar as armas e a trabalhar a terra. Se o rapaz se destinasse ao sacerdócio, mandavam-no para o *calmecac*. As meninas em geral eram exercitadas nas tarefas domésticas.

Aos vinte estavam os homens prontos para o casamento. As mulheres atingiam a idade núbil aos dezesseis. O casamento era arranjado pelos pais do noivo e da noiva, depois de prévia consulta aos mais diretamente interessados no assunto. E assim como hoje se faz o exame pré-nupcial, a prova do Rh, no tempo dos astecas o sacerdote tratava de verificar se os fados dos noivos se harmonizavam ou não. Resolvido esse problema, o assunto tornava a ser longamente discutido pelos pais e, como era natural, intervinham parentes e pessoas chegados às famílias. Antes de mais nada, ficara provado que o grau de parentesco entre o rapaz e a moça não entrava em conflito com a lei asteca que, como a nossa, condenava o incesto. O pai do noivo mandava então dois velhos membros do clã levar presentes ao pai da noiva, o qual, segundo a tradição, tinha de rejeitar a proposta de casamento. As comadres entravam em cena e seguiam-se demoradas consultas com ambas as partes. Que dote levaria a noiva? Mais ou menos que o noivo?

Chegava a noite das bodas. Um dos casamenteiros tinha de carregar a noiva nas costas e, assim, fazê-la transpor o umbral da casa do noivo. A festa começava com discursório. Quase todos os convidados falavam. (Essa maldição dos discursos numerosos, longos e floridos, havia de pesar pelos séculos vindouros sobre a América Latina.) Chega finalmente a hora da cerimônia nupcial propriamente dita. Amarram-se as pontas dos mantos do noivo e da noiva, numa simples e bela simbologia. Comadres e compadres de novo tomam a palavra e desfiam as suas longas homílias, felicitações, conselhos e augúrios. O pulque começa a andar à roda. Todos sabem que a embriaguez só é tolerada em ocasiões cerimoniais, e que mesmo nessas oportunidades não é conveniente abusar da capitosa bebida. Segundo a tradição, há vários graus de embriaguez de acordo com os deuses do *maguey* ou com o animal que lhe corresponde, o coelho. Quando se diz que uma bebedeira é de quinze ou vinte coelhos, entende-se que a pessoa ficou suficientemente alegre para se tornar um bom conviva. Quando de "quatrocentos coelhos", é considerada uma borracheira completa.

Imaginemos a cena. No meio dum emaranhado de conversas exaltadas e vapores de pulque, os noivos se entreolham. Sabem que só poderão consumar a união física depois dum retiro de quatro dias em que serão obrigados a jejuar e fazer penitência. É possível que nesse momento de ansiedade ou irritação passem pela cabeça do noivo ideias animadoras. Ele sabe que a lei de seu povo aceita o divórcio e permite a poligamia, embora garanta à primeira esposa a prioridade, e a seus filhos o direito exclusivo à herança paterna. Sabe também que, se por um lado o costume exige que a donzela seja casta e a esposa fiel ao marido, por outro tolera que este, sem quebra de nenhuma lei social, tenha suas aventuras amorosas com outras mulheres, contanto que respeite as casadas. Que outros pensamentos poderão passar pela cabeça do noivo na hora do casamento, lembrando-o de seus privilégios de homem? Talvez pense na possibilidade de ter um dia muitas concubinas, como certos chefes poderosos. Ou no direito que lhe assiste de abandonar a esposa, com a aprovação da lei, caso ela não lhe dê filhos.

Agora ele vai cultivar as terras de sua família. Terá os seus escravos e, através de serviços prestados à tribo, poderá um dia ser chefe de clã. Não é só o bravo guerreiro, o audaz caçador e o hábil artesão que gozam de prestígio na comunidade. Os trabalhadores da terra como ele também contam com a admiração popular.

Sim, é muito bom ser homem! E pensando assim, o noivo toma mais um copo de pulque e, com boa razão, passa a marca de trinta coelhos.

A religião asteca — é bom repetir — não se preocupava com assuntos de ordem moral e jamais invadia o campo da ética. O grande pecado, o sério crime era o que se cometia contra a ordem social. O castigo em tais casos era determinado pelo costume, de sorte que entre os méxicas o comportamento humano era regulado pela tradição.

Um ato antissocial podia acarretar ao que o perpetrava a morte ou a perda dos direitos civis. Em muitos casos o transgressor era expulso da comunidade que lhe dava proteção e meios de subsistência, e essa separação em geral significava para ele não só uma insuportável solidão como possivelmente a sua liquidação física nas mãos dos inimigos ou nas garras das feras. A ordem social, pois, existia para benefício da tribo e o dever de cada um era mantê-la a qualquer preço.

Na nossa sociedade moderna capitalista e altamente competitiva, onde impera o que alguém chamou de "caráter de mercado", a luta se processa principalmente em torno da obtenção do lucro e da acumulação de bens materiais. Na sociedade asteca as disputas travavam-se mais no domínio do serviço público, na conquista de postos hierárquicos. Era natural que essa competição gerasse lutas sangrentas entre os membros do mesmo clã, sedentos de prestígio político e social. Em tais casos nomeava-se um tribunal especial para decidir as contendas.

Raramente ou nunca um crime era castigado com a pena de prisão. Escassos eram os delitos de sacrilégio, pois quem ousaria roubar um templo ou blasfemar, sabendo que com isso chamaria fatalmente a ira dos deuses sobre si mesmo e a comunidade?

O homicídio era punido com a pena de morte, mesmo que a vítima fosse um escravo. E aqui cabe um parêntese para explicar que eram escravos os prisioneiros de guerra (os que possuíam alguma habilidade nas artes da paz, porque os outros eram sacrificados), os membros da mesma tribo que haviam sido vendidos pelos pais ou que cumpriam alguma pena. Existiam famílias inteiras de escravos, cujos representantes eram facilmente identificáveis nas ruas por trazerem presa ao pescoço uma barra de madeira, à guisa de canga.

Os traidores e os rebeldes eram também executados, e o ladrão forçado a trabalhar como escravo até restituir o que havia roubado; não raro obrigavam-no a pagar por outros meios o dobro do vulto do roubo, caso em que uma parte ia para a vítima e a outra para o tesouro do clã.

Que castigo se dava aos alcoólatras? A tolerância para com a embriaguez em geral dependia da posição social e da idade do consumidor de pulque. Mas muitas vezes, quando, depois de ter atingido em suas libações a marca de "quatrocentos coelhos", um membro da tribo aparecia em algum lugar público, estava sujeito a ser morto a pedradas ou pauladas por seus concidadãos, circunstância esta prevista e tolerada pela lei. Também era linchado o que fosse pilhado a furtar coisas no mercado público. Roubar milho era feio crime, principalmente quando o roubo se efetuava na própria lavoura, caso em que o criminoso era executado.

Cortavam-se os lábios e às vezes também as orelhas aos maldizentes e caluniadores. Punia-se o adultério com um rigor que podia levar os adúlteros à pena de morte. Enforcavam-se os que cometiam incesto e dava-se aos sodomitas o mais bestial dos castigos.

Outro crime sério que custava a vida ao que o cometesse era o de fazer-se passar por uma alta autoridade.

E — coisa curiosa numa sociedade tão dominada pelo pensamento mágico — todo aquele que praticasse atos de feitiçaria ou magia negra era implacavelmente condenado à morte.

ECONOMIA

A economia asteca era singela como sua estrutura social. De onde vinham os frutos que sustentavam o povo? Da terra. Logo, a terra devia pertencer à tribo e não ao indivíduo. O conselho tribal distribuía tratos entre os clãs, cujos chefes por sua vez os dividiam entre as famílias, de acordo com a necessidade de cada uma.

A base da economia asteca era a agricultura, e o milho seu produto principal. Cultivavam-se também várias espécies de algodão, de *maguey*, de feijão e de abóbora, bem como a sálvia, o chile verde e o vermelho e o *camote*. E muitas das frutas mais populares entre os astecas — como o abacate e o tomate — só viriam a ser conhecidas do resto do mundo depois da Conquista. O *maguey* era especialmente útil porque de sua seiva se fazia o pulque, bebida alcoólica com propriedades nutritivas, e com suas fibras se trançavam cordas ou teciam panos de grande resistência.

Da zona quente onde hoje é Vera Cruz, subiam para o altiplano ananases, favas de baunilha e grãos de cacau com que os astecas faziam chocolate, de que eram grandes apreciadores. Dessas terras baixas banhadas pelas águas do Golfo, vinham também para Tenochtitlán a borracha, a goma-copal, que se queimava como incenso durante as cerimônias religiosas, e o betume, usado como adesivo e como componente da tinta com que os índios pintavam os corpos.

Eram os astecas um tanto pobres em animais domésticos. Criavam várias espécies de cães, entre as quais uma comestível. Mas entre os bichos de quintal nenhum havia mais importante que o peru. Outra fonte de alimento dos astecas era a caça. Nos tempos do apogeu de Tenochtitlán escasseavam já os veados outrora abundantes no vale do México, mas não há nenhuma razão para crer que as aves migratórias tivessem deixado de aparecer periodicamente; assim, é quase certo que a mesa dos *tenochcas* era de vez em quando enriquecida com um assado de ganso, pato ou codorniz.

Em outro capítulo deste livro mostrou-se como os astecas lançaram mão das *chinampas*, ilhas ou jardins flutuantes, para aumentar a área urbana quando a população de sua metrópole cresceu. Mais tarde, sempre que necessitavam de mais terras, recorriam a uma solução menos pitoresca e poética: atiravam-se a guerras de conquista, submetiam a seu domínio o território de outras tribos e premiavam os capitães que levavam a cabo as conquistas com donativos de terras que passavam a ser cultivadas pelos próprios povos conquistados e reduzidos à escravidão.

Outro meio de subsistência dos astecas era o tributo. Arrecadavam-se no Vale ou nas terras adjacentes, matérias-primas, alimentos e produtos dos ofícios domésticos, mantos, vestes sacerdotais etc. Havia tribos vizinhas e amigas (ou atemorizadas) que pagavam esses tributos voluntariamente.

Tempo chegou em que a produção doméstica de Tenochtitlán começou a sentir o estímulo dum comércio florescente que, à falta dum meio de troca de valor fixo como o dinheiro, se processava pela permuta de mercadorias. Desenvolveram-se os ofícios manuais, mas nunca a ponto de os membros do clã chegarem a descurar sua tarefa principal, que era a de cultivar a terra e produzir alimentos. A troca de mercadorias se verificava não apenas entre os membros da mesma comunidade, mas também entre as diferentes aldeias e cidades.

De ordinário os membros duma família manufaturavam roupas, utensílios e implementos em quantidades suficientes para o consumo doméstico. Isso, porém, não eliminava ou diminuía a possibilidade das trocas. Cada cidade ou aldeia se especializava num ou mais tipos de produtos e isso muitas vezes era consequência não só duma habilidade peculiar ao clã ou à tribo como também de fatores mesológicos. Determinada comunidade produzia uma cerâmica mais bela ou de melhor qualidade que a dos vizinhos porque seu solo lhe fornecia um barro dotado de maiores qualidades plásticas. Ora, esse mesmo grupo carecia de instrumentos de obsidiana, material abundante em outro povoado localizado em terreno vulcânico. Era, pois, natural que se processasse a troca de instrumentos e utensílios de barro por blocos de obsidiana. O chile de determinada região era mais gostoso que o de outra, que por sua vez produzia melhores abóboras... Aí estava outra oportunidade natural de troca; e assim por diante.

O lugar em que se efetuava a permuta de mercadorias era a feira, o mercado. Para essa praça pública convergiam em determinados dias da semana os artesãos locais e os das comunidades circunvizinhas, trazendo suas mercancias. As transações, entretanto, estavam longe de ser simples. Como comparar ananases com perus? Ou tomates com bilhas de barro? Que valia mais, um ocelote vivo ou um manto de plumas? Era, pois, necessário algo que tivesse a função do que hoje chamamos de "dinheirinho miúdo". Encontrou-se a solução num artigo que possuía a dupla virtude de ser portátil e muito apreciado: grãos de cacau. Assim, passou o cacau a exercer as funções de troco para ajustar certas transações menores. Todo esse comércio era, em suma, determinado principalmente pelas necessidades de consumo e nunca pelo desejo de acumular riqueza. A ausência de dinheiro facilitava a manutenção dessa sociedade de economia coletivista.

Os astecas tinham mais apreço pelo jade — pedra a que atribuíam propriedades medicinais — do que pelo ouro ou pela prata.

Aqui cabe uma pergunta. Havia no império asteca absoluta igualdade econômica e social? A resposta na minha opinião é negativa.

CLASSES? CASTAS?

A objeção preliminar é a de que não se pode falar em igualdade numa nação em que existem escravos e mendigos.

Alguns dos primeiros cronistas espanhóis que escreveram sobre a organização social dos astecas referiram-se à existência de classes.

George C. Vaillant — uma das maiores autoridades no assunto, autor do livro *The Aztecs of Mexico* que me forneceu a maior parte dos elementos para este capítulo — acha que a sociedade asteca não possuía classes no sentido hereditário. O que havia era uma hierarquia. Um membro da tribo, por meio de serviços prestados à comunidade, podia atingir uma posição de grande eminência. O filho, porém, não herdava o posto: tinha de conquistá-lo através de serviços da mesma natureza.

A terra, como já se afirmou, pertencia à comunidade, mas se a divisão era inicialmente justa, com o correr do tempo, devido a diversos fatores de ordem humana ou geológica — um agricultor menos hábil ou trabalhador que outro, um trato de terra menos fértil que o do vizinho —, o sistema se ia viciando e desigualdades surgiam. Em geral os chefes de clã e os sacerdotes, cujas terras tendiam a aumentar por motivos diversos, estavam em muito melhor situação que o agricultor comum. Houve já quem classificasse o governo asteca de teocracia. A designação me parece incompleta, pois não só o clero gozava de privilégios especiais mas também a casta militar. Entre esses privilégios — sem contar as honrarias — estava o de maiores direitos no uso da terra e dos instrumentos de trabalho. Isso, reconhece Vaillant, criava uma "estratificação social e econômica". Mas esse mesmo autor conclui: "Na teoria e na prática a sociedade asteca era democrática e a propriedade comunal dos meios de produção constituía a sua base econômica". Eu acrescentaria: *mais ou menos...*

INDUMENTÁRIA

Essas divisões da sociedade asteca em castas ou hierarquias eram tão nítidas, que se faziam visíveis a olho nu. Num país de nível de vida alto como os Estados Unidos de nossos dias, é muito difícil determinar a posição social, o nível econômico dum cidadão pela maneira como anda trajado. Isso, no entanto, é menos difícil nos países da América Latina, onde não há praticamente discriminação racial, mas a social persiste sob várias formas, algumas grosseiras, outras sutis.

Quem se vestia com maior pompa e requinte entre os méxicas eram os guerreiros e os sacerdotes. Uma vez que a suprema glória da guerra era não só a conquista de mais terras como também a captura de soldados inimigos para aumentar o número dos escravos ou o das vítimas para os sacrifícios — quanto maior fosse o número de prisioneiros que um guerreiro fazia, tanto mais direito teria ele a acrescentar insígnias e enfeites à sua já fantástica indumentária. Se o herói pertencia à ordem do Ocelote ou à da Águia, suas roupas tinham de lembrar um desses dois animais. Tudo indica que os militares revelavam grande predileção pelos mantos e pelos cocares de penas coloridas. Alguns ostentavam uma vistosa armação de vime presa aos ombros, toda cheia de mosaicos de pena.

Em ocasiões especiais os sacerdotes usavam roupagens que variavam na cor, no corte e nas insígnias, de acordo com o ritual.

O homem do povo trazia descoberta a cabeça de cabelos de ordinário compridos; usava amarrada sobre um dos ombros uma tanga que lhe cobria também a parte superior do corpo. Quando fazia frio, calçava sandálias de couro ou duma corda feita da fibra do *maguey*. As mulheres protegiam o corpo da cintura para baixo com um pano preso por um cinto, e vestiam uma espécie de bata sem mangas. Penteavam os cabelos em tranças e amarravam uma fita ao redor da cabeça.

A roupa dos ricos era do mesmo feitio, mas de melhor tecido e mais rica de enfeites. Os chefes administrativos em geral ostentavam um distintivo de ouro, turquesa ou diamante, indicando suas funções.

ARTESANATO

Uma das coisas que mais me tem encantado nesta viagem ao México é verificar a sobrevivência do artesão. Nesta nossa era tecnológica em que pouco a pouco estamos transferindo para as máquinas não só a tarefa de fazer coisas como também a de pensar, não deixa de ser agradável encontrar gente que ainda usa com gosto e imaginação os mais antigos instrumentos de trabalho de que se tem notícia — as mãos.

Tudo indica que os astecas de Tenochtitlán, bem como os seus antepassados os toltecas e a maioria das tribos da América Central, usaram pouquíssimos e mui rudimentares implementos além dos dedos. É surpreendente que tribos de índios desprovidos de instrumentos de metal, ignorantes do uso da roda e da tração animal, pudessem ter atingido um tão alto grau de cultura, construindo tantos templos grandiosos e produzindo tantas obras de arte no campo da arquitetura, da escultura, da cerâmica e da ourivesaria. Se compararmos a história dessas tribos americanas com as da Suméria e as do Egito, verificaremos que nestas duas últimas nações os primeiros centros metropolitanos surgiram durante o período de transição entre o fim da Idade da Pedra e a aurora da Idade do Bronze, quando se operaram grandes mudanças nos métodos de produção e de intercâmbio, ao passo que a tecnologia — se podemos usar aqui esta palavra — das antigas civilizações da América Central nunca foi além dum "período neolítico".

George C. Vaillant afirma que a velha arte da cerâmica foi a mais importante do Novo Mundo, e que em nenhum outro continente oferecia ela uma tão grande e tão complexa variedade de desenho e forma. Atribuía isso em parte à boa qualidade do barro do solo mexicano.

Era muito popular a cerâmica com desenhos geométricos em negro e branco sobre uma faixa vermelha. Durante os tempos do maior esplendor de Tenochtitlán, os oleiros astecas seguiram os caminhos do naturalismo, usando em seus potes, vasos, taças, bilhas e panelas de barro desenhos que representavam aves, peixes e flores, executados com certo requinte e com uma delicadeza que lembra certas pinturas japonesas.

Foi a necessidade de produzir artigos para o uso diário — utensílios para servir ou guardar alimentos — que deu impulso aos ofícios manuais. Por outro lado, a religião também estimulou o artesanato, pois cada casa necessitava de vasos, urnas, lâmpadas e outros objetos de culto. O privilégio de fornecer esse equipamento para os templos cabia aos oleiros mais hábeis.

Seria comum entre os astecas o uso de espelhos? Tudo indica que não. Os que existiam, de obsidiana polida, talvez fossem empregados apenas na magia ritualística. Não é difícil imaginar quão misterioso, estranho e deformador seria um espelho de cristal negro... Faziam-se também espelhos com escamas de pirita de ferro brunida, dispostas em forma de mosaico e coladas a um fundo de madeira ou concha.

Outro ofício antigo e muito apreciado entre os índios do México era o de fazer mosaicos de penas. Ornamentavam-se com eles os escudos, as insígnias e os mantos dos guerreiros e dos nobres. Os mais hábeis artesãos conseguiam com essa disposição de penas coloridas de aves desenhos que davam a impressão de pinturas.

A arte do mosaico era das mais ricas e delicadas do artesanato mexicano. Utilizavam-se pedras e conchas de formas e cores as mais variadas. Mais tarde, os templos católicos que os missionários espanhóis iriam erguer em terras do México se beneficiariam muito com essa habilidade dos nativos.

O mobiliário asteca era pobre e escasso. Os altos funcionários e as pessoas importantes da comunidade sentavam-se em espécies de tronos de madeira, mas o homem comum dormia e sentava-se em *petates*, ou esteiras.

A metalurgia, mesmo nos últimos anos de Tenochtitlán, estava pouco desenvolvida. Usava-se o cobre batido a frio, e os ourives da época, embora ignorassem a fórmula para produzir o bronze, sabiam misturar cobre com ouro para fazer chocalhos e enfeites.

O México de nossos dias é rico em tecidos, tapetes e panos, nos desenhos mais caprichosos e nas mais agradáveis cores. Poucos exemplares, porém, chegaram até nós da arte da tecelagem entre os astecas. O que não apodreceu sob a ação da intempérie, o homem se encarregou de destruir ou extraviar. O mesmo aconteceu com os cestos. Mas a julgar pelas outras artes domésticas, os astecas devem ter sido também exímios no tecer panos e tramar cestos.

E para terminar este parágrafo sobre o artesanato, mencionarei um tipo de trabalho em que elementos de requintado gosto se reúnem para produzir um instrumento usado no bárbaro ritual dos sacrifícios. Refiro-me às caprichosas facas feitas dessa rocha vulcânica que parece vidro negro e opaco, a obsidiana. Não sei por que processo conseguiam os índios cortar lâminas finas desse duríssimo cristal de rocha, mas muitas dessas adagas eram esquisitamente longas e estreitas. Alguns punhais tinham cabos que reproduziam figuras de guerreiros ou animais, trabalhadas na forma de mosaicos, com incrustações de jade e turquesa, numa combinação de verdes que frequentemente se tingiam do vermelho escuro do sangue das vítimas.

ARTES

Quem hoje vê os admiráveis murais de Orozco, Rivera e Siqueiros nas paredes de tantos edifícios públicos da capital do México, não pode deixar de estranhar que esses extraordinários pintores tenham surgido num país cujos aborígines foram tão pouco notáveis no domínio do desenho e da pintura. Porque o forte dos astecas era a escultura e a arquitetura.

Ora, pode-se dizer que o artesão é o pai do artista. Foi com toda a certeza no exercício dos ofícios manuais domésticos que os índios mexicanos se prepararam para os voos mais altos das realizações artísticas. Assim como o alvo da economia asteca não era o enriquecimento do indivíduo, e a sua religião não visava objetivos morais — a arte das tribos do vale do México não tinha finalidades estéticas. Nesse particular parecia-se o império asteca com a Rússia soviética, onde se procura fazer que a arte seja socialmente útil. Claro que o paralelo termina aí, porque se no mundo comunista a arte busca servir os interesses do proletariado e tem uma finalidade social, no império asteca ela tinha um sentido quase puramente religioso.

ARQUITETURA

Assim como o arranha-céu hoje em dia é a expressão arquitetônica mais típica do mundo capitalista, o templo era o mais imponente símbolo da civilização ritualista dos méxicas. Nisso eles atingiram uma grandeza comparável às antigas civilizações do Egito e da Mesopotâmia. Seus *teocallis* erguiam-se com majestade acima das outras construções, e era neles que se revelava o engenho e a arte dos astecas, que tinham um admirável senso de proporção e sabiam jogar com volumes. A estrutura consistia geralmente em uma plataforma cujos lados em declive eram quebrados por três terraços. Uma escada a pique levava do solo até o topo do templo, onde ficava o altar. Nos lados das plataformas corriam faixas de pedras em que se viam esculpidas cabeças de serpentes, ocelotes, águias, crânios humanos e outras figuras simbólicas, dependendo estas, naturalmente, do deus a quem o templo era dedicado.

Costuma-se comparar as pirâmides dos astecas com as dos egípcios, mas a semelhança existe apenas no nome e não na forma ou na função. As dos astecas não eram sepulturas. Já nas casas residenciais havia menos preocupação com a beleza de proporções ou o ornamento, concentrando-se os construtores no objetivo de proporcionar abrigo aos moradores. E os edifícios públicos, como as casas das autoridades ou chefes de clã, não passavam de ampliações das residências particulares.

ESCULTURA

Há indícios de que a escultura asteca tenha atingido sua maturidade durante os últimos cinquenta anos que precederam a destruição de Tenochtitlán. Nos templos, escultura e arquitetura completavam-se num consórcio harmônico que, por contraste, nos traz à mente certos edifícios da era porfiriana, cujas figuras em relevo nada têm a ver com a fachada que enfeitam ou, melhor, perturbam, e cuja estrutura por sua vez pede tudo menos a grávida e azinhavrada cúpula que a coroa e ao mesmo tempo esmaga.

Os espécimes da escultura dos méxicas chegados até nós me fazem pensar nas muitas obras de arte que os conquistadores extraviaram e destruíram voluntária ou involuntariamente, e nas muitas outras que ainda estão soterradas por aí à espera dum arqueólogo que as traga de novo para esta clara luz mexicana, desencavando com elas — *quién sabe!* — alguma nova teoria que deite por terra muitas das que hoje aceitamos sobre essa fascinante civilização.

Os escultores astecas — que não costumavam firmar seus trabalhos, outro sinal do espírito coletivista daquela sociedade — tinham uma certa predileção por esculpir a pedra em relevo inteiro, e quase sempre em proporções monumentais. Usavam também o barro, material que, como os chineses antigos, consideravam nobre.

Faço uma visita ao Museu Nacional de Antropologia da Cidade do México e venho a conhecer *pessoalmente* alguns dos deuses que assombravam os templos e os espíritos dos moradores de Tenochtitlán. Há algo de soturno e ferozmente duro nessas atarracadas deidades de pernas curtas e ar ameaçador, que aqui estão, em geral sentadas ou acocoradas, a mirar-nos com suas sombrias pupilas de obsidiana ou com suas órbitas vazias. Nenhuma dessas imagens sorri. Parecem querer-me mal. As únicas esculturas sorridentes de índios mexicanos de que tenho notícia são umas máscaras feitas por bugres totonacos, gente mais alegre das terras cálidas do nível do mar.

De quem é esta imponente estátua toda de basalto? Olho o dístico: *Coatlicue.* Parece um pesadelo de Salvador Dalí combinado com um delírio de Picasso. Trata-se da terrível deusa da morte, "Nossa Senhora da Saia de Serpentes". É um monumento e ao mesmo tempo um enigma, um *puzzle* de armar. Corações e mãos humanos cobrem-lhe os seios, de cujo vértice sai um crânio também humano. Sua saia é toda um ninho de víboras entrelaçadas. Onde a cabeça? Homem nascido e criado à sombra ou à luz duma religião antropomórfica, exijo que Coatlicue tenha uma cabeça humana. Mas como posso eu, pobre mortal, mudar a anatomia duma divindade? Duas serpentes erguem-se de cada ombro da imagem e juntam suas cabeças de línguas e presas à mostra para formar uma espécie de fauce medonha. Dou uma volta cautelosa ao redor da estátua, recuo, contemplo-a de olhos entrecerrados e fico por algum tempo como que hipnotizado pelo seu maléfico sortilégio, pelo seu repelente encanto.

Coatlicue — explica-me um outro visitante do museu que puxou conversa comigo — é a mãe dos deuses. "E o senhor está vendo ali aquela cabeça? Tem mais de um metro de altura e é de Coyolxauhqui, deusa da Lua, irmã do deus da guerra." Informa que, apesar das proporções monumentais da imagem, trata-se de uma divindade menor, do grupo planetário. Aos poucos — concluo para mim mesmo, com pálido orgulho — vou conhecendo essa vasta família de deuses, destrinçando esse parentesco, aprendendo de memória a cara de cada imagem. É possível até que um dia me torne especialista em teologia asteca. Bom passatempo para a velhice.

Mas que é isto? Estaco agora diante de outra imagem de Coatlicue. Não resta a menor dúvida: é o que leio na legenda explicativa. Ali vejo as garras poderosas, a saia de serpentes. Mas esta imagem possui braços e mãos, sim, e tem como cabeça uma caveira... Afinal de contas, qual é a versão verdadeira: esta ou a outra?

Saio a andar desapontado por entre deuses de pedra e barro. Adeus especialização!

Dois temas parecem predominar nestas esculturas: a imagem da serpente e a ideia da morte. Tenho a impressão de que, na maioria dos casos, o mais importante para esses artistas índios não era o realismo, mas a força dramática e a proporção rítmica. Exceção à regra é a cabeça dum Cavaleiro da Águia Asteca, diante da qual me detenho. Tem uma beleza que nos faz pensar nas esculturas clássicas gregas e romanas. É um trabalho secular em que as feições do guerreiro lembram as dum nobre ateniense.

Divirto-me a descobrir outras analogias. Passo por figuras que me recordam Budas chineses, esculturas sumérias, deidades hindus, e de súbito me vem à mente a imagem que vi em reprodução fotográfica duma figurinha de barro descoberta em Jalisco, representando um guerreiro ou jogador de bola de expressão caricatural e que, não só pelas feições como também pela indumentária, lembra o Dunga, um dos sete anões da história da Branca de Neve na versão de Walt Disney.

Chego finalmente a uma das peças mais preciosas deste interessantíssimo museu: a Pedra do Sol, o calendário de Tenochtitlán, tentativa combinada da ciência, da arte e da magia astecas para prender numa pedra circular de pouco mais de quatro metros de diâmetro o infinito do tempo e do universo. A escultura em relevo, dum belo e caprichoso rendilhado — possivelmente trabalhado com instrumentos de obsidiana, com uma precisão e habilidade incríveis — representa a história do mundo em suas diferentes eras, e mostra, cercados por glifos de jade e turquesa, evocativos das cores do céu, o nome dos vinte dias. Numa outra faixa circular aparecem raios de sol e símbolos estelares. A orla do calendário consiste em duas grandes serpentes de fogo representando o Ano e o Tempo. Bem no centro da pedra, a carantonha de Tonatiuh, o deus do Sol, flanqueada por quatro cartuchos que marcam as quatro idades por que o mundo já passou e que, juntas, representam a era em que vivemos.

Importantes espécimes da escultura asteca encontram-se hoje no Museu Britânico de Londres e no de História Natural de Nova York, para não mencionar outros museus e coleções particulares. Mas o que se vê aqui, principalmente em matéria de escultura, cerâmica, artigos de ourivesaria e prataria, é o suficiente para dar ao observador mais exigente e cético uma ideia da importância da arte das antigas civilizações do México.

PINTURA E DESENHO

Pobres eram a pintura e o desenho dos méxicas comparados com sua arquitetura e escultura. Muitos códices astecas chegaram até nossos dias, revelando cenas da vida social e religiosa das cidades do vale do México, em desenhos primitivos e quase sempre num tom caricatural. Esses códices têm um grande valor documentário e, quanto aos seus desenhos propriamente ditos, confesso que me divertem com todos os seus erros de perspectiva, suas heresias anatômicas, seus homúnculos grotescos, de pernas curtas, com roupas e insígnias também desfiguradas pela caricatura. Tenho a impressão de que essas são as únicas expressões humorísticas da sociedade asteca. Esses desenhistas índios deviam ser no fundo grandes satiristas e de certo modo seus desenhos eram verdadeiras válvulas de escape por meio das quais eles aliviavam a pressão em que viviam naquele mundo tão violento, em que o indivíduo não sabia nunca quando ia ter seu coração arrancado do peito em honra de algum deus, ou quando ia cair num combate, derribado pelo inimigo. A verdade é que nos referidos códices até as cenas de sacrifícios humanos eram pintadas com veia humorística.

MÁSCARAS, CRÂNIOS E JOIAS

Quando falamos em ourivesaria, é natural que um nome nos venha logo à mente: Benvenuto Cellini. Um século antes do nascimento desse famoso artista, já os índios mexicanos trabalhavam com ouro, prata, cobre, pedras preciosas e semipreciosas, fazendo joias e outros adornos que, pela perfeição do acabamento e pelo gosto do desenho, podiam rivalizar com as do mestre italiano.

Supõe-se que a arte da ourivesaria no continente americano se haja originado na América do Sul, possivelmente no Peru, no Equador ou na Colômbia, tendo sido levada de lá para a América Central, onde a cultivaram os maias que, por sua vez, a passaram aos mistecas no sul do México, e estes a ensinaram aos toltecas e aos chichimecas da meseta central, onde mais tarde os astecas se tornaram os mestres mais altos desse delicado ofício. Exímios lapidários, os méxicas conseguiam não sei por que meios fazer esculturas minúsculas em pedras como o jade, a ametista e o cristal de rocha, dando-lhes a forma de figuras humanas e de animais, flores, frutos e miniaturas de utensílios domésticos.

Não menos belas são as suas máscaras de ouro maciço, usadas pelos sacerdotes em certas cerimônias religiosas. Havia também máscaras mortuárias com que se cobriam as faces dos reis, guerreiros e nobres, quando eram sepultados. Encontra-se no Museu Etnográfico de Roma uma das mais notáveis máscaras astecas de que se tem notícia, toda incrustada de pedaços de jade e turquesa, na técnica de mosaico. Vi há alguns anos no Museu de História de Nova York uma outra maravilhosa máscara asteca de pórfiro, de caráter secular, e dum extraordinário vigor realista. Outra preciosidade, mais ou menos dentro do mesmo gênero, é o crânio humano que se acha hoje na coleção do Museu Britânico, com incrustações de turquesa e obsidiana e olhos de pirita, e que se supõe ser a cabeça do deus Tezcatlipoca. Nesse mesmo museu londrino encontra-se uma estranhíssima caveira esculpida em cristal de rocha, duma admirável precisão anatômica e que consegue, muito mais que o artigo autêntico, transmitir a quem a observa tudo quanto há de macabro numa caveira humana. Porque esse crânio, produto dum artista desconhecido, possui uma qualidade luminosa verdadeiramente fantasmal.

MÚSICA

Que se poderá dizer da música dos méxicas se todas as melodias que se produziram no vale de Anáhuac o vento carregou para as montanhas dissolvendo-as para sempre no silêncio do espaço e do tempo? Dela não ficou nenhum registro gráfico em pauta. Foi uma pena que, ao chegarem ao México, os missionários não tivessem tratado de recolher a música aborígine para depois começar a sua catequese musical, substituindo aquelas melodias bárbaras e panteístas por músicas *cristianas*.

Sobreviveram, porém, instrumentos da época, e de cujas possibilidades tonais se tem uma ideia do que podia ser a música entre os astecas.

Existia grande número de flautas, umas estridentes, outras graves, feitas de madeira, junco, cana, barro ou conchas. Num conjunto musical era a flauta — assim mesmo dentro de suas limitações — o único instrumento que tocava a melodia. O resto eram atabaques, chocalhos e instrumentos de raspar que marcavam o ritmo. Havia entre os tambores cilíndricos, verticais e horizontais, um que consistia num porongo invertido posto num conteúdo cheio de água e que, batido, produzia grande ressonância.

Se os astecas eram tão soturnos como seus descendentes diretos que encontro hoje por aqui, aposto cinco pesos como sua música não passava duma melopeia de ritmo lento.

O importante, porém, é que o encontro desses índios com espanhóis haja produzido com o passar do tempo essa bela música mexicana popular, tão rica de melodias, que enche esses pueblos, cidades, estradas e céus, tornando o México moderno um dos países mais musicais do continente americano.

DANÇA E TEATRO

Tem-se a impressão de que a dança entre as tribos astecas era mais importante que a música. Da coreografia original nada chegou intato a nossos dias, pois os padres naturalmente trataram de fazer que os índios esquecessem os gestos, passos e ritmos evocativos de cerimônias bárbaras e sangrentas como os sacrifícios humanos, os atos de antropofagia, os combates de gladiadores e as invocações aos deuses.

Sabe-se, porém, que as danças astecas empregavam grandes massas, e que eram acompanhadas não só de música como também de cantos. Dançavam os méxicas nas festas anuais ou em honra do deus da chuva, quando pediam água para suas lavouras, e dançavam também para o deus da guerra quando se preparavam para a batalha. Na época da semeadura homenageavam com bailados o Deus da Primavera. Havia uma famosa dança que simbolizava o conflito da Noite com o Dia. E outra — a do Veado — que propiciava o deus da caça. Era comum nesses bailados o uso de máscaras que representavam personagens humanas ou animais. Nessas ocasiões a dança não deixava também de ser teatro, pois seus movimentos, sua pantomima contavam a história da vida dos deuses ou reproduziam um acontecimento mitológico e histórico.

Parece fora de dúvida que os índios do México tiveram um teatro. Em Teotihuacán, a pouca distância da Cidade do México, existem as ruínas dum anfiteatro não muito diferente dos da Grécia antiga.

E não é lógico que um povo com tanto talento para a escultura e a arquitetura fosse também rico em danças e outros espetáculos teatrais?

LITERATURA

Na opinião de alguns pesquisadores, foram os maias os primeiros a usarem a escrita nas Américas, talvez uns três ou quatro mil anos antes do nascimento de Cristo. Possivelmente empregavam figuras e símbolos hieroglíficos, bem como estavam fazendo na mesma época os povos do Egito e da Suméria. Antes do século xv os méxicas já usavam os pictogramas para ilustrar suas mensagens orais. Quando os conquistadores chegaram, a escrita dos astecas era uma combinação de vários métodos: ideógrafos, hieróglifos, figuras simples e símbolos. Não era possível representar com esses pictogramas conceitos gerais ou exprimir ideias abstratas, de sorte que a literatura asteca ficou sem registro gráfico. Limitou-se talvez à expressão oral. Como a música, foi levada pelos ventos para o silêncio glacial das montanhas.

Não é preciso muita imaginação para concluir que esse povo assombrado por tantos deuses e superstições, eternamente perplexo diante duma natureza violenta, deva ter produzido uma literatura de natureza simbólica, com suas cores poéticas, muitas alusões mitológicas e sonoras onomatopeias — hinos, enfim, de medroso louvor aos deuses, de mal articulado espanto diante dos vulcões, dos roucos da terra em suas convulsões sísmicas, de feroz alegria à vista dum quente coração sangrento recém-saído de peito humano ou duma bela messe de milho; ou então façanhudos hinos de guerra. E é bem possível que toda essa literatura estivesse quase inteiramente a serviço dos interesses religiosos e sociais da comunidade, com pouca ou nenhuma preocupação estética.

COSMOGONIA

Acreditavam os méxicas que o mundo havia atravessado quatro ou cinco épocas ou sóis. Existem muitas versões da cosmogonia asteca. Tive já a oportunidade de resumir uma delas, a do historiador índio, Ixtlilxóchitl, num dos capítulos iniciais deste livro. A outra — que parece ser a oficial, pois está simbolizada na Pedra do Sol — é a seguinte.

A primeira era, Quatro Ocelote, teve como patrono Tezcatlipoca, o deus do espelho fumegante, que acabou por transformar-se no próprio Sol, enquanto jaguares devoravam os homens e os gigantes que nessa época povoavam a terra. Na segunda idade, Quatro Vento, governada por Quetzalcóatl, o mundo foi destruído por furacões e os homens viraram macacos. (Esta evolução às avessas me encanta.) Graças a Tlaloc, deus da chuva, o mundo teve de novo luz na terceira época, que se chamou Quatro Chuva, mas de novo foi destruído por uma chuva de fogo. O quarto Sol — Quatro Água — foi presidido pela deusa da água, Chalchiuhtlicue, "Nossa Senhora da Saia de Turquesa". Dessa vez sobreveio um dilúvio que transformou os homens em peixes. Encontramo-nos agora no Quatro Terremoto, sob o domínio de Tonatiuh, o deus do Sol, e sob a ameaça de ver o mundo destruído por um terremoto.

UMA CONCEPÇÃO DO UNIVERSO

A concepção asteca do universo tinha também um sentido religioso e mágico. Havia o universo horizontal — talvez o conceito mais antigo — e o vertical. Dentro do primeiro, existiam cinco direções; os quatro pontos cardeais e mais o centro, onde imperava o deus do fogo, divindade fundamental da teologia mexicana. Governava o Nascente, região de grande fertilidade, o deus da chuva e o da nuvem. Esse conceito de abundância deve ter uma explicação geográfica. Era da fértil região onde hoje fica o estado de Vera Cruz, a leste de Tenochtitlán, que vinham as chuvas periódicas provocadas pela condensação do ar quente quando o golfo do México ficava exposto aos frios ventos que sopravam do platô central. Mas por que se atribuíam influências maléficas ao Sul? Talvez por causa das zonas áridas que se estendiam ao sul dos territórios que formam hoje os estados de Morelos e Puebla. Apesar da ideia de aridez ligada a esse ponto cardeal, imperavam nele deuses associados com a primavera e com as flores, como Xipe Tótec e Macuilxochitl. Presidia o Norte, soturna zona de horror, Mictlantecuhtli, o Senhor dos Mortos, deidade frequentemente relacionada com a alma. O Poente, onde brilhava a estrela vespertina, era um setor mais favorável, graças à proteção de Quetzalcóatl, o deus da sabedoria, identificado muitas vezes com o planeta Vênus.

O mundo vertical dividia-se, convenientemente para os propósitos sociais dos astecas, em pequenos céus e infernos desprovidos de qualquer significação moral. Trata-se, para usarmos dum símile moderno, dum edifício de apartamentos, onde viviam os deuses de acordo com sua importância hierárquica. O criador original ocupava o último andar. Um desses apartamentos ou, melhor, céus pertencia a Tlaloc, que hospedava todos os que haviam morrido afogados, vitimados pelo raio ou qualquer outra causa relacionada com a água. Os mortos restantes iam para o porão da casa, para um submundo a que se dava o nome de Mictlan. Para chegar lá, porém, tinham de vencer uma série de obstáculos tremendos, bem como o bravo Blau Nunes, a personagem de Simões Lopes Neto, quando se lançou na busca do tesouro da Salamanca do Jarau. Vinha dessa ideia o hábito de enterrar os mortos acompanhados de petrechos e talismãs (inclusive um cachorro) que lhes facilitassem a penosa jornada. O trajeto dos mortos reflete bem a influência da paisagem mexicana no espírito dos índios. O viajante tinha de andar entre duas montanhas que ameaçavam esmagá-lo; evitar o encontro primeiro com uma cobra e depois com um horrendo crocodilo; cruzar oito desertos; escalar oito montes; suportar um vento gelado que lançava contra ele pedras e facas de obsidiana — até chegar a um largo rio, que o morto devia atravessar montado num cachorro vermelho. Chegado enfim o viajante a seu destino, apresentava suas oferendas ao deus dos mortos, o qual por sua vez o destinava a uma de nove diferentes regiões.

Em suma, a divisão horizontal do universo estava subordinada a fenômenos geográficos, ao passo que a vertical tinha mais a ver com a hierarquia.

ALGUNS DEUSES E DEUSAS

Havia deuses que tinham um convívio mais íntimo com os mortais, intervindo com frequência em seus assuntos domésticos de todo o dia. Um deles era o terrível Tezcatlipoca e o outro, seu rival Quetzalcóatl, espécie de deidade proteica. Esses dois deuses mudavam às vezes de nome de acordo com as diversas regiões do México. Quanto a Quetzalcóatl, nem sequer tentarei, já não digo esclarecer, mas descrever a confusão que existe em torno desta multiforme deidade, que era o deus da civilização, a Serpente Emplumada, o deus do planeta Vênus e não raro um deus barbudo que usava uma máscara saliente, conhecido como Ehecatl, senhor do vento.

Pode-se compreender muito bem a razão por que numa região seca como o platô central do México tivesse tanta importância Tlaloc, o deus da chuva, que em Tenochtitlán merecia um lugar no templo mesmo de Huitzilopochtli, o "Feiticeiro Colibri", deus da guerra.

Não devemos esquecer uma coleção de deusas do milho, moças jovens e belas, com nomes atraentes como "A Jovem Mãe do Milho", "Pássaro Flor", "Quatro Flor". Outra deusa simpática é a do *maguey*, com seus quatrocentos filhos, que pareciam viver permanentemente embriagados.

Tlaloc imperava sobre a vegetação. "Nossa Senhora da Saia de Turquesa" governava rios, lagos e mares. Xipe Tótec, o Esfolado, simbolizava a primavera, e sua roupa era uma pele humana que representava a nova vegetação de que a terra se reveste todos os anos. Nas cerimônias em honra desse deus vernal, os sacerdotes vestiam a pele de escravos recém-esfolados.

A dualidade que no mundo cristão se exprime na luta do Bem contra o Mal, na religião asteca era simbolizada na rivalidade entre a Luz e a Treva, o Norte e o Sul, o Frio e o Calor, o Nascente e o Poente. Os deuses tomavam parte nessas guerras simbólicas e até as estrelas se agrupavam em exércitos — os do Oriente contra os do Ocidente — e travavam verdadeiras batalhas campais.

Combates como os dos gladiadores da Roma antiga eram populares em Tenochtitlán, e exprimiam essa dualidade, como parte do ritual religioso. Participavam deles os guerreiros de Huitzilopochtli e os Cavaleiros do Ocelote.

A VOLTA DE QUETZALCÓATL

Entre as lendas astecas tecidas em torno da personalidade de Quetzalcóatl, existia uma segundo a qual esse deus proteico, antes de ir-se da terra, desaparecendo no Ocidente, prometera a seus fiéis voltar um dia ao mundo, entrando pelo Oriente. (E não haveria nessa lenda certa analogia com o milagre diário da morte e ressurreição do sol?) Assim, quando os conquistadores espanhóis desembarcaram em 1519 no lugar a que dariam o nome de Vera Cruz, Montezuma estava preparado para ver em Hernán Cortés uma nova encarnação de Quetzalcóatl. Até certo ponto isso explica a rapidez do triunfo espanhol. É que os astecas deram à Conquista uma interpretação mágica. Quando descobriram o engano, era tarde demais; havia já começado a destruição de seu império. Segundo Oswald Spengler, esse é o único caso que se conhece duma cultura que termina por morte violenta — assassinada, destruída como "um girassol cuja cabeça é decepada por alguém que passa".

Não tenho notícia dum ato de mais descabelada audácia, duma aventura mais novelesca e sangrenta que a Conquista do México. Cortés merece um lugar do maior relevo na galeria dos grandes aventureiros da História, o que não quer dizer que me pareçam justificáveis as crueldades e violências que cometeu.

5

A Conquista

O JOVEM HERNÁN

Nasceu Hernán Cortés em 1485 na cidade de Medellín, na província espanhola de Extremadura, filho de Don Martin Cortés, soldado profissional que, por estar cansado e desiludido de tantas, tão duras e ingratas andanças militares ou por não achar que o filho tivesse porte de guerreiro, tratou de desviá-lo da carreira das armas, mandando-o estudar leis em Salamanca. Aprendeu o jovem Hernán seu latim e uns vernizes de Direito, mas, concluindo que não tinha vocação para os estudos, voltou aos dezessete anos para a casa paterna e tratou de buscar outro rumo. Nessa época poucos eram os caminhos que um jovem espanhol podia seguir: "Ciência, mar ou casa real". O primeiro estava já fora de cogitação. Por que então não servir seu rei nas terras de além-mar? Alistou-se Hernán como soldado numa expedição que, sob as ordens de Ovando, estava prestes a zarpar para as Índias. Mete-se, orgulhoso, numa armadura de guerreiro, afivela a espada à cinta e certa noite sai em aventuras amorosas. Para chegar ao quarto da dama que pretende conquistar, tem de escalar uma parede, mas uma maldita taipa arruinada cede ao seu peso e o herói tomba, no meio dum estrondo que acorda o marido da beldade, o qual aproveita a circunstância de ter o rival estendido no chão, impossibilitado de erguer-se, e dá-lhe uma surra homérica que leva o pobre rapaz para a cama. E enquanto amigos lhe põem arnica nas feridas do corpo, sem encontrar remédio para as de seu amor-próprio, Hernán recebe a notícia de que as naus de Ovando se fazem de velas para o mar.

Aos dezenove anos participou da expedição que foi à ilha Hispaniola com o fim de reprimir uma revolta encabeçada pela formosa haitiana Anacaona, Flor de Ouro. Os índios rebeldes, péssimos guerreiros que, no dizer dum cronista da época, "usavam as barrigas como escudos", não oferecem nenhuma resistência.

Depois dessa melancólica "façanha" das armas espanholas, Hernán ganha como prêmio uma *encomienda* de índios e o cargo de escrivão do *ayuntamiento* de Azua, o qual desempenha com competência e, possivelmente, tédio.

Uma nova oportunidade surge-lhe em 1511, quando o governo espanhol resolve estabelecer uma colônia em Cuba e encarrega Don Diego Velázquez de levar a cabo a conquista. Trezentos homens participam da expedição e Hernán Cortés é um deles. Não vai, porém, como combatente e sim como auxiliar do tesoureiro que representará a Real Hacienda na aventura.

A conquista de Cuba foi fácil como uma parada. Os índios ofereceram pouca resistência, o que não impediu que Velázquez aproveitasse a oportunidade para dizimá-los. No ano seguinte, fundada a cidade de Baracoa, Cortés exerce nela as funções de escrivão e ao mesmo tempo as de fazendeiro. Entrega-se ao cultivo de parreiras, à criação de vacas, éguas e ovelhas e à exploração de minas de ouro, sem prejuízo de outros negócios e atividades.

Don Diego Velázquez, o viúvo e cúpido governador de Cuba, toma-se de amores por uma das quatro belas irmãs Juárez que tinham vindo da Espanha para a ilha acompanhadas de seu irmão Juan. As más línguas da época insinuavam que as relações entre o governador e a bela andaluza estavam longe de ser platônicas. Cortés contratou casamento com uma das *niñas*, a que tinha por nome Catalina, mas pouco depois quebrou a promessa. *Nombre de Diós!* A honra dos Juárez está manchada. O irmão, que faz as vezes de pai, fica enfurecido. O governador da ilha toma o partido dos Juárez. Por outro lado, os amigos de Cortés soltam a língua em mexericos sem fim. Velázquez perde a paciência e manda prender o escrivão. Uma noite, porém, aproveitando um cochilo do alcaide seu carcereiro, Cortés rouba-lhe o escudo e a espada e corre para a igreja, onde se refugia. Por que o senhor governador não deporta o insolente? — perguntam os áulicos. Trata-se dum ato de rebeldia que justifica um processo criminal. Velázquez hesita. Suas mãos, que tanto amam o contato do ouro, não estão nada limpas... Os cargos públicos da ilha se acham em sua maioria ocupados por parentes e protegidos seus. Ele não ignora que Cortés possui documentos que o comprometem seriamente...

Soldados cercam a igreja onde o diabólico escrivão continua refugiado. Ao cabo de certo tempo, cansado da prisão, Cortés vem tomar ar e sol perto da porta do templo. Juan Juárez, o novo alcaide, cai-lhe em cima com seus soldados e domina-o. Metem-no num barco que vai para Hispaniola. Hernán consegue libertar-se da grilheta que lhe prenderam ao pé, troca de roupas com o criado que o acompanha, e, como nas novelas de capa e espada, protegido pelas sombras da noite antilhana, arrasta-se pelo convés, salta para dentro duma canoa e, para que não possam persegui-lo, corta as cordas de outra que está presa a um navio próximo. Começa então a lutar contra a correnteza do rio, e quando percebe que não pode governar o barco, lança-se n'água, amarrando à cabeça uns papéis que comprometem o governador, e alcança a margem a nado.

Que fez o escrivão ao pisar terra? Não perdeu tempo: homiziou-se na igreja e seu primeiro ato foi mandar amigos aos Juárez com propostas de paz e amizade, que foram aceitas. Ato contínuo, casa-se com Catalina. E agora que a honra dos Juárez está lavada, o próximo movimento de Cortés é reconquistar a amizade do governador, coisa que consegue graças à grande lábia política que começa a revelar.

O tempo passa. Fala-se no nome de Hernán Cortés para comandar a terceira frota que em Cuba se organiza com destino ao México.

Seus amigos exultam. Os inimigos ou os indiferentes objetam que o jovem escrivão poderá ser hábil no manejo da pena mas não no das armas.

Cortés deseja ardentemente o posto. Juan de Grijalva voltara das terras recém-descobertas trazendo ouro e pedras preciosas, e contando histórias fabulosas. Apesar de seus múltiplos negócios de gado e mineração — Cortés não é rico. Leva uma vida faustosa, enche a mulher de joias e custosos vestidos, e vive perseguido pelos credores.

Há vários outros candidatos ao comando da expedição, e entre eles parentes e protegidos do governador. Finalmente, trabalhado pelo seu secretário, Andrés Duero, sócio de Cortés em muitas empresas comerciais, Velázquez resolve nomear o escrivão de Medellín *capitán de la tercera flota*.

A primeira coisa que Hernán faz é paramentar-se duma maneira digna do posto. O escriba vira guerreiro. A pena de ganso transforma-se em penacho colorido e salta da mão para o *sombrero*. E lá se vai o jovem Cortés, todo cheio de insígnias e laçadas de ouro, espada à cinta, fogo no olhar. Enquanto isso, começa a organizar-se a expedição.

A EXPEDIÇÃO

Em princípios de março de 1519, chega Cortés às costas do que é hoje a província de Tabasco, com sua frota de onze navios. Tem sob suas ordens 508 soldados, sem contar as tripulações. Dispõe ainda de dezesseis cavalos, treze escopeteiros, 32 besteiros, dez canhões de bronze e onze falconetes.

Estão as naves ancoradas perto do delta do rio Grijalva, raso demais para permitir a entrada da frota. Cortés leva seus homens em pequenas embarcações até uma ponta situada a meia légua da povoação de Tabasco. Verifica com surpresa que os índios, que haviam recebido tão amistosamente os soldados de Grijalva, revelam agora intenções hostis. O rio está coalhado de pirogas conduzindo guerreiros armados; por entre os juncos e canaviais das margens, outros combatentes indígenas se escondem, à espreita...

Hernán Cortés manda um de seus homens dizer aos tripulantes duma piroga próxima que seus propósitos são de amizade. O intérprete faz o que pode, aos berros, mas os índios em resposta apenas brandem as armas. O ex-escrivão de Baracoa tenta ainda métodos pacíficos. O que ele quer é que lhes permitam *"saltar a tierra, tomar agua y hablarles de Dios y de su majestad"*. Inútil: os índios não se deixam convencer.

Cortés ordena o ataque a Tabasco. Os espanhóis combatem com água pela cintura. Conta um cronista que, no meio da refrega, Hernán perdeu uma de suas alpargatas, no fundo lodoso do rio, continuando a brigar com um pé descalço e o outro calçado.

Atingindo a terra, os conquistadores se reorganizam e fazem os índios retroceder a golpes de lança e espada. Trava-se nas ruas de Tabasco um corpo a corpo que termina com a vitória dos invasores. A primeira batalha está ganha. Hernán reúne seus guerreiros no pátio duma das casas da povoação vencida e, diante daqueles homens exaustos e suados — caras, mãos, barbas, cabelos, uniformes sujos de lama e sangue —, leva a cabo uma cerimônia teatral. Dá três golpes de espada no tronco duma corticeira, declara que toma posse daquela terra em nome de seu soberano Carlos v e acrescenta que, se alguém ousar contradizê-lo, ele defenderá com aquela mesma espada os direitos de seu rei.

MARINA

Permanecem os espanhóis cinco dias em Tabasco, vagamente assustados ante aquela região de calor sufocante, medonhos matagais, pântanos, rios, lagos — água por todos os lados — como se ali o mundo estivesse ainda convalescendo do dilúvio que no Quarto Sol brotou das entranhas de "Nossa Senhora da Saia de Turquesa".

Uma coisa acicata a curiosidade de Cortés. De onde vem todo o ouro e as ricas pedrarias que lhe trazem os caciques vencidos com suas homenagens e protestos de amizade, por entre nuvens de incenso e salamaleques? E quando, por meio de seu intérprete, pergunta isso aos chefes índios, estes apontam na direção do ocidente, dizendo que é dum país chamado Colúa ou México.

Os padres começaram já a catequização. Reza-se a primeira missa em Tabasco, e por essa ocasião batizam-se as vinte escravas índias que os caciques haviam trazido como uma dádiva aos conquistadores. Uma delas, que na língua indígena se chamava Malinali, recebe o nome cristão de Marina. Segundo Bernal Díaz del Castillo, um dos mais interessantes cronistas da Conquista, era ela *"de buen parecer, entremetida y desenvuelta"*. Não foi só o escriba quem notou o *buen parecer* da índia. Cortés também. Interessou-se tanto por ela, que acabou por fazê-la sua amante. E ao penetrar nos aposentos do Conquistador, Marina esgueirou-se também História adentro. Como uma heroína? Isso depende da posição do observador. Se hispanista, ele louvará a lealdade da rapariga ao chefe branco, seu desejo de ver os irmãos convertidos ao cristianismo. Mas, se indianista, proclamará *La Malinche* traidora, espécie de Calabar de saias. A verdade é que, anjo ou demônio, dali por diante a espertíssima índia, *"que tenia mucho ser"*, conspirou e trabalhou contra seu povo e sua terra, tornando-se colaboradora indispensável de Cortés, personagem de primeiro plano no drama da Conquista. O nauatle ou asteca era a sua língua materna, e ela aprendera o maia em Tabasco. Como Aguilar, intérprete de Cortés, falasse esta última língua, estabeleceu-se um sistema muito prático de traduções que facilitou a comunicação entre os conquistadores e os nativos.

Foi Marina quem mais contribuiu para reforçar no espírito dos astecas a crença de que Hernán Cortés era mesmo uma nova encarnação do deus Quetzalcóatl.

RUMO AO MÉXICO!

Que fazer agora? Se seus oficiais têm alguma dúvida, ele, Hernán Cortés, não tem absolutamente nenhuma. Urge conquistar o império do altiplano sobre o qual os índios de Tabasco contam tantas maravilhas. *La Malinche* também deve ter enchido os ouvidos e a imaginação de seu senhor com histórias fantásticas sobre as riquezas de Tenochtitlán.

Faz-se Cortés de novo ao mar com toda a frota e, na Quinta-Feira Santa, chega a um ponto da costa mexicana que também já havia sido tocado antes por Grijalva. Chefes índios sobem a bordo para recebê-los e perguntar-lhes, em nome de Montezuma, quem são e a que vêm. Cortés responde que seus propósitos são fraternais e que os mexicanos devem encarar sua chegada como uma boa coisa.

Na Sexta-Feira da Paixão manda desembarcar os cavalos, instalar a artilharia e armar as barracas. No domingo da Páscoa o capelão da armada reza em terra a primeira missa. O chefe índio Tentalitl, acompanhado dum cacique, vem confabular com Cortés, que lhes pede uma audiência com Montezuma. Estranham os chefes índios tamanha afoiteza. Então este homem branco mal chega e já quer ver o imperador? Trocam-se presentes. Os astecas trazem a Cortés peças de ouro, mantos de algodão, aves e frutos da terra. Mas Hernán obstina-se em ver pessoalmente o imperador.

Tentalitl manda um emissário a Tenochtitlán. Antes disso, porém, para que seu imperador tenha uma clara ideia da estranha gente branca e de suas armas e montarias, chama um de seus artistas e lhe manda desenhe retratos de Cortés, de seus guerreiros, dos navios, dos cavalos — aqueles "veados monstruosos" — e dos canhões, "armas que atiram longe o raio".

O ERRO DE MONTEZUMA

Volta o emissário dentro de alguns dias trazendo para Cortés, com muitos presentes, uma mensagem do imperador. O recado é singelo. O Senhor de Tenochtitlán recusa-se a receber o homem branco e pede-lhe que se retire de terras mexicanas com seus soldados. As dádivas, porém, estão longe de ser singelas. Foi esse o maior erro da vida de Montezuma. Dos alforjes dos carregadores começam a sair presentes: pássaros de ouro maciço, capazes de mover a cabeça e as asas; peixes com escamas alternadas de ouro e prata; outros animais do vale, também modelados em ouro, se enfileiram sobre as esteiras do chão, entre flores e pepitas de ouro. Os tesouros das Índias! Os soldados estão alvorotados. Cortés mal contém sua exaltação. E o chefe Tentalitl continua orgulhoso a dirigir o espetáculo. Manda colocar aos pés do Conquistador escudos recobertos de placas de ouro, com incrustações de jade e turquesa; quadros feitos com plumas coloridas; mantos e trajes ricamente bordados...

Nessa hora Cortés possivelmente pensava no gordalhufo Diego de Velázquez, que costumava roubar boa parte do ouro e das pedras preciosas *resgatados* nas Índias Ocidentais. Mandar aquilo para o governador de Cuba seria o mesmo que atirar pérolas aos porcos. Mas eis que chega o auge do espetáculo. A um sinal de Tentalitl, escravos astecas aproximam-se lentamente carregando uma enorme roda que muitos dos cronistas mais tarde disseram ser "como de carreta". Os olhos do ex-escrivão agrandam-se de surpresa. A roda, toda de ouro, simboliza o Sol. O tesoureiro real calcula seu valor em 20 mil pesos de ouro.

Mas não é tudo. Outros escravos se acercam, conduzindo outra roda tão grande como a do Sol, mas toda de prata maciça simbolizando a Lua. Ouvem-se gritos de admiração. Tem-se a impressão de que os soldados se vão precipitar sobre os tesouros...

Cortés, porém, domina o próprio entusiasmo. Recobrando a calma, o frio raciocínio, insiste em ser recebido pelo imperador. Quer entregar-lhe pessoalmente uma mensagem da parte de Carlos v. Tentalitl hesita, desconversa, desculpa-se... O espanhol alega que cruzou os mares só para ver Montezuma. O chefe índio aponta desamparadamente para os tesouros, para o Sol de ouro e para a Lua de prata, que faíscam à quente, úmida luz da Villa Rica de la Vera Cruz.

O GOLPE

Sim. Hernán Cortés havia fundado a vila em nome dos *"muy poderosos y muy católicos reyes y señores Dona Juana y el imperador Carlos v, su hijo"*. Esse ato agradou a maioria de seus homens, que estavam ansiosos por levar adiante a Conquista. Mas alguns partidários de Diego de Velázquez queriam voltar, alegavam que traziam ordens apenas para *rescatar* e não para povoar. De resto, precisavam de mais soldados, armas e munições para continuarem tão difícil e perigosa empresa.

Cortés, porém, tinha seus planos secretamente traçados. Já que se havia constituído o *ayuntamiento* de Vera Cruz, ele como delegado de Velázquez perdera a autoridade. Encenou nova comédia. Reuniu alcaides e regedores e, cabeça descoberta, metido em seu uniforme de gala, anunciou solenemente que, estando terminada a autoridade de Velázquez, ele, Hernán Cortés, vinha oferecer sua demissão do cargo de capitão-geral, para o qual o nomeara o governador de Cuba. Ora, tudo isso era parte dum plano habilmente traçado. A junta pediu um prazo para deliberar e, pouco depois, declarou que, ao cabo de grandes reflexões, chegara à conclusão de que o poder antigo ficava anulado e que Hernán Cortés de agora em diante seria portador dos títulos de *"justicia mayor y de capitán general"*.

Mas lavra ainda o descontentamento entre alguns capitães da expedição, que querem voltar para Cuba a todo custo.

Hernán tem então um gesto duma audácia extraordinária, o primeiro duma série que acabaria por dar-lhe a vitória final. Para evitar a defecção de seus homens, manda desarvorar seus navios, atirando--os à costa.

O ex-escrivão tinha o hábito de escrever regularmente a seu rei longas e minuciosas cartas, dando-lhe conta de suas ações e notícias da marcha da Conquista. Quando comparamos os gestos, feitos e andanças desse prodigioso aventureiro com as descrições que ele próprio faz dessas coisas na sua correspondência, é que podemos perceber a essência do estilo quinhentista. O que na vida real tem carne, nervo, sangue, vida, ao passar para o papel se marmoriza. O assimétrico ganha simetria. As paixões como que se desidratam, ao se transformarem em palavras. O quente esfria ou se amorna. As cenas mais horríveis ou heroicas acabam, pelo milagre dum estilo sóbrio, destituídas de todo o horror ou heroísmo.

Eis como Hernán Cortés conta a seu soberano o caso da destruição das naves.

Y porque, demás de los que por ser criados de Diego Velázquez teniam voluntad de salir de la tierra, había otros que, por verla tan grande, y de tanta gente, y tal, y ver los pocos españoles que éramos, estaban del mismo propósito; creyendo que si alli los navios dejase se me alzarían con ellos, y yéndose todos los que de esta voluntad estaban yo quedaría casi solo, por donde se estorbara el gran servicio que a Dios y a V. A. en esta tierra se ha echo, tuve manera como, so color que los dichos navios no estaban para navegar, los eché a la costa. Por donde todos perdieron la esperanza de salir de la tierra, y yo hice mi camino más seguro, y sin sospecha que, vueltas las espaldas, no había de faltarme la gente que yo en la villa había de dejar.

Todo o imenso gesto é descrito em cinco palavras: *"los eché a la costa"*.

A ESCALADA

Não tardou Hernán Cortés em descobrir o ponto vulnerável do império de Montezuma. As cidades-estados que existiam entre a costa do Golfo e o platô central eram comunidades independentes cujas populações odiavam os astecas, os quais lhes exigiam o pagamento de pesados tributos como consequência de guerras de conquista em que os exércitos de Tenochtitlán lhes haviam matado ou escravizado os soldados e violado as mulheres. Não poderiam esses povos — refletia Cortés — transformar-se em aliados dos espanhóis numa guerra contra o império de Montezuma?

Os dados estavam lançados. Ao destruir sua frota, Hernán Cortés tornara a Conquista uma fatalidade. Em meados de agosto de 1519 saiu de Vera Cruz com quatrocentos soldados, quinze cavalos e sete bombardas, decidido a dominar um império que devia ter mais de dois milhões de habitantes.

Marcha primeiro sobre Cempoala, onde é recebido como aliado. Continua a avançar, agora na direção das montanhas, com suas tropas reforçadas de vários milhares de guerreiros totonacos. O próximo objetivo é a república independente de Tlaxcala, inimiga mortal dos astecas. A maneira como será recebido pelos tlaxcaltecas é ainda uma incógnita.

Era, porém, necessário vencer primeiro as montanhas... Tenochtitlán estava situada a mais de dois mil metros de altitude e certamente a mais de quatrocentos quilômetros de distância de onde agora se encontrava o exército dos conquistadores.

Começou a subida. Aos poucos foi ficando para trás a faixa de *terra caliente*, com suas florestas tropicais, suas plantações de cacau e tabaco.

E à medida que os espanhóis subiam, ia-se-lhes revelando um como que retábulo de maravilhas. A natureza fazia-se mais amável, mas nem por isso menos bela e rica de colorido. O ar, que perto do Golfo era espesso, pesado e úmido, torna-se fino, seco e transparente, embora a sua rarefação deixe os soldados um tanto dispneicos, dificultando-lhes a subida. Desapareceram os mosquitos e outros insetos daninhos. Por todos os lados erguem-se montanhas, algumas com os picos brancos de neve. E, dominando todas, lá estava o vulto colossal do Orizaba! Cortés surpreendia-se de encontrar ali pinheiros e outras árvores de climas frios, que enchiam o ar sutil com sua fragrância. Pássaros que aqueles guerreiros brancos jamais haviam visto pousavam em árvores para eles também desconhecidas, e que mais tarde botânicos europeus haviam de declarar preciosas por suas madeiras, frutos ou propriedades medicinais. Os soldados comiam, a princípio com desconfiança e depois com gosto, as frutas que se lhes deparavam, como os sapotis gigantes, as mangas e os tomates.

O frio começa a aumentar e as noites são especialmente duras para os expedicionários. Armam-se os bivaques noturnos sob as frias estrelas, e os vulcões parecem velar noite adentro o sono dos conquistadores.

Quando raiava a manhã a escalada continuava. As horas e as surpresas se sucediam. E, por fim, um dia, três meses depois de haverem deixado Vera Cruz, chegavam os espanhóis às portas de Tlaxcala.

TLAXCALA

Lançam-se logo ao ataque. Os tlaxcaltecas resistem, mas tem-se a impressão de que lutam sem esperança, assombrados pela ideia de que talvez estejam enfrentando seres sobrenaturais. Os "veados monstruosos" lançam-se em suas cargas. Rebrilham as armaduras e os capacetes dos homens brancos, alguns deles de barbas louras como o sol. Os estranhos "cães que cospem fogo" não cessam de ladrar. Não só isso: cada arcabuzeiro parece ter nas mãos a própria força do raio.

A vitória dos espanhóis não tarda. E de pouco tempo necessita Cortés para transformar os inimigos em aliados. Suas tropas são engrossadas de mais alguns milhares de guerreiros tlaxcaltecas. Certo dia, depois de feitas as pazes, é Cortés informado por gente de Cempoala que os tlaxcaltecas lhe estão armando uma cilada. E quando cinquenta deles aparecem com dádivas de alimentos nas cabanas onde os capitães espanhóis estão aboletados, Hernán chama um deles à parte e, amedrontando-o, arranca-lhe a confissão de que guerreiros em grande número escondem-se atrás dos montes, à espera da noite para cair sobre os invasores. E o ex-escrivão, numa carta a seu soberano, narra serenamente o desfecho da história: "E visto isso, mandei prender todos os cinquenta e cortar-lhes as mãos, e os mandei dizerem ao seu senhor que de noite e de dia, quem e quando viesse veria quem éramos".

CHOLULA

E aqui estão agora os conquistadores nos arredores de Cholula, a Cidade Sagrada dos astecas. Com suas roupagens de gala, por entre a fumaça de copal, nobres e guerreiros choultecas vêm ao encontro dos invasores com gestos de paz e amizade. Por intermédio dos intérpretes, Cortés e os chefes índios locais confabulam. Surge logo uma dificuldade. Os maiorais de Cholula não querem que os tlaxcaltecas, seus tradicionais inimigos, entrem armados na cidade. Hernán manda seus aliados acamparem nos arredores.

Mas, apesar da recepção amistosa, a situação é tensa. Anda qualquer coisa indefinível no ar. Os choultecas parecem conspirar. Marina movimenta-se dum lado para outro, portadora ou engendradora de intrigas. Enche os ouvidos do amo das histórias que ouviu, adivinhou ou inventou. Sabe o senhor capitão o que se diz por aí? Os choultecas sacrificaram esta manhã cinco crianças a Huitzilopochtli, deus da guerra: isso significa que estão pensando em dar combate aos invasores. Mais ainda: garantem os tlaxcaltecas que viram os enormes panelões que a gente da cidade está reunindo para cozinhar com tomates as carnes dos espanhóis. Os guerreiros de Cempoala, ansiosos por levar a cabo velhos projetos de vingança, também espalham boatos dessa natureza.

Cortés não necessita de mais nada para convencer-se de que realmente lhe armam uma cilada. Acha que tem de tomar uma atitude enérgica, pois não é recomendável revelar indecisão ou fraqueza perante Montezuma, que em Tenochtitlán deve estar sendo informado de todos os seus passos, palavras e atos.

Faz que lhe enviem uma embaixada composta de nobres e chefes guerreiros e manda-os entrar num pátio a cujas portas põe guardas armados, com ordem de não deixarem ninguém sair. Prepara os próprios soldados, armando-os de arcabuzes, lanças, espadas e rodelas e lhes diz que, assim que ouvirem um tiro de escopeta, devem cair de rijo em cima dos cholultecas. Isso feito, monta a cavalo e faz um discurso aos maiorais de Cholula e a uma multidão de três mil pessoas que se encontra também naquele recinto fechado ou nas proximidades dele. Por que querem matá-lo — pergunta o capitão espanhol — se ele veio numa missão de paz, como amigo? Vai-se exaltando a pouco e pouco. Enumera as coisas que sabe, os indícios de que lhe preparam uma traição. E quando sua exaltação chega ao auge, grita que a lei costuma castigar essas traições e que hoje os cholultecas perecerão e a cidade será arrasada. Ouve-se o tiro de escopeta e os espanhóis caem de surpresa sobre a multidão, a golpes de espada e lança. Morteiros e arcabuzes entram também em ação. É um verdadeiro massacre. O chão, onde os cadáveres se amontoam, empapa-se de sangue, e no meio duma gritaria infernal a chacina continua. Numa carta ao seu soberano, Hernán conta que: "os atacamos com tal força que em duas horas morreram mais de três mil homens". E depois, numa justificativa, esclarece: "E para que V. M. veja o quão apercebidos estavam que, antes que eu saísse de nosso aposento, tinham todas as ruas tomadas e toda a gente a postos". Acrescenta ainda que lhes fora fácil desbaratar os cholultecas, pois ele, Cortés, tivera o cuidado de prender antes os chefes militares.

É desnecessário dizer que os tlaxcaltecas não esperaram muito tempo para entrar em ação, e que tiveram aquele dia o seu grande feriado de sangue. Anos depois, comentando o massacre, Frei Toribio Motolinia declarou que, já que havia sido impossível evitar o castigo, a coisa tinha sido boa para que os índios da Nova Espanha "vissem e conhecessem que aqueles ídolos e todos os demais são falsos e mentirosos".

Estava agora aberto o caminho para Tenochtitlán.

A CIDADE DE PRATA

Foi num claro meio-dia de novembro, depois das grandes chuvas, que Cortés e seu exército chegaram à parte mais alta da falda que une os vulcões Popocatépetl e Iztaccíhuatl. E foi através desse pórtico monumental que o Conquistador teve a sua primeira visão de Tenochtitlán. Lá embaixo no vale, meio diluída na névoa, a metrópole dos astecas dava a impressão de estar adormecida no fundo dum lago. Mas quando a bruma se dissipou, ela refulgiu ao sol de Anáhuac, com suas torres, palácios e pirâmides, como uma fantástica cidade de prata.

Bernal Díaz del Castillo escreveria mais tarde:

> *Y desde que vimos tantas ciudades y villas pobladas en el agua... nos quedamos admirados y decíamos que parecia a las cosas del libro de Amadis, por las grandes torres e cúes y edificios que tenían dentro en el agua y todos de calicanto y aún algunos de nuestros soldados decían que si aquello que venían, si era entre suenos...*

Hernán Cortés, porém, não era homem que perdesse muito tempo em contemplações. Na manhã seguinte marchou com suas forças na direção de Tenochtitlán, por uma das três grandes calçadas.

Não percebem os espanhóis nenhum sinal de resistência armada. Os méxicas, que navegam nos canais em suas canoas, aproximam-se curiosos da calçada para verem mais de perto aqueles estranhos guerreiros brancos de armaduras fulgurantes.

Montezuma vem ao encontro de Hernán Cortés sob um pálio adornado de penas de quetzal, com bordados de ouro e pedras preciosas. Cortés apeia do cavalo. O imperador asteca aproxima-se, amparado por dois de seus homens. À sua frente, nobres varrem o solo e estendem sobre ele ricas mantas para o monarca pisar. Trocam-se, por meio dos intérpretes, frases de boas-vindas e cumprimentos. Cortés entrega a Montezuma um colar de margaritas presas a um cordão de ouro perfumado de almíscar.

Montezuma leva Cortés pela mão aos aposentos que mandou preparar para ele. Despede-se do hóspede e volta com seu séquito para a cidade. Os soldados espanhóis avançam agora com mais confiança. Das janelas e das soteias centenas de homens e mulheres os contemplam em silêncio. E os guerreiros brancos não se cansam de admirar e comentar os altos templos, os palácios, as ilhas floridas, as raras gentes...

A PRIMEIRA AUDIÊNCIA

O primeiro diálogo entre o Conquistador e Montezuma está descrito de maneira mui sóbria e até apagada numa das cartas de Hernán ao seu rei. A decoração da sala é suntuosa. O imperador está ricamente vestido. Mas o diálogo tem algo de grotesco. Os interlocutores estão sentados cada um sobre um estrado. Depois de dar ao visitante ricos presentes, Montezuma conta que eles, os astecas, não são naturais desta terra, mas estrangeiros "vindos de partes mui estranhas". Depois: "E segundo a parte de onde vós dizeis que vindes, que é a de onde sai o sol, e as coisas que dizeis desse grão-senhor ou rei que aqui vos enviou, cremos e temos por certo ser ele nosso senhor natural".

E protesta obediência completa, a dele e a de seus súditos, ao rei branco do país longínquo.

Continua Montezuma:

— Agora que estais em vossa casa, folgai, descansai dos trabalhos do caminho e das guerras que haveis tido. Bem sei que os de Cempoala e Tlaxcala vos disseram muito mal de mim. Não deis crédito senão ao que vossos olhos virem.

Por fim, levantando as vestes, mostra o corpo:

— Aqui me vedes, sou de carne e osso como vós, e como cada um de vós, sou mortal e palpável. Vede como vos mentiram. Verdade é que tenho algumas coisas de ouro que me ficaram de meus avós. Tudo que eu tiver tereis vós cada vez que o quiserdes. Eu me vou para outras casas onde vivo. Aqui sereis providos de todas as coisas necessárias, vós e vossa gente; e não recebais pena alguma, pois estais em vossa casa.

De toda a conversa fica evidente que Montezuma vê em Hernán Cortés uma nova encarnação de Quetzalcóatl e em Carlos v, o Deus Supremo.

AÇÃO

O Conquistador parece tomar tudo isso como coisa natural.

O tempo passa. Faz seis dias que os espanhóis entraram em Tenochtitlán e a situação ainda não se definiu claramente. Cortés e seus oficiais foram homenageados com um grande banquete e novos presentes. Mas a condição de *hóspede* está longe de satisfazer a quem veio para tomar conta da casa e de seus moradores. Cortés está inquieto e ansioso por afirmar sua autoridade por meio dum novo ato de violência e força.

Chegam-lhe notícias de que os guerreiros de Montezuma assassinaram soldados espanhóis da guarnição de Vera Cruz. Depois de passar uma noite em oração, Hernán com seus intérpretes atravessa a praça principal de Tenochtitlán, entra no palácio de Montezuma, acusa-o em altos brados de traição e intima-o a acompanhá-lo até seus aposentos, ao que o soberano asteca acede. Supremo golpe de audácia: Cortés tem agora como prisioneiro seu o imperador asteca, dentro da própria capital do império! E como se isso não bastasse, exige ao obediente Montezuma a entrega dos responsáveis pelo massacre de Vera Cruz e manda queimá-los vivos diante do palácio imperial. Ato contínuo, prende o senhor de Texcoco e vários outros notáveis, manda construir um navio e ordena a Montezuma que acumule e lhe entregue a maior quantidade possível de ouro, prata e pedras preciosas.

Aos poucos começa a esboçar-se na cidade um movimento de rebelião contra os invasores. O movimento fica, entretanto, circunscrito à capital, pois as cidades circunvizinhas continuam apáticas.

Como se exprime essa revolta? Numa espécie de resistência passiva. As pessoas permanecem fechadas em casa. As ruas estão desertas. A grande feira fechada. O silêncio dos índios cerca os conquistadores como uma muralha.

É nesse momento crítico que Pánfilo Narváez, homem da confiança do governador de Cuba, chega à costa do México com uma frota de dezoito navios e mais de oitocentos soldados e manda mensageiros a Montezuma dizendo-lhe que Cortés é um usurpador e que Diego de Velázquez não lhe autorizou levar a cabo a conquista. Vai assim cair por terra o, para Cortés, muito conveniente mito de Queltzalcóatl.

Nesta hora se revela o espírito de decisão, a descomunal audácia e coragem do ex-escrivão da obscura Medellín. Apesar de sentir-se cercado de ódios subterrâneos que podem a qualquer momento explodir numa revolta armada, Hernán Cortés deixa em Tenochtitlán Pedro Alvarado com duzentos homens e marcha com o resto de seus guerreiros contra Pánfilo Narváez e sua poderosa força. Em Cempoala, protegido por um aguaceiro torrencial, cai sobre o acampamento de Narváez, aprisiona-o e domina por completo seus comandados. Terminada a ação do guerreiro, entra em cena o político. Com sua *"len-*

gua de oro", Cortés consegue persuadir os soldados do outro capitão a passarem para seu lado. No dia seguinte volta vitorioso para Tenochtitlán com suas tropas reforçadas de mais de oitocentos homens. Mas algo de muito sério aconteceu em sua ausência. Pedro Alvarado, a quem os índios chamavam "o Sol" por causa de seus cabelos e barbas louros, havia mandado assassinar estupidamente uns duzentos nobres. Indignada, a população está decidida a reagir pelas armas. Agora têm todos a certeza de que Cortés não é Quetzalcóatl, mas um impostor.

Uma multidão enfurecida acha-se reunida na praça, diante do palácio imperial, agitando punhos e armas, e bradando ameaças. Sem perda de tempo, Cortés manda buscar o imperador e diz-lhe que suba a uma das galerias do palácio e de lá dirija um apelo de paz a seu povo. Montezuma faz o que lhe mandam, mas é recebido a pedradas. Contou mais tarde Cortés ao rei Carlos V que "lhes deram os seus uma pedrada na cabeça tão grande que dali a três dias morreu".

E nada mais acrescentou sobre o dramático acontecimento.

A "NOITE TRISTE"

Os astecas de Tenochtitlán têm agora um novo chefe na pessoa de Cuitláhuac.

A posição dos espanhóis é insustentável. Muitos soldados morreram. Inúmeros estão enfermos. A água e os alimentos escasseiam. A pólvora se acabou. E a todas essas as forças indígenas crescem em número e furor. Não há outra alternativa senão a retirada. Cortés marca uma noite (é o mês de junho) para começar a odiosa operação. Já agora seus soldados não ostentam mais a arrogante postura de conquistadores. São como salteadores que disputam o produto do saque. Manda *el capitán* dividir entre seus homens o ouro, a prata e as pedras preciosas que arrecadou. Os soldados enchem com elas os seus bolsos e alforjes vazios de munições.

A retirada é desastrosa. É necessário transpor os canais de onde os índios tiraram as pontes. E os tenochcas não dão tréguas aos invasores. Atacam de todos os lados como demônios, a pé nas calçadas ou em pirogas, nos canais. Os espanhóis atiram-se n'água. O peso das pedras e joias leva muitos deles para o fundo. Outros, achando mais preciosa a vida do que as riquezas, esvaziam os bolsos. É uma noite trágica que vai ficar na História como "*la noche triste*".

Os sobreviventes chegam a Tacuba, de onde fogem para Tlaxcala, a república aliada. Cortés lá está, mas não de costas voltadas para Tenochtitlán, pensando em descer a serrania, rumo do mar. Seu olhar se dirige para o quadrante em que fica a metrópole dos astecas, que ele se obstina em conquistar.

NOVA OFENSIVA

Manda construir treze embarcações em pedaços que são levados montanha acima, para a emergência dum ataque por água a Tenochtitlán. Ainda em Tlaxcala passa em revista suas forças. Tem 550 homens de infantaria, quarenta de cavalaria, oito canhões e alguns milhares de aliados tlaxcaltecas.

Marcha na direção da cidadela mexicana, que tem agora um novo imperador, Cuauhtémoc. Permanece com seu exército em Texcoco durante três meses, preparando-se para o assalto final. Junta os pedaços das embarcações e forma com eles a sua frota fantasma, a qual arma com canhões. Traça os planos do ataque, nomeia comandantes, divide as forças. E um dia avança frontalmente contra o reduto inimigo. Alguns de seus soldados precipitam-se contra o Templo Maior, escalam os patamares da pirâmide, mas tombam. Os espanhóis recuam, deixando prisioneiros. E durante toda aquela noite ficam ouvindo, do lugar onde estão acampados nos arredores da cidade, o rufar dos tambores, e os gritos dos sitiados que levavam os prisioneiros brancos para a pedra dos sacrifícios, onde lhes arrancam os odiados corações.

Não é difícil imaginar o que Cortés sentiu. Lá estava ele amargando a sua derrota, vendo perigar o grande sonho de conquista. Deve ter sido naquela noite que se formou e cresceu nele a resolução de não apenas tomar a cidade, mas de destruí-la também. É natural que tenha invocado a seu favor as razões mais nobres. Não eram os astecas uns bárbaros que comiam carne humana e idolatravam horrendos deuses de pedra? O destino escolhera a ele, Hernán Cortés, para dar a sua majestade católica, Carlos v, rei da Espanha, aquelas terras tão ricas nos três reinos da natureza. Sim, e a Igreja, graças ao Conquistador, veria também aumentado seu reino espiritual.

Antes, porém, de tentar outro ataque, manda um emissário ao novo imperador, dando-lhe garantias de vida e prometendo mantê-lo no governo caso ele renda suas forças e entregue a cidade. Cuauhté-moc repele a proposta.

A luta continua durante quase quatro meses em repetidos assaltos sob os quais a cidade vai sendo pouco a pouco destruída, implacavel-mente. A tática de Cortés é mandar os índios seus aliados demolir to-das as casas que puderem e entupir os canais com seus escombros. E quando esses aliados são contra-atacados e se retiram, entram os espa-nhóis com tropas frescas de infantaria e cavalaria, enfrentando com vantagem os astecas.

Palmo a palmo, Tenochtitlán é desse modo conquistada. Feito pri-sioneiro e trazido à presença de Cortés, Cuauhtémoc a princípio re-cebe honras e privilégios militares. Mas cedo o paranoico domina o *caballero*, e Cortés exige que o asteca lhe revele o esconderijo do te-souro do Império. Como Cuauhtémoc se recuse a tanto, é torturado e, anos mais tarde, assassinado, quando Hernán Cortés, agora feito pelo seu rei capitão-geral da Nova Espanha, marcha com seus solda-dos para Honduras, levando o real prisioneiro.

Em Tenochtitlán não fica pedra sobre pedra.

6

Puebla e Cholula

Um ônibus razoavelmente limpo e confortável nos leva da Cidade do México a Puebla, capital do estado do mesmo nome.

São oito horas duma luminosa manhã de maio, e os dois grandes vulcões nunca nos pareceram tão límpidos nem tão próximos. Vamos subindo, subindo sempre, contornando lentamente o Popocatépetl e o Iztaccíhuatl.

— Era uma vez, há muitos milhares de anos, um príncipe e uma princesa... — conto a minha mulher. — Amavam-se tanto, que um deus os transformou em montanhas para que eles nunca mais se separassem.

— A história é invenção tua?

— Não. É uma lenda asteca. — Aponto para o Popocatépetl. — Ali está o príncipe. Na língua dos índios o nome desse vulcão significa "Montanha que Fuma". Lá está a princesa: a "Mulher Deitada". O Popocatépetl, fumador de cachimbo, alto e ereto, é o elemento masculino e ativo. O Iztaccíhuatl, deitado e submisso, é o elemento feminino. Não te parece tudo perfeito?

Um olhar oblíquo e rápido da companheira me diz que ela aceitou o que minha história tem de Andersen, mas repudiou o que eu lhe emprestei de Freud. Dou de ombros e fico olhando a paisagem.

Estamos em plena *tierra fria*: atmosfera transparente, nítidas florestas de pinheiros e cedros, verdes graves contra a terra morena. Há em tudo essa leveza matinal, que não depende da hora do dia, essa limpeza seca e cristalina das grandes altitudes.

A estrada é de primeira ordem, o chofer cauteloso e, para maior garantia, uma imagem da Virgem de Guadalupe está pendurada acima de sua cabeçorra de crespas e lustrosas melenas.

A subida continua até Río Frío, onde há um restaurante a quase 3 mil e quinhentos metros de altitude. Em princípios do século, esta era uma perigosa zona de salteadores de estrada, e quem se aventurasse até aqui tinha de vir bem armado e protegido. Descemos para tomar café. É como se deixássemos um foguete interplanetário em plena Lua. Tenho a impressão de que, se erguer a perna para dar um passo, saio voando. Vejo passageiros que se movimentam, um cão que ladra, um outro ônibus que sai, mas os sons que pessoas, animais e coisas produzem me chegam amortecidos.

POR QUE NÃO VIESTE, FEDERICO?

Dez minutos depois continuamos a viagem e daí por diante descemos na direção de Sueste, para o vale onde em 1531 os espanhóis fundaram Puebla, como uma espécie de fortaleza para proteger a Cidade do México.

Passamos por plantações de *maguey* e o pintor frustrado que há em mim se exalta diante dessa sucessão de belos quadros. Lá estão, por exemplo, cinco camponeses vestidos de branco, com seus chapéus de palha clara, figuras imóveis recortadas contra a terra cor de ocre, onde os *magueys* apontam como rígidos cocares verdes em fileiras regulares a subirem a encosta da colina, que foge para o céu dum frio e frágil azul de vidro.

Vem-me um pensamento. Será que Federico García Lorca nunca visitou esta parte do mundo? Não me lembro de ter encontrado em toda a sua obra um único poema referente a este país. No entanto, certas regiões do México só podem ser descritas com poética verdade em termos garcia-lorquianos, como aqueles de seu "Agosto":

> AGOSTO
> *Contraponientes*
> *de melocotón y azúcar,*
> *y el sol dentro de la tarde,*
> *como el hueso en una fruta.*

É bem certo que um homem quando viaja carrega aonde quer que vá os seus poetas, pintores e músicos. Aquele chão é de Gauguin. Os camponeses, de Van Gogh. O céu de cristal nasceu duma sonatina de Mozart. Mas esse chofer gorducho que conta anedotas ao sargento seco e silencioso do primeiro banco, esse, senhores, é meu, modéstia à parte.

E eis uma das suas histórias.

Uma vez entrou num velório um *peladito* já meio *mamado* e ficou por ali rondando o corpo que estava estendido sobre uma mesa, à luz de velas. Havia no ar um silêncio espesso, só quebrado pelos soluços dos parentes do falecido. O pulque começou a correr a roda. O *peladito* não teve dúvidas, empinou vários copos e ficou em tal estado de euforia, que começou a cantar e a dançar. Uma comadre puxou-o para um canto e repreendeu-o:

— Mas então, que é isso? Não respeitas nem o cadáver?

O *peladito* lançou um olhar desdenhoso para o morto e disse:

— Cadáver? Cadáver foi Juárez. Cadáver foi Zapata. Cadáver foi Maximiliano. Esse aí não passa dum defunto vagabundo!

O chofer desata a rir. O sargento permanece sério. Faço o meu diagnóstico. O gordo deve ser um produto da *tierra caliente*. O magro, da *tierra fría*.

— Quando chegamos? — grita alguém.

O chofer responde jovial:

— *Ahorita!*

Nos arredores de Huejotzingo passamos por vastos laranjais e limoeiros. De novo me vêm à mente trechos dum poema de Federico:

> *Limonar.*
> *Nido*
> *de senos*
> *amarillos.*

> *Limonar.*
> *Naranjal desfallecido,*
> *naranjal moribundo,*
> *naranjal sin sangre.*

Foi aqui que os missionários espanhóis fundaram o primeiro mosteiro no México. Vislumbro-lhe as paredes antigas, longe, entre macieiras. Os monges fabricavam uma cidra que era e ainda continua famosa nesta região. Eis aqui três palavras que para mim têm valor poético e pictórico: monge, mosteiro e cidra. Por associação, penso imagens pardas: bilhas e alambiques de barro, arcadas em pátios com pátina, hábitos franciscanos, chão, caras e mãos morenas...

Vemos à beira da estrada casas de adobe, crianças brincando, burricos abanando as orelhas, mulheres acocoradas, possivelmente fazendo *tortilla*. Sombras azuis, pardas, purpúreas. Verdes úmidos e vivos de hortas, alternando com o café avermelhado do solo.

Entramos no *pueblo*, de ruas estreitas, casas baixas e tristonhas. Passamos pelo *zócalo*, que é como todos os outros *zócalos* de todos os outros *pueblos*: igreja, coreto, bancos com vagabundos, *portales*. Paramos por alguns minutos na estação rodoviária, onde o alegre chofer é o primeiro a saltar, puxando as calças de zuarte que lhe apertam e modelam as carnudas nádegas, e passando um lenço encardido pelo carão reluzente.

— *Vamos, amiguitos, vamos! Tenemos cinco minutos para tomar una tequila y hacer otras cositas más.*

Sabemos, por experiência vivida, que esses cinco minutos poderão espichar-se para dez ou quinze.

O BURGO DOS ANJOS

Chegamos a Puebla ao meio-dia. Um garoto descalço, de olhos muito vivos e ansiosos, quer levar-nos para *"el mejor hotel de la ciudad"*. Digo-lhe que já temos destino. Mas ele insiste, tenta tirar-me a mala das mãos, anda a nosso redor, vai e vem como um moscardo importuno. Se soubesse o erro que comete chamando-me com insistência *mister! mister!*, certamente passaria a chamar-me *paysano* ou *hermanito*. Porque eu me sinto irmão destes mexicanos, irmão pelo menos na carne, se não no espírito. Minha mulher já declarou que a maioria destes indiozinhos, de cara morena e redonda, duros e lisos cabelos negros, parecem todos meus filhos naturais. Aceito a paternidade com esquisita e terna alegria.

Faço um trato com o garoto.

— Se paras com essa história de *mister*, eu te dou a mala e um peso.

— *Yes, mister.*

— Nada feito.

— *Pero señor...*

— Assim está melhor. Toma. Vamos para o Palace.

O hotel fica perto do *zócalo*. Dão-nos um quarto limpo mas tristemente impessoal como os da maioria dos hotéis provincianos.

Almoçamos numa pequena sala, onde somos os únicos hóspedes a esta hora. Pedimos informações sobre Puebla a um garçom que sabe menos que nós. Pela janela avisto uma cúpula de azulejos amarelos rebrilhando ao sol, em meio de telhados coloniais que me lembram os da Porto Alegre açoriana. Ouvimos tantas belas coisas a respeito de Puebla, que estamos ansiosos por sair a burlequear por suas ruas.

De Puebla de los Angeles alguém já disse: "feita por anjos e habitada por fidalgos". É a quarta cidade do México em população e talvez a mais espanhola de todas.

É um burgo solarengo, avoengo — e aqui me falta outro adjetivo em *engo* para dar ritmo à frase; o único que me ocorre é *flamengo*, mas infelizmente não serve.

A Câmara de Comércio local (deve existir uma) informará ao visitante que Puebla tem 250 mil habitantes, e se imortalizou, entre outras coisas, por ter sido teatro duma batalha em que dois mil patriotas mexicanos em 1862 derrotaram seis mil soldados franceses de Napoleão III, e que em 1847 *"los mexicanos pelearam aqui contra los gringos"*. Dirá mais que Puebla é *"muy industrial"* e começará, ante nosso tédio e indiferença, a enumerar os produtos das fábricas locais — tecidos de algodão e lã, sabonetes, artigos de couro — até que uma palavra mágica fará soar o sino da nossa fantasia. A palavra é *azulejería*. O pintor estremece. A máquina fotográfica palpita. Deixemos para trás o secretário da Câmara de Comércio e vamos ver os azulejos que fizeram a fama desta cidade senhoril, placidamente plantada num vasto vale, flanqueado por quatro dos vulcões mais formidáveis do continente.

A TALAVERA DE PUEBLA

Quando Puebla foi fundada como entreposto entre Vera Cruz e a capital do México, descobriram os frades franciscanos a existência de ricos depósitos de sílica nos seus arredores, o que tornou a nova povoação o mais importante centro produtor de vidro da Nova Espanha. Os índios das vizinhanças faziam cerâmica com um barro de excelente qualidade, muito parecido com o que se usava na cidade espanhola de Talavera, famosa em todo o mundo pela louça da Talavera de la Reina. Os frades franciscanos mandaram vir da Espanha vários mestres em louçaria, que se estabeleceram com suas famílias em Puebla e que com o tempo acabaram produzindo aqui louça vidrada de excelente qualidade.

Hoje a prestigiosa Talavera de Puebla emprega barro colhido no solo de três aldeias diferentes — negro, branco e vermelho — e misturado em partes iguais. Durante muitos dias esse barro é pisado por oleiros de pés descalços e depois lavado, sovado, de novo lavado, outra vez sovado e lavado muitas outras vezes. A mistura é posta numa caixa de madeira para "amadurecer". Só depois de amadurecido o barro é que se faz a modelagem. Uma vez secos, vão os vasos para o fogo, durante seis ou sete horas, a baixa temperatura. Nos velhos tempos havia um instante no processo de produzir a louça em que a magia entrava em cena (a magia ou a fé, como quiserem) para tornar ainda mais bela a atividade do artesão. Antes de abrir o forno, depois do primeiro cozimento, o oleiro mestre e os outros trabalhadores e aprendizes ficavam no maior silêncio, ao cabo do qual todos juntos cantavam: *"Alabado sea para siempre el Santísimo Sacramento!"*. Dizem que alguns oleiros poblanos até hoje conservam esse costume.

No princípio a cerâmica de Puebla seguia a espanhola no emprego das cores: azul, amarelo e branco. Os índios e os mestiços, porém, aprenderam o ofício tão bem, que lá pelo fim do século XVI já haviam modificado os desenhos e as cores de seus produtos, e a Talavera de Puebla já não tinha quase nada mais a ver com a Talavera de la Reina. Há quem diga que a louça da cidade mexicana é mais bela e de melhor qualidade que a da espanhola.

PRESENÇA

Como dar em palavras a imagem duma cidade? Como comunicar ao leitor a sensação de *estar* — mas estar com os cinco sentidos — num determinado lugar? Dizer que Puebla é antiga, austera e barroca não basta. Comparando-a, por exemplo, com Washington, eu diria que a capital dos Estados Unidos é uma vitaminosa salada verde e crua, ao passo que Puebla é em parte uma fritada feita em bom azeite espanhol e em parte um assado saído desses braseiros índios mui encontradiços no México, e cuja fumaça de cheiro característico a cada momento nos bafeja o rosto, vinda de portas, janelas, pátios e corredores. Explico a imagem culinária. Predominam nestes casarões de fachadas de azulejo as cores cálidas, principalmente um vermelho de sangue-de-boi. Quase todas estas igrejas, capelas e conventos são de pedra parda ou cinzenta. As pessoas que andam por estas calçadas morenas parecem também saídas de fornos: são tostadas como vasos de barro moldados pelos oleiros locais.

A salada washingtoniana será melhor para a saúde, mas a fritada poblana é mais gostosa.

Uma circunstância especial determinou o destino arquitetônico de Puebla de los Angeles: a vinda para cá, nos primeiros anos da Colônia, de famílias da Andaluzia. Isso explica a influência andaluza em muitos destes edifícios públicos e residências, onde o uso do azulejo é generoso a ponto de se tornar às vezes extravagante. E como quem diz andaluz também diz árabe — e, se quisermos ir mais longe, persa — não é de admirar que Puebla seja também uma cidade de cúpulas e pátios mouriscos ricos em mosaicos. Não devemos também esquecer que os arquitetos andaluzes que para cá vieram na segunda metade do século XVI tiveram de recorrer à mão de obra local, de sorte que a primeira construção espanhola erguida em terras da Nova Espanha sofreu já uma certa influência mexicana.

Durante o período colonial havia no México dois grandes centros de irradiação artística: a capital e Puebla. E esta esquisita Cidade das Cem Torres começou, desde os primeiros tempos da Colônia, a refletir o pensamento e o tipo de vida de Sevilha. Hoje, quase esquecida de sua mãe andaluza, é apenas Puebla de los Angeles. E eu vos asseguro, amigos, que isso já é muito.

O BARROCO MEXICANO

Em matéria de arquitetura, nada me tem encantado mais neste país que o chamado "barroco mexicano". Puebla e Cholula — que fica a poucos quilômetros daqui, quase um subúrbio — são as duas cidades mexicanas que mais igrejas possuem. Puebla tem 65.

Disse Werner Weisbach que a arte barroca do Ocidente é a arte da Contrarreforma, isto é, essencialmente católica e latina. E, pergunto, não terá sido o "barroco mexicano" uma reação indígena contra a arquitetura que os espanhóis trouxeram para o México logo depois da Conquista? Cortés e seus soldados arrasaram os templos astecas, e os missionários católicos, muitas vezes usando das próprias pedras dos *teocallis* destruídos, ergueram suas igrejas nas quais havia muito mais Idade Média que Renascimento, templos, em suma, que na sua sombria sobriedade de linhas e tons, nada diziam à alma dos índios, tão ávida de ornamentos e cores vivas. Antes mesmo de o barroco espanhol ser trazido para o México, já de certo modo os índios o haviam antecipado ao esculpir colunas, fachadas, imagens e altares. E quando, em princípios do século XVIII, vieram para a Nova Espanha o churrigueresco e o plateresco, o índio e o mestiço como que sentiram nesses estilos, inconscientemente, é claro, um caminho para voltar, ainda que de modo incompleto, às únicas formas arquitetônicas e escultóricas para eles compatíveis com o espírito religioso e o sobrenatural. Ora, os frades desde o princípio tiveram de contar para a construção de seus templos com trabalhadores locais, índios ou mestiços (e o mestiço é um ser que no México está mais próximo do índio que do branco). O controle que exerciam sobre esses alarifes, pedreiros, escultores, embutidores, canteiros, douradores, carpinteiros etc. era limitado, de sorte que podiam os mexicanos dar expansão quase livre à fantasia, interpretando à sua maneira os riscos e modelos dos padres. Essa é a razão por que vemos em tantos destes altares anjos, arcanjos, querubins, santos e até Cristos com caras indiáticas.

Se os índios fossem capazes de expressão literária, seu protesto escrito teria encontrado pela frente a barreira formidável da Inquisição. Povo plástico por excelência, o mexicano achou sua forma de expressão na arquitetura e na escultura. Mas não teriam os frades percebido a silenciosa, sutil reação? Acho que perceberam e que não só toleraram como também sabiamente encorajaram essas inocentes heresias, como parte de sua técnica de catolização do gentio. Essa "tolerância" continuou através do tempo e culminou na aceitação por parte da igreja da Nossa Senhora de Guadalupe, a Virgem índia.

É aqui em Puebla que se encontram os melhores espécimes do barroco mexicano, do churrigueresco e do plateresco.

A CASA DO ALFENIM

Estamos agora na frente da Casa del Alfeñique, denominação esta a que o tempo tirou o ferrão irônico para dar uma pátina histórica. *Alfenim* — explico porque a palavra caiu em desuso entre nós — é essa pasta de açúcar e azeite de amêndoas doces usada em bolos e confeitos. E a fachada deste casarão de três andares na realidade parece mais obra de confeiteiro que de arquiteto. Coberta de azulejos dum vermelho escuro com enfeites brancos, seu aspecto geral é cor-de-rosa. O "alfeñique" está na branca moldura lavrada das janelas e nos frisos em relevo que correm ao longo da fachada, como a indicar a divisão dos andares. As janelas da parte térrea estão guarnecidas de *rejas* e as dos andares superiores, de pequenas sacadas de ferro.

Confesso que gosto deste espécime da arquitetura colonial poblana. Tem a graça efeminada dos fidalgos do século XVIII que dançavam minuete, usavam cabeleira empoada e lencinhos de renda, mas que apesar disso eram *muy hombres* e sabiam manejar com honra e valor suas espadas. Quando eu ouvia falar nesta casa, imaginava-me a sorrir com ironia diante dum "bolo de noiva". Mas qual! Aqui estou a mirá-la e a fotografá-la de muitos ângulos, tratando de eliminar com a imaginação os fios do telefone e da luz elétrica, fazendo de conta que estamos em pleno vice-reinado e que neste momento uma carruagem puxada por quatro cavalos fogosos (pois fogosos são sempre os cavalos dos romances antigos) estacou diante da porta lavrada da Casa del Alfeñique. De dentro dela vai sair um general, um corregedor ou um arcebispo. Porque no século XVIII esta mansão era uma residência destinada a hospedar altas personalidades. Hoje é um museu regional.

Entramos. No primeiro andar fica a seção de Arqueologia e História. A encarregada é uma mulherzinha baixa, murcha, frágil e meio corcovada. Está modestamente vestida e suas meias de seda preta chamam-me logo a atenção principalmente porque a criatura acaba de descalçar os sapatos de verniz negro e tacos altíssimos, colocando-os debaixo da mesa. Vem a nosso encontro, muito amável e, sempre descalça, leva-nos por entre estas pedras antigas e relíquias, falando, não nesse tom automático de quem tem discurso decorado, mas com calma, sorrisos, hesitações, de modo a dar-nos a impressão de que as coisas que diz estão sendo improvisadas especialmente para nós. No seu rosto cor de cidra, os olhos de ágata parecem animados dum brilho de febre. Temos-lhe tanta pena, que a tratamos com uma cortesia afetuosa e acabamos mais interessados na pessoa e na vida dela — sobre as quais fazemos perguntas — do que nas coisas que diz ou nas raridades que mostra. Damos-lhe uma boa gorjeta e, ao nos despedirmos dela, ouvimos estas palavras:

— *Ustedes no son despóticos, a pesar de ser personas de honorabilidad y posición. Acá los ricos nos miran de arriba y nos tratan mal. Mil gracias!*

Já estamos subindo a escada que leva ao andar superior quando a mulherinha exclama:

— *Ustedes son cubanos, no?* — Sacudimos a cabeça lentamente, fazendo que sim. — *Yo sabía!* — murmura ela, mexendo alegremente com os dedos do pé.

O encarregado do segundo andar é um mexicano de rosto acobreado, barba de dois dias, pelo duro e crescido a cobrir-lhe as orelhas e a entrar-lhe pelo colarinho encardido. Suas roupas são velhas, amassadas e sebosas. Parece mais um desses vagabundos que nos atacam na rua para pedir dinheiro do que um funcionário municipal. Recebe-nos, entretanto, com muita cortesia e nos mostra, peça por peça, o segundo andar, que está mobilado tal como uma residência fidalga do século XVIII. Predomina o vermelho purpúreo nestas cortinas, sofás, cadeiras e tapetes. Interessamo-nos principalmente pela bela louça exposta em armários, produtos da Talavera de Puebla. Diante duma grande travessa de louça vidrada, o encarregado nos cochicha dramaticamente:

— Um americano me ofereceu mil dólares por este prato. Senhora e senhor, sou um homem pobre, ganho um salário miserável, mas respondi ao gringo que não. Porque, *diablo*, alguém tem de ser honrado neste mundo. As obras de arte deste país estão sendo roubadas com o auxílio dos maus mexicanos. Nossos tesouros são contrabandeados para fora do México e vão enriquecer museus estrangeiros. É uma vergonha.

Passamos à capela, onde o tema da conversa passa a ser a vaidade humana. Nosso guia filosofa:

— Para que tudo isso, se no fim todos nos transformamos em imundície?

No terceiro andar encontramos relíquias duma história mais recente. Ao entrar numa das salas, sinto um sobressalto ao dar com o general Obregón sentado a conversar com outro figurão político. São dois manequins modelados, pintados e vestidos com grande realismo. O guia me assegura que a mobília é autêntica: pertencia à sala de visitas de residência do próprio general. E esclarece:

— *Lo mataron a balazos en un restaurant.*

Paramos depois diante duma vitrina onde está guardado o trajo original da *china poblana*. Segundo a lenda, esse costume foi ideado e bordado nos tempos da Colônia por uma jovem chinesa, a princesa Mirra, que havia sido trazida para Puebla por mercadores de seu país e aqui vendida como escrava a uma família rica. É um vestido de seda de saia rodada, cheio de lentejoulas e caprichosos bordados multicores, lembrando os trajos orientais.

A Nova Espanha era um ponto de encontro das mais diversas culturas: a europeia, a indígena, a africana e a asiática. A Arábia aqui chegou com os espanhóis e a Pérsia veio com a arquitetura mourisca, nos mosaicos. Desde o século XVI mercadores chineses chegavam com suas fabulosas naus a portos do Pacífico, de onde subiam, via Taxco, para o platô central, trazendo suas porcelanas, lacas, leques e sedas. Há uma sutil influência chinesa, visível até hoje, na escultura, na cerâmica e nos tecidos de muitas regiões do México, principalmente aqui em Puebla.

Das cores do trajo da *china poblana* nossos olhos passam para um espelho trincado e furado de balas. O guia conta que essas foram as primeiras balas disparadas em Puebla ao rebentar a revolução de 1910. E ali estão agora nossas caras também furadas e trincadas no fundo do trágico espelho. Sentimo-nos momentaneamente assassinados.

A CATEDRAL

Atravessamos o *zócalo* ao entardecer, quando os sinos da catedral tocam o Ângelus. Assim como um canto de galo pode dar uma perspectiva à noite ou à madrugada, uma voz de sino tem a virtude de emprestar uma quarta dimensão ao dia.

A luz, que pela manhã era de ouro novo, fez-se mel pela tarde e agora o sol é uma laranja que derrama seu sumo sobre Puebla. Anda no ar um cheiro de frituras e braseiros. Um homem triste atravessa a rua sobraçando um rabecão, como se levasse uma pessoa querida, filho ou irmão. Índios vestidos de branco estão placidamente sentados em bancos de pedra com azulejos embutidos nos respaldos. E como fica irreal o tom de suas peles morenas tocadas pela luz deste último sol! Estas árvores copadas devem ser — não juro, desconfio — *calabazas*. No centro da praça, como uma enorme gaiola vazia de pássaros, vemos o coreto de ferro prateado, onde aos domingos uma banda militar dá retretas. Crianças correm ao redor dos canteiros, debruçam-se no parapeito da pequena fonte, brincam com a água. Portales *muy castellanos* cercam este *zócalo* por todos os lados menos por um, onde fica a catedral. Para lá nos encaminhamos. O adro está cercado de altas grades de ferro.

Um poblano me afirmou que esta é a mais "*hermosa catedral de America*". Começada na segunda metade do século XVI, no reinado de Filipe II, só foi consagrada em 1649. O estilo é de muito bom Renascimento espanhol. O material usado na imponente estrutura? Uma pedra grisácea originária dos arredores de Puebla. (Perto da porta central alguém escreveu a pixe na fachada centenária: SE PROIBE ORINAR.)

Entramos. Mulheres, com rebuços negros a cobrir-lhes as cabeças, estão ajoelhadas, rezando. Ardem velas votivas ao pé dos altares. Como definir este imenso silêncio cheio de ecos? E os misteriosos jogos de luz e sombra? E a presença quase humana desses santos metidos em roupagens em que predomina o roxo?

Lá está, sobre larga plataforma, o famoso altar-mor feito por Manuel Tolsá: colunas dispostas em círculo, sustentando uma cúpula sob a qual se anicha uma imagem de são Pedro. As colunas são de *tecali*, polidas e douradas a fogo.

Enquanto minha mulher faz suas orações, fico a contemplar um Cristo em atitude dolorosa, corpo lacerado e sangrento. Profunda tristeza apodera-se de mim. O murmúrio das orações parece acentuar o silêncio do recinto. Percebo agora a presença dum padre velhíssimo que reza de pé, a poucos passos de onde estou. Seus lábios mal se movem, os dedos magros e lívidos apertam um rosário; seus olhos fitam o Cristo agoniado. De tão surrada e velha, sua batina perdeu a cor original. Falripas brancas cobrem-lhe a face pergaminhada. Imagino-lhe a história. Afastado da atividade pela velhice, agora espera a morte. Com medo? Com resignação? Com alegria? Em que outras regiões do México terá exercido seu sacerdócio? É possível que tenha sido pároco duma pequena aldeia de Chiapas, ao tempo das perseguições religiosas, e que só um milagre o tenha livrado do pelotão de fuzilamento. Os olhos do velho lacrimejam. Velhice ou emoção? Imagino como será o reflexo da imagem do Senhor nessas pupilas parcialmente cobertas pela catarata. Tudo isto é muito triste, mas ao mesmo tempo duma estranha e mórbida beleza.

Minha mulher ergue-se, fazendo o sinal da cruz, e saímos juntos para um lânguido fim de dia. Aspiro o tépido ar poblano. Há tons roxos no horizonte. Algo me oprime o peito. É como se eu voltasse do enterro dum amigo.

REENCONTRO

Jantamos num restaurante próximo do *zócalo*. Compro um diário local para ver os programas de cinema e descubro, com alvoroço, que está na terra uma companhia espanhola de operetas e zarzuelas. Esta noite levam à cena *El Gato Montés*.

Minha mulher acha, como eu, que por nada neste mundo devemos perder o espetáculo. Devo explicar que nasci e vivi quase toda a minha vida numa província brasileira que tem muitos contatos com boa parte da América espanhola. Os homens da minha geração e de outras que a precederam aprenderam o castelhano com palhaços de circo de cavalinhos e artistas de variedades, cançonetistas, prestidigitadores e ventríloquos. Muitas vezes a Espanha chegava à nossa pequena cidade através duma companhia mambembe que, para o menino que eu era, representava a essência mesma da aventura, um bafo de longínquas terras entressonhadas mas nunca vistas. Mais duma vez assisti a dramalhões espanhóis como *Os bandidos da serra Morena* encenados em picadeiros de circo, numa mistura de português e castelhano. Meninote, eu cantarolava trechos de zarzuelas espanholas como "La verbena de la paloma" e "La gran *vía*" que meu pai costumava tocar no seu gramofone de campânula. (Ai! Como sou antigo!)

Por causa de todas essas coisas, sinto Puebla duma maneira toda particular. Ela me está proporcionando um reencontro com a Espanha que tanto amo e jamais visitei.* Puebla me dá cheiros de temperos espanhóis, ruas estreitas, cartazes anunciando corridas de touros, pátios internos, solares andaluzes, arcadas, igrejas roxas com tristes damas de negro, lembrando a Semana Santa em Sevilha.

A todas essas, como distraído e, por causa do tumulto dos pensamentos, às pressas.

— Mais devagar — recomenda a companheira. — Não vamos tirar o pai da forca. O teatro só começa às nove e meia.

O TEMPO E O TEATRO

No México ninguém almoça antes das duas e meia da tarde nem janta antes das nove. Fomos já convidados para jantares que começaram depois das dez, terminando perto da meia-noite. Esse é o horário de refeições do mundo hispânico, onde cinemas e teatros costumam dar, entre outras, sessões às seis ou sete da tarde, antes da hora do jantar.

Estamos sentados na plateia do Teatro Variedades. Na realidade encontro-me em outro ponto do tempo e do espaço. Isto não é Puebla, mas várias cidades do passado fundidas numa só por obra dum da-

---

* Erico Verissimo visitou a Espanha posteriormente, como se lê em *Solo de Clarineta*. (N. E.)

queles prestidigitadores de minha infância. O ano? Mil novecentos e quinze. Dizem que no Rio mataram Pinheiro Machado e que a situação é muito séria. Como se essa desgraça não bastasse, continua a Grande Guerra na Europa. Mas que me importa? Meus pais me deram licença para vir hoje assistir ao *El Gato Montés* e aqui estou ansioso por ver erguer-se aquele pano de boca vermelho em cujo centro, num medalhão fingindo relevo, querubins esvoaçam com guirlandas nas gordas mãos. As cortinas dos camarotes são cor de vinho. Anda no ar esse cheiro inseparável dos teatros latinos — cola e tinta de cenário, bafio de porão vindo do buraco do ponto, com algo vagamente sugestivo da presença de ratões imemoriais.

Minha companheira me toca no braço, chamando-me de volta a Puebla. Faz um sinal na direção da esquerda. Olho. Uma mulheraça poblana dá de mamar ao filho, que lhe chupa o seio, produzindo um líquido ruído de sucção.

— Imagina tu — cochicho — se aqueles querubins do pano farejam leite e se precipitam sobre essa senhora...

— Te juro como ela não se perturbaria e daria também o seio aos anjinhos...

Uma criança de uns três anos rompe a correr e a gritar pelo corredor entre duas filas de cadeiras. Ninguém lhe dá atenção ou faz qualquer protesto. Creio que em nenhuma parte do mundo — das que tenho visitado — encontrei, como no México, uma tão grande participação das crianças na vida dos adultos.

As luzes se amortecem. Os músicos tomam seus lugares.

Há sempre nessas orquestras um sujeito calvo, de pele oleosa, que toca flauta. E um homem triste, vestido de preto, que esfrega com afeto a barriga do rabecão. E um pistonista de nédio cachaço. E um violoncelista que toca com desprezo (porque no fundo sonha ser solista de concerto). Lá estão todos eles. Não falta nenhum. Começa a afinação. O trombonista experimenta o peito: tira três notas rachadas do instrumento. O clarinetista exercita o bico: faz uns floreios e os sons da clarineta parecem irradiar-se pelo ambiente, como serpentinas azuis, que se entrelaçam com as vivas serpentinas amarelas e metálicas que jorram do pistão. Alguém bate uma nota no teclado do piano, e os violinistas ficam a afinar enjoativamente suas rabecas.

Por fim chega o maestro, diretor e concertador de orquestra.

Faz-se um silêncio. A plateia escurece. Ouvem-se os primeiros acordes da pomposa abertura. Um calafrio me percorre a epiderme.

O bebê poblano ainda mama, mas a música agora abafa-lhe o ruído dos chupões. Alguém segurou a menina que corria. O pano ergue-se lentamente.

O DRAMA

O primeiro ato é no jardim duma residência nos arredores duma grande cidade. É dia de festa. Soledad (soprano) espera o noivo, famoso toureiro. Uma gitana (triple cômica) faz-lhe uma negra profecia de desgraça. Soledad, porém, procura esquecer. Chega Rafael, El Macareno (tenor), em meio de aclamações, e segue-se a indefectível cena amorosa. O padre Anton (sem voz) canta uma ária, explicando por que Rafael é um grande toureiro: porque ele, Anton, o batizou... Rompem alegres danças e lá de repente a orquestra, mudando de tom, anuncia algo de ominoso... Estremecimento geral. Todos se voltam para a direita do palco. Vem descendo das montanhas Juanillo, El Gato Montés. (Bravo Juanillo, és como os barítonos espanhóis das minhas lembranças: estatura média, barba forte azulando as faces longas, nariz comprido, *zeta* castelhana; ah! não mudaste nada, obrigado, obrigado!) Com a chegada do Gato Montés o toureiro fica em guarda. O padre franze o sobrolho. Soledad está inquieta. Há um grande bate-boca cantado (porque se trata duma ópera e não duma zarzuela) pelo qual se fica sabendo que, por causa de seu amor por Soledad, Juanillo cometeu um crime e teve de refugiar-se nas montanhas, onde vive agora como um animal selvagem acuado. Enquanto ele canta, Soledad — senhora de porte avantajado em cujos seios todos os bebês mexicanos da plateia devem ter fitos os olhos gulosos — torce as mãos. Quando Juanillo termina a ária, o toureiro solta o verbo. Estabelece-se um duelo de palavras que só não degenera num corpo a corpo porque o bom padre Anton intervém. Juanillo faz então uma ameaça. Sabe que no próximo domingo Rafael vai tourear. "Se não morreres nas aspas dum touro", canta o Gato, "eu te matarei." Comoção geral: *Ohs* e *ahs* musicais, crescendo de orquestra, rufar de tambores. O Gato Montés começa a retirada. Antes de desaparecer de cena, ergue o punho e repete a ameaça, sustentando uma nota alta. Soledad cai nos braços de Rafael. O padre Anton ergue para o céu os olhos e as mãos. E o pano desce lentamente, sob aplausos.

No intervalo compramos e comemos *camotes*, especialidade de Puebla, lembrando-nos das boas senhoras de Chihuahua que nos recomendaram estes doces no trem.

De novo escurece a plateia. Uma criança começa a choramingar. Cabeças voltam-se para trás. Ouve-se uma voz materna: "*Callate, Pepito. Porqué no hiciste eso durante el intervalo, estúpido?*". O pano se ergue. A cena agora se passa junto ao portão que dá para a arena da praça de touros. Avista-se parte das arquibancadas cheias de povo (pintado) e veem-se as cabeças dos bravos toureiros e as aspas dos touros em suas arremetidas. Do lado direito, uma capela, onde picadores rezam. Soledad vem ao encontro de seu noivo e lhe pede que tenha cuidado. Canta-se um dueto e finalmente os noivos se separam. Rafael entra na arena sob aclamações e começa a tourear. Da plateia lhe vemos a orgulhosa cabeça, os movimentos de capa, as farpas. Ouvem-se aclamações. Olé! Olé! De súbito há como que um hiato seguido de gritos de horror. Rafael tomba. Poucos minutos depois alguns amigos o trazem nos braços, morto, o ventre furado pela aspa dum Miura. Ao vê-lo, Soledad cai. E com ela cai também o pano.

Terceiro ato, primeiro quadro. É numa igreja onde se está velando o corpo de Soledad, que não resistiu à perda de seu bem-amado. A cena está em lusco-fusco. Um sino dobra a finados. O padre Anton anda dum lado para outro, acabrunhado. Grande profusão de choro. De novo a orquestra anuncia que algo de importante vai acontecer. Mais barbudo que nunca, o Gato Montés rompe igreja adentro, cantando, avança para o catafalco, toma o cadáver de Soledad nos braços e sai correndo com ele rumo das montanhas. O segundo quadro mostra o refúgio de Juanillo, no alto da serra. Soledad, vestida de branco e de véu, como uma noiva, acha-se estendida sobre um tronco de árvore tombado, fria e imóvel (pudera, se é um manequim!), enquanto o Gato canta desesperadamente seu amor. Mas a polícia não dorme. Sai em busca do bandido e consegue cercá-lo. O Gato reage. Rompe o tiroteio e finalmente uma bala vara o peito de Juanillo que cai e, nas vascas da agonia, rolando no chão, aproxima-se da defunta, puxa-a para junto de si e morre abraçado com ela, cantando, enquanto a orquestra atroa os ares com o fortíssimo e dramático *finale*.

Grandes aplausos. O pano sobe e desce muitas vezes, os artistas vêm agradecer, e cabe ao barítono Jesus Freyre, que fez o Juanillo, as honras da noite. Alguns bebês na plateia acordam e rompem a chorar. Acotovelando os poblanos, saímos para a fresca noite estrelada. Sinto-me feliz. É bom descobrir que em alguma parte do mundo nossa infância de certo modo continua. E, assobiando os trechos da ópera que nos ficaram na memória, encaminhamo-nos lentamente para o hotel.

TERRITÓRIO SAGRADO

Um ônibus amarelo e gordo, cheio de caras índias amarelas e gordas, nos leva a Cholula, que fica a pouco mais de treze quilômetros de Puebla. Passamos o dia na "Cidade Santa do Anáhuac", que foi outrora o centro do reino tolteca. Segundo o folclore, tem Cholula 365 igrejas, embora a verdade estatística se obstine em apontar apenas uma escassa centena. Eu vos juro, amigos, que não contei nem pretendo contar os templos católicos deste vale sagrado. Fico com a verdade folclórica, quase sempre mais bela que a aritmética, e espero que meus amigos baianos me perdoem a heresia de acreditar que outra cidade do mundo, além da do Salvador, seja capaz de oferecer aos fiéis uma igreja diferente para cada dia do ano.

Quando os espanhóis aqui chegaram em 1520, tinha Cholula uns 100 mil habitantes. Numa de suas cartas a Carlos v, declarou Hernán Cortés, com sua habitual secura de estilo, que a capital tolteca... *es la ciudad más hermosa de fuera que hay en España, porque es muy torreada y plana. Y certifico a V. A. que yo conté desde una mezquita cuatrocientas y tantas torres en la dicha ciudad, y todas son de mezquitas*".

Três séculos depois do Conquistador, Aldous Huxley olhou para Cholula através de suas grossas lentes eruditas e, após citar Mallarmé ("A poesia não se escreve com ideias, mas com palavras") fez referência às venturas e desventuras do escritor no seu trato com as imagens verbais, para finalmente perguntar: "Cholula, por exemplo — como encontrar palavras para descrever a magnificência, a singularidade, a geral improbabilidade de Cholula?". E continua: "Feliz Prescott! É evidente que ele não teve nenhuma dificuldade com o lugar". Invoca então o autor de *A conquista do México* para que ele dê, um tanto à maneira de redação escolar, sua descrição de Cholula. O excelente Prescott nunca esteve no México, e esta circunstância lhe forneceu um álibi indestrutível. Pôde fazer as fantasias que lhe aprouve, baseado em informações de segunda ou terceira mão. Mas Huxley, postado em carne e osso no alto da mesma pirâmide de onde Cortés contemplara a Cidade Santa, sentiu a tremenda responsabilidade da testemunha visual, auditiva, olfativa e tátil. E é o que também sinto agora, se me perdoam a imodéstia de meter-me em tão ilustre companhia.

Tiro algumas fotografias em cores. Reconheço, entretanto, que isso não é solução, mas fuga. O vale continua diante de mim, desafiando o escritor.

A paisagem não é dessas que cortam a respiração do observador logo ao primeiro relance. É sóbria, e o que tem de grandioso, raro e absurdamente belo se vai revelando aos poucos, devagarinho, como uma droga que, ingerida pelos olhos, nos fosse lenta mas implacavelmente invadindo o sangue. As cores não nos ferem a retina como uma pintura a óleo sob o sol: o quadro parece antes uma aquarela. Não tem exuberâncias tropicais, mas doçuras de *tierra templada*.

Estamos no alto da pirâmide de Quetzalcóatl, que se encontra hoje coberta de terra e vegetação. No pináculo do Templo Maior dos toltecas, ergueram os missionários católicos o Santuário de Nossa Senhora dos Remédios, que aqui está, no centro dum adro quadrangular calçado de lajes cinzentas. Debruçados na amurada, contemplamos o amplo vale a nosso redor.

A terra parece toda lavrada e a primeira imagem que os quadriláteros das lavouras me sugerem é — com perdão de Cortés, Huxley e Prescott — uma colcha de retalhos como a que minha tia-avó Adelina fez um dia para sua eterna cama de solteirona. Só que a colcha dessa magnífica parenta que morreu donzela tinha todas as cores do arco-íris, ao passo que o vale é uma colcha com remendos apenas em tons de verde — verde-cinza, verde-jade, verde-alface, verde-mar, verde-musgo — cortados aqui e ali pelo ocre vivo das estradas de terra batida e alternando de raro em raro com quadrados de lavouras recém-semeadas em que a terra aparece nua e riscada de sulcos.

No céu, que parece também forrado de azulejos da Talavera de Puebla, um sol asteca, já bastante quente a esta hora da manhã, nos vai revelando aos poucos os pormenores da paisagem. As igrejas como que brotam no vale, uma aqui, outra ali, mais outra lá adiante, como num desenho animado em cores. Primeiro é uma cúpula, amarela ou rosada, entre árvores escassas, dum verde que a distância aprofunda em azul; depois discernimos a fachada que em algumas é dum ocre que mal se diferencia do da terra e noutras, dum marrom avermelhado. Vamos caminhando devagarinho ao longo das quatro amuradas do adro, mas com os olhos sempre no vale. Lá está outra cúpula cor de gema de ovo, luzindo ao sol. E aquele muro ameado de fortaleza — a que templo ou mosteiro pertencerá? Se fixarmos o olhar, perceberemos lá muito longe, contra a pincelada violeta da serrania, outra cúpula que, vista daqui, é mais um brilho que uma cor. E todas essas igrejas são como soldados, no seu rico fardamento de mosaicos, até há pouco camuflados na vegetação, preparando-se para um ataque. Sentimo-nos sitiados. Mas que belo sítio! Desde já me confesso vencido. Iço bandeira branca sem pedir condições.

Aponto na direção da cidade de Cholula propriamente dita, que se estende lá embaixo com seus telhados pardacentos, e, vendo as cúpulas mouriscas da Capela Real, entre árvores esguias como ciprestes, tudo num vago clima de secura desértica, exclamo: Jerusalém!".

Volto-me para outro lado e me inclino a concordar com Aldous Huxley, que achou este vale parecido com a *campagna* romana. Sim, mas uma *campagna* que tivesse sofrido — se assim se pode dizer — uma sangria de clorofila, uma *campagna* de verdes suaves, numa franciscana pobreza de água. Mas não! Estou agora voltado para outro quadrante. Vejo um campo de *magueys*, uma igreja barroca, burros levantando poeira numa estrada, conduzidos por um índio de branco, ao som de cincerros. Longe, o perfil dos vulcões na sua eterna vigília. Isto, senhores, é México, muito bom México!

Ouvindo os cincerros, imagino o momento em que os sinos de todas essas igrejas se pusessem a badalar ao mesmo tempo, armando sobre o vale uma formidável cúpula sonora feita de vozes do mais variado timbre — agudas, brilhantes, foscas, em toques de finados ou repiques festivos. E por que não imaginar também que os sons têm a cor da igreja onde estão os sinos que os produzem? Sim, o céu acabaria transformado também numa abóbada de mosaicos. Desconfio de que isso é uma ideia barroca, e de que talvez minha prosa já esteja sofrendo a influência do estilo destas igrejas mexicanas.

Mas esperem... Que sonidos são esses que agora chegam *realmente* a nossos ouvidos, vozes humanas num coro que eu diria dantesco se não tivesse um pouquinho de pudor literário? Parecem uivos de desespero ou ódio. Debruço-me na amurada. O clamor parece vir daquele casarão com aspecto de quartel, lá embaixo aos pés da pirâmide.

Nossos guias nos explicam que é o hospício de Cholula. E que em certas horas, principalmente nos dias de vento, os loucos costumam gritar assim.

Não contei ainda que temos dois guias, José e Alberto, rapazotes índios de seus oito ou nove anos: caras redondas, pele cor de sapota, olhos do tamanho de *capulines* (dos graúdos), cabelos duros e negros, com franjas eriçadas. Tomaram-nos de assalto lá embaixo, na cidade, e querem mostrar-nos Cholula. Sabem na ponta da língua um discurso que já repetiram possivelmente a centenas de outros visitantes. De vez em quando passo a mão nas cabeças de José ou Alberto, a contrapelo, e digo: "*Calma, muchachos!*". Eles riem, mostrando os dentes brancos e fortes.

Quando subíamos para cá, vencendo estes cento e tantos degraus, encontramos a meio caminho, sentado numa pedra com um livro na mão, um jovem mexicano de seus dezoito ou dezenove anos. Estava a ler com tanta atenção e o momento era de tal maneira belo — o moço, o livro, o vale, as cúpulas, o céu, a serrania, o Orizaba lá longe como um Pai de Todos com a cabeça coberta de neve —, o quadro me comoveu tanto, que não resisti à humana tentação de também entrar nele. "*Buenos dias!*", exclamei, procurando puxar conversa com o desconhecido. Este fechou o livro, ergueu-se respeitoso, mas sem sorrir, e veio a nosso encontro. Comecei:

— Perdoe-me, mas pode me dizer que é que está lendo com tanta atenção?

Ele me mostrou o volume, um compêndio de Biologia, e explicou:

— Estou me preparando para entrar para a faculdade de medicina da Universidade do México.

Sua voz era calma. Seus traços fisionômicos me intrigavam um pouco, pois eu tinha a impressão de que já vira aquela cara em algum lugar. Como se chamava? Ramón Jesús. Sangue índio?

— Naturalmente — respondeu ele. — Sou mexicano.

— E depois de formado... vai ficar na Cidade do México?

— Não, senhor. Volto para clinicar no meu *pueblo*. — Sorriu pela primeira vez, mas um sorriso quase imperceptível. — Meus *paysanos* precisam mais de mim que os homens da capital.

— E onde fica o seu *pueblo*?

Ele voltou a cabeça e estendeu o braço para o vale:

— Santa María Tonatzintla. Tem a mais bela igreja do México.

— Sim? E por quê?

— *Bueno*, é a minha opinião.

— Mais bela que a de San Francisco de Acatepec?

— *Por supuesto!*

— Mais que a Capela Real?

— Mil vezes. A capela é mourisca. A igreja do meu *pueblo* é mexicana.

Depois, olhando para a própria sombra no chão moreno e ressequido, murmurou:

— Foi onde me batizei.

— É católico?

Ele sorriu de novo, cerrando as sobrancelhas muito espessas.

— Que outra coisa se pode ser em Cholula com tantas igrejas bonitas?

Pedi à minha companheira que me fotografasse ao lado do jovem.

— Desejo que faças um curso brilhante, que sejas um bom médico e que um dia possas ajudar teu *pueblo*.

— *Gracias, señor.*

Apertamo-nos as mãos. O índio voltou para o seu lugar.

Minha mulher e eu continuamos a subir, puxados pelos dois pequenos guias, que se riam da estranha língua que falávamos e da qual entendiam uma que outra palavra ou frase.

— Tu vês — disse eu à companheira. — Toma esse índio... que tipo vivo, sereno e simpático. Vai ser um grande médico. O mais importante instituto cardiológico do mundo, vê bem, *do mundo*, está no México. E sabes quem é seu diretor? O dr. Chávez, que é índio puro, segundo ele próprio proclama com orgulho.

O lenço vermelho que minha mulher trazia ao redor da cabeça esvoaçava. Continuei:

— Benito Juárez era índio. O nosso Rondon é índio. E há idiotas que continuam a falar em raças inferiores e raças superiores. Mito, puro mito!

Volto a cabeça para trás. O índio continuava na mesma posição, absorto na sua Biologia. Parei um momento e murmurei:

— Por que será que gostei tanto daquela cara? Acho que o rapaz me lembrou alguém que conheci, algum amigo...

Minha mulher sorriu.

— Ora. Isso é puro narcisismo. O rapaz tem exatamente a tua cara quando tinhas a idade dele.

A princípio tentei discordar, mas depois compreendi. Eu acabava de apertar a mão do moço que eu havia sido. E me vi aos dezoito anos sentado num banco da praça de Cruz Alta, à sombra dum bambu, lendo com toda a seriedade um tratado de Filosofia.

E, como quase sempre acontece quando sinto agudamente o meu outono, comecei a assobiar um trecho do quinteto de Brahms para clarineta e cordas. Mas emprestei ao andante um ritmo sincopado que ele não tem. É que a subida começava a me tirar o fôlego.

Voltei mais uma vez a cabeça na direção do moço mexicano e murmurei: "Adeus!". Na realidade não era dele que eu me despedia, mas do outro.

NAS ENTRANHAS DA PIRÂMIDE

Aceitamos a sugestão que nos fazem os minúsculos guias e vamos visitar o interior da pirâmide. Compramos entradas e nos encaminhamos para uma porta, na base do monumento. Um índio idoso, de pele bronzeada, rosto ossudo, bigodes e cabelos duma brancura de algodão, nos conduz através de estreitas galerias e passagens, verdadeiro labirinto de pesadelo. Que grande programa para um claustrófobo como eu! Minha mulher me comunica também suas apreensões num murmúrio: "Isto não está me agradando nada...". O guia fala com uma fluência que ainda não encontrei em nenhum outro índio mexicano. Deve ter no mínimo setenta anos. Vejo-lhe as costas encurvadas, o tecido branco e grosseiro de sua camisa e de suas calças, ouço-lhe a voz aflautada, mas já sem prestar muita atenção ao que ele diz. Anda no ar rarefeito um cheiro de terra. Lagartixas pardacentas passeiam pelas paredes destas galerias mal-iluminadas. Sei que aranhas caranguejeiras e cobras venenosas andam caminhando às centenas na imaginação de minha companheira, cuja mão procura a minha.

Estou convencido de que entrei mesmo num pesadelo. Por que caminhamos tanto? Aonde vamos? Ao centro da terra? Meu querido e distante Júlio Verne! O remédio é imaginar que sou o próprio professor Lidenbrock, autor dum *Tratado de cristalografia transcendente*. Lembro-me do documento que me lançou nesta aventura: *Desce na cratera do Yocul de Sneffels que a sombra do Scartaris vem acariciar antes das calendas de julho, viajante audacioso, e chegarás ao centro da Terra.*

Apesar da frescura destas intermináveis galerias, o suor me escorre pelo rosto, pelo peito, pelas costas. A pele do índio, entretanto, está tão seca como chão de deserto.

Chegamos por fim ao centro do monumento, onde o velho nos mostra restos dum quadro mural tolteca em que predominam tons vermelhos. Mal posso vê-lo, pois o suor me entra pelos olhos, turvando-me a visão. O guia fala sem parar. Numa angústia de soterrado, sinto sobre o peito todo o peso da pirâmide.

Felizmente vamos voltar. Será que o homem sabe o caminho? Ao cabo de alguns minutos de marcha avistamos o retângulo luminoso da porta da saída.

É bom respirar de novo o ar livre e ver outra vez a carantonha do sol. Sim, e também as faces dos dois indiozinhos, que nos esperam sorridentes para levar-nos até a cidade.

A CIDADE

Cholula propriamente dita nada tem de extraordinário a não ser as igrejas. É uma cidade pequena, duns 10 mil habitantes, com seu *zócalo*, seu *ayuntamiento*, suas casas atarracadas, com grades nas janelas, calçadas estreitas e muitos índios e índias pelas ruas.

Ali está o mercado, com suas tendas de pano branco, tudo com um jeito de bazar oriental. Mulheres acocoradas vendem frutas e legumes. Outras oferecem quinquilharias. Peças de fazendas de muitas cores empilham-se sob toldos. Fitas também multicores pendem dum pau horizontal e se balouçam ao sabor da brisa. Nos postos de carros de aluguel, choferes dormitam sobre os guidons de seus velhos Fords e Chevrolets. E burricos pacientes, amarrados a troncos de árvores ou frades de pedra, sacodem as orelhas, espantando as moscas.

A severa portada de pedra da igreja de San Gabriel fica num dos costados da praça. O adro é vasto e seus muros espessos lembram os de uma fortaleza. Aqui encontramos um dos conjuntos arquitetônicos mais estranhos do México. Vale quase um compêndio de História, mas um compêndio com páginas de numeração trocada. Finalmente onde estamos? Na Espanha da Idade Média, na Arábia ou no México? Porque a igreja de San Gabriel está unida, numa xifopagia imprevista, com a Capela Real. A igreja parece uma cidadela, com suas altas e nuas paredes com ameias, seus brutais contrafortes, sua dramática atmosfera medieval. É uma síntese em pedra da época histórica que a gerou. Parece dizer-nos que o destino do homem na terra é orar, sofrer e esperar a morte: não há felicidade possível neste vale de lágrimas. A Capela Real, com suas 47 cúpulas absurdas, lembra uma mesquita mourisca. Entramos. Caminhamos sobre lajes cinzentas, por entre uma discreta floresta de colunas, mas não encontro aqui as esperadas ogivas, os elegantes arcos mouriscos, a cor e a graça rendilhada do mudéjar. O templo está cheio de fiéis. Entra muita luz pelas janelas. Curiós esvoaçam no ar, pousam cantando nos capitéis das colunas. Na frente de um dos altares, índios fizeram um tapete com serragem de várias cores, com desenhos representando flores, frutas e pássaros. Vejo aqui caras tristes e sofredoras. E sempre as crianças com seus olhos aveludados e ternos.

Saímos para a manhã que amadurece. Anda no ar uma fragrância de ramos secos queimados, o que para mim tem uma grande força evocativa: noites de São-João com fogueiras, balões, batatas doces assadas nas brasas, sortes, estrelas e namoradas. Junto da parede externa da Capela, vejo túmulos antigos, por entre os quais meninos e meninas brincam de esconder. Lagartixas dum pardo esverdeado passeiam pelas paredes da igreja de San Gabriel. O canto dum galo trespassa a manhã como uma lança.

O sol está quase a pino. Atiramos um último olhar para as improváveis cúpulas da Capela Real e saímos em busca dum restaurante.

SANTA MARÍA TONATZINTLA

Se houvesse um cataclismo — coisa possível embora improvável — e me fosse dado salvar apenas duas igrejas — coisa impossível e improvável — eu escolheria a de Santa María Tonatzintla e a de San Francisco de Acatepec.

Fica a primeira no pequeno povoado de Tonatzintla, neste inexaurível território de cúpulas, torres, santos e anjos.

O chão do adro, a que algumas laranjeiras dão um aspecto doméstico, está cheio de lajes com inscrições, marcando o lugar onde foram sepultados moradores do lugar e muitos dos artesãos que ajudaram a fazer esta igreja, a qual, nas suas proporções modestas e na sua colorida graça, mais parece uma capela de família. Mas não há quem passe por ela sem parar, e não há quem pare ao portão de seu adro sem entrar, e não há quem entre sem sorrir ante este espécime do barroco mexicano que, na opinião de mestre Huxley é "a mais singular igreja da cristandade". A fachada, de azulejos dum vermelho escuro com desenhos em azul-claro, oferece entre seus deliciosos absurdos uma porta mourisca, com ombreira em azul, branco e amarelo, tendo de cada lado duas colunas chatas a suportar uma cornija amarela que corre ao longo de toda a fachada e acima das quais se abrem dois nichos com santos que não consigo identificar. Entre esses nichos, uma janela com uma sacadinha. Sobre a janela, outra cornija também amarela e acima desta um novo nicho com a imagem de santa Maria toda vestida dum azul que parece ter saído do céu desta tarde cholulteca. Azulejos iguais aos da fachada revestem a torre, de muito bom estilo plateresco. Mas desgraçadamente sei que todo este palavrório não conseguirá fazer que o leitor *veja* a igreja de Santa María Tonatzintla. Paciência. O melhor então é entrar no templo, pois quando Huxley o declarou "único" não foi por causa de suas linhas arquitetônicas, mas sim de sua decoração interior.

Aqui dentro os alarifes, escultores e pintores índios deram um grande feriado à imaginação. Tem-se a impressão de que esses artesãos anônimos se empenharam a fundo numa espécie de catequese às avessas, isto é, a indianização do catolicismo. Como já escreveu alguém, aqui "os anjos são índios, os santos são índios, até Deus é índio".

No centro da cúpula — que se me afigura um luminoso jorro de arabescos dourados — desenha-se uma roseta com a pomba do Espírito Santo, que só por milagre escapou de ser modelada à imagem do quetzal, o pássaro cujas penas os astecas tanto apreciavam como adorno.

Sobre o fundo branco das paredes e dos altares, os artífices índios esculpiram em decididos relevos — azul, vermelho e ouro — todo um exército de anjos e querubins cujas feições foram possivelmente inspiradas nas de crianças do lugar. Muito amigo, compadre, afilhado e vizinho dos escultores deve ter servido de modelo para as imagens destes santos de pele escura, zigomas salientes e olhos oblíquos, quase todos retacos como os nativos da região.

Os motivos da decoração destas colunas, altares, cornijas, retábulos vieram todos da natureza mexicana: folhas, flores, frutos, animais; nada têm a ver com o mundo dos conquistadores.

Andamos dum lado para outro, de surpresa em surpresa, metendo o nariz em tudo, a muito custo contendo exclamações e o desejo de acariciar a bochecha, o ventre ou outras partes da anatomia destes anjos que tocam bandolim e alaúde, alguns deles de faces pouco angélicas como este que aqui está, na base duma coluna, o nariz erguido, uma expressão de desdém na boca carnuda, como se se julgasse superior ao ambiente, querendo talvez dar-nos a entender que aqui está contra sua vontade. Há momentos em que se tem a impressão de que estas figuras, no meio das quais surgem inesperadas máscaras, estes grupos de dançarinos, são detalhes duma bacanal e não parte da decoração dum templo católico. O ingênuo e o malicioso se alternam: o resultado geral é algo de extraordinário.

A nota crepuscular do ambiente é dada por um Cristo cinzento de braços desmesuradamente longos e por uma Virgen de la Soledad que se encontra a seu lado, toda vestida de negro, com uma espada cravada no coração.

O silêncio é completo. Sentamo-nos num banco, sob a cúpula, como quem procura refrescar-se debaixo duma cascata. Acho que vamos sair daqui todos respingados de ouro. Penso com ternura nos índios sérios e calados que esculpiram, douraram e pintaram estas maravilhas.

Como dois anjos perdidos e modelados em barro pobre, José e Alberto aproximam-se de nós e nos cochicham que o táxi nos espera lá fora.

SAN FRANCISCO DE ACATEPEC

A igreja de San Francisco de Acatepec fica no alto dum outeiro, solitária em meio da campina, toda coberta de azulejos da cabeça aos pés. Ninguém deve estranhar a expressão "da cabeça aos pés", porque a tendência deste povo é humanizar tudo.

Aqui está uma das joias mais preciosas de Cholula. As torres são de majólica do século XVII; de majólica são suas paredes, a cúpula e o campanário. Tenho a impressão de estar diante duma porcelana chinesa.

O interior é tão fantasticamente rico em cores e desenhos como o exterior. Aqui os artistas não deram tréguas aos olhos. Não há um centímetro de parede que não esteja lavrado ou pintado. E sempre as caras índias, e a profusão de ouro, arabescos e motivos ornamentais pagãos.

Desta igreja escreveu José Moreno Villa:

A *"azulejaría"* chega neste caso ao delírio. A obra é um grande brinquedo de cerâmica levantado na terra. Diante dela não se pensa já se é igreja nem em se obedece a um traço borrominesco. Estamos realmente dentro do mundo do caprichoso e do sonhado. Tudo nela é cor e brilho. Até as colunas, os entablamentos, os capitéis, as cornijas e os remates são de azulejos. Se os nativos tivessem tido a seu alcance montanhas de brilhantes ou de pérolas teriam erguido um edifício exclusivamente com esses elementos.

CRISTOS

Por contraste, penso nas imagens agônicas dos Cristos que tenho encontrado no México. A arte religiosa mexicana tomou o dramático tema espanhol do Cristo martirizado e fez com ele as mais tétricas variações. Recordo os Cristos das igrejas católicas dos Estados Unidos, tristes mas serenos, de corpos limpos e quase esportivos, nos quais há um mínimo de feridas e sangue. Mas o mexicano adora os Cristos esfolados, os Cristos vergastados, os Cristos que vertem sangue. Parece haver algo de sádico no espírito que gerou essas imagens. É ainda a ideia medieval de que o sofrimento não somente é necessário, mas santificador — de que a religião pura e verdadeira terá de ser triste, grave e dolorosa, e de que a vida só pode ser dignamente vivida à sombra constante da morte. E como essa ideia encontrou eco na alma mexicana, tão enamorada das imagens macabras!

Na igreja de San Agustín, na cidade de Morelia, há um Cristo negro. Há pouco, na de Santa María, vi um cinzento. Dizem que há um purpúreo na igreja de San Diego e um azul em Atotonilco. Vi em Puebla uma série de Cristos amarelos como o de Gauguin, Cristos cor de azinhavre, crucificados, sentados, ajoelhados, vergados sob o peso da cruz, deitados nos braços da Virgem ou sobre mortalhas roxas.

Para o índio que se considera uma vítima do destino, não será Cristo o símbolo máximo e mais perfeito do Grande Martirizado, do *"hombre bueno que es víctima del malo"*? Estas ideias me vêm da leitura duma página do excelente ensaio *La calavera*, de Paul Westheim, que em certo trecho diz assim:

E a frequência destas esculturas e pinturas, que se encontram sobretudo nas humildes igrejas rurais em aldeias de população indígena, à margem das influências da civilização urbana, admite a conclusão de que o martírio que o homem faz o homem sofrer é uma experiência funda e primordialmente arraigada no mundo sentimental do índio e que o Cristo martirizado lhe é tão particularmente adorável porque o indígena sente Seu sofrimento como algo de muito seu.

Tenho encontrado imagens de santos nas mais curiosas estilizações, mas os Cristos que vi até agora me pareceram dum verismo assustador, tanto na anatomia como nas vestes, sendo que a maioria deles apresenta cabeleiras "naturais", isto é, de origem animal. Neste país o humano está frequentemente a mostrar as vísceras, de sorte que não me admirarei se um dia se me deparar um Cristo estripado pela lança dum centurião, porque Cristos gangrenosos e Cristos cancerosos já vi mais de um.

Ontem em Puebla, na igreja de San Francisco, que tem quase a idade do Brasil, e uma de cujas fachadas é uma pura gema do churrigueresco poblano, vi o corpo "incorrupto" do beato Sebastián de Aparicio, construtor dos primeiros caminhos do continente. Está ele dentro dum caixão de vidro de reduzidas dimensões, pois o beato era de pequena estatura. Homens, mulheres e crianças desfilavam lentamente pela frente do corpo. Fiquei por alguns minutos observando a cena. Eram caras dolorosas, mulheres de cabeças cobertas por escuros *rebozos*, homens de diversas idades, uns válidos, outros trôpegos e apoiados em muletas, mas todos tristes duma tristeza que parecia ter corpo e cheiro. A procissão movia-se lentamente, já que esse parece ser o ritmo natural da desgraça crônica. Estavam todos silenciosos — sempre os peixes no aquário — e só se percebia que oravam pelo movimento dos lábios. Paravam junto do beato, miravam-lhe o corpo mineralizado, beijavam o vidro do caixão e muitos deles erguiam a mão e metiam por uma abertura que havia no alto da redoma, uma moeda de níquel ou um peso de papel. Era muito estranho ver as moedas e as notas sovadas e sebentas caindo sobre o burel roxo do beato. E aquela mistura de desgraça e santidade, dinheiro e carne mumificada me atacava o estômago, dando-me um desejo de ar livre e horizontes largos e limpos.

É por tudo isso que eu — que sinto a nostalgia duma religião que nunca tive, mas que entressonhei alegre e matinal — miro agora com ternura e gratidão os azulejos da igreja de San Francisco de Acatepec, cujos anjos de caras humanas parecem tocar Vivaldi nos seus coloridos bandolins e alaúdes de madeira e gesso.

VOLTA A PUEBLA

À tardinha, de volta a Puebla, ouço no ônibus um homem contar em voz alta a seu companheiro de banco uma anedota que me parece representativa não só do México como também da maioria dos outros países latino-americanos.

Por ocasião de uma dessas muitas guerras civis mexicanas, havia um "general" famoso por suas façanhas atrabiliárias e violências. O homem simplesmente tinha a volúpia da ilegalidade. Fuzilava os prisioneiros sumariamente, saqueava cidades, violentava mulheres. A facção pela qual lutava ganhou a guerra e o caudilho foi feito oficialmente governador de sua província. Nas primeiras semanas portou-se com a dignidade que o cargo exigia, mas ao cabo de mais algum tempo começou a sentir uma tal nostalgia da violência e do desmando, que não se conteve: saiu a campo em novas tropelias, liquidando inimigos, agredindo damas e senhoritas, saqueando *pueblos*. Os homens de bem de sua província enviaram um memorial ao presidente da República, protestando contra as violências do caudilho, a quem o chefe da nação censurou num telegrama enérgico, fazendo-lhe ver que um governador de estado devia ser o primeiro a respeitar a Lei. O general leu o telegrama do presidente e, furioso, respondeu com outro nestes termos: "Solicito minha demissão do cargo, porque desgraçadamente nossa revolução degenerou em governo".

Ouve-se uma risada no ônibus: a do sujeito que contou a anedota. O companheiro, homem grandalhão de meia-idade, de pele clara, bem-vestido, com anéis nos dedos e pregador na gravata — esse permanece sério, impassível, fumando seu charuto.

Já avistamos as primeiras casas de Puebla, quando o rapazote louro que vai sentado junto do chofer, de calças brancas e camiseta verde, rompe a cantar com sua afinada voz de tenorino algumas canções mexicanas clássicas como "La paloma".

Quando descemos em Puebla o cantor faz correr o chapéu entre os passageiros do ônibus, pedindo-lhes *"una contribución"*. Alguns dão. O rapaz aproxima-se do homem dos anéis, naturalmente esperando do burguês de ar próspero pelo menos um *pesito*.

— Não quer contribuir também, cavalheiro? — pergunta. Tem de repetir a pergunta, em voz mais alta.

Sem tirar o charuto da boca, o outro responde com mau humor:

— Como vou contribuir, *hombre*, se não ouvi nada? Sou surdo.

PEREGRINAÇÕES

Se a simples visita a uma igreja bastasse para aliviar uma alma de sua carga de pecados, eu estaria com a minha leve e limpinha, pois pouca coisa temos feito desde que chegamos a Puebla mais que visitar conventos e igrejas. Minha mulher, porém, me assegura que o processo de purificação não é tão simples assim, principalmente quando se trata dum velho pecador empedernido como eu.

Fico quase em profano êxtase no plácido e fresco pátio de azulejos do Convento de Santa Mônica, que funcionou em segredo durante mais de setenta anos, pois as leis mexicanas proíbem a existência de conventos em território nacional.

Comemos *tacos* (ó Céus, por que há de ser sempre a sujeira a irmã siamesa do pitoresco?) numa *tienda* na frente do Teatro Principal, talvez o mais antigo do continente, pois foi terminado em 1759. Vemos colados em suas vetustas paredes cartazes que anunciavam a peça encenada por amadores a semana passada — *O fuzilamento do padre Pro* — baseada na dramática história desse sacerdote católico que, na região de Chiapas, na época das perseguições religiosas, andava disfarçado de camponês por aldeias e granjas, exercendo secretamente suas funções sacerdotais até o dia em que foi preso e fuzilado. Essa impressionante figura de mestiço, essa alma perseguida ao mesmo tempo pelo pecado e pelo amor de Deus inspirou o romance de Graham Greene *O poder e a glória*. O desenho do cartaz é dum primitivismo comovedor: o padre Miguel Pro aparece nele ajoelhado, de braços abertos, diante do pelotão de fuzilamento.

Para onde quer que voltemos os olhos nestas cidades e *pueblitos* mexicanos, vemos vestígios de tragédias. É frequente ouvirmos frases assim: "Foi ali que trucidaram Fulano..." — "Está vendo aquele muro? Ali fuzilaram Sicrano." — "Nesta esquina balearam o general x."

Na fachada da igreja jesuítica do Espírito Santo — onde descansam os restos da lendária princesa Mirra, a *china poblana*, que tomou o nome cristão de Catalina de San Juan — encontro numa placa de azulejo a seguinte inscrição: "No arco principal desta fachada, esteve pendurada por ordem da Inquisição a cabeça de Don Antonio de Benavides (El Tapado) falso visitador de Espanha e executado a 12 de julho de 1684". Há pouco, na porta desta mesma igreja, uma índia toda de negro, os olhos mortiços no fundo de órbitas ossudas, me pediu dinheiro "para o azeite do Senhor". E, depois de receber a cédula que lhe dei, acrescentou com sua voz cavernosa: "Deus não fica com nada". Outra índia vendia velas *para las almas del purgatório*. Por todos os lados vemos homens e mulheres ajoelhados, orando. Alguns penitentes atravessam de joelhos largos adros de pedra, os braços erguidos, os olhos fixos na fachada do templo. Graham Greene escreveu que nunca mais pôde esquecer os penitentes do México em suas místicas posturas.

Saímos. Paramos em meio duma ponte, debruçamo-nos à sua amurada. Fundos de casas, de cujas janelas pendem roupas coloridas, dão para um riacho de águas barrentas e encachoeiradas. E quando nos preparamos para apreciar o cromo, um cheiro insuportável nos sobe às narinas. Não há dúvida: a falta de limpeza parece ser mesmo, irremediavelmente, o preço do pitoresco. Afastamo-nos apressados da Veneza urológica.

A OITAVA MARAVILHA

À porta da igreja de Santo Domingo, um índio sujíssimo, dos mais esfarrapados que temos encontrado até agora, está sentado na calçada tocando um curioso instrumento. Detenho-me para observá-lo. O homem sopra numa folha de árvore, tirando dela um som misto de ocarina e gaita de boca, enquanto com uma das mãos raspa numa cuia para marcar o compasso. O que toca deve ser algo de sua invenção: uma melopeia de acentuado sabor oriental.

Visitamos a famosa Capela do Rosário, a que os poblanos chamam "a oitava maravilha do mundo". Desde que aqui chegamos tenho a impressão de que como barroco, bebo barroco, durmo barroco e sonho barroco. Mas confesso que ainda não estou enfarado. E a Capilla del Rosario não me decepciona. Na sua riqueza lembra a igreja de São

Francisco, de Salvador da Bahia. Creio que é difícil encontrar capela com um mais minucioso e delicado trabalho em ouro laminado ou mais rica em azulejos e mármores. A Virgem no seu altar está toda coberta de joias verdadeiras.

Fora, encontramos ainda o músico a tocar a melopeia, tão triste e monótona como seus olhos parados. Saímos por estas calçadas cheias de gente — pois Puebla tem muita vida — e nos detemos frequentes vezes diante de velhos portões que dão para pátios internos (ó Andaluzia que nunca vi!) com galerias e arcadas, pátios de antigos solares que hoje são cortiços, onde roupas brancas pendem a secar de balaustradas, e crianças seminuas e sujas brincam com cachorros pacientes sobre velhas lajes.

SALVE, MARIA!

Às seis da tarde entramos numa das mais apagadas igrejas de Puebla: a de San Roque. O que dentro dela se passa, me fascina. Debruçado com ar um tanto displicente no parapeito do púlpito, um padre de sangue índio, pelo duro, pele tostada, um rosário nas mãos, os olhos cerrados, repete em voz alta padre-nossos e ave-marias. Quando faz pausas entre uma e outra oração, ouve-se uma bela voz de tenor, vinda do coro, acompanhada dos sons dum órgão. E uma ronda de crianças, meninos e meninas entre dois e seis anos de idade, eles vestidos de sacristãos ou metidos em buréis pardos de monge, elas de brancas camisolas e asas como anjos, caminham ao redor dos bancos, cantando e sobraçando flores — jasmins-do-cabo, rosas e cravos vermelhos. O ar da igreja está todo perfumado. (É o mês de Maria.) O padre sonolento enche o recinto com seu vozeirão de bom metal mas pobre de inflexões. E de novo o tenor mexicano, voz morena e cálida, se faz ouvir acima das outras. E é uma delícia observar as crianças. Estão todas muito sérias, arriscam olhares desconfiados para o nosso lado, caminham sem ritmo, desacertam o passo, saem do alinhamento — para o qual são trazidas aos empurrões pela dama magra que dirige a marcha — e suas vozinhas desafinadas se erguem no ar, também desencontradas. Entre essas cabecinhas negras de índios e mestiços, vejo a dum menino louro (fruto de que pecado?), talvez o mais tímido e alarmado de todos. Ali vai ele aos trancos, empurrado, tapeado e beliscado pelos companheiros, com tal frequência e força, que de repente rompe a chorar.

Pouco antes do meio-dia, visitamos uma dependência do convento de Santa Rosa, que nada sugere de religioso ou místico. Nada tem a ver com cilícios ou jejuns. Não invoca santos ascéticos e descarnados mas gordos abades glutões.

Estamos na cozinha do convento onde no século XVIII se prepararam pratos que ficaram na história da culinária mexicana. Ampla e limpa, com suas três abóbadas, reluz na riqueza mudéjar de seus azulejos. Parece à primeira vista a antecâmara dum harém mourisco. (A dificuldade com o escritor é que ele tem de assumir o ar de quem já andou por todos os lugares que menciona em suas comparações.) O chão é todo de ladrilhos com incrustações de azulejo, em graciosos desenhos policrômicos. Na abóbada central vê-se um círculo que — em amarelo e mais de um tom de azul — contém um polígono octogonal c um quadro com as rosas simbólicas da ordem a que o convento pertencia.

Sob as abóbadas laterais, a brancura dos azulejos das paredes é quebrada por medalhões cor de ouro, na forma de estrelas poligonais. Uma riqueza de azulejos em muitas cores reveste o rodapé desta alegre cozinha e as ombreiras de suas largas portas.

A zeladora é uma senhora gorda, que se aproxima de nós arrastando os chinelos e enxugando com uma toalha grosseira as mãos e os braços carnudos, dum trigueiro suave de marfim. Tem duplo queixo, buço cerrado e olhos miúdos. Tudo indica que estava preparando o seu almoço, porque de alguma parte nos chega um cheiro de frituras. Vai logo explicando *"como funcionava esta cocina cuando aquí estaban las monjas"*. Mostra-nos a fonte d'água, o forno, os armários embutidos na parede, o braseiro, o lugar onde se guardava o sabão, o poial, o *chocolatero* e a aljofaina — palavra que estou usando aqui pela primeira e talvez última vez na minha vida.

Pergunto retoricamente:

— Foi então aqui que se inventou o famoso *mole poblano*?

A mulher leva a mão espalmada ao generoso seio.

— *María Santísima! El mole poblano!*

Conta-nos que nos tempos da Colônia, sempre que um vice-rei estava por chegar a Puebla, todos os conventos locais esmeravam-se em preparar pratos raros para mandar ao ilustre visitante, a quem o bispo geralmente procurava agradar. Sóror Andrea de la Asunción, *"gran maestra en guisos*", encontrava-se neste convento das Dominicanas de Santa Rosa por ocasião de uma das visitas de "*su Excelencia el Virrey*". Era um domingo. Segundo uma das versões da lenda, estava sóror Andrea sentada no seu poial de azulejos, preocupada, sem saber que prato fazer para o senhor bispo, quando um anjo desceu do Céu e segredou-lhe ao ouvido uma receita.

Nossa zeladora não acredita na história do anjo, prefere atribuir todo o mérito da invenção à fantasia da monja. Seja como for, depois de tomar a comunhão, sóror Andrea pôs-se em atividade — e eu a imagino a andar dum lado para outro, mexendo em panelas, metendo os dedos em potes de especiarias, ralando queijo e chocolate, dando ordens às auxiliares...

Tomou de vários ingredientes: passas de uva, chile mulato e alguns *chipotles* dourados na manteiga. Tostou no fogo um punhado de sementes de gergelim e depois moeu cravos, pimentas, amêndoas, amendoins, canela e anis, e misturou tudo.

A essa altura tenho já a impressão de que uma fita de fogo me passeia pelo estômago, sobe pelo esôfago, arde-me na garganta, amarga-me a boca. A zeladora prossegue:

— Sóror Andrea juntou, então, a todas essas coisas duas barras do chocolate especial feito no convento, alguns tomates, cebolinhas, alho assado e umas *tortillas* de milho, primeiro assadas e depois moídas...

— Manes de Montezuma e Cuauhtémoc! Quantos ingredientes tem esse prato infernal?

— Vinte e quatro — informa serenamente a zeladora. E continua:

— Na véspera tinham matado no convento um *guajalote* (peru) cevado a castanhas e avelã. *Bueno*, o vice-rei e o bispo naquele domingo saborearam o *guajalote* com o molho inventado por sóror Andrea, e que ficou conhecido como *mole poblano*.

Faço uma pergunta idiota:

— Gostaram?

A zeladora fita em mim os olhos de boneca.

— Claro, senhor, e como! E quando a história se espalhou na cidade, outros conventos mandaram pedir a receita a sóror Andrea que, sendo uma alma santa, não a negou a ninguém...

Saímos para o sol poblano, quase tão violento como o seu *mole*. Caminhamos por algum tempo em silêncio. Penso em sóror Andrea, imagino seu *obispo* e seu *virrey*, ambos sentados à mesa na Casa do Alfenim. Ao cabo de alguns instantes digo à minha mulher:

— Sabes? Aceito a lenda. Só acho que não veio do Céu, mas do Inferno, o anjo que segredou a receita à monja. Foi um anjo sabotador. Pensa bem...

COMIDAS

Meio-dia em ponto. Sumiram-se as sombras das ruas. Ficaram, porém, as intensas cores de suas fachadas e das roupas dos índios que andam dum lado para outro, carregados de fardos e filhos.

Creio que esta é uma boa hora para falar no que comem os mexicanos.

Seria possível contar a história social do México através da história de seu produto agrícola mais importante, o milho. Sim, porque o *maiz* é o alimento básico do mexicano. Seguem-se, em ordem de importância, o chile, o feijão e o arroz. O índio pobre em geral só come *tortilla* esfregada com chile. De onde, então, os seus bons dentes? Talvez encontremos o segredo dessa calcificação na maneira como aqui se faz a *tortilla*.

Primeiro trata-se de amolecer o milho — que pode ser de três tipos: branco, amarelo ou azul, conforme a região que o produz — deixando-o de molho por três dias em água de cal. Depois mói-se ele, usando-se para isso do velho sistema asteca que consiste em pôr a pasta ainda úmida sobre uma pedra, o *metate*, e fazendo rolar sobre ela outra pedra menor, de forma cilíndrica, o *meclapil*. Resulta disso a *masa*, que é batida até transformar-se numa lâmina de forma arredondada, cuja espessura e diâmetro variam. Depois de tomar essa forma, a *tortilla* é assada no *comal*, espécie de prato chato de barro, que se coloca sobre um fogo de brasas.

A *tortilla*, o pão do mexicano, é também por assim dizer uma espécie de *veículo* para outras comidas. Se tomarmos algumas tiras de carne de qualquer espécie e juntarmos a elas cebola picada, fatias de tomate e um pouco de "*chile por el sabor*", e se enrolarmos essa mistura numa *tortilla* recém-saída do braseiro e fritarmos a coisa toda em banha abundante — teremos o *taco*.

A *enchilada* é uma prima-irmã do *taco*: leva os mesmos ingredientes, mas em vez de ser frita é cozida em molho *ranchero*, feito de tomate, chile, cebola e alho moídos. As *enchiladas* são servidas num prato com muito molho salpicado de queijo ralado e redundantemente cobertas com cebola picada e, em alguns casos, com uma espessa camada de nata batida azeda.

De todos esses pratos de *tortilla*, tenho especial ternura pela *quesadilla* (queijadinha). Mistura-se queijo ralado com a massa crua de milho e depois bate-se esta até dar-lhe a forma da *tortilla*. O recheio pode ser de carne, batata ou feijão, mas eu vos asseguro, amigos, que o melhor e mais esquisito de todos é o de flores amarelas de *calabaza* (abóbora). E está claro que nunca faltam numa boa queijadinha mexicana umas pitadas de ervas picantes e o eterno chile. Quando nos restaurantes digo *"Quiero quesadillas de flores de calabaza!"*, tenho a impressão de que estou recitando um poema e não pedindo um prato.

Desgraçadamente para meu fígado brasileiro, a *quesadilla* também é frita em banha.

Existem vários tipos de *tortilla*. A *chalupa*, especialidade de Puebla, é uma *tortilla* oblonga que se frita com recheio de carne, queijo e chile. A *gorda* tem uma espessura maior que a ordinária. A *sope* é alta nas bordas. O *totopo*, feito de *tortilla gorda*, frita-se em manteiga, aos pedaços, e é quase sempre visto na companhia dos *frijoles refritos*. Os *chilaquiles*, segmentos de *tortilla gorda* embebidos em molho de chile e salpicados de queijo velho ralado, são servidos com rodelas de cebola e *rabanito*.

A *tortilla* serve também como toalha, como guardanapo, como prato e até como colher — pois é comum ver-se um desses índios tomar entre os dedos um pedaço pequeno de *tortilla* e com ele pegar a comida para levá-la à boca.

Mas a utilidade do milho não para na *tortilla*. Há ainda os *tamales*, que são espécies de rolos ovalados de mingau de milho recheados de *mole* ou mais comumente de carne de porco ou galinha, e envoltos na própria palha do milho, duma maneira que lembra um pouco, em ponto grande, as antigas balas-de-estalo. É com frequência ouvir-se nas ruas este pregão: *"Tamales calentitos!"*.

O *elote* é simplesmente a espiga do milho assada ou cozida. Ontem ouvi uma índia numa destas calçadas apregoando *pozoles*. Aproximei-me, curioso. O *pozole* é canjica de milho cozida com tomate, pedaços de porco magro e ervas picantes. O *pozole* vem geralmente acompanhado dum prato com rodelas de cebola, folhas de alface e queijo ralado.

Usa-se intensamente a cebola por todos estes *pueblos* e cidades do México por onde temos andado. Nos lugares e horas mais inesperados o seu cheiro ativo nos assalta e envolve.

Os índios nos dão a impressão de que comem várias vezes por dia, de pé, junto dessas tendas que vemos nas calçadas ou nos desvãos de sebosas portas. Estes estômagos astecas, toltecas, tarascos, sapotecas etc. parecem não obedecer a nenhum relógio. Um momento! Olhem ali aquela índia quase anã, toda vestida de escuro, com o filhote às costas. Ambos estão a comer ou, melhor, a roer alguma coisa. Aproximo-me e verifico que se trata de *chicharrones* ou torresmos. A graxa lambuza os rostos de mãe e filho.

Perto, mais *chicharrones* chiam dentro duma panela de ferro, sobre um fogo de brasas. Noutra panela vejo um prato muito querido deste povo, os *menudos* — tripa cozida num molho de tomate. A cebola e o chile, sempre presentes, parecem o coro destas tragédias culinárias em que as *dramatis personae* são as *enchiladas*, as *chalupas*, os *tacos*, os *chicharrones* e os diversos tipos de *frijoles*. O *frijol*, feijão, é preparado de várias maneiras, mas esta gente parece preferir os *frijoles refritos*, que primeiro se cozinham, para amolecer, e depois se fritam. Há ainda o *frijol a la olla*, feijão de panela, semelhante ao nosso.

O arroz mexicano em geral é seco e não tão saboroso como o que se come no Brasil. O molho de tomate lhe dá uma coloração rosada, que em Puebla combina muito bem com os azulejos de suas casas. Quase sempre o arroz é aqui servido com bananas fritas, rodelinhas de cebola e às vezes *guacamole*, salada de abacate esmagado com cebola picada e ervas aromáticas.

Assim como os americanos comem o seu infalível peru no Thanksgiving Day e no Rio de Janeiro a guloseima da noite de Natal é a rabanada, no México na noite de São João é costume servir *atole* de chocolate, espécie de arroz-doce de consistência fluida, que se bebe em copo. No Dia de Reis as comadres mexicanas e os padeiros fazem um pão especial chamado *rosca de los reyes*. O prato do Ano-Novo é uma "salada doce" preparada com várias verduras e legumes picados, com muito condimento, mel e limão, e servida não em prato, mas em cima duma *tortilla*. Existe grande variedade de pães, *bollilos* e *panes dulces*. Dizem que destes últimos se conhecem mais de cem espécies diferentes, todos com seus nomes caseiros, em geral de acordo com a sua forma. Assim temos o "polícia", a "orelha", os "chifres"... Do dramático *pan de muerto* falarei mais tarde, num outro capítulo.

Está claro que a cozinha mexicana é muito mais vasta e rica e eu tratei aqui apenas de sua superfície, de seus pratos mais populares. Não devemos, porém, esquecer o assado de carne, a *barbacoa*, que se prepara mais ou menos como o nosso churrasco, e que deu origem à palavra americana *barbecue*.

É interessante anotar que esta gente absorve cálcio nas tortilhas e a sua dieta de verduras e legumes é bastante rica.

A comida neste país tem uma certa relação com a natureza da terra e o temperamento do povo. Há na alma mexicana algo de pardo e seco como em largos trechos de seu solo — e esses elementos um tanto ásperos, mas nem por isso menos fascinantes, se encontram de certo modo na *tortilla*. A qualidade "visceral" do mexicano pode ter como símbolo o *chicharrón* e o *menudo*. E a sua violência mal contida, que às vezes explode inesperadamente como seus vulcões, não podia deixar de apreciar as comidas fortemente condimentadas. Mas nem tudo no México é drama e silêncio, subterrâneo ou aquário. Há as cores, as canções, as danças. E as gentes de *tierra caliente* que sabem rir. E umas ternuras generalizadas que se revelam no uso dos diminutivos, nas histórias cômicas em que o herói quase sempre é o *peladito*. Tudo isso — essa cor, essa nota viva — aparece também na comida. São os chiles — encarnados, amarelos, mulatos, verdes —, o vermelhão dos tomates, as flores de *calabaza*, as ervas aromáticas, coisas que alegram, pelo menos na superfície, a parda secura da *tortilla* e dos outros pratos de aspecto árido ou crepuscular.

7

Oaxaca

Outro ônibus, desta vez prateado e grande; outra manhã de ouro, outra viagem, desta vez larga. Vamos para o Sul e nosso objetivo é Oaxaca. Quando, ainda na Cidade do México, contei meu itinerário a um brasileiro, este fez uma careta e repetiu, incrédulo:

— Oaxaca?

— Sim.

— De avião?

— Não. De ônibus.

— Viajar doze horas com este calor? Mas para quê?

— Para ver umas igrejas, uns conventos, o mercado.

O homem me mirou por algum tempo e por fim exclamou:

— É gostar muito de pedra velha e índio sujo!

Nosso ônibus roda pela Estrada Pan-Americana. Atravessamos Cholula e entramos no campo, rumando para o vale de Atlixco, que em língua cristã quer dizer "sobre a superfície das águas".

Vamos mal acomodados, no último banco. Estou apertado entre minha resignada companheira e um tenente da polícia, índio quarentão, de uniforme cáqui. Tem uma cara de bandido, larga, picada de bexigas, uns olhos de quelônio sobre os quais se pregueiam pálpebras inchadas. Péssimo companheiro. Para cúmulo de males, senta-se de pernas abertas, ocupando no banco mais lugar do que deve. Imagino-o caladão e azedo. Mas qual! Nos primeiros minutos da viagem o homem se revela. É comunicativo e galhofeiro. Entretém um diálogo, em altos brados, com um jovem padre que vai no banco fronteiro, ao lado duma freira. Parecem ambos mestiços. As leis mexicanas os proíbem de usar nas ruas seus hábitos religiosos. O sacerdote, que terá no máximo trinta anos, está vestido de preto, camisa branca de colarinho mole e gravata negra, chapéu de feltro da mesma cor. Tem o ar dum jovem camponês endomingado que vai à cidade tirar o retrato. Sorri das piadas do tenente, deixando aparecer o canino de ouro.

— Padre! — exclama o polícia com sua voz de cana rachada. — Sabe que no dia em que você chegou a Matamoros a temperatura subiu?

O padre volta a cabeça, de testa franzida, e pergunta:

— *Hombre*, e por quê?

— Por causa do calor da sua mocidade!

A gargalhada do tenente enche o ônibus. O sacerdote sorri, sacudindo a cabeça. A seu lado a freirinha, muito pálida, com algo na pele que lembra um ratinho recém-nascido, olha para fora. Noto-lhe numa das mãos um defeito: não tem dedos, e as unhas lhe nascem nas juntas.

Aproximamo-nos duma região semitropical, e a natureza que nos cerca agora lembra as caatingas do Nordeste brasileiro. Avisto casas de adobe, cabras, crianças, burros, pequenos povoados miseráveis onde as pessoas, num dramático mimetismo, como que desaparecem na paisagem cuja acobreada secura imitam na pele e nos trajos.

O ônibus estaca inesperadamente no meio da estrada e o cobrador salta para fora. Pouco depois reaparece e diz algo ao chofer, num tom que denuncia algo de anormal. Que será? O tenente deixa seu lugar e vai investigar. Entra no diálogo, que se anima cada vez mais. Finalmente o motorista volta-se para nós e exclama:

— Saltem todos! O ônibus está pegando fogo!

— Calma! — diz o tenente. — Saiam um a um.

Não há pânico. Saímos para o forno da manhã, procurando a sombra da primeira árvore. O tenente nos explica, pachorrento, que o fogo começou perto duma das rodas dianteiras. Lá estão agora o chofer e o cobrador tentando apagá-lo. Os passageiros acham-se espalhados pelos arredores, alguns deles já meio dissolvidos na paisagem. No chão coberto de arbustos estorricados, lagartixas passam ariscas. A luz é tão intensa que chega a descolorir o céu. Tento confortar minha mulher murmurando o clássico "Não há de ser nada". Ela encolhe os ombros e diz, filosoficamente: "Afinal de contas, se não acontecem coisas como estas, sobre que vais escrever?".

Sob uma árvore de sombra rala, a freira, o padre e o tenente conversam. O jovem sacerdote está com a palavra:

— Em cada um de nós mora um anjo e um demônio. O importante é ajudar o anjo na sua luta contra o demônio.

Fala sem ar profético, antes com uma jovialidade de quem no fundo não se leva muito a sério — coisa que me parece muito simpática. O tenente, com largas manchas de suor na camisa cáqui, sob as axilas, solta a sua lenta risada:

— Pois eu, padre, só ajudo o demônio.

— Está errado, tenente.

— Estou certo, padre. Se o anjo vence, corro o perigo de ir pro Céu.

— E que mal há nisso?

— Céu é para esses ricaços papa-missas de Puebla. Eu quero ir para onde foram *hombres* como Juárez e Zapata.

— *Bueno...*

— E para onde foi essa gente, me diga, padre, para onde foram Juárez, Zapata, Pancho Villa?

O padre continua sorrindo. Põe a mão no ombro do oficial e diz, afetuoso:

— *Pues quién sabe, amigo!*

Fotografo o grupo. O padre com a mão no ombro do tenente. Sentadinha ao pé do tronco, a freira de ar tristonho e apagado. No segundo plano o ônibus prateado, sobre a estrada de asfalto. No fundo, um cerro pardo com manchas dum verde opaco.

O chofer anuncia que o fogo foi dominado e que a viagem vai continuar, graças a Nossa Senhora de Guadalupe. *Viva México!*

MATAMOROS

Viajamos agora por entre verdes e alegres canaviais, imóveis sob a calma do meio-dia. Paramos para almoçar em Izucar de Matamoros, cujo calor maciço e implacável me lembra o de Washington em agosto. As instalações sanitárias do hotel que nos recomendam são de tal maneira sujas e fétidas, que perdemos por completo o apetite — não! —, apesar do apetite não podemos vencer a repugnância que nos provoca o aspecto dos alimentos, servidos numa mesa guenza, de toalha com nódoas de sebo, sob nuvens de moscas. A sopa é demasiado alusiva a coisas imencionáveis para que nos atrevamos a prová-la. O arroz, duro e sem gosto. O pão, velho. Não podemos esquecer o que vimos de passagem, num fatal relance, na cozinha do hotel. Penso em todas as cozinheiras pretas da minha vida e honestamente não me lembro de jamais ter tido qualquer repugnância pelas coisas que elas preparavam. Mas com estes índios a coisa muda de figura. É que suas comidas lembram com demasiado realismo a cor de suas peles encardidas e de seus molambos. Ficamos ao canto duma área, comendo melancolicamente uns biscoitos que compramos em Puebla.

A jornada prossegue. O tenente, a freira e o padre ficam em Matamoros. Esta é a zona do açúcar, do café e do cacau. Mas em breve deixamos para trás o platô tropical para começar uma verdadeira corrida em tobogã, subindo e descendo montanhas, vertiginosamente.

A paisagem está cheia de cactos, alguns altos e esguios, na forma de torpedos. Outros, os *organos*, semelhando enormes candelabros de muitas velas. A terra passa do ocre para o vermelho e as montanhas começam a ganhar inesperadas cores, que vão do encarnado escuro ao purpúreo, do verde-jade ao amarelo-cromo, ao azul arroxeado e ao pardo de café.

E outra vez estamos numa planície. O cobrador informa: é o vale de Nochixtlán. O tempo passa. Tornamos a subir e descer, e é um passatempo divertido ver o que o velho sol, na sua descida para o poente, pode fazer com a forma e a cor destas colinas, cerros e montanhas.

Finalmente, ao cair da noite, avistamos Oaxaca que, como toda a cidade mexicana que se preza, está situada num platô, flanqueada por montanhas.

AVENTURA

Pedimos quarto num hotel cujo nome me excita a fantasia: Posada Marqués del Valle. Soa a romance de capa e espada. Faz de conta que chegamos numa diligência e eu, mosqueteiro, aqui estou escoltando uma nobre dama poblana disfarçada de camponesa, que vem reaver um colar roubado. É assunto de vida e morte. Amanhã tenho de procurar o bispo de Oaxaca, que me revelará o esconderijo da joia. Para isso terei de me identificar, mostrando a flor-de-lis que tenho tatuada sobre o coração. Está claro que os beleguins do vice-rei estão alerta e é possível que antes da madrugada eu tenha de cruzar ferros com eles. *¡Que vengan de a uno!*

Minha mulher me faz um sinal. O gerente do hotel espera minha palavra. Peço um quarto. Dão-mo. O homem honradamente previne:

— Há dois dias que estamos sem água. — Triste notícia para quem chega de viagem! Subimos. O hotel não tem elevador. Mas quem espera elevadores no século XVII? O ambiente é agradável e limpo. A janela de nosso quarto abre diretamente sobre as cúpulas da velha catedral. Estará tudo bem se o estalajadeiro não estiver mancomunado com os *compinches* do vice-rei. Uma terrível suspeita me assalta. E se ele envenenar nossa comida? Comunico meus receios à companheira.

— Para com o teu romance e trata de arranjar um pouco d'água.

Carrego as pistolas, afivelo a espada à cinta, enfio o *sombrero* de plumas e precipito-me escada abaixo, em busca de meus companheiros. Athos! Porthos! Aramis! Bofé! Vosso D'Artagnan chegou! Pelas barbas do Profeta, onde estais?

A CIDADE VERDE

Puebla é um burgo avermelhado: Oaxaca é verde. E se tomou esse tom não foi para agradar o escriba fascinado pelas cores que agora a visita. É que suas igrejas, conventos e mansões foram construídos com essa espécie de ônix verde tão abundante na cidade e arredores.

Oaxaca de Juárez, capital do estado do mesmo nome, foi fundada pelos astecas em 1486, como um posto militar. Carlos v elevou-a a cidade em 1533 e mandou de presente à população um grande relógio, com mecanismo de madeira, como se quisesse que a vida na nova comunidade mexicana se processasse ao ritmo do tempo de "Madre España".

Repetem-me aqui o que já ouvi em Puebla.

— Esta, cavalheiro, é a cidade mais tipicamente colonial do México. — Sacudo a cabeça em silêncio. — E aqui o senhor encontrará os mais belos espécimes da arquitetura do século XVII e XVIII. — Repito o sinal de assentimento.

Oaxaca é muito menor que Puebla. Não terá mais de 60 mil habitantes e se parece um pouco com uma cidade do mesmo tamanho do interior do Brasil. O centro da vida urbana é a praça principal, cercada de *portales*, com o seu quiosque, os seus bancos, seus canteiros de flores e seus altos loureiros. Vejo aqui pouquíssimos edifícios modernos, creio que nenhum de mais de três andares. Outrora foi Oaxaca o centro da civilização sapoteca e misteca. Ainda hoje existem mais de quinze diferentes grupos indígenas no estado, que se gaba de ter sido o berço de Benito Juárez. Porfirio Díaz era também natural desta província, coisa de que até agora não ouvi ninguém gabar-se.

Encontramos as índias mais tristes do México a rezar no Santuário de Nuestra Señora de La Soledad, dramático templo do século XVI, todo de pedra negra. A imagem da virgem padroeira da cidade aqui está esculpida em madeira, com seu vestido de veludo bordado a ouro e suas joias com pérolas verdadeiras. Na igreja fronteira, do outro lado duma pequena praça onde três vagabundos tocam guitarra e cantam, mulheres limpam azafamadas os metais dos altares, e um cheiro ativo e anacrônico de gasolina anda no ar. Um Cristo Morto, envolto num sudário manchado de sangue, repousa no seu esquife de vidro, tendo sobre o peito e as mãos as cédulas de um peso e as moedas de cobre que os fiéis ali deixaram com suas promessas e orações. Saímos de novo para a pracinha. Um dos cantores proclama desesperado seu amor *"a los cuatro vientos"*. Dentro duma árvore copada, passarinhos trinam furiosamente, sabotando o cantor.

Tomamos um táxi que nos leva à igreja de Santo Domingo, cuja suntuosidade pareceu extravagante a Aldous Huxley, que há uns vinte anos por aqui andou com suas passadas de pernilongo. Foi esse velho templo muitas vezes saqueado. Depois de entrarem em vigor as leis da Reforma que obrigaram a Igreja a vender suas propriedades, o convento de Santo Domingo, que fica ao lado da igreja, serviu de quartel para um regimento de cavalaria. O antigo refeitório dos frades dominicanos transformou-se em sala de aulas para os soldados. Parecem andar ainda neste recinto ecos de orações e blasfêmias. Vejo numa das paredes o desenho dum cavalo em tamanho natural, o corpo dividido em seções, cada qual com o seu nome científico. Era aqui que os cavalarianos aprendiam a anatomia equina. Mas, como os frades, foram-se também os soldados e o mosteiro é hoje apenas uma ruína que atrai turistas. Assim como certas pessoas ganham com a idade uma beleza serena e digna, a intempérie e os séculos deram a estas pedras, tanto às da igreja como às do mosteiro, uma pátina dourada com respingos pardos e esverdeados que lembram os mosaicos astecas com incrustações de pedras semipreciosas. O pátio interno do convento, com sua fonte, suas colunas derrocadas e seu relógio de sol, que data de 1639, está coberto de ervas daninhas.

A zeladora é uma velha octogenária com ar de feiticeira, a pele pergaminhada distendida sobre a ossatura de índia. Caminha amparada num cajado, mas seus olhos são vivos como os gestos e as palavras.

— Aqui vivo com meus fantasmas — cicia ela. — São frades, soldados, bandidos e santos. Todos me conhecem. Os passarinhos também.

Aponta para a fonte.

— Vêm todos os dias beber ali. As pessoas pensam que estou caduca ou louca. Mas a índia velha sabe. E não conta tudo que sabe. Os santos na igreja são testemunhas. Eles também são antigos e sabem. Mas não falam.

Na manhã seguinte assistimos a uma missa na velha catedral de Oaxaca, começada em 1563 e só terminada dois séculos mais tarde. Sua estrutura de pedra verde, com uma fachada caprichosamente esculpida em baixo-relevo, foi muitas vezes danificada por terremotos. Suas cúpulas mouriscas ostentam belos azulejos em xadrez amarelo, negro e branco.

O sacristão, baixote, manco e vesgo, lembra o Quasímodo de Victor Hugo. Mas o vigário que reza a missa, com sua voz nasalada de tenorino, destoa do severo ambiente. É claro, louro, magro e de ar um pouco serelepe, quando a catedral está a pedir um bom padre espanhol trigueiro, de voz grave, olhos de carvão e gestos apocalípticos.

PUNHAIS, *REBOZOS* E *ZARAPES*

Oaxaca é famosa pelo seu mercado, talvez o melhor de todo o país. E pelos seus tecidos, sua cerâmica, seus artefatos de laca e couro, suas joias, seus facões e punhais. Numa lojinha examino facas com inscrições na lâmina. Uma delas diz: "*En el hilo de mi dueño, solo a mi Diós le temo*". Em outra leio: "*Soy de las tierras altas donde habitan los venados. Soy amigo de los hombres y acicate de los malvados*".

O *rebozo* é uma espécie de mantilha ou xale de lã ou seda, em cores e tamanhos variados. A cor mais apreciada parece ser o solferino vivo, mas encontramos *rebozos* verdes, azuis, cinzentos, amarelos e brancos. Oaxaca especializa-se também em *zarapes*, grandes panos em mais de uma cor, que podem ser usados como cobertores ou tapetes. Os índios costumavam tecer em pequenos teares horizontais. Depois que os espanhóis introduziram no país o uso de teares verticais é que esta gente pôde fazer *zarapes* maiores. Nos tempos pré-cortesianos os indígenas teciam só com fibras de algodão, de *maguey* e de uma que outra planta. Só depois da Conquista é que começaram a trabalhar com lã.

Sempre houve entre os tecelões índios uma tradição no que diz respeito ao desenho e às cores desses *zarapes*. Um entendido no assunto pode, a uma simples vista d'olhos, dizer a origem dum pano. A lã usada em Oaxaca é particularmente macia, o que torna possível o uso de seus *zarapes* mais como cobertores que como tapetes. Os padrões tradicionais aqui representavam um campo cinzento claro tendo no centro um pássaro, um animal ou uma flor estilizada em azul e branco ou em negro e branco. Conta-se (exultai, marxistas, exultai!) que, devido à insistência dos turistas americanos, que amam as cores berrantes, os índios começaram não só a alterar seus padrões tradicionais como também a aceitar encomendas, usando mais o vermelho e o azul, e certos desenhos como a águia mexicana ou a pedra do Calendário asteca, de acordo com a fantasia do comprador. Seja como for, os *zarapes* de Oaxaca me encantam. É comum ver-se um índio usar seu *zarape* à maneira de poncho, ou então enrolar-se nele. Mas para seu uso pessoal continuam a preferir os tons e padrões que seguem uma tradição de mais de quatrocentos anos.

JUANITO

Hoje é sábado, dia de feira. Desde ontem ao anoitecer começaram a chegar os índios, sozinhos ou em grupos, vindos dos arredores. Alguns desceram dos cerros. Outros vieram de vários pontos do vale, conduzindo suas mercancias no lombo de burros ou em carros.

Nove da manhã. Numa das calçadas do hotel, sob as arcadas que dão para o *zócalo*, tomamos nosso café. Tenho agora um conselheiro em assuntos oaxaquenhos. É Juanito. Profissão: engraxate. Idade: nove anos. Chego a mandar lustrar os sapatos duas vezes por dia só para poder gozar da companhia e da prosa deste piá vivíssimo, duma alegria de ave canora. Na cara risonha, duma simpatia aliciante, os olhos parecem duas bolas de obsidiana. A voz, flauta de junco, é rica de melodias. Vejo que Juanito é popular com os hóspedes do hotel, entre os quais circula a manhã inteira (frequenta a escola no turno da tarde), levando às costas sua caixa de madeira rústica com os petrechos de trabalho. Enquanto tomamos café, ele me passa a escova nos sapatos.

— Vai ao mercado, senhor?

— Claro. Vim para isso.

— Mui lindo. E a senhora?

— Também vai.

— Não é gringa, não?

Pela terceira vez explico que minha mulher, apesar da pele clara e dos olhos azuis, não é americana. Juanito a contempla por um instante, sorri e sacode a cabeça com ar incrédulo.

— Qual é a melhor hora pra ir ao mercado? — indago.

— Às dez. É quando a coisa começa a esquentar.

— Esquentar?

— O movimento.

— E que é que esse mercado tem de tão interessante?

Juanito franze a testa lambuzada de pomada negra.

— *Zarapes*, cestos, frutas, ervas, *rebozos*... — enumera ele como um aluno que tem a lição na ponta da língua. — *Machetes*.

— *Machetes?* Que é isso?

— Não sabe?

— Não.

— Palavra de honra?

Perplexidade no rosto do menino. Quem não conhece palavra tão comum?

— *Machete*... Isso que os bandidos usam.

— Pistolas?

Juanito solta uma risada.

— Não! *Machete* é um *cuchillo* grande.

Passa o indicador pelo próprio pescoço num simulacro de degolamento.

— Ah! Facão.

— *Ay, ay, ay!*

Por alguns instantes fica o menino como que a sovar meus sapatos com um pano. Depois atira novo olhar furtivo para minha mulher, pisca-me um olho e murmura:

— *Pero en realidad es gringa, no?*

Voltamos ao assunto "mercado".

— *Hay que tener cuidado con su dinero* — recomenda o guri. — *Hay muchos ratones en el mercado. Son hombres malos, vienen de otros pueblos, no nacieran en Oaxaca. La gente aquí es mui honrada. Benito Juárez nació en esta provincia.*

Para proteger-nos contra "*los hombres malos*", Juanito decide acompanhar-nos ao mercado. Aqui vamos os três, o menino na frente, misto de guia e capanga. Nossas sombras se confundem nas pedras do calçamento. É bem possível que daqui a trinta anos Juanito tenha, como Juárez, seu nome na História. É desse barro que se moldam os heróis no México. E por serem de barro, nascem com a sabedoria da terra. "Raça cósmica", chamou-lhes José Vasconcelos, que também nasceu em Oaxaca.

O mercado fica a poucas quadras do *zócalo*. De quando em quando Juanito volta a cabeça para ver se o estamos seguindo. Se não tivéssemos já visto tantas belas coisas nesta viagem, valeria a pena ter vindo ao México só para conhecer Juanito.

A GRANDE ÁRIA

O coração do mercado pulsa sob vasto barracão com coberta de zinco; mas as tendas como que transbordam e se espalham pelas calçadas e sarjetas das ruas adjacentes, em muitas quadras. A aglomeração de povo já é considerável a esta hora. Não creio que seja possível dar com palavras uma ideia do que é a grande feira de Oaxaca. Quando comecei este livro, pensei muitas vezes neste momento, assim como um tenor que espera, aflito e apreensivo, sua grande ária que termina num dó de peito. A imagem é horrenda. Detesto ópera. Não tolero os tenores heroicos. E o dó de peito sempre me pareceu um pecado contra a natureza. Nunca fui amigo dos *morceaux de bravoure*, toda a vida tenho evitado as páginas de antologia. Agora aqui me encontro neste tumultuoso palco, em meio de numerosa e heterogênea comparsaria, e já ouço os acordes da orquestra anunciando a grande ária intitulada "Il mercato di Oaxaca", da ópera *Messico*. Pode continuar tocando, maestro. Recuso-me a cantar a ária. Escândalo? Diga ao empresário que devolva ao público o dinheiro das entradas. Pouco me importa que saiam a espalhar por aí que sou um cantor decadente. Quero andar devagarinho por entre estas tendas, ouvir as conversas dos mercadores com seus fregueses e aos poucos, sem açodamento, ir dando honestamente a quem me lê uma ideia do que é esta feira. Para tanto é preciso esquecer que estou escrevendo. Não consulte o relógio. Temos tempo. Vamos primeiro tirar umas fotografias. A luz é mágica. No México ninguém se dá o trabalho de procurar ângulos raros, porque todos os ângulos são raros. Feche os olhos, asseste a câmara ao acaso e aperte o obturador. Isso! Pode estar certo de que tirou uma fotografia artística. Não conheço país mais pictórico que este. Os fotógrafos celebram aqui o grande festim de suas vidas. Os pintores ficam alucinados diante destas pessoas, paisagens e naturezas-mortas. O México poreja drama. Aqui até as frutas se parecem com a gente que as cultiva e consome e com o solo que as produz.

Vianna Moog, amigo
de longa data, que Erico
encontrou no México.

Acima, José Vasconcelos,
ensaísta e historiador
mexicano com
quem Erico debateu
a situação e a formação
do país.

À direita, Samuel Ramos,
filósofo e estudioso
da cultura mexicana.

Na página ao lado, Octavio
Paz, poeta e ensaísta.

À direita, Lázaro Cárdenas,
presidente mexicano
que, como Vargas e Perón,
introduziu reformas
nacionalistas e modernizantes
em seu país.

Abaixo, Diego Rivera, pintor
e muralista mexicano.

Na página ao lado, Rufino
Tamayo, pintor mexicano.

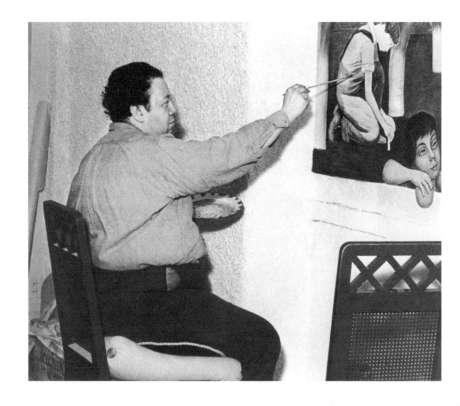

Na página ao lado,
José Clemente Orozco,
um dos muralistas
mexicanos de maior prestígio
no mundo inteiro.

Acima, Porfirio Díaz,
o presidente mexicano
derrubado em 1911,
em consequência
da Revolução de 1910.

Ao lado, Benito Juárez,
líder da Revolução
que derrubou o imperador
Maximiliano, e presidente
do México.

Capa da primeira
edição de *México* (1957).

Erico autografando livros.

933.
CASA DEL BARON DE HUMBOLT. TAXCO GRO.

Ao lado, vista externa da casa
do Barão von Humboldt.

Acima, interior da casa do Barão
von Humboldt no México.

Acima, Erico e Mafalda
confraternizando,
no México, com Aurélio
Buarque de Hollanda,
Luiz Piazza e esposas.

Ao lado, fotos de Erico:
festa popular
em frente à igreja.

Acima, autorretrato do pintor
David Alfaro Siqueiro.

Ao lado, José Guadelupe Posada,
gravurista e cartunista mexicano.

GENERAL D. ANTONIO LOPEZ DE SANTA-ANNA.
PRESIDENT OF THE REPUBLIC OF MEXICO.
By A. Hoffy, from an original likeness taken from life at Vera-Cruz.

À esquerda, o trágico imperador
Maximiliano, irmão do imperador
Franz Joseph I, da Áustria.
Foi fuzilado em Querétaro depois
da derrota perante as tropas
de Benito Juárez.

À direita, o controvertido general
Antonio Lopez de Santa Anna.
A derrota de suas tropas perante
os norte-americanos custou
a perda do território do Texas
ao México.

Haverá fruta mais parecida com a terra do que o *mamey*? É dum oval alongado, como uma manga das menores. A casca, cor de barro seco, lembra as savanas do Norte, as casas de adobe, as mãos do próprio índio velho que o vende neste mercado. Parto a fruta em duas metades e o contraste grita: seu interior é desse vermelho queimado e rico da terra de Taiti que vemos em certos quadros de Gauguin. Nenhum sumo me escorre pelos dedos. A polpa do *mamey* é compacta, um pouco como a do nosso caqui, e deve ser comida com colher.

Moscas esvoaçam ao redor de grossas e suculentas fatias de ananás, que se empilham sobre um tabuleiro, a que monta guarda uma índia séria vestida de negro. Passamos de largo, pois o ananás, velho conhecido, não nos oferece nenhuma novidade. Sua fragrância adocicada, porém, nos persegue como uma voz a chamar-nos.

Estacamos para olhar umas frutas verdes, do tamanho de pêssegos.

— Que é isto? — pergunto.

— *Zapotes* negros — informa Juanito, e as palavras saltam-lhe da boca como os outros tantos frutos rútilos e redondos.

— Por que *negro*, se é verde?

— A carne é negra.

A polpa da sapota preta é tão dura que tem de ser primeiro batida para se tornar comestível. Li no livro *História antigua de Mexico*, de Francisco J. Clavijero, S. J., que a polpa da sapota negra *"cocida en helado con azucar y canela es de un sabor delicadísimo"*. A sapota branca, de carne clara, é igualmente saborosa e tem virtudes soporíferas.

O fantasma de Van Gogh deve ter andado hoje por aqui dando a torto e a direito pinceladas amarelas. Estes montes ou, melhor, estas cordilheiras de mangas devem ter sido pintadas pelo pobre Vincent.

Comemos mangas mornas, "la Gringa", Juanito e eu, e nos lambuzamos com seu caldo. Os *mangos* mexicanos não sabem a terebintina, são dulcíssimos e seus filamentos menos incômodos aos dentes que os das mangas do Pará.

Os *aguacates*, abacates, mostram suas carantonhas negras; sua casca, enrugada e áspera como pele de paquiderme, contrasta com o verde-gaio e fluido da oleosa polpa. E ali estão os *capulines* que, na forma e na cor, se não no sabor, lembram as cerejas europeias.

A índia impassível, de mirada altiva, em meio de seus tabuleiros, com um *rebozo* verde-jade sobre os ombros, bem podia ter o título de "Rainha dos Chiles". Porque chiles de todas as espécies a cercam, uns tão rutilamente verdes e vermelhos que parecem ter sido lustrados; outros amarelos como caju maduro; e há ainda o chile mulato, murcho, meio ressequido, de ar um tanto sombrio, numa vaga ameaça de perturbações gástricas. E aquela frutinha de aspecto inocente no meio destes vistosos pimentões? Cuidado! Não nos iludamos: é a terrível pimenta de Tabasco, a que os índios davam o nome de *xocoxochitl*. Quero fotografar a "Rainha dos Chiles", mas ela faz com a mão um gesto negativo, mandando-nos embora. Aceno-lhe com uma nota de peso, mas a mulher nem sequer me olha.

Caminhamos por entre fileiras de abóboras, que parecem senhoras gordas e tranquilas; de *camotes* que ostentam essas formas retorcidas da escultura moderna e de *huacamotes*, uma raiz doce, espécie de iúca que se come cozida. Ali estão os rábanos, os nabos e as cenouras, que os entendidos dizem terem sido trazidos das ilhas Canárias pelos espanhóis. Cumprimentamos as cebolas — e as há de variados tamanhos e tonalidades — assunto de controvérsia. Uns afirmam que a cebola veio da Europa e outros asseguram que é nativa do México, onde os índios lhe chamavam *xonacatl*. (Lembro-me de que em uma de suas cartas a Carlos v, Cortés disse ter encontrado cebolas à venda no mercado de Tenochtitlán.) Lançamos rápidos olhares para uma quantidade de raízes comestíveis, para mim desconhecidas, e de aspectos um tanto sugestivos de partes da anatomia humana.

As *papayas*, mamões, com seu amarelão salpicado de verde e negro, contrastam com um monte pardo de *nueces encarceladas*, de cascas lisas, e que lembram um pouco a noz-moscada. E agora estamos entre os tomates. Os grandes são aqui chamados *jitomates*. Não me parece que sejam, quer no gosto quer no aspecto, diferentes dos nossos.

Creio que estou dando a impressão de que cada fruta, legume ou verdura tem nesta feira o seu lugar separado, como no antigo mercado de Tenochtitlán. Nada disso. Ordem é o que não há neste mercado de Oaxaca. Se houvesse, não seria México. Está claro que, grosso modo, existem neste casarão várias seções: comidas, roupas, artigos de armarinho, frutas e legumes, flores, pássaros, tapetes, cerâmica... Os limites dessas províncias, entretanto, não estão marcados com nítido rigor. E dentro de cada uma delas reina uma desordem que é talvez um dos maiores encantos deste e de outros mercados.

Na tenda diante da qual estamos agora parados, vendem-se amuletos e ervas medicinais e aromáticas. Entre estas últimas reconheço a arruda, a cidreira, o mastruço, o funcho, o alecrim, o cedrão, a camomila. Juanito nos diz o nome de outras: *azocopaque*, santo-domingo, *rosa de castilla*, explicando-nos suas virtudes mágicas. Recomenda-nos comprar "olhos de veado" que nos protegerão contra mau-olhado. E haverá olhar mais assustador que o da própria índia que vende estas raízes, ervas e talismãs? Parece uma feiticeira. Seus olhos de réptil são frios e viscosos. Chego a admitir a hipótese de que ela está morta e mumificada, pois sua imobilidade é completa. Suas mãos parecem raízes. Deve a bruxa saber segredos tenebrosos, conhecer decoctos e poções de virtudes terríveis. Desgraçadamente é impossível estabelecer diálogos com esses índios. É necessário arrancar-lhes as palavras com torquês e, como resultado disso, elas saem aos pedaços, ininteligível. Os mestiços são mais comunicativos e vivos, mas nem por isso de trato mais fácil.

FLORES

Entremos na seção das flores, onde massas de cores parecem formar vivos mosaicos. Fragrâncias andam no ar, que aqui parece mais fresco pela presença dessas corolas e folhas rorejadas d'água. Encontro velhos conhecidos: rosas de espécie vária, jasmins-do-cabo, cravos encarnados e brancos, gladíolos; mas o que me intriga são as flores que nunca vi e que para mim não têm ainda nome. "Que é que há num nome?", perguntou o bardo. Na verdade o nome pouco ou nada diz da pessoa ou coisa que designa. Consulto meu conselheiro técnico. Aponto para um monte de flores dum amarelo intenso e pergunto:

— Que é isto?

Juanito franze a testa, hesita por um instante e, de repente, de fisionomia iluminada, diz:

— Flores, senhor!

— Ah!

Não bastará aspirar estes perfumes que nos envolvem e que parecem ter todas as cores das flores ou folhas de onde emanam? Uma jovem mestiça de pele tostada amarra um ramilhete de copos-de-leite, cantarolando. É a primeira cara bonita que encontro neste mercado. ("*Mejorando los presentes*", como se diz por aqui.)

Uma turista compra uma braçada de cravos vermelhos, e, enquanto o marido paga, ela aperta as flores contra o peito e sorri, como se a fossem fotografar. Tenho ímpetos de gritar: "Esses cravos, senhora, pedem uma cara morena, uns olhos mexicanos, uns cabelos da cor da castanha assada. Vós sois clara, tendes sardas nas faces, e vossos cabelos parecem de barba de milho. Posso sugerir um ramilhete de rosas-chá? Ou então aquelas recatadas florinhas azuis cujo nome ignoro?".

Vejo um velhinho murcho e quedo, dormitando no meio das flores da sua tenda, que parecem cobri-lo como a um defunto importante.

O incansável padre Clavijero falou com encanto em seu livro das flores do México. Havia o floripôndio, "que merece o primeiro lugar por suas grandes dimensões", uma flor alva, formosa, olorosíssima, produzida por um elegante arbusto cujos ramos formam uma espécie de cúpula. O *yelloxochitl*, ou flor do coração, branca e rosada ou amarela no interior, é também vistosa e graúda, e dotada dum odor tão forte, que basta uma delas para perfumar toda uma casa. E o *coatzontecoxochitl*? É a flor da cabeça de víbora, com cinco pétalas, roxas na parte interna, brancas no meio e cor-de-rosa nas extremidades, salpicada toda ela de pontos brancos e amarelos. A flor-de-tigre, essa tem pétalas pontiagudas, escarlates, com manchas brancas e amarelas que semelham no desenho o pelo dum tigre. O *cacaloxochitl*, flor de corvo, pequena mas perfumada — branca, vermelha e amarela — era usada pelos índios para adornar os altares; os espanhóis descobriram que se podia fazer com elas conservas esquisitas. Onde estarão todas essas flores raras de nomes compridos e difíceis? Terão desaparecido ou mudado de nome? Não creio. Serão de outras regiões? Talvez.

SAPATOS

Aqui vamos agora com a impressão de caminhar dentro duma enorme bota que cheira a couro curtido, pois esta é a zona dos artigos de couro. Em prateleiras ou sobre mesas, enfileiram-se sapatos de vários formatos, tamanhos e cores, desde a alpargata de pano, passando pelo tradicional *guarache* — espécie de sandália de couro, especialidade de Oaxaca — e pelas botinas reiunas de elástico, até os sapatos de tipo moderno, quase todos de formas e feitios um pouco rudes. Invento um jogo interessante: olhar para um sapato desses e imaginar a cara e a indumentária da pessoa que o vai comprar e usar. Aquele *guarache* vai ser adquirido por um moço efeminado de Nova York, pintor de temperamento boêmio. Detesta os Estados Unidos e está vivendo em Oaxaca, onde pinta tipos de rua e igrejas, e nas horas vagas lê Gide e Cocteau em traduções espanholas. Imagino-lhe os *slacks* de belbutina marrom, a camisa de seda estampada, o andar gingado, o passo leve de dançarino. Agora, um *hombre malo* vai comprar aquelas botinas pretas de elástico, que se mancharão do sangue do compadre que ele esfaqueará num domingo, numa briga de galos. As botinas amarelas? Vejo-as já respingadas de pulque. Comprou-as um caixeiro-viajante de Jalisco que tem uma namorada no *zócalo*. As alpargatas...

Juanito nos puxa para fora da bota, interrompendo-me o jogo.

SANGRE*!*

Estamos na província das comidas. Parece uma vasta cozinha: sebo no chão, nas mesas, nas caras, nas mãos e nas roupas dos homens e mulheres que aqui preparam e vendem coisas de comer. Um cheiro ativo de alho, cebola e ervas aromáticas anda no ar, tornando-o como que mais espesso. A tentação é de passar depressa por esta seção, mas algo nos prende, nos seduz e, malgrado nossa sensação de repugnância, nos leva a examinar cuidadosamente estas panelas, boiões, bilhas, gamelas, pratarrões... É o delírio da fritura. Em verdadeiros lagos de graxa quente crepitam torresmos e tripas, coram-se *quesadillas* e *tacos*. Braseiros ardem sob costelas de rês, carneiro ou porco. Em grandes panelas de barro, *ollas*, vejo feijão-branco, moreno, pardo ou avermelhado nadando em banha. Acerco-me duma índia sentada no chão, à maneira oriental, e olho para dentro do panelão que tem a seus pés, atulhado duma massa de milho de aspecto sombrio.

— Por que essa coisa tem uma cor tão escura?

Sem erguer os olhos, ela responde com voz cavernosa:

— *Sangre.*

Cabeças de porco assado (vítimas de que Salomé zapoteca?) repousam sobre pratos grosseiros, e seus olhos parados, que parecem botões de vidro, refletem nossas imagens. Vísceras de animais inidentificáveis a olho nu pendem de ganchos, algumas ainda gotejando sangue. Uma índia gorda e jovial pica tripas com uma *machete*, enquanto a seu lado, no chão churriado de líquidos viscosos, um bebê de dois ou três anos, completamente nu, chupa um picolé rosado. Parados diante das tendas, índios comem. Parecem roedores. São pacas, ratões-do-banhado, esquilos, lebres, no meio desta floresta, indiferentes à passagem ou à vizinhança dos outros bichos. Noto que estes homúnculos e estas mulherinhas caminham sempre em linha reta, de cabeça baixa, nunca se desviam, e vão levando por diante quem quer que encontrem em seu caminho, até mesmo esses turistas enormes e espadaúdos que, soltando grandes risadas, saltam para o lado a fim de não serem atropelados.

Não há aqui dentro tanto ruído como eu imaginava e talvez desejasse. Ouvem-se vozes humanas, sim, mas num vago zum-zum, e também pipilos e guinchos de pássaros, mas dum modo geral a feira não é ruidosa como os famosos bazares orientais. Estes índios não apregoam em voz alta suas mercancias. Fazem seus negócios em surdina: sua economia começa com as palavras. E a verdade é que não parecem muito interessados em vender.

PÁSSAROS

Estamos agora como que dentro dum grande viveiro. É o setor dos pássaros. Em gaiolas dos mais variados tamanhos, passarinhos esvoaçam. São pintassilgos e canários cantadores, tordos que imitam voz de gente e pelos quais Juanito tem uma afeição especial. E há também pardais que, como os nossos irmãos cearenses, parecem andar por todos os climas da terra. E calhandras que cantam como rouxinol, com suas plumas com manchas amarelas, brancas, cinzentas. Vejo um belo pássaro de bico amarelo, cabeça negra com reflexos verdes, peito e ventre vermelhos, rabo branco e azul. Juanito reconhece nele o *tzinizcan*. Depois, vendo dois *gorriones*, que têm a parte superior do corpo branca e a inferior cinzenta, me informa que, quando envelhecem, estes passarinhos mudam de cor: os homens ficam com a cabeça vermelha e as mulheres com a cabeça amarela.

Papagaios e araras mancham estas gaiolas de cores alegres. E agora somos nós que temos de arrastar daqui nosso pequeno guia, que estabeleceu interminável diálogo com uns periquitos cor de turquesa.

SEREIAS

Passamos para a seção dos *zarapes*, que pendem de cordas, solenes como bandeiras. São tentadores. Compramos um tapete branco com listas vermelhas e um losango em azul e negro no centro. Juanito intervém na transação para barganhar com o vendedor, que lhe lança um olhar de má vontade, mas acaba fazendo o desconto que o piá sugere.

Assim como há uma canseira de museu, há uma canseira, talvez pior, de mercado mexicano. Digo pior porque agravada pelos maus cheiros e pela confusão. Pois é dessa canseira que estamos tomados agora. E as cores e desenhos dos *zarapes* que nos cercam contribuem para nosso maior estonteamento. Saímos do grande edifício do mercado para o sol das ruas, onde continuam as tendas e o movimento da freguesia. Um *jazz band* ambulante de índios toca rancheiras e huapangos a uma esquina. Uma indiazinha de seus sete anos passa carregando às costas, à guisa de mochila, o irmão de poucos meses.

Cruzamos um terreno baldio onde um verdadeiro batalhão de burros se alinha, imóvel. Juanito explica que aqui os índios estacionam "*sus burritos*" enquanto trabalham na feira. Um *parking lot* de burros!

É uma pena que tenhamos deixado para o fim a parte talvez mais importante deste mercado: a da cerâmica. Caminhamos ao longo das tendas, cujos artigos de barro e louça vidrada são duma riqueza extraordinária. Vemos aparelhos de chá e café, cobertas de mesa, pratos decorativos, travessas, compoteiras, jarros, vasos, garrafas, cinzeiros, bonecos — nas mais belas cores e formatos. Interessa-nos especialmente a famosa cerâmica negra de Oaxaca, feita na cidade de Coyotepec, que tem em seu solo um barro preto muito plástico, rico em óxido de chumbo. Depois de cozidas, as peças feitas desse barro ganham uma cor negra metálica. O mescal, forte bebida de sumo de *maguey* destilado, é geralmente vendido em garrafas desse material, de gargalo fino e bojo tão redondo, que é difícil fazê-las ficar de pé. E agora aqui estamos finalmente na frente das celebradas sereias de barro negro, que tanto desejávamos ver e comprar. São gordas e têm corpos que mais parecem de galinha que de peixe. Suas caras, de cômico desenho, parecem sorrir de nossa canseira, de nosso desânimo. Nas suas rústicas prateleiras, as sereias negras de Oaxaca tocam lira.

DOMINGO

Estou convencido de que o domingo não é um dia da semana, mas um estado de espírito. É preciso encontrar urgentemente uma palavra para descrever essa "apagada e vil tristeza" que geralmente se apodera de nós aos domingos. *Chateação* é termo chulo. *Aborrecimento* é fraco. *Ennui*, além de galicismo, é um aborrecimento fininho. *Tédio*, demasiado literário. Se existe em inglês a expressão *boredom*, por que não dar-lhe uma forma portuguesa, transformando-a em *boredão*? Pesem bem esta palavra: *boredão*. Vejam se não semelha um enorme, sonoro bocejo. Boredão. Tem a cor e o peso do chumbo.

Neste nosso primeiro e último domingo em Oaxaca não sentimos o menor boredão. Pela manhã minha mulher vai à missa na velha catedral, e eu fico sentado num banco da praça lendo o ensaio de Ramón Xirau: *Tres poetas de la soledad*.

Trata, casualmente dos meus três poetas mexicanos prediletos: Octavio Paz, Xavier Villaurrutia e José Gorostiza.

Olhando para a face do velho relógio da catedral, compreendo melhor este verso de Paz:

> *Rói o relógio*
> *meu coração*
> *abutre*
> *com paciência de ratão.*

O relógio, peão do tempo, é mesmo um abutre que trabalha para a Morte. Mas há tanto sol, tanto ouro na manhã, que estes pensamentos negros perdem um pouco a força. Curioso: li, não faz muito, uma antologia de poetas contemporâneos do México. Encontrei-a singularmente vazia de assuntos e paisagens nativos. Havia nela, isso sim, uma quantidade notável de noturnos. Será que o sol mexicano cansa tanto esses poetas que eles vivem buscando o refúgio da noite? Ou será que preferem a noite por ser ela irmã da Morte, tema que em muitos deles chega a ser uma obsessão? Destes três admiráveis poetas, diz o ensaísta que "se internam pelos caminhos da consciência própria e paradoxalmente renunciam à comunicação". Vivem numa torre de marfim, num mundo poético formalista.

Sentados num banco, a poucos passos de onde estou, quatro índios, todos de branco, os quatro de pernas cruzadas, imóveis e silenciosos, parecem figuras gêmeas dum quadro, dum friso. Tenho a impressão de que estão posando para um muralista invisível. (Ou serão já as próprias pinturas?)

A poética de Gorostiza parece negar-se a si mesma, e o seu poema "Morte sem fim" é em última análise um retorno ao silêncio, ao nada essencial. Para ele o homem vive em solidão, "este vazio que nos estreita em ilhas de monólogos sem eco". Daí a sua desconfiança da palavra:

> *Essa palavra, sim, essa palavra*
> *que se coagula na garganta*
> *como um grito de âmbar.*

Olho para o friso branco de índios e sinto nele uma misteriosa, invisível cor: âmbar. Será que descobriram, como o poeta, a inutilidade da tentativa de comunicar-se?

E quando Gorostiza encontra a palavra e quer dar-lhe forma, conservá-la viva, sente-a no fim apenas *exata*:

> *mirai-a, ai, tocai-a!*
> *mirai-a agora!*
> *mirai-a ausente toda de palavras*
> *sem voz, sem eco, sem idioma, exata.*

Mísero prosador que tantas vezes tentou inutilmente descrever sonhos, encontro em Villaurrutia esta joia:

> *Sonhar, sonhar a noite, a rua, a escada*
> *e o grito da estátua dobrando a esquina.*
> *Correr para a estátua e só encontrar o grito*
> *querer tocar o grito e só achar o eco*
> *querer prender o eco e só encontrar o muro*
> *e correr para o muro e tocar num espelho.*

Juanito me avista, me acena, atravessa a rua, e não tenho outro remédio senão entregar-lhe os sapatos e os pés...

Quantas vezes, despertando em meio da noite, nos sentimos assaltados por uma angústia sem nome, tão difícil de descrever em palavras? O diabo do poeta resolve o problema em quatro versos:

> *Porque a noite arrasta em sua maré baixa*
> *memórias angustiosas, temores congelados,*
> *a sede de algo que, trêmulos, apuramos um dia,*
> *e a amargura do que já não recordamos.*

O segredo está na última linha: "a amargura do que já não recordamos". Mas na cara do pequeno engraxate vejo a maré alta, o sol do dia. Que seria do mundo nesta hora se Juanito não existisse?

Octavio Paz me gela o sangue com este poema:

> *Tentei sair à noite*
> *e ao alvorecer comungar com os que sofrem*
> *mas como o raio ao caminhante solitário*
> *surpreendeu-me o espírito uma lívida certeza:*
> *tinha morrido o sol e uma eterna noite amanhecia.*

Pergunto a Juanito:

— É verdade que o sol morreu?

O menino me olha espantado. Repito a pergunta. Ele sorri e por fim responde:

— *Pero, señor, está ciego?* — E com o dedo sujo aponta para o céu. Reconfortado, volto ao livro. Mas o poeta não me dá trégua:

> *Rodeiam-me silêncio e solidão.*
> *Fora a noite cresce, indiferente*
> *à vã querela dos homens.*

Confesso que me encanta essa indiferença da natureza e de todos os seus elementos diante de nossas querelas e paixões.

> *Depois do tempo, penso, está a morte,*
> *e ali serei por fim, quando não seja.*
> *Mas não há depois nem há antes e a morte*
> *não nos espera no fim: está em nós mesmos*
> *e conosco vai morrendo aos sorvos.*

Fecho o livro. Soa o velho sino da catedral e os fiéis começam a sair da missa: damas com as cabeças cobertas de negras mantilhas, moças com blusas de cores vivas, burgueses endomingados, índios com seu eterno e melancólico uniforme. Avisto minha companheira no meio da multidão. E Juanito, que também a viu, sorri e murmura com afeto:

— *La gringa.*

RETRETA

Às cinco da tarde a banda de música municipal dá retreta no coreto da praça, cujas calçadas se enchem de raparigas e rapazes. Às oito da noite a mesma banda volta para um concerto especial, desta vez debaixo dum toldo (gentileza da Pepsi Cola) e dentro dum quadrado ao qual só parecem ter acesso as "pessoas gradas" do lugar. À tarde os músicos envergavam um fardamento leve de brim cáqui. À noite apresentam-se enfarpelados no uniforme de gala, de fazenda grossa, dum azul-escuro, com botões dourados e gola carmesim como a fita do quepe.

Sentados a uma mesa, sob os *portales* do nosso hotel, olhamos encantados o espetáculo, que nos desperta recordações de nossas cidades do interior do Brasil. Os outros *portales* estão iluminados pela luz de muitos cafés e *pulquerías*. Sob nossas arcadas, a fauna é rica. Um americano grandalhão, de barba crescida, sósia de Ernest Hemingway, toma seu uísque sentado a uma mesa na companhia duma senhora idosa, de cabelos completamente brancos, os ombros cobertos por um *rebozo* escarlate. Conversam animadamente em inglês. Um sujeito com o aspecto de *outcast* de Joseph Conrad beberica, solitário, sua tequila. Um homem magro, de bigodes caídos e olhos ternos, toma metodicamente uma cerveja. Uma morena jovem e carnuda, que recende a jasmim, cantarola não ouço bem quê, enquanto o companheiro, senhor de meia-idade, a contempla com olhos a um tempo gulosos e tristes.

A banda de música rompe num *pot-pourri* da ópera *La Bohème* e os sons da charanga se espraiam no *zócalo*, sobem pelos ramos dos loureiros, rumo das estrelas. Nas calçadas da praça as mocinhas caminham num sentido e os rapazes noutro. Aí está uma coisa que os anglo-saxões não compreendem: o namoro latino, as longas miradas que esses jovens se trocam ao passarem uns pelos outros. *Namorar* é verbo que não se encontra em dicionário inglês. Se nos Estados Unidos um rapaz se interessa por uma rapariga, propõe-lhe logo um *date*, um encontro; saem, vão ao cinema, a um restaurante, patinam, passeiam de automóvel, e bem pode ser que desse encontro não resulte nada em matéria de amor, permanecendo a coisa toda num tom de companheirismo esportivo. Mas ficar de longe, na rua, num baile ou num cinema, a lançar olhares compridos para a bem-amada, é coisa que o americano não concebe. Mas em Oaxaca — verifico com nostálgica alegria — sobrevive ainda o namoro. Viva Oaxaca! Quando andou por aqui, Aldous Huxley escreveu:

> Sim, Oaxaca é um bonito lugar. Bonito e, segundo o conceito de alegria das províncias do México, positivamente alegre. Há dois ou três cafés na praça; e à noite uma banda de música toca no quiosque, no centro. Os índios acocoram-se nas calçadas para escutar, e suas faces escuras dissolvem-se na noite — invisíveis. De saltos altos, em todos os suaves matizes de seda, as mocinhas caminham soltando risadinhas sob as lâmpadas elétricas. Há um rolar de olhos, um rolar de traseiros. Os rapazes caminham na direção oposta.

Acostumado decerto com inglesas louras, neutras em matéria de traseiros, e de olhos vagos incapazes de *rolar*, Huxley deve ter-se escandalizado um pouco com o que viu nesta praça. A cena não mudou muito. Lá estão os índios sentados no chão, nos bancos, ou então de pé de braços cruzados, fora do quadrado onde as pessoas importantes, evidentemente membros da burguesia local, sentam-se em cadeiras de armar (também gentileza da Pepsi Cola). E nessas posturas de estátua, escutam o concerto. Autos rodam pela rua, lentamente, em ritmo de passeio.

Um velhote alto e esguio, com um agudíssimo pomo de adão, atravessa a rua completamente embriagado e vem sentar-se a uma mesa, perto de nós. A dois passos dele, a outra mesa, dois homens jogam gamão em silêncio. Um sujeito moreno e retaco, vestido com muito apuro mas um pouco à maneira de vilão de filme mexicano, vem instalar-se a poucos metros de onde estamos e, depois de pedir uma *cerveza*, lança para todos os lados olhares de conquistador. Está todo de cinza, com gravata vermelha, a aba do chapéu de feltro puxada sobre os olhos noturnos. De vez em quando acaricia o bigode lustroso. Outro tipo, igualmente pelintra, dentro em breve senta-se à mesma mesa. Ouço o primeiro dizer, em voz suficientemente alta para ser ouvida ao redor:

— *No. Yo soy soltero. La casada es mi mujer...* — Ambos rompem a rir.

Passa por entre as mesas um índio velho, vestido de branco, com uma bandeja cheia de flores, dizendo timidamente:

— *Rosas! Rosas blancas! Rosas!*

No meio da rua outros índios oferecem *zarapes* aos turistas. A polícia proíbe-os de subir aos *portales*. Índias mostram blusas de fibra de *maguey* com caprichosos bordados. E um rapaz sem uma perna, amparado em muletas, nos acena com bilhetes de loteria.

Num delírio de pratos, rufar de tambores e estrondos de bombo, a banda termina o *pot-pourri*. Grandes aplausos das classes conservadoras. Os índios permanecem impassíveis. O maestro inclina-se, agradecendo. A banda se dispersa para descansar.

Anda na noite um cheiro morno de ramos secos queimados. Longe espoucam foguetes. Onde estamos? Em que ano? Em que parte do tempo e do espaço? Uma saudade ridícula mas gostosa toma conta de mim, me leva de volta à cidade onde nasci, onde tive namoradas, onde passeei na praça ouvindo a retreta da banda do Oitavo Regimento de Infantaria, sob a batuta do sargento Aparício. Esperem... Lá está ele solando no saxofone um trecho de "La forza del destino". Este é um domingo importante na minha vida porque estou estreando a minha primeira roupa de tussor de seda. Sim, a palheta também é nova. Sapatos brancos de tênis: último grito da moda local. Gravata de tricô. O perfume? Fleur d'Amour. A idade? Dezessete anos.

Os músicos voltaram ao seu posto. O maestro ergue a batuta. Agora é uma valsa de Strauss. Mariposas voejam em torno das lâmpadas elétricas da praça. Continua a ronda dos namorados. No meio da rua um índio abre um tapete: sobre o fundo vermelho, pássaros brancos estilizados. E, como um toureiro a provocar o touro, fica tentando atrair os turistas. Um destes se atira com uma fúria de Miura. O encontro é rápido e de poucas palavras. O turista dá uma cédula ao índio, recebe em troca o tapete e volta glorioso para sua mesa e seu uísque.

Mas lá continua o silencioso, paciente *toureiro* com outro tapete desfraldado, branco, negro, verde e amarelo. Desta vez o touro sou eu. Precipito-me e compro.

PLANOS

Minha mulher e eu fazemos planos. Iremos amanhã visitar as ruínas das pirâmides, templos e sepulturas de Monte Albán, relíquias das civilizações zapoteca e misteca. Muita gente vem a Oaxaca exclusivamente para vê-las. Foi lá que Alfonso Caso, um dos mais ilustres antropólogos da América, descobriu na "Tumba 7" uma maravilhosa coleção de joias de ouro, prata, pérolas, turquesas e coral, que vimos ontem no museu desta cidade. Sim, devemos ir também a Mitla...

Vamos dormir tarde, muito depois de ver a praça esvaziar-se de músicos, índios, burgueses e namorados. Acordamos tão tarde no dia seguinte, que perdemos o ônibus que nos devia levar a Monte Albán. Não importa. Burlequeamos com gosto pela cidade. À noite ficamos nos *portales* onde os velhos jogam gamão sempre em silêncio, o sósia de Hemingway bebe seu uísque e conversa com a velha de *rebozo* escarlate, e o índio velho passa com seu cesto de flores, apregoando com sua doce voz de vovô:

— *Claveles, claveles rojos!*

E entretidos com esses aspectos de Oaxaca, vamos esquecendo as ruínas de Mitla e Monte Albán. Até que chega o dia de voltar.

Entramos no longo ônibus, prata e azul, que doze horas depois nos despeja na Cidade do México.

8

Colóquios com
José Vasconcelos

DOIS NOMES

Creio que Alfonso Reyes e José Vasconcelos são os dois nomes da literatura mexicana mais conhecidos e respeitados no seu país e fora dele. No México talvez seja Reyes uma personalidade menos controvertida e mais universalmente aceita que Vasconcelos.

Não posso afirmar que os conheça a fundo, mas do que deles e sobre eles tenho lido, e do convívio que com ambos tive — mais repetido e prolongado com Vasconcelos — ficou-me a impressão de que, embora homens da mesma geração e companheiros de muitas campanhas no passado, em temperamento são quase antípodas e em ideias hoje raramente se encontram do mesmo lado.

Alfonso Reyes é o tipo clássico do humanista puro. Homem de insaciável curiosidade intelectual, cultivou todos os gêneros literários, acumulou uma cultura respeitável, viajou intensamente pelo exterior, menos como mexicano do que como cidadão do mundo. Onde Reyes tem cautelas e dúvidas de *scholar*, Vasconcelos imediatamente se compromete, salta da biblioteca ou da tribuna para a barricada, da sala de aula para a ação nas ruas. É a um tempo, como muito bem observou Leopoldo Zea, estadista e mestre, pensador e revolucionário.

Se Reyes é poeta, Vasconcelos é profeta.

Homem mais de ternuras que de paixões, o primeiro é como uma flor mediterrânea a vicejar milagrosamente numa agreste paisagem de cactos. Nova encarnação de Próspero, Don Alfonso sobrevive incontaminado numa terra em que — a dar crédito ao próprio Vasconcelos — sempre viveu e vive dominada por Calibãs.

Já mestre José Vasconcelos me parece ter um pouco da natureza do cacto, o que lhe tem permitido sobreviver com vigor físico e intelectual nesta terra violenta, onde *"el hombre malo siempre vence al bueno"*.

Ouvi esta frase da boca de Vasconcelos, por ocasião de nosso primeiro encontro, num almoço diplomático, quando lhe perguntei se na sua opinião o México tem uma boa novelística.

— Como pode ter? — exclamou ele vivamente, segurando o garfo como quem empunha uma espada, pronto para o duelo. — Para que exista boa arte num país, é necessário também que exista bondade. E que se vê no México senão o triunfo do malvado?

A conversa tomou outro rumo. Vasconcelos me contou que estivera, havia pouco, em retiro espiritual num desses velhos conventos mexicanos do século XVIII:

— O orador, um frade dominicano de poderosa eloquência, falou-nos durante três dias dos horrores do inferno, das tentações deste mundo, e nas dificuldades que um pecador encontra para entrar no Céu. Um dia fui procurá-lo em sua cela e lhe disse: "Padre, vou-me embora. O senhor me pintou com tanto realismo os tormentos do inferno e os rigores de Deus, que desde já me considero perdido". O frade sorriu e replicou: "Espere. Amanhã, no meu último sermão, falarei sobre a Misericórdia". Fiquei então, e não me arrependi!

Quando moço, José Vasconcelos leu com paixão Schopenhauer, explosivo adubo para um jovem cacto oaxaquenho. Mais tarde, ao converter-se ao catolicismo, passou a ver Deus de outro ângulo, desenvolvendo uma filosofia segundo a qual a vida humana deve ser ação e o mundo o resultado dum princípio ativo que vai operando mudanças qualitativas, desde a matéria até o espírito.

Na força da mocidade, pertenceu à famosa Geração do Ateneo da Juventude, e combateu o materialismo positivista da era porfiriana, opondo-lhe o intuicionismo espiritualista de Bergson e Boutroux.

Nessa eterna querela entre indianistas e hispanistas, mestre Vasconcelos é por assim dizer o sumo sacerdote do último grupo, o que não significa seja ele um racista, pois seu livro *Raça cósmica* é um elogio da mestiçagem. Na sua opinião, nós os latino-americanos somos o único povo capaz de criar uma autêntica cultura, nova pelo que terá de universal, pois a América ibérica se apresenta ao mundo como um crisol de raças.

Argumenta ele: "Os povos ditos latinos, por haverem sido fiéis à missão divina, são chamados a consumá-la. E essa fidelidade ao desígnio oculto é a garantia de nosso triunfo".

José Vasconcelos, já avançado na casa dos setenta, é um homem baixo, de cabelos brancos cortados à escovinha, rosto redondo, rosado e cheio, olhos escuros e vivos. Veste-se como um burguês, mas um pequeno-burguês descuidado. Com sua bengala de cana, uma medalha a pender-lhe da corrente do relógio, parece um comerciante varejista. Quando, porém, começa a falar, o interlocutor sente logo que *tiene hombre* pela frente, e um homem raro, dum vigor e duma lucidez extraordinários, dum entusiasmo contagiante — alegre, inquieto, franco, o melhor dos companheiros.

Entro propositadamente com o pé esquerdo:

— Lendo as cartas do Conquistador a Carlos v, e as crônicas da Conquista, chego a um diagnóstico de Hernán Cortés. Paranoia.

Mestre Vasconcelos começa a rir um riso lento e paciente, sacudindo o copo de uísque com gelo que acaba de trazer-lhe Vianna Moog, em cujo apartamento nos encontramos nesta tépida noite de junho.

Minha única função nestes colóquios será a de provocar o mestre, fazê-lo falar. Prossigo:

— Cortés ficou tão alucinado quando viu as riquezas do México, que desavorou seus navios para tornar a volta de seus homens a Cuba uma impossibilidade e a Conquista uma necessidade. Passou então a alimentar um grande sonho: ser o capitão-geral das terras que ia conquistar para a Espanha. Quando se encontrou com Montezuma e este lhe deu a entender que via nele uma nova encarnação de Quetzalcóatl, isto é, um ser sobrenatural, Cortés aceitou a situação com toda a naturalidade, como algo a que tinha direito. Veja bem, mestre. Toda a sua conduta denuncia o paranoico. Nada é bom ou grande demais para ele. Todos os meios lhe são lícitos. Conta a seu rei com a maior frieza que mandou cortar as mãos a cinquenta guerreiros índios e mais tarde que seus soldados conseguiram matar com facilidade uns três mil cholultecas em poucas horas. Quando Cuauhtémoc se recusa a revelar o esconderijo do tesouro imperial, Cortés submete-o a torturas...

Deixo para o fim o dardo mais fino:

— Todas essas crueldades lhe pareciam justas ou justificáveis porque ele as perpetrava à sombra de dois tremendos absolutos: a Igreja e o Império. Ele ia aumentar os domínios, a glória, o poder de Espanha, bem como trazer a fé católica aos índios.

Eu tinha dado o *kick off*. Era minha esperança que o mestre pegasse a bola e tomasse conta dela pelo resto da partida.

— Que cronistas você andou lendo? — pergunta ele com seu sorriso de menino. — Prescott? Era um sentimentalista e nunca esteve no México. Foi ele quem inventou o mito de Cuauhtémoc. Ele e os historiadores norte-americanos, agentes indiretos do protestantismo, que querem apagar toda a marca do espanhol na América!

Levanta-se, acerca-se de mim e põe-me a mão no ombro:

— O mais grave prejuízo que nos causaram esses imperialistas foi o de nos haverem habituado a ver em Cortés um estranho. No entanto Cortés é nosso em grau maior do que jamais poderá sê-lo Cuauhtémoc. A figura do Conquistador cobre a pátria do mexicano, desde Sonora até Yucatán, e vai além, aos territórios que ele conquistou e nós mais tarde perdemos. Ao passo que Cuauhtémoc será quando muito o antepassado dos índios da meseta de Anáhuac, sem nenhuma relação com o resto do país.

Quero perguntar-lhe como justifica as crueldades de Cortés, mas mestre Vasconcelos não me dá tempo, pois continua:

— A Espanha não destruiu nada no México porque nada existia aqui digno de conservar-se quando ela chegou a estas regiões, a menos que se considere sagrada toda essa erva daninha da alma que são o canibalismo dos caribes, os sacrifícios humanos dos astecas, o despotismo embrutecedor dos incas. Por fortuna foram os espanhóis os que primeiro aqui chegaram, e graças a isso é rica a história desta região do Novo Mundo, como não é a da zona ocupada pelos puritanos. Desde que aparecemos no panorama da História Universal, nele figuramos como um acréscimo à cultura mais velha, mais sábia, mais ilustre da Europa: a cultura latina.

Vianna Moog sorri para mim e, à melhor maneira brasileira, diz:

— Sai dessa agora!

— Não duvido — digo — que foi melhor para o México ter sido colonizado por espanhóis do que por ingleses, holandeses ou turcos. Mas eu falava nas crueldades desnecessárias de Cortés...

— Cortés foi o mais humano dos conquistadores — replica Vasconcelos, voltando a sentar-se — e o mais abnegado. Liga-se espiritualmente aos conquistadores ao convertê-los à Fé, e sua ação nos deixa o legado duma pátria. Seja qual for a raça a que pertença, todo aquele que se sinta mexicano deve a Cortés o mapa de sua pátria e a primeira ideia de conjunto da nacionalidade. Antes do Conquistador, o México não existia como nação: era uma multidão de tribos separadas por montanhas e rios, e pelo mais profundo abismo de seus trezentos dialetos.

— De acordo — replico — mas a crueldade com que os conquistadores trataram os índios me repugna e revolta.

Vasconcelos ergue os braços num gesto tão brusco, que o líquido do copo transborda e escorre-lhe pelos dedos.

— Os espanhóis oprimiram os índios e nós os mexicanos continuamos a oprimi-los, mas nenhum desses dois tipos de opressão se compara com os padecimentos que os caciques e outros chefes indígenas impunham aos seus súditos. Encontraremos, sem dúvida, iniquidades na história da Conquista. Um traço da hombridade espanhola é o não negar nem sequer dissimular seus erros, mas antes adiantar-se na condenação deles. O hábito da confissão sem dúvida influi nessa franqueza...

Interrompo-o:

— Cortés passou uma noite em oração e na manhã seguinte mandou queimar vivos alguns guerreiros astecas na frente do palácio imperial de Tenochtitlán. É possível que depois disso se tenha confessado ao capelão de seu exército, obtendo absolvição plena...

Como se não me tivesse ouvido, Don José prossegue:

— Quando se compara a história do México com a das nações irmãs do continente, conclui-se que uma maldição particular pesa sobre nosso território. Não é que o povo aqui seja pior que em outros lugares, mas sim porque nossos largos períodos de pretorianismo fizeram da ignomínia a regra. Enquanto continuarmos embriagados de mentiras patrióticas vulgares, não assomará cm nosso céu a esperança. Uma verdade resplandecente é a condição prévia de todo o ressurgimento. Quando escrevi minha *Breve história do México*, tive como intenção principal esclarecer a verdade. Sei que irritei muita gente.

Pelas largas janelas do apartamento vejo o escuro perfil dos arranha-céus e um trecho do Paseo de la Reforma, com seus coloridos anúncios de gás neon.

— Que reparos se fizeram a esse livro? — pergunto.

— Ninguém lhe contestou a veracidade. Mas alguém afirmou que, ao destruir mitos de mais de um século e ao desnudar a imundície em que nos debatemos, eu deixara a juventude sem esperança quanto aos destinos da pátria.

— E qual é a sua resposta a essa crítica?

— A isso respondo que não há também esperança para os que vivem na mentira. Não existe espetáculo mais vil que o de um povo embriagado em sua própria inépcia, como o doente desenganado que se deleita com suas chagas. Por outro lado, a História nos ensina que o esforço da redenção da pátria não se inicia sem uma revisão radical dos valores dúbios. O pior otimismo é o que confia no tempo sem pôr uma semente no sulco, sem contar com o grão capaz de germinação e cultivo.

— Mas qual é sua mensagem aos jovens mexicanos?

— Nada pode derivar-se do nada. A civilização não é fruto de milagre, mas de gênio. Toda a sociedade que esmaga sua classe culta e se deixa guiar pela inconsciência, pela desonestidade, é uma sociedade condenada. Sou dos que acreditam na força avassaladora dos atos do espírito. Na dor do povo mexicano se arraiga nossa esperança. Não há sobre toda a Terra uma raça mais desamparada, mais oprimida, mais enganada. Mas no longo calvário de nosso povo vejo um signo de promessa.

Faz uma pequena pausa, toma um gole de uísque, e acrescenta:

— É a constância do espírito de rebelião. No dia em que ele morrer, a sorte do México estará selada.

E com estas palavras terminou o primeiro colóquio.

A COLÔNIA

Não conheço história mais sangrenta e dolorosa que a do México. Depois de toda a violência da Conquista, durou o período colonial trezentos anos. A "Legenda Negra" apresenta a dominação espanhola como uma era de injustiças, crueldades e rapinagem. Replicam os defensores de Espanha que a sorte dos índios da América de nenhum modo piorou com a vinda dos conquistadores. Não viviam as tribos em estado de barbárie, entregues muitas delas à antropofagia, e constantemente dizimadas por guerras intermináveis? Haveria coisa mais monstruosa que os sacrifícios com que os astecas propiciavam os seus medonhos deuses? Poder-se-á também dizer, com José Vasconcelos, que a crueldade dos colonizadores espanhóis jamais ultrapassou a dos próprios caciques e imperadores astecas ou maias. E que o índio comum não vivia mais feliz ou mais livre antes da chegada dos europeus. Também se pode invocar uma frase de Salvador de Madariaga segundo a qual "na História não há vilões, o que há são homens, suficientemente maus mas muito mais complexos do que qualquer demônio". Possível é também alegar outras razões em defesa dos colonizadores. O território era vasto demais, os meios de comunicação difíceis, os problemas complexos e as rivalidades entre as tribos continuavam, ao passo que se processava uma mestiçagem — negros, europeus e índios — que em nada favorecia a situação. Além disso, tinha a Espanha na Europa os seus problemas, muitos e sérios, que a impediam de dar maior atenção e cuidado às colônias da América e de pensar mais no bem-estar de seus índios e mestiços. Por fim surge o grande, o alto, o definitivo argumento: seja como for, os espanhóis trouxeram para a América a religião de Cristo, catequizaram os índios, dando-lhes a consciência de suas próprias almas e da existência do Deus Único.

A mim não me interessa denegrir ou redimir o colonizador espanhol na América. Quando tentamos compreender o México de hoje, o que me parece importante, quanto ao período colonial, é ter em mente o que escreveu Samuel Ramos:

> Tocou-nos o destino de ser conquistados por uma teocracia católica que lutava por subtrair seu povo à corrente de ideias modernas que vinham do Renascimento. Mal se haviam organizado as colônias da América, e já se lhes impunha uma reclusão para preservá-las da heresia, fechando os portos e condenando o comércio com os países não espanhóis. De modo que o único agente civilizador do Novo Mundo foi a Igreja Católica que, em virtude de seu monopólio pedagógico, modelou as sociedades americanas dentro de um sentido medieval da vida.

A observação, que me parece excelente, tem força suficiente para lançar uma luz reveladora sobre o México de nossos dias. A Igreja prolongou o tempo da Idade Média no espaço e no tempo do Novo Mundo. Isso explica em parte essa cor, essa atmosfera, esse sabor medieval que ainda encontramos hoje em certos recantos e almas deste prodigioso país.

O GRITO

A 15 de setembro de 1810 o padre Miguel Hidalgo dirigiu a palavra aos seus paroquianos do *pueblo* de Dolores, no estado de Guanajuato, pedindo a independência do México. No dia seguinte ao desse discurso político, que passou para a História como "El Grito", um pequeno grupo de revolucionários deflagrou a Guerra da Independência. Coisa curiosa: os dois maiores heróis da Revolução eram padres católicos. Quando Hidalgo foi capturado e fuzilado pelos espanhóis, sucedeu-o no comando dos exércitos rebeldes do litoral outro padre, José María Morelos, o qual, tendo sido mais tarde também aprisionado, foi despido em público de suas vestes sacerdotais e fuzilado pelas costas como traidor da Espanha.

A guerra pela independência durou mais de dez anos, durante os quais a trágica terra mexicana se empapou de muito sangue, e terminou com a vitória dos patriotas e a expulsão dos espanhóis.

A princípio os mexicanos pareciam não saber que fazer com a vitória. Que tipo de governo adotar? Começou então o rosário de absurdos da história do México. Ficou decidido que o país devia ser um império e escolheu-se o imperador na pessoa do general Agustín Iturbide, que subiu ao trono como Agustín i. Seu reinado, porém, durou dez meses, pois, incapaz de governar diante do caos, Agustín abdicou e foi mandado para o exílio. Tendo voltado ao México no ano seguinte sem permissão do governo, foi capturado e fuzilado. Daí por diante a História do México pode ser comparada a um *corrido* — essas baladas que contam longas histórias e que nascem e se cantam no meio do povo — mas um *corrido* marcado pelo ritmo da descarga dos pelotões de fuzilamento.

Proclamada a República, adotou o México uma Constituição. Guadalupe Victoria foi o primeiro presidente eleito. Sucedeu-o Antonio López de Santa Anna, na minha opinião o mais pitoresco e o mais refinado patife da história americana.

SEGUNDO COLÓQUIO

O local? O escritório de Vasconcelos, na antiga Biblioteca Pública de que é diretor. A sala é vasta e duma simplicidade monacal. O diálogo inicial me dá uma ideia do estado de espírito do interlocutor. O mestre está hoje nos seus melhores dias.

— São verdadeiras — pergunto — todas essas coisas terríveis que se dizem do general Santa Anna?

— Sim, meu amigo, desgraçadamente são verdadeiras. Esse homem desprezível representava todos os vícios da casta militar dedicada ao governo e não à defesa da pátria.

— Mas era Santa Anna um militar profissional?

— Entrou para o serviço das armas sem preparação técnica de nenhum gênero. Por pura proteção conseguiu num golpe o posto de cadete. E sabe qual foi a sua primeira façanha militar?

Faço um sinal negativo. Mestre Vasconcelos avança a cabeça na minha direção e diz:

— Combater a insurreição de Hidalgo e seus patriotas! Mais tarde, quando viu que os realistas estavam sendo derrotados, virou a casaca e passou a perseguir seus antigos camaradas com a mesma sanha com que antes combatera os insurgentes em minoria.

— E como foi que chegou a general?

— Graças à sua traição a Iturbide no plano de Casa Mata, Santa Anna sai feito general, preparando-se para a série de infâmias que haveriam de sujar a vida da nação.

Lembro-me de ter lido uma carta em que um coronel iturbidista escreveu a Santa Anna: "Você abandonou sua família, maltratou seus irmãos e deixou de socorrer seus parentes necessitados... e à falsificação de uma firma, e por haver abusado da confiança de seu chefe, deve você sua primeira promoção na carreira militar".

— E esse mesmo Santa Anna que protestava contra a tirania de Iturbide — prossegue o mestre — ofereceu-se mil vezes ao imperador para destruir o Congresso, segundo suas palavras "com estrépito, com escândalo e ainda com sangue". Assim era Santa Anna antes de ser presidente.

— Mas não teve esse homem sequer uma diretriz mais ou menos coerente, uma constante no que diz respeito a ideias políticas?

Vasconcelos solta uma risada.

— Feito presidente pela sublevação contra Bustamante, e depois de haver arvorado a bandeira federativa com Gómez Farías, Santa Anna se une à revolução que contra ele mesmo se havia iniciado e continua no posto de presidente como centralista.

— E como pôde um homem assim administrar o país?

— Administrar? As perseguições, os motins, a desordem administrativa, o esbanjamento pessoal de toda a classe de fundos, os empréstimos forçados, a apropriação descarada de bens para comprar granjas e pagar seus vícios de jogador e de Don Juan, tais são os traços dessa coisa a que chamavam "administração de Santa Anna". Era um homem tão inepto e folgazão, que deixava encarregado da presidência um satélite qualquer, enquanto ele saía a sufocar sublevações em largas campanhas dispendiosas ou a desfrutar a companhia de suas prostitutas.

— Mas como é que um tipo assim se pôde manter no governo?

— Os generais vorazes, a burocracia faminta esperavam tudo do ditador de fato que era Santa Anna, e à falta de ações heroicas que atribuir-lhe, inventavam elogios cuja leitura dá uma ideia da abjeção da época. Imagine que um jornal, *El Censor*, de Vera Cruz, chegou a chamar-lhe "deidade humana".

216

— E o caso de Texas? — indago. — Até que ponto foi Santa Anna culpado da perda desse território?

— É uma longa história. Os colonos de Texas foram a guarda avançada do imperialismo ianque. Eram agricultores e fazendeiros, mas tinham como chefes homens cultos. Houston, conhecedor da missão que fora chamado a desempenhar como soldado, havia começado, como todos os grandes soldados, por ser um civil ilustrado, com curso universitário. Os futuros capitães de Texas liam Homero e reverenciavam Cortés. Houston chegou a imitar Cortés em seus métodos, conquistando a amizade dos índios *cherokees*. Nem o casamento com uma índia, filha de cacique influente, faltou para que a imitação fosse perfeita.

— Então acredita que a sublevação encabeçada por Houston não começou apenas como uma aventura local?

— Claro que não. Foi, isso sim, o resultado dum plano bem amadurecido e de raízes antigas. As bases jurídicas da ocupação de Texas tinham sido preparadas com a cumplicidade dos governos cegos da República mexicana. A colonização de Texas fazia o possível para justificar o direito possessório. Os abusos do santannismo deram o pretexto. Os colonos declararam-se autônomos em nome dos direitos de humanidade ultrajados pela tropa santannista. E os Estados Unidos puderam realizar seu propósito de apoderar-se de Texas sem necessidade de uma conquista direta.

— Mas Washington não ajudou os texanos?

— Sem dúvida. Começaram a chegar do Norte armas em quantidade, voluntários de todo o tipo, junto com chefes capazes. Em breve, as escassas e mal atendidas guarnições de tropa mexicana começaram a ser atacadas e vencidas pelos que criavam o novo Estado texano.

— E, a todas essas, que fazia Santa Anna?

— Sua alteza sereníssima, o homem que se considerava napoleônico sem saber ao certo o que fora Napoleão, só muito lentamente compreendeu a situação, e sua primeira medida foi uma fanfarronada ridícula pronunciada com ênfase diante do ministro da França: "Se os americanos não se portarem bem, marcharei através de seu país para plantar a bandeira mexicana em Washington".

Não é necessário repetir aqui o que já é conhecido, as marchas e contramarchas, e as muitas batalhas que culminaram com a independência de Texas. Mas há pontos sobre os quais tenho dúvidas ou curiosidade. E muitos deles interessam muito mais ao contador de histórias do que ao estudioso da História.

— E essa aventura que se conta de Santa Anna com uma bela texana?

— Ah! Castrillón, um dos oficiais que Santa Anna encarregara de deitar abaixo os tetos dumas casas mexicanas perto do Álamo, encontrou numa delas uma dama respeitável e sua filha, jovem de extraordinária beleza. Castrillón levou a notícia a Santa Anna, que em seguida pediu lhe trouxessem a moça. Num gesto de dignidade, Castrillón respondeu que só obedecia a ordens militares. Mas um tal coronel Miñon não teve inconveniente em levar a cabo a alcovitice. A mãe da jovem declarou que só a entregaria casada, pois a criatura era filha dum antigo oficial do exército mexicano, cuja honra ela esperava seus colegas respeitassem. Entre Miñon e Santa Anna concertou-se o plano abominável de fingir um casamento, e para isso um terceiro oficial se disfarçou de sacerdote. O falso matrimônio se consumou no próprio quartel de Santa Anna.

— E essa batalha do Álamo, de que tanto falam os texanos?

— Havia dentro da Missão apenas 160 texanos, sitiados por seis mil soldados mexicanos. Ordenou-se o ataque ao toque selvagem de "Degolar". Um dos oficiais havia dito a Santa Anna: "Isso nos vai custar muitas vidas". Ao que Sua Excelência replicou: "Não importa o que custe". Em vão encontraremos em toda a História um general mais bruto e mais desdenhoso da vida, da comodidade e da honra de seus soldados.

— E a tomada do Álamo custou realmente muitas vidas...

— Depois de vários assaltos sangrentos entraram vencedores os nossos no recinto da antiga Missão. Numa das salas estava o americano Travis, ferido. Pediu para falar com o general mexicano Cos, enquanto o nosso general Amador repreendia um soldado por já não haver liquidado Travis. Cos aparece e corre para o ferido, explicando aos amigos que devia considerações a Travis do tempo em que fora seu prisioneiro. Pede aos colegas que se unam a ele para reclamar o perdão para Travis e para outro chefe texano, Crockett. Quando foram à presença de Santa Anna, este se limitou a dizer: "Matem-nos". E diante de Santa Anna foram ambos executados.

— Pois olhe, sempre me inclinei a achar que tudo isso fosse pura invenção da Paramount ou da Metro-Goldwyn-Mayer...

— Espere, ainda há mais. No momento em que o pelotão de fuzilamento descarregava suas armas, de um canto do edifício partiram as balas de alguns texanos desesperados que não tinham sido desarmados.

Sua alteza deitou a correr, buscando refúgio entre os escombros. E depois, para vingar-se dos cadáveres, mandou fazer uma pira em que arderam todos. Foi nessa hora que Almonte, menos imbecil que seu chefe, exclamou: "Com outra vitória como esta, estamos perdidos!".

— Como explica tanta crueldade?

Mestre Vasconcelos encolhe os ombros:

— Alguns historiadores americanos acham que Santa Anna odiava os rebeldes porque eles eram invasores americanos disfarçados de colonos. Creio que a razão é outra. Os assassinatos coletivos eram a prática usual da guerra no exército do qual Santa Anna era um representante. É natural que um exército em que os piores verdugos se conservam como chefes, um exército em que os soldados temem seus superiores e não os amam, faça tremer de terror a população pacífica, mas não esteja apto para a guerra com o estrangeiro.

— É verdade que Santa Anna era covarde?

— Num prado de New Washington, rodeado de seus oficiais, recebeu Santa Anna a notícia de que Houston se aproximava. Montou a cavalo e aos gritos, como possesso, atropelando mulheres e crianças, corria, exclamando: "O inimigo vem vindo! O inimigo vem vindo!". Não é difícil que esse acesso de loucura persecutória seja sintoma duma perda temporária do juízo, coisa que sobrevém a todos os que se empenham em matar gente desarmada durante um período. O remorso atormenta ainda aos mais cretinos. O sangue derramado embriaga mais que o álcool. O medo castiga os assassinos.

— Minha pergunta não foi respondida, mestre. Santa Anna era um covarde? É verdade que em uma das batalhas em que foi derrotado e aprisionado, ao ver os soldados inimigos, atirou-se por terra, tapando a cara com um cobertor?

— Assim reza a crônica. E conta-se mais que os inimigos o fizeram erguer-se a pontapés. E sua excelência tomou a mão de um dos soldados texanos e beijou-a humildemente. Ao chegar à presença de Houston, Santa Anna ergueu-se para dizer que o outro devia sentir-se honrado por ter vencido o Napoleão do Ocidente. Ao que Houston, sentindo ainda as dores de seu ferimento e irritado com os mexicanos, usou dos mesmos termos de Cambrone em Waterloo. Santa Anna pediu clemência, alegando que não tinha culpa do que acontecera no Álamo.

— O que me surpreende é que isso não tenha sido o fim de Santa Anna. Só na mais descabelada das novelas de capa e espada podia semelhante crápula continuar mandando no seu país depois dessa série de fracassos, fraquezas e abjeções...

Vasconcelos sorri, brincando com a medalha do relógio, e continua:

— A explicação é simples. Santa Anna foi mandado para o Norte. Precisavam dele em Washington. Um homem dessa laia era precioso para os ianques em vésperas da guerra que preparavam contra o México.

— E para melhor usá-lo era necessário primeiro reabilitá-lo.

— Precisamente. E Santa Anna foi reabilitado. Mas há algo pior que Santa Anna, meu caro, e é a época que o admirou, que o mimou, que o teve como representante!

— Li, não me lembro onde, que o presidente Jackson em Washington divertiu-se com o seu prisioneiro.

— Evidentemente! Esse era um militar de verdade, o tipo acabado do conquistador.

— E como foi recebido "El Napoléon del Oeste" quando voltou?

— É vergonhoso, mas foi recebido em Vera Cruz pelas autoridades, que declararam feriado o dia em que o traidor chegou. Santa Anna em Washington assinara todos os papéis que lhe haviam sido postos diante do nariz.

— Não foi por essa época que ocorreu o incidente dos pastéis?

— Sim. Esse incidente prova que os colegas de Santa Anna não eram melhores que ele. Os oficiais de um dos corpos da capital deram uma amostra de santannismo. Reunidos numa pastelaria e casa de diversões em Tacubaya, depois de se embriagarem e de surrarem o proprietário francês, prenderam fogo no que haviam quebrado. A reclamação respectiva, unida a outras de súditos franceses, deu lugar ao que se chamou "Guerra dos Pastéis".

— Quem governava o país nessa época?

— Don Anastasio Bustamante. Não soube atender às reclamações francesas, inclusive a dos pastéis e, com o beneplácito do mundo, pois estrangeiros e mexicanos sofriam sob a soldadesca, os franceses bloquearam Vera Cruz, que capitulou. O governo, porém, não aprovou a capitulação.

— E foi aí que Santa Anna entrou em cena outra vez.

— Exatamente. E nessa batalha perdeu uma perna.

— O que bastou para ser transformado novamente em herói.

— Claro. O governo perdeu a questão com a França. Assinou um tratado vergonhoso, obrigando-se a pagar mais do que devia. Mas Santa Anna, esse, estava reabilitado.

Nesta altura da conversação já começo a sentir um certo despeito por não ter inventado Santa Anna para personagem de uma novela. Mas se tivesse, quem me havia de dar crédito?

— Em março de 1839, Bustamante deixa o poder, sob o pretexto de ir sufocar uma revolução em Tampico, e entrega a presidência nada mais, nada menos que ao traidor da guerra de Texas, o general Antonio López Santa Anna. O presidente Jackson estava servido! O Estado-Maior americano havia completado seus planos. Polk achava-se agora na presidência dos Estados Unidos e continuava, como seus antecessores, a política expansionista.

Veio então a guerra entre os Estados Unidos e o México. Zachary Taylor comandava o exército americano invasor. Vasconcelos resume a situação:

— O resultado da guerra estava já na cara dos chefes. Basta ver os retratos de Taylor e comparar sua forte cabeça de conquistador romano com a testa estreita, os olhos extraviados de Santa Anna, para adivinhar o resultado inevitável. Além do mais, Taylor comandava um exército. A oficialidade do nosso era santannista, isto é, como a que provocou a "Guerra dos Pastéis" por ter roubado um estabelecimento público, uma oficialidade acostumada a alvejar a população civil desarmada.

— Como se portou o nosso *herói*?

— No combate travado em La Angostura, quando a vitória se inclinava para os mexicanos, Santa Anna ordenou a retirada e fugiu, salvando a pele. Depois de outros fracassos, refugiou-se na capital onde conseguiu reunir 18 mil homens. Mas na realidade não queria combater. Pelo contrário, mandou pedir aos americanos comandados por Scott um milhão de pesos para entregar-lhes a capital. Scott aceitou.

— Há provas dessa proposta?

— Sim, existem cópias na Biblioteca de Austin.

— Mas quando a ignomínia se revelou, isso não desacreditou Santa Anna?

— Infeliz povo! Nunca faltou um adulão que qualificasse de astúcia as piores infâmias desse degenerado. A verdade é que Santa Anna cumpriu a promessa e depois ficou tranquilamente contemplando a tomada de Chapultepec e o sacrifício dos cadetes, sem movimentar para salvá-los um só dos 20 mil homens armados que havia na Cidade do México. Pobre país! Uma bandeira anglo-saxônica passou a tremular no palácio dos vice-reis.

— E Santa Anna?

— Teve de esconder-se, não porque alguém no México quisesse matá-lo, mas por medo aos texanos, que viviam repetindo a frase *"Remember the Alamo!"*. Por entre soldados ianques saiu Santa Anna rumo a Vera Cruz, onde o embarcaram. Permaneceu a salvo longe do país graças a seus amigos americanos. Mal, porém, se consumou a retirada das tropas invasoras, esses mesmos amigos aproveitaram a circunstância de estar a soldadesca sentindo (por mais absurdo que pareça) a falta de seu general, e por intermédio de seu Intelligence Service conseguiram que Santa Anna voltasse à presidência. E quando viram sua Alteza Sereníssima de novo montado no poder, ocorreu-lhes propor-nos o Tratado de Mesilla pelo qual Santa Anna lhes vendeu a região do sul de Arizona, embolsando a indenização. E essa operação foi proclamada como um "triunfo diplomático do México".

— E como foram os últimos dias do governo de Santa Anna?

— Uma farsa pública incrível. Sem preocupação alguma com o futuro, os conservadores aderiram à personalidade de sua alteza, e sofremos a humilhação de ver que um homem que constantemente havia traído sua pátria, um militar que repetidamente havia desonrado sua espada, chegava por obra da adulação pública às estrofes do Hino Nacional, composto por um pobre-diabo, um tal Bocanegra, e que não sei quantas gerações de mexicanos repetiram com servilismo ou incompreensível estultícia.

Vasconcelos cala-se por um instante e depois, com seu incansável entusiasmo, como que encerra o capítulo de Antonio López Santa Anna:

— A revolução liberal que derrocou Santa Anna contou com o apoio de todo o país. Representava uma esperança, mas, sobretudo, era o meio de acabar com toda aquela peste de gente que nem a cólera-morbo, que na época assolou a república, havia conseguido extirpar.

TERCEIRO COLÓQUIO

O mesmo local, mas noutro dia.

Inicio a conversação com uma pergunta que sei capaz de inflamar José Vasconcelos.

— E que me diz da Reforma?

Não lhe vejo no rosto nenhum sinal de reação apaixonada.

Responde-me com o ar natural dum professor de História numa aula rotineira.

— A revolução mexicana chamada a Reforma iniciou-se em março de 1854 com a proclamação do Plano de Ayutla, que, sem tomar conhecimento de Santa Anna, criava o governo provisório e convocava uma Assembleia Constituinte.

— E não lhe parece que eram boas as medidas que a Reforma propunha?

— Na superfície, sim. Mas vejamos que é que havia por trás desses aparentemente bons propósitos, e quem eram os homens que os sustentavam.

Mestre Vasconcelos começa a animar-se:

— Estava consumada a perda de Texas, do Novo México e da Califórnia. Mas faltava um outro capítulo na história da conquista ianque: a destruição da Igreja católica mexicana em benefício do protestantismo norte-americano ou, como dizem os escritores dos Estados Unidos, a extensão da obra da Reforma protestante europeia.

— Confesso-lhe, mestre, que me custa um pouco acreditar na veracidade desse *plano*... Quer dizer que a Reforma mexicana, em última análise, outra coisa não é senão mais um episódio, um pouco atrasado no tempo e remoto no espaço, da Reforma protestante?

— Precisamente. Os iniciadores do movimento abstiveram-se de dar-lhe o caráter franco duma guerra de protestantes contra católicos. O laicismo liberal foi a máscara. O propósito fundamental era a destruição da Igreja católica, e, de passagem, a liquidação das famílias ricas herdeiras da Colônia em benefício da casta estrangeira, que se ia apoderando das minas, do comércio e das terras dos mexicanos.

— Como é possível acreditar que os conservadores mexicanos se tivessem prestado a isso?

— Prestaram-se mesmo sem saber patavina de Calvino. Levaram adiante a ofensiva encaminhada com o fim de destruir a única instituição mexicana que havia sobrevivido às tempestades: a Igreja católica.

— Confesso que vejo a Reforma com muita simpatia. Sempre me pareceu que, apesar dos muitos erros cometidos em nome dela, fundamentalmente era necessária.

— Não discutimos a legalidade de certos aspectos da Reforma, nem sua necessidade. É evidente que o clero, bem como o Estado, necessitava de purificação. O censurável é que a Reforma se fizesse sob a direção de um programa estrangeiro e com sentido antirreligioso.

— Se não me falha a memória, a famosa Ley Lerdo determinava a desamortização de bens de corporações, sob a alegação de que as "corporações privadas não podiam possuir bens de raiz".

— Usou-se a palavra "corporações" para dissimular o ódio religioso, mas na certeza de que quase todas as corporações eram de caráter eclesiástico.

— Mas não lhe parece que Benito Juárez amparava-se na legalidade, procurava restabelecer o prestígio do voto, da vontade nacional?

— Ninguém lhe nega essa intenção. Pena é que com o programa de Juárez se misturassem exigências de ordem social e religiosa alheias à conveniência dos mexicanos. Não fosse isso, poderíamos elogiar sem reservas o movimento liberal que, pela primeira vez, opunha, aos métodos santannistas, iturbidistas do pronunciamento, os métodos civilizados da eleição popular como origem do poder.

— E a Ley Juárez?

— Essa já nem falava de transferência de propriedade, mas de confiscação e nacionalização dos bens do clero. Além disso, suprimiam-se as ordens monásticas, um absoluto disparate contra a civilização, e criava-se o Registro Civil, o que estava bem para os não católicos e devia fazer-se, mas de forma a conciliar o novo método com o antigo, e não de maneira bárbara, desconhecendo os matrimônios e os registros de batismo católicos.

— Lembro-me de ter lido em Justo Sierra que "os liberais representavam a luz e os conservadores a sombra, uns, o dia e outros, a noite".

— Como bom filho de seu tempo, Don Justo Sierra, em vez de julgar, sai pela tangente da literatura vulgar da época. Por que dizer que o ateísmo é o dia e a fé, a noite? Onde tem suas origens e sua força a civilização contemporânea, na negação ateísta dos estoicos ou na luz e vidência do cristianismo?

— Que me diz das acusações que se faziam à Igreja de ser muito rica e corrompida, e de ter uma influência corruptora na política nacional? Não acha que muitas vezes o clero apoiou governos ilegais e cruéis? E não lhe parece que a pobreza seria um benefício para a saúde moral da Igreja no México, onde ela chegou a exercer a usura?

— Mesmo que aceitemos essas acusações, devo dizer, para começar, que um estadista devia ver que todas elas juntas não eram motivo para destruir a Igreja mas sim, quando muito, para exigir sua purificação.

— Mas a Reforma não visava essa purificação?

— Até certo ponto, sim, e dentro desses limites estou com os liberais, pois considero inevitáveis as medidas ditadas. É indispensável, porém, distinguir o que é purificação do que é destruição. É contra a destruição que me pronuncio da maneira mais decidida.

Somos interrompidos por um jovem que vem pedir ao mestre que lhe autografe um de seus livros. Quando o rapaz se retira, feliz, sobraçando um volume de *Ulises criollo*, a autobiografia de Vasconcelos, este se volta para mim e prossegue:

— As leis da Reforma, tais como ficaram escritas e em vigor, constituem um caso único de intolerância sectária e de desmantelamento econômico.

— Não creio que tenham sido aplicadas com rigor.

— É verdade, e só por isso subsistiram. O próprio Juárez vacilou, e durante sua gestão presidencial de 1867 a 1872 prevaleceu uma certa benevolência. Por exemplo: considerou válidos os casamentos religiosos e negou-se a despojar os párocos das casas curiais.

— E durante a ditadura de Porfirio Díaz?

— As leis da Reforma só se cumpriram em parte. Sob Carranza e Obregón, pela metade. Plutarco Elías Calles é que começou a impô-las ao pé da letra. Com seu ódio de turco por tudo quanto é cristão, desencadeou de novo a guerra religiosa. Não poderá haver paz na família mexicana enquanto subsistirem as leis da Reforma.

— Mas não acha que a Lei Juárez até certo ponto está de acordo com o espírito do regime religioso que existe nos países modernos?

— A Lei Juárez era inocente apenas na aparência. Ela contém a suposição absurda de que a Igreja não existe, já que se lhe não reconhece personalidade jurídica. A isto se chama "Estado leigo", mas na realidade o Estado leigo sempre reconhece o fato de que em seu seio existe uma Igreja. Você, que mora nos Estados Unidos, sabe bem disso.

José Vasconcelos ergue-se para ir atender a um chamado telefônico. Quando volta, atira-me com paixão estas palavras:

— Assim, pois, meu amigo, como consequência das leis da Reforma ficou sendo o México o único país oficialmente ateu da Terra!

Quero voltar a um tema que me interessa:

— Que me diz, mestre Vasconcelos, da riqueza acumulada pelo clero e da necessidade de pô-la em circulação a fim de ajudar uma economia pública angustiada?

— Parece mentira — replica ele — que essa patranha se repita sem descanso num país que, depois da Reforma religiosa, teve ainda terras nacionais devolutas para enriquecer as centenas de companhias estrangeiras que hoje usufruem a melhor parte dos bens de raiz da República!

Vejo que meu querido interlocutor continua a usar o ataque como arma de defesa, pois não pode negar que o clero mexicano tivesse acumulado riquezas numa terra de população faminta e economia deficitária.

— Mesmo supondo que houvesse existido a necessidade de reduzir a propriedade territorial da Igreja — continua —, isso devia ter sido não por meios radicais de despojamento total, mas por métodos racionais. Fosse como fosse, deviam ter deixado a Igreja na posse de seus templos e das casas curiais e fundações de beneficência. Convém à simples economia de um povo que existam muitos cidadãos estabelecidos em propriedades intocáveis. Cada padre era o centro duma pequena família mexicana e em cada curato se hospedavam mulheres solteiras, tias, irmãs, sobrinhas...

— Amantes...

— Amantes, se quiserem! Mas eram bocas mexicanas que tinham sua subsistência assegurada. E ao serem confiscadas e arrematadas as casas, as hortas e pomares dos padres, milhares de mexicanos ficaram na rua. Por outro lado, é sabido também que certas ordens religiosas dedicadas à cultura e ao trabalho material, como os beneditinos, os franciscanos, os dominicanos etc. são fatores de produção incomparáveis, e representam um elemento econômico de estabilidade que não pode ser substituído com vantagem. E ninguém que tenha um pingo de patriotismo negará que estavam melhor essas hortas nas mãos de mexicanos, junto com certas terras anexas aos conventos, do que nas mãos de companhias anônimas que mandam seus lucros para fora do país ou os empregam dentro do país mas em benefício das colônias estrangeiras.

Pela porta aberta vejo passar para a sala de leitura um grupo de jovens estudantes. Seus passos soam nas lajes do velho corredor. Por um instante José Vasconcelos fica calado, as mãos trançadas sobre o ventre, o olhar como que posto no bico dos próprios sapatos. Depois, levantando os olhos para mim, prossegue:

— Primeiro veio a confiscação geral do clero. Depois, a confiscação geral dos proprietários mexicanos, consumada mais tarde pela revolução de Carranza, sempre em benefício das grandes companhias, dos grandes proprietários dos Estados Unidos.

Faz um gesto de desalento.

— Os tesouros da Igreja, tesouros artísticos inapreciáveis, em virtude das confiscações não premeditadas, desordenadas e selvagens, foram parar nos museus dos Estados Unidos e nas casas dos milionários desse país. Os três melhores séculos da arte mexicana ficaram desse modo convertidos em ruínas, sem que nada do que hoje se faz possa aspirar a substituir o destruído.

Descontado o exagerado entusiasmo de Vasconcelos pela Igreja, que o torna demasiadamente tolerante para com os defeitos do clero mexicano, não posso deixar de achar que meu amigo tem razão em quase tudo quanto diz. Mas o aspecto da Reforma que mais me seduz e sobre o qual tenho a maior curiosidade é o problema agrário, talvez o âmago da questão.

— Até que ponto o camponês mexicano foi beneficiado com a Reforma?

— As comunidades indígenas, que desde os tempos da Colônia desfrutavam terras separadas para seu trabalho, foram obrigadas a fracioná-las. Assim como hoje prevalece a exigência teórica da coletivização, os falsos economistas da Reforma estavam enamorados da "individualização". Julgavam consumar um progresso repartindo entre os vizinhos as terras da comunidade. O resultado foi que esses vizinhos começaram a vender e trespassar seus *fundos*. E, lançadas ao mercado as terras da comunidade, o mais ligeiro se apossou delas, o latifundista mais próximo as comprou a preço vil e a situação dos índios piorou. O resultado foi que não só os padres mexicanos se proletarizaram, mas também os índios. A sábia instituição espanhola do *ejido*, que tão bons frutos dera durante mais de três séculos, ficou desfeita em benefício dum latifundismo que, a partir da Reforma, começou a ser predominantemente estrangeiro.

E as últimas palavras de José Vasconcelos neste terceiro colóquio são estas:

— Por uma ironia dolorosa foi Juárez, um índio, quem privou de suas terras os compatriotas que a lei espanhola havia elevado à categoria de proprietários!

Almoço num restaurante autenticamente mexicano. Servem-nos primeiro *quesadillas* recheadas de flores de *calabaza*. Depois vem uma deliciosa sopa cujo nome não pergunto, pois aqui não estou para indagações culinárias, mas para pedir a mestre Vasconcelos, que tenho sentado indefeso à minha frente, que me dê sua opinião sobre alguns vultos da História de seu país.

— Fale-me de Maximiliano — peço — e desse estranho império que Napoleão III "inventou" para o México.

Mestre Vasconcelos solta a sua risadinha de garganta, prolongada e jovial. Não sei por que neste momento se me afigura que estou diante dum caudilho gaúcho do interior. Sim, um chefe político de nossa fronteira com a Argentina. Digamos: o coronel José Vasconcelos, de Uruguaiana.

— A Espanha, a Inglaterra e a França mandaram navios de suas frotas a Vera Cruz. A Europa não se resignava ante o domínio absoluto dos Estados Unidos sobre o México e o resto do continente. Os ingleses e os espanhóis não traziam nenhum programa e se limitavam a reclamar o pagamento de dívidas e indenizações. Mas Napoleão III concebeu o sonho magnífico de tomar o México como ponto de apoio de uma ressurreição latina no mundo.

Sorrio, percebendo aonde o mestre quer chegar. Ele prossegue:

— Era o momento de reivindicar para a Nova Espanha sua posição central no continente, e para a França de fazer o papel da Espanha de Filipe II, isto é, o de cabeça da civilização latina.

— E se esse império fantástico tivesse vingado — pergunto —, que aconteceria?

— O Império dos anglo-saxões ficaria quebrantado para sempre se houvéssemos aceito o apoio da França para constituir um governo nacionalista. Talvez tivéssemos até reconquistado Texas e a Califórnia.

— Justo Sierra chegou a escrever que, se Maximiliano se houvesse adiantado de um ano, o que lhe teria sido possível, não fosse o tropeço da derrota francesa em Puebla, talvez chegasse a tempo para celebrar uma aliança com os exércitos sulistas de Lee, caso em que a secessão dos Estados Unidos se teria efetivado.

— Sim, mas o que Don Justo Sierra não compreendeu, como devia, era que essa secessão convinha ao nosso país, ao continente latino. Porque, sem o triunfo de Lincoln, Juárez não teria voltado.

— Deus escreve direito por linhas tortas...

Don José lança-me um olhar que pede explicações. Não as dou, pois nem eu mesmo sei que sentido emprestar a minhas próprias palavras.

— *Bueno* — continua ele. — Maximiliano chega à capital em meio de grandes festejos de um público acostumado a aplaudir o êxito sem se preocupar com as máscaras. Em vez de entregar-se de corpo e alma aos conservadores, ratificou o imperador as medidas liberais de Forey e se rodeou de um conselho de homens jovens e moderados. Sua intenção era governar segundo o sistema civilizado que reconhece e concilia o interesse dos partidos mais opostos. Compreendia Maximiliano que não ia precisamente fundar uma dinastia, exótica na América, mas propiciar a criação de um governo nacional que, com o desaparecimento do imperador, teria voltado a ser República. Era, segundo o próprio Maximiliano, uma monarquia democrática.

— Como a que tivemos no Brasil, com Pedro II, que até fisicamente se parecia um pouco com Maximiliano. O nosso imperador era também um homem ilustrado, de ideias modernas.

O garçom vem e vai com pratos.

— O ano de 1865 viu consolidado o Império. Mas desgraçadamente nesse mesmo ano terminou a Guerra Civil nos Estados Unidos com o triunfo dos unionistas, e a primeira coisa que estes fizeram foi invocar a Doutrina de Monroe, ameaçando-nos com a invasão do México pelas tropas de Grant.

— E já a esse tempo Juárez havia entrado pela fronteira do Norte e começava a reunir homens...

— Sim, e a receber armas e dinheiro dos agentes da União. Foi assim que brotaram os exércitos liberais.

— E, a todas essas, Napoleão andava às voltas com a ameaça prussiana.

— Exatamente. Não se sentia capaz de declarar guerra aos Estados Unidos. Foi obrigado a ceder à pressão diplomática. Ordenou a retirada das forças francesas e aconselhou Maximiliano a abdicar.

Faz uma pausa para tomar conhecimento dos novos pratos que o *mozo* nos traz. Por alguns instantes esquecemos o trágico príncipe da casa de Habsburgo para provar as iguarias que mestre Vasconcelos pediu.

— Consumou então Maximiliano — prossegue ele — a ação mais abnegada de sua vida. Achando talvez que não era cavalheiresco abandonar seus partidários mexicanos, decidiu ficar no país, sem outro amparo que o dos imperialistas nativos. No ano de 66 a revolução cresceu no Norte. O índio Juárez ia ser por fim a cunha que desintegraria, fazendo em pedaços, o trabalho profundo, doloroso mas criador da Colônia. A sociedade mexicana se dissolveria em benefício dos compatriotas de Lincoln. O resto é sabido. A 15 de março de 1867, Maximiliano e seus generais Miramón e Mejía se renderam. Depois dum júri que não passou duma farsa, foram os três fuzilados com o menosprezo da opinião mais generosa do país e da Europa liberal, que aconselhavam um indulto. Esse fuzilamento inútil é uma das manchas de nossa História.

Terminado o almoço, saímos a andar vagarosamente por uma das ruas da parte velha da cidade. De quando em quando, Don José estaca e, com sua bengala, aponta para um edifício, conta uma história a propósito, cita uma data, um nome, uma anedota. Depois prosseguimos.

Quero tirar uma dúvida.

— Em todos estes nossos colóquios, tenho notado de sua parte uma grande animosidade contra os Estados Unidos. Devo considerá-lo um antiamericanista?

Mestre Vasconcelos solta a sua risadinha meio rouca.

— Confesso que todo esse plano posto em prática pelos Estados Unidos para conseguir a hegemonia no Novo Mundo me parece admirável. Só lamento que tenhamos sido nós as suas vítimas. Reconheço também que nos conflitos das nações vence quase sempre o melhor. Como dizem os saxões: *"Let the best man win"*. Sim, o homem melhor ganha. Entre um Taylor e um Santa Anna, nem por um momento vacilo; execro a Santa Anna e admiro Taylor. Admiro-o por haver conquistado o México com 25 mil homens quase tanto quanto admiro Hernán Cortés, que o conquistou com novecentos. Mas, ao mesmo tempo, creio que toda conquista causa danos tanto aos conquistados como aos conquistadores. Aos conquistados, porque os envilece e aos conquistadores porque desenvolve neles o militarismo que acaba por corromper as melhores nações...

— Não creio que com justiça se possa acusar os Estados Unidos de hoje de militarismo corrupto. Seus pecados serão de outra natureza.

Mestre Vasconcelos não responde. Surpreende-me com mais esta observação:

— O ianque fez bem ao tratar de estender seu império. É lei iniludível da história e vantagem humana que a raça mais virtuosa seja a que predomine. E temos que reconhecer isso acima das patranhas do

Direito Internacional teórico. A civilização se extinguiria no mundo se, a título de soberanias locais intangíveis, se perpetuassem estados sociais como o do México sob Santa Anna ou sob Calles, ou como o da Venezuela sob Gómez...

— Ou sob Pérez Jiménez — acrescento.

Paramos a uma esquina. Don José segura a lapela de meu casaco:

— Há um direito de humanidade que está acima dos abusos da barbárie. Cada vez que cai o nível dum povo, descendo abaixo da animalidade, cada vez que se recorre ao canibalismo dos fuzilamentos periódicos, ao atropelo como sistema, à maldade como norma, cada vez que isso acontece, uma espécie de direito divino se impõe e a conquista estrangeira limpa a sangue e fogo a sociedade corrompida.

Vejo que José Vasconcelos está ainda defendendo a Espanha e Hernán Cortés. Quando nos despedimos, apertando-me a mão ele diz estas palavras finais:

— Assim acontece sempre que em qualquer região da Terra se reproduz o caso de Sodoma e Gomorra ou o caso da Babilônia poderosa mas envilecida.

E neste ponto nos separamos.

QUINTO COLÓQUIO

Começo o quinto colóquio dando a mestre Vasconcelos a minha impressão de Oaxaca, sua terra natal. Ele me escuta em silêncio e, quando me calo, diz:

— Em Oaxaca consumou-se uma das mais firmes cristalizações do espanhol e do indígena. O mexicano típico é mistura de espanhol e de índio. O vale de Oaxaca foi desde o princípio uma ilhota hispânica em meio de serranias povoadas densamente por aborígines.

Estamos sozinhos ao canto dum salão cheio de gente, numa dessas festas que Vasconcelos, se quiser, poderá apresentar como mais uma expressão do imperialismo americano: o *cocktail party* — reunião em que se bebe e conversa e na qual a confusão, o aperto e o calor, a balbúrdia de vozes são de tal modo estonteantes que no fim da festa ninguém sabe o que comeu e bebeu nem sobre quê ou com quem conversou. Só espero que nos deixem, a Don José e a mim, quietos neste recanto providencial.

— A melhor gente da Conquista — prossegue ele —, o próprio Hernán Cortés e muitos dos seus, escolheram o vale de Oaxaca por marquesado. As casas, as igrejas, os palácios de Oaxaca ostentam o brasão da robusta arquitetura românica e barroca espanhola. Lá os velhos nomes denunciavam o avoengo de Castilla. A mistura com o sangue indígena se processou muito depois da Colônia. Na época da Reforma a capital oaxaquenha era ainda branca. Nela a massa indígena se educava. A tirania de Santa Anna encontrou em Oaxaca a velha resistência da casta espanhola contra os abusos do poder público. A antiga piedade castelhana floresceu ali na alma de guerreiros e de místicos. Lá o trato não era reservado, segundo o temperamento indígena, mas sim lhano e afável à velha maneira castiça. Nesse meio refinado e másculo, plasmou-se o caráter de Porfirio Díaz.

— Era aí que eu queria chegar. Que tipo de homem era o ditador?

— Era um homem em cuja força havia algo da pedreira nativa, que se fez obra de arte sob a talha dos artífices da Espanha. O que faltou a Díaz foi o polimento, o lavor. Mas sua alma constituiu o bloco em torno do qual um país enfermo encontrou a paz malsã de 35 anos de ditadura.

— Havia nele esse entrechoque de ideias tão peculiar ao mestiço? Don José faz uma careta de dúvida.

— Em Díaz não havia conflito de sangue nem de ideias. Em seu organismo, a veia misteca se fundiu com a espanhola, criando um equilíbrio firme. E suas ideias eram demasiadamente escassas para que entre elas pudesse haver conflito.

— Como se sairia ele num paralelo com Juárez?

— O sangue espanhol defendia o ditador das claudicações totais em que caiu Juárez, o índio puro que, não podendo sentir no ânimo as vantagens da conquista ibérica, se entregou sem reservas à nova influência nórdica. Por ser mestiço, Porfirio Díaz é mexicano, ao passo que Juárez só foi índio. A falta de ilustração e sua pouca capacidade impediram que Díaz abarcasse o problema de seu povo. Mas o fato de ter abraçado com sinceridade a política de conciliação religiosa é já uma prova de que repelia, de que lhe repugnava o plano ianque, que o outro, o índio, adotou sem escrúpulos.

— É verdade que Díaz não roubava?

— Era um homem honesto. Mas por ser ditador (e uma ditadura não pode moralizar) deixou que seus amigos roubassem.

Conto a mestre Vasconcelos que no meu estado tivemos no dr. Borges de Medeiros, que governou 25 anos, um ditador até certo ponto do tipo de Don Porfirio. Era uma ditadura inspirada nas ideias políticas do positivismo, exercida por um homem honesto e austero, à cuja sombra, entretanto, muitos desmandos e crueldades se cometeram.

— E o curioso — digo, rematando o meu parêntese — é que se Don Porfirio foi derrubado por uma revolução de camponeses, homens sem terra, o nosso Borges de Medeiros o foi por uma revolução provocada e conduzida por membros da nossa aristocracia rural, senhores de estâncias.

— Como chefe de clã — prossegue o meu interlocutor —, Porfirio Díaz é o mais capaz dos governantes da República. Nunca percebeu que o progresso material que invadia o México era parte de um desenvolvimento a que não escaparam nem a Turquia nem a China. Por isso não soube utilizar este progresso em benefício de seus compatriotas. Ao contrário, pôs-se da maneira mais ignorante e mais servil ao serviço do capitalismo estrangeiro, que o fez de gendarme, de guardião de suas próprias feitorias.

— Disso felizmente não podemos acusar o nosso Borges de Medeiros.

— E assim, sob o governo de Porfirio Díaz, toda uma nação de 16 milhões de habitantes foi despojada de suas terras, de suas águas, de seu petróleo, de suas minas e de seu futuro!

Eis uma declaração que exige um trago. Arrebato um copo da bandeja dum garçom que passa ao alcance de meu braço.

Outras pessoas aproximam-se de mestre Vasconcelos e o cercam, tornando impossível a continuação de nosso colóquio.

A REVOLUÇÃO DE 1910

Quando, aos doze anos, eu via fotografias da revolução mexicana de 1910 em velhos números da revista parisiense *L'Illustration*, de que meu pai era assinante e voraz leitor, o que mais me fascinava em toda a sangrenta história eram as figuras e as proezas de Pancho Villa e Emiliano Zapata. Vieram mais tarde os filmes de Hollywood em que o mexicano fazia sempre o papel de *hombre malo* e o México era apresentado como uma espécie de terra de ninguém assolada por bandidos, vulcões, sestas largas e índios bêbedos.

Confesso que quando em 1941 passei pelo México pela primeira vez, permanecendo em sua capital pouco mais de 24 horas, entre dois aviões, o homem maduro que eu era olhou ainda o país um pouco com os olhos do menino que folheava *L'Illustration* e ia ao Cine Ideal ver fitas de Triangle e da Vitagraph, ao som do pianinho de dona Gabriela. A cidade me pareceu sombria como a população, e tive a impressão de que andava ainda no ar um cheiro de sangue e cadáver.

Tenho lido artigos ou livros que apreciam a Revolução Mexicana de 1910 dos ângulos mais diversos. Há o ponto de vista dos porfiristas, o dos católicos, o dos zapatistas, o dos maderistas. Há também o dos Estados Unidos. E naturalmente o dos comunistas.

Parece-me que tudo quanto o México é hoje, tudo quanto está representado nas linhas da Cidade Universitária, nos murais de Orozco, Rivera e Siqueiros, da nova e vigorosa literatura inspirada em temas nativos e — por que não? — na companhia de Petróleos Mexicanos e principalmente nessa reconciliação da raça com o seu passado índio; toda essa coisa, enfim, que se chama "México contemporâneo", começou a tomar forma, lentamente, com a Revolução deflagrada a 20 de novembro de 1910.

No princípio, o movimento não diferia muito dos anteriores. Tratava-se de depor um tirano que se perpetuava no poder e que, octogenário e cercado dum gabinete quase tão decrépito quanto ele, pensava ainda em reeleger-se: Francisco i. Madero, o chefe espiritual da Revolução, era membro duma rica família de *terratenientes* e fora educado no estrangeiro. Os homens que o rodeavam eram também intelectuais. Pode-se dizer que os objetivos imediatos da Revolução foram de ordem política. Tratava-se de levar gente jovem ao poder e restabelecer a honestidade, a justiça e o regime democrático no país. Os verdadeiros chefes da revolução eram homens como Pascual Orozco, Pancho Villa e Emiliano Zapata, que comandavam exércitos de *campesinos* descalços, mal armados, e que, procurando evitar batalhas campais, adotavam de preferência a tática das emboscadas e dos ataques de surpresa. E a vitória, vinda com demasiada rapidez, de certo modo estonteou os chefes intelectuais do movimento. A coisa lhes saía maior do que eles haviam imaginado. O entusiasmo delirante do povo no dia da posse de Madero dava a ideia de que ele esperava grandes reformas de base. Muito a contragosto, Madero viu-se transformado num apóstolo. Homem honesto e de bons sentimentos, não tinha, entretanto, qualidades de chefe. Havendo conspirado e lutado para livrar a pátria dum tirano, via-se agora com uma revolução social em suas frágeis mãos de patrício.

Sim, porque o verdadeiro caráter do movimento se definia agora na vitória. Mesmo depois que Francisco Madero subiu ao poder, Zapata se recusava a desarmar seus camponeses. Exigia que o governo voltasse ao sistema dos *ejidos*, devolvendo as terras às aldeias.

Aos poucos, emergia do caos uma ideia nacionalista. O povo mexicano, que desde a Conquista vivera separado por barreiras de língua, raça, cultura, parecia agora buscar sua unidade. Havia mais que isso. O índio, o *peón*, o *pelado* erguiam a voz, reivindicavam seus direitos civis numa terra que até então só havia sido governada pelo branco espanhol ou pelo *criollo*, exigiam participação no governo dum país em que prevalecia a ideia quatro vezes centenária de que o índio é um ser inferior, incapaz de erguer-se acima de sua condição miserável, um pobre-diabo destinado a ser eternamente o criado das classes superiores — dos militares, do clero, dos políticos, dos latifundiários.

Como muito bem observa Frank Tannenbaum, o México não era uma nação, mas uma terra de "colonos natos", que para todos os efeitos se consideravam num país estrangeiro e procuravam sua inspiração fora dos limites de sua terra natal, especialmente na França. Tudo era importado: pintura, literatura, arquitetura, escultura. Os ricos proprietários de terras mandavam os filhos estudar no estrangeiro. E era do interesse das classes governantes que o México continuasse a ser um arquipélago com as muitas ilhas das diversas tribos, e mais a ilha dos mestiços e a dos *criollos*. A Revolução agora queria construir pontes, *chinampas* para ligar essas ilhas umas às outras, na esperança de um dia formar o continente mexicano. O índio, o camponês, o povo, enfim, que vezes sem conta fora chamado a pegar em armas, lutar e morrer para decidir as guerras que se travavam, não pelo seu interesse e bem-estar, mas pelo interesse e felicidade dos diversos políticos ou instituições que se digladiavam — monarquistas contra republicanos, Estado contra a Igreja, federalistas contra centralistas —, esse povo agora queria ser ouvido, queria participar do governo e principalmente da terra.

Examinada de perto no tempo, a Revolução de 1910 nos dá a impressão de um sangrento fracasso, de mais uma inútil matança. (Conheci um caudilho gaúcho que costumava dizer que toda matança tem a sua utilidade.) Muitos dos próprios chefes da Revolução traíram esta, desvirtuando-lhe o espírito. A desejada e esperada reforma agrária não se concretizou na medida dos sonhos dos revolucionários camponeses. Sucederam-se no poder caudilhos da velha escola, e continuaram por toda parte no país os pronunciamentos, a corrupção, o assassínio político, o banditismo organizado, o descalabro econômico; e como se tudo isso não bastasse, repetiu-se a intervenção estrangeira.

Vista, porém, desta nossa posição no tempo, fica evidente a importância da grande insurreição social mexicana, que deu uma nova fisionomia ao país. Com ela nasceu ou pelo menos se fortaleceu e afirmou esse espírito de rebelião que faz do México um caso único na América. Vem principalmente dela esse famoso orgulho nacionalista, essa *"mexicanidad"* exacerbada. Em suma, a Revolução deu aos mexicanos a consciência de um destino a cumprir e o desejo de recuperar uma terra que tinham perdido antes mesmo de haverem nascido como nação.

SEXTO COLÓQUIO

Terminada a conferência que fiz esta tarde na Universidade do México — "Paralelo entre latinos e gringos" —, vou para a casa de Vianna Moog com alguns amigos. Consigo levar mestre Vasconcelos para um canto da sala.

Vou direito ao assunto:

— Que me diz de Francisco Madero?

— Era de pura raça espanhola, de estatura pequena, rosto barbudo, olhos grandes e luminosos, testa nobre, gesto bondoso e enérgico.

A vantagem de Don José sobre a maioria dos historiadores — reflito — é que, dos tempos de Porfirio Díaz para cá, ele conheceu pessoalmente e de perto essas personagens da História mexicana. Sim, e ele próprio fez parte do elenco do grande drama, em papéis de decidida importância.

— Madero era um homem de trato singelo e afável — continua ele. — Seu pensamento claro, profundo, exprimia-se em frases precisas, nervosas, rápidas. Vendo-o mover-se numa tela de cinema, recordamos o tipo desses políticos franceses que se impõem à força de talento e de honestidade.

— É estranho que um homem como esse não tivesse podido governar...

— Com ele nasceu e se extinguiu a esperança de que surja um México dirigido pelo espírito, governado pela inteligência a serviço do patriotismo.

236

— Não seja tão pessimista. Não se pode negar que a situação tem melhorado.

Sem tomar conhecimento da interrupção, meu interlocutor continua:

— Madero aspirava mais do que à própria felicidade. Movia-o o amor de seus compatriotas. Foi o primeiro governante que não começou sua prédica gritando "morras".

Lembro-me da observação duma personagem do romance *A serpente emplumada*, de D. H. Lawrence: "Sempre que um mexicano grita 'Viva!' ele termina gritando 'Morra!'. Quando diz 'Viva!', na realidade quer dizer 'Morra este ou aquele!'".

— Madero não tratou de lançar uma classe contra a outra. Não era da família dos destruidores. Iniciou uma campanha de verdade e franqueza. Porfirio Díaz prendeu-o. Madero fugiu da cadeia, refugiou-se nos Estados Unidos e dali incitou o povo à rebeldia.

— Na sua opinião, qual foi o erro de Madero ao assumir o governo?

— Um de seus maiores erros foi ter continuado o desarmamento das forças irregulares que lhe haviam dado o triunfo, ficando em consequência disso à mercê do velho exército porfirista.

— E como se portou a imprensa que ele libertou da mordaça ditatorial?

— A liberdade de imprensa virou logo libertinagem. Não só amplificava os erros do governo como também empregava a calúnia, tratando de desacreditar a administração.

— Quem é que estava por trás dessa campanha?

— Os anunciantes estrangeiros, está claro!

— Por que motivo especial?

— Porque Madero aboliu monopólios e negociatas. Nos tempos de Don Porfirio, todas as máquinas de escrever do governo tinham de ser compradas a preço sobrecarregado, a certa companhia estrangeira que dava comissões aos funcionários.

Ó Deus! — penso — como tudo isso é igual em toda parte anteontem, ontem, hoje... E até quando?

— Madero ordenou que todas as compras se fizessem mediante concorrência pública. E o negociante prejudicado, dono ou acionista do principal jornal inglês da cidade, converteu-se em chefe da pandilha estrangeira antimaderista.

— De certo modo essa técnica continua em toda a América Latina.

— Mais ainda! A embaixada americana transformou-se mais tarde no centro das conspirações, irritada pela primeira disposição agrária de Madero: "a proibição de alienar terrenos nacionais a um só indivíduo ou empresa, em extensão maior de cinco mil hectares".

— Há uma coisa que não compreendo — digo. — Não houve um ou mais jornais que acusavam a revolução maderista de ter sido financiada pelos petroleiros americanos?

Mestre Vasconcelos faz um gesto vivo e replica:

— Mas a verdade é que a Standard Oil fracassou ao tentar levar a cabo um contrato de oleoduto. Por outro lado a empresa britânica El Aguila, que havia ganho milhões à sombra do porfirismo, ao ver que já não ganharia mais concessões de zonas inexploradas enormes, pôs sua influência ao lado dos inimigos de Madero.

— A todas essas, que se passava com a questão agrária?

— Para resolver o problema, para dar terras aos que necessitavam e para restituir as despojadas a seus donos, Madero nomeou uma Comissão Agrária que, se tivesse durado, teria resolvido o problema em termos práticos e justos, sem as confiscações arbitrárias, e evitando o caos que veio depois. No entanto, os malvados acusavam Madero de haver atraiçoado o programa agrário da revolução!

— E qual foi a posição do clero com relação a Madero?

— Distanciou-se dele. Não porque Madero atentasse contra as práticas benévolas que havíamos conquistado ao amparo da política porfirista, mas porque ele não reprimia as prédicas anticatólicas de certos agitadores.

— De sorte que o governo de Francisco Madero era justo, benévolo e democrático...

— Sim, mas nada disso convinha a Mr. Henry Lane Wilson, embaixador dos Estados Unidos. A embaixada continuava a ser o centro da conspiração. Não era possível derrotar Madero pelas armas. O país estava em paz. Começava-se já a pensar no sucessor do presidente. Tinha de ser um homem culto, preparado na ciência das escolas e na experiência do mundo. O México agora havia deixado para trás a barbárie, criando um regime de nação civilizada. Oh! Mas o quadro não agradava aos que ainda desfrutavam grandes fortunas e os negócios desonestos da era porfiriana. Os políticos despeitados e os militares ambiciosos estavam também descontentes com a situação.

— Crê que a opinião americana estava contra Madero?

— Não. Nos Estados Unidos a opinião das maiorias, sempre generosa, inclinava-se a favor de Madero e do novo regime. Compreendiam instintivamente os norte-americanos de boa-fé que um México regenerado, progressista, seria melhor vizinho e amigo que um México selvagem, submetido a despotismos cruéis.

— Alegro-me por ver que meu amigo não culpa, como fazem muitos, *todo* o povo dos Estados Unidos pela política dos grupos financeiros e industriais, do *big business*, enfim.

Falo na traição do general Victoriano Huerta, que tomou o poder e depois mandou matar Madero, de cujas forças era o comandante supremo.

— Huerta — diz Don José —, esse inqualificável bêbedo, escreveu uma das páginas mais negras de nossa lamentável História.

— Qual foi a reação do povo mexicano diante do assassínio de Francisco Madero?

— O protesto armado não se fez esperar. Houve levante em várias partes do país, e o governador Don Venustiano Carranza se pôs ao lado do povo. No Sul, Zapata estava em armas com seus camponeses, disposto a lutar pelo Plano de Ayala. Surgia um caudilho no Ocidente: Álvaro Obregón. No Norte, Pancho Villa havia criado um exército e infligia derrotas às tropas de Huerta.

— Que influência teve nos acontecimentos mexicanos a eleição de Wilson nos Estados Unidos?

— Favoreceu a causa de nossa legalidade. Wilson era um homem de ideais. Destituiu o embaixador americano que conspirara contra Madero. Negou também reconhecimento ao governo de Victoriano Huerta.

— Tudo isso, se bem me lembro, levou Huerta a demitir-se.

— Entenda-se: Wilson não prestou nenhuma ajuda material aos rebeldes. Huerta foi expulso pelos guerrilheiros de Carranza, Villa, Zapata, Obregón e outros!

— Entendo que o general Venustiano Carranza ficou, pelo menos na capital e arredores, senhor da situação... Que tipo de homem era ele?

— Um homem de extraordinária capacidade e dominado por uma ânsia de mando. Mas a inveja que tinha dos subordinados mais capazes levou-o a intervir excessivamente em assuntos sem importância, com prejuízo da administração.

— E acha que a inépcia de Carranza se deva à falta de sentido fixo da chamada Revolução Constitucionalista?

— Claro! Cada um de seus chefes interpretava essa Constituição a seu modo. No Sul, Emiliano Zapata negava-se a obedecer à autoridade de Carranza, a quem chamava de burguês e reacionário. Levava a cabo, à sua maneira, o plano de Ayala, isto é, apoderando-se das granjas. Villa e seus soldados queriam que se convocassem eleições para eliminar Don Venustiano.

— E os *compinches* de Carranza desejavam manter um longo período de ditadura pré-constitucional antes das eleições.

— Exatamente. Os zapatistas advogavam uma república indígena e uma divisão de terras...

— Segundo um plano comunista?

— Não! Segundo o Plano de Ayala. Não se falava ainda em comunismo ou coletivismo no México. No fundo, cada um dos três bandos cortejava Washington, ou seja, o reconhecimento de beligerância que dava acesso ao mercado de armas.

— De quem foi a ideia duma Convenção Nacional Revolucionária?

— Dum grupo de patriotas que queria evitar o derramamento de sangue.

— A que tipo de acordo se chegou nessa Convenção?

— A um programa revolucionário medianamente avançado em matéria agrária e operária. As cláusulas agrárias foram introduzidas pelos zapatistas. No plano político, a Convenção achou que chegara o momento de livrar o país do caudilhismo militar que lhe havia sujado toda a História, e que, pela mesma razão, devia cessar o mando pessoal tanto de Carranza como de Villa e Zapata. As forças destes três caudilhos deviam ficar subordinadas ao Ministério da Guerra do presidente provisório que a Assembleia em seguida elegeu.

— Como recebeu Carranza esses acordos?

— Ora! Não tomou conhecimento deles. Villa e Zapata ofereceram suas armas ao governo da Convenção. E a guerra ficou oficialmente declarada entre carranzistas e convencionistas.

— Uma coisa que sempre me intrigou foi o comportamento do general Obregón, de tradição campeira. Era de se esperar que, à frente de suas tropas de Sinaloa e Sonora, apoiasse o presidente provisório Don Eulalio Gutiérrez...

— No entanto, preferiu unir-se a Carranza, a quem dias antes se havia formalmente recusado reconhecer.

Segue-se um período da História do México que me desnorteia pelo que tem de confuso. Carranza é expulso do país pela força das armas. Gutiérrez ocupa a capital e faz o possível para evitar atos de vingança e matanças inúteis. Por outro lado, zapatistas e villistas, unidos em seu ódio a Carranza, se entrematam mercê de rivalidades irracionais. Gutiérrez firma um decreto destituindo Villa do comando de suas tropas. Mas sua fraqueza impede-o de pôr em prática o decreto. Abandona a capital com seu governo para se estabelecer em San Luis Potosí. Villistas e zapatistas improvisam uma Convenção, declaram Gutiérrez destituído e nomeiam presidente provisório um *compinche* de Pancho Villa. Fica assim o México com três presidentes: Roque González Garza, preposto de Villa; Venustiano Carranza, candidato próprio, e Eulalio Gutiérrez, eleito pela Convenção de Aguascalientes. Woodrow Wilson teve em suas mãos o destino político do México quando decidiu fechar a fronteira para o comércio de armas e munições, declarando que só reconheceria a facção que instituísse um governo mediante o voto. Pouco depois, esquecido dessa resolução, reconhece Carranza. Villa estava fora da lei e suas façanhas de bandido o haviam desprestigiado. Obregón derrotou-o, fazendo-o retirar-se para o Norte, em cujas montanhas se refugiou, sempre perseguido pelos inimigos e tendo pelas costas a fronteira americana fechada. Zapata refugiou-se nos socavões do Sul. Carranza pôde organizar o seu governo, sob o beneplácito dos Estados Unidos.

— Que tipo de governo fez Carranza?

E mestre Vasconcelos, que por alguns minutos deu sua atenção ao diplomata uruguaio que se aproximara dele, responde:

— Sua primeira lei transcendental foi a de 6 de janeiro de 1915, sobre a restituição dos *ejidos*, obra de Don Luis Cabrera, principal conselheiro desse ditador iletrado.

— Que características tinha essa lei?

— Tornava nulas as concessões de terras feitas durante a ditadura de Don Porfirio Díaz, com prejuízo das aldeias e comunidades indígenas, e restabelecia a propriedade comunal sobre as mesmas.

— Venciam, então, as ideias de Zapata?

— Sim, mas o propósito político dessa medida foi deixar sem bandeira o zapatismo. E era curioso, veja bem, que uma revolução que se dizia radical começasse revivendo o sistema espanhol dos *ejidos*, contradizendo a Lei de Juárez.

— Veio depois a Convenção de Querétaro.

— Sim, e promulgou a Constituição de 1917 que, na parte política, conserva as garantias do homem contidas na de 57. Mas, no que se refere ao Poder Executivo, a nova Carta aumenta-lhe as faculdades a ponto de converter o presidente num ditador de direito.

— Possivelmente Carranza estava especialmente interessado nesse artigo...

— E soube fazer muito bom uso dessas prerrogativas. Seu governo foi constantemente fustigado por reclamações diplomáticas, ocasionadas não só por leis irrefletidas, pelas confiscações, como também pelos atropelos que nos campos e cidades cometiam funcionários cuja impunidade Carranza garantia. Em matéria aduaneira Carranza reviveu métodos santannistas, expedindo licenças para a importação livre de muitos artigos. Essas licenças, com a assinatura do chefe da nação, eram vendidas e revendidas.

Ó Brasil! — exclamo mentalmente. — Ó pátria distante, não foram teus filhos os inventores do sistema de vender licenças de importação!

— Carranza nunca quis confessar o número e o valor das emissões que consumou de papel-moeda. O desconhecimento do papel-moeda que ele mesmo emitia, o saque aos cofres dos bancos de emissão determinaram a desvalorização total do papel-moeda e dos bilhetes de banco, e a falência de toda uma geração, a perda das economias de todo um povo. E, como é natural, as classes pobres foram as mais prejudicadas.

Faz uma pausa e depois prossegue:

— O estado de insurreição tornou-se crônico no México. Um famoso bandido, Chávez García, fez uma passeata, que durou meses, pelo centro do país, conquistando povoados e cidades, saqueando casas, violando as mulheres capturadas. Carranza mandou matar Emiliano Zapata numa emboscada e promoveu a general o autor dessa traição.

Saímos os dois para a sacada do apartamento e ficamos olhando a noite e a cidade. Um anúncio de gás neon, num apaga-acende, joga alternadamente reflexos azuis e vermelhos no rosto de meu amigo.

— Era natural que depois de todos esses desmandos, roubalheiras e banditismos, Carranza pensasse num sucessor obediente que fosse a garantia de sua impunidade. Mas a oposição lançou a candidatura de Álvaro Obregón, que fez um giro eleitoral por todo o território nacional. Os melhores homens da revolução uniram-se ao obregonismo.

José Vasconcelos sorri. Todo vermelho, sua face agora parece a de um amável demônio.

— Graças a Deus os ditadores sempre cometem um erro fatal. Don Venustiano Carranza, temeroso de que a discussão de seu governo prosseguisse, e desejoso de aniquilar o inimigo no nascedouro, mandou prender Obregón. Um dos secretários de estado de Carranza, o general Calles, deixou seu chefe para ir sublevar as forças auxiliares de Sonora. Outros comandantes militares se rebelaram e Carranza se viu obrigado a fugir da capital.

Toda azul, agora a cara do mestre tem uma expressão quase angélica.

— Ao internar-se em sua fuga na serra de Puebla, Carranza foi assassinado por uma escolta que havia simulado adesão ao ex-ditador. No dia seguinte firmou-se um documento em que se declarava que Don Venustiano se havia suicidado...

Debruçado no parapeito, Don José olha para a rua, lá embaixo, onde se movem automóveis e vultos humanos.

— Seja como for, Carranza caiu sob uma lei antiga. "Quem com ferro fere, com ferro será ferido." E o país sentiu-se aliviado, pois pelo menos um de seus tiranos havia pago com a vida toda uma cadeia de iniquidades.

Lanço um olhar para a metrópole imensa. A ideia de que todos esses dramas aconteceram aqui, chega a me produzir uma espécie de calafrio.

ÚLTIMO COLÓQUIO

Com a eleição e a posse do general Álvaro Obregón, pelo menos um simulacro de paz voltou à nação mexicana. Dez anos após a deposição de Porfirio Díaz, o país parecia ter uma autoridade constituída e geralmente aceita.

No meu próximo encontro com José Vasconcelos pergunto-lhe que tipo de homem era Álvaro Obregón. Estamos passeando numa das ruas da parte antiga da cidade, e mestre Vasconcelos caminha lentamente a meu lado.

— Era alto, branco, de olhos claros e aparência robusta, testa inteligente, tipo de *criollo* de ascendência espanhola.

Lembro-me do Obregón de cera que encontrei na Casa do Alfenim, em Puebla.

— Possuía um extraordinário talento natural, porém jamais havia saído da aldeia e sua cultura superior era nula. Dedicado aos negócios do campo e à política local, Obregón tinha o preparo da classe média provinciana que lê o jornal da capital e meia dúzia de livros, principalmente de História.

— Podemos considerá-lo um idealista? — provoco.

— As ideias revolucionárias, que em alguns outros generais produziam um caos mental, deixavam Obregón sereno. Era um adepto dos métodos moderados e sua aspiração mais profunda era imitar os sistemas oportunistas de Porfirio Díaz. Por isso nunca aplicou as leis bárbaras da Constituição contra o clero. Nem se pôs a fazer experiências descabeladas em matéria agrária.

— No entanto — interrompo-o —, li que Obregón encorajou a formação dos sindicatos, deu postos de governo a seus chefes, financiou as convenções laboristas, chegou a dar-lhes passes livres nos trens...

— Sim, fez tudo isso. Mas não cortejou o operariado como havia de fazê-lo mais tarde Plutarco Elías Calles. Obregón era um militar nato, sem dúvida o melhor soldado do México, depois de Don Hernán Cortés. E, como todos os verdadeiros capitães, era militar estrito em campanha, mas amigo das formas civis na vida ordinária.

— Mas não é verdade que ele também cometeu atos de crueldade?

Mestre Vasconcelos fica um instante pensativo e depois diz:

— Sim, mostrou nas represálias crueldades que desonram a vitória. Mas seu trato era afável e conquistava-lhe amigos. Nos primeiros três anos de seu governo, o progresso nacional foi notório em todas as atividades. A paz de Obregón não era fruto do terror mas da tranquilidade dos espíritos, o que não aconteceu com o carranzismo.

De repente me lembro de que o José Vasconcelos que tenho a meu lado foi secretário da Educação do governo de Obregón. E um grande secretário! Sob a influência de Tolstói, revelou-se um apóstolo da paz e da igualdade. Aos que lhe vinham com a velha cantilena em torno da inferioridade do índio, o então jovem mestre replicava: "Eles todos têm almas, todos os seres humanos são iguais. No fim de contas, essa é a doutrina de Cristo e eu sou cristão!". A princípio Obregón nomeou-o diretor da Universidade Nacional. Don José declarou que não pretendia assumir a direção de um "monumento em ruínas" para cultivar modelos estrangeiros. Considerava-se um delegado da Revolução, ia organizar um sistema educacional intensivo e rápido que abrangesse todos os mexicanos. Que adiantava ensinar francês na universidade quando havia por todo o país crianças abandonadas? Achava que a responsabilidade primeira do governo era proteger e educar a infância. Foi com esse espírito que procurou Obregón e convenceu-o da necessidade de criar uma Secretaria de Educação.

O plano de Vasconcelos à frente da nova secretaria tinha uma amplitude grandiosa. Não bastava ensinar o público a ler. Era preciso levar a música e a arte às massas. Foi organizado um coro popular. Estabeleceram-se aulas noturnas gratuitas. Lançou-se uma campanha vigorosíssima contra o analfabetismo, congregaram-se professores — fosse quem fosse, bastava que soubesse ler —, que não só ensinavam em escolas, mas também em suas residências; e se tinham outras obrigações, recebiam os alunos aos domingos, feriados e dias santos. A campanha, acolhida com enorme entusiasmo, congregou centenas de *maestros* voluntários e despertou o maior interesse em todo o país.

O plano de Vasconcelos, porém, não se limitava ao curso primário. Achava ele que a Secretaria de Educação que criara devia ter uma seção de belas-artes, não para supervisionar ou julgar os artistas, pois na sua opinião (que é também a minha), "o Estado não pode julgar a obra do artista, ninguém pode julgá-la a não ser o próprio artista" — mas para encorajá-los. Foi assim que José Vasconcelos entregou as paredes de importantes edifícios públicos para que nelas pintassem seus murais artistas como José Clemente Orozco, Diego Rivera e David Alfaro Siqueiros.

Vasconcelos nunca procurou tirar à educação o seu caráter secular. O que fez foi torná-la, além de secular, gratuita e compulsória até a idade de catorze anos. E quando a imprensa oficial foi incorporada à sua Secretaria de Educação, mandou publicar clássicos com o fim de disseminá-los por todo o país. O grande secretário talvez alimentasse a esperança de ver um dia os índios com livros de Homero, Goethe, Platão ou Cervantes nas rudes mãos encardidas de terra.

Relembro todas essas coisas a José Vasconcelos, que sorri, limitando-se a dizer:

— Nosso programa nacionalista de Educação pública, completamente livre de ódios religiosos, chegava a custar-nos 50 milhões de pesos anuais. Quando terminou a gestão de Obregón, o orçamento da Educação ficou reduzido a 27 milhões, sob o governo de Calles.

— Voltemos aos nossos caudilhos — digo. — Em algum ponto de sua carreira Obregón deve ter cometido um erro. Qual foi?

Sentamo-nos num banco na Alameda, a poucos passos do monumento a Benito Juárez.

— O que perdeu Obregón foi a ambição! Tinha esperado o período de Carranza para ser presidente, e os quatro anos de sua gestão lhe pareceram curtos. A Constituição proibia rigorosamente a reeleição. Assim, o recurso de Don Álvaro era governar por meio dum preposto. Para isso escolheu o mais impopular, o mais desprestigiado de seus amigos, o que tinha piores precedentes: Plutarco Elías Calles.

Lembro-me de que para essa eleição as forças armadas se dividiram entre dois candidatos: Adolfo de la Huerta e Calles. O primeiro conseguiu revoltar uma boa parte do exército e Obregón só pôde dominar a rebelião graças ao apoio dos zapatistas (que ele havia cortejado durante seu governo) e dos sindicatos. De muita valia lhe foi também o auxílio indireto que lhe prestaram os Estados Unidos. Realizaram-se as eleições e Calles foi eleito.

José Vasconcelos traça na calçada, com a ponteira da bengala, desenhos invisíveis.

— Um dos orgulhos da administração de Obregón era ter podido sustentar-se por mais de três anos sem o reconhecimento expresso dos Estados Unidos. Mas logo que Don Álvaro se divorciou do povo pelo seu capricho de impor Calles, a necessidade do reconhecimento ianque se fez imperiosa.

Don José lança um olhar na direção da estátua do índio que admirava Lincoln, e depois continua:

— Foi nesse ponto que Washington tomou sua desforra. Impôs condições ao reconhecimento do governo de Obregón. Por exemplo, a derrogação das leis agrárias no que se referia aos interesses americanos e o reconhecimento da não retroatividade das leis sobre o petróleo, no que afetassem as companhias estrangeiras. Conseguiram tudo isso! E mais ainda: ficou estipulado que no caso da expropriação de terras de norte-americanos o pagamento do expropriado se faria em dinheiro e não em bônus da dívida agrária. Isso queria dizer que jamais seriam expropriadas as terras dos ianques no México, porque nunca teríamos dinheiro para pagar a expropriação. Assim, foi Obregón quem deu o primeiro passo para a total transferência dos bens de raiz do México em proveito dos norte-americanos.

— Mas o Senado aprovou esse acordo?

Don José solta uma risada curta e seca.

— Por esse tempo o obregonismo andava às voltas com a campanha militar contra os sublevados de Adolfo de la Huerta; Obregón, de Ocotlán, intimidou o Senado. Um dia, vários senadores foram sequestrados em plena capital da República. Certa manhã o senador Field Jurado, que se tinha manifestado contra os tratados, foi assaltado em frente de sua casa e impunemente assassinado por agentes do governo.

Obregón obteve vitória no campo militar e o Senado não discutiu o tratado com os Estados Unidos.

— E o Conselho de Ministros?

— Não foi consultado. A imprensa também não foi informada. O acordo foi aprovado na sombra, sob o terror da lei marcial.

Depois duma pausa, Don José continua:

— E a 1º de dezembro de 1924, o general Plutarco Elías Calles iniciou seu regime de assassinatos e prevaricações.

Lembro-me dum trecho do livro de Frank Tannenbaum — *México: A luta pelo pão e pela paz* — em que este sociólogo americano afirma que a sobrevivência do México como país, nesses quatro agitados anos da administração de Calles, foi um milagre, e uma prova de sua vitalidade interior. "A despeito de seus muitos erros, de seu temperamento arbitrário", escreve Tannenbaum, "e de sua completa desumanidade para com os adversários políticos, Calles cristalizou as ideias do nacionalismo mexicano e salvou a revolução social da desagregação interna e da pressão externa." Diz a seguir que Calles apoiou a Confederação Regional Operária Mexicana, deu um impulso à distribuição de terras, disciplinou o exército com mão de ferro, lançou um programa de irrigação, construiu estradas, estimulou o sistema de escolas rurais e fundou o Banco Nacional do México. Recordo todas estas coisas a José Vasconcelos, que se limita a dizer:

— Tannenbaum é um escritor judeu apologista do callismo. Foi agraciado com a ordem da "Águia Asteca", condecoração criada pelo presidente ianque-mexicano Abelardo Rodriguez.

O índio Juárez continua imóvel, sentado na sua cadeira de pedra, no alto do monumento. Pela sua frente, na rua, passam automóveis reluzentes. E nas calçadas, índios mestiços, *criollos* e estrangeiros se cruzam e entrecruzam.

— Num ambiente de terror — prossegue mestre Vasconcelos — consumou-se a passagem do governo. Mas o país inteiro sentiu um alívio ao comprovar que Calles não passava dum prisioneiro.

— Como?

— Todo o gabinete havia sido nomeado por Obregón. A Calles não restava senão uma sombra de mando. Mas essas situações são muito perigosas mesmo para o que julga tirar benefícios delas. A princípio Calles conformou-se com ser um testa de ferro. Mas com astúcia aproveitou a fraqueza de Obregón pelo dinheiro e deixou-o fazer grandes negócios: enormes extensões de terra em Sonora e toda uma estrada de ferro passaram para as mãos de Don Álvaro. Houve ainda várias outras negociatas. Entabulou-se em geral uma competição de desprestígio e crime entre os homens que governavam o país, que era quem realmente saía perdendo, em ruína e sangue, nessa luta antipatriótica.

— É verdade que Calles esmagou as liberdades públicas?

— Sem a menor dúvida. Um diário da oposição foi assaltado por beleguins disfarçados de operários. Um dos redatores foi morto a tiros e parte da maquinaria ficou destruída. A polícia, como sempre, chegou tarde. Em várias partes do país continuava o assassínio político. Tão usual se tornou a prática dos fuzilamentos consumados pelas autoridades, à imitação do presidente, que em certa ocasião um tenente, chefe duma guarnição de aldeia, em Oaxaca, uma noite tirou de suas casas todos os vereadores e fuzilou-os no cemitério local.

— E a perseguição à Igreja?

— Começou sob um pretexto ridículo. Vagabundos duma organização governista atacaram a igreja de Soledad, profanaram altares, fizeram correr umas beatas. Em seguida, a pretexto de haver-se "alterado a ordem", o templo foi fechado. Uma semana depois era entregue a um padre renegado, que dizia ter feito um plano para criar uma Igreja católica, mas mexicana, independente de Roma, algo como a Igreja anglicana de Henrique VIII. Esse padre réprobo, entretanto, ficou com a igreja vazia. Mas seguiram-se atentados aos bens eclesiásticos e consumou-se a expulsão de mais de duzentos sacerdotes espanhóis. As escolas particulares em que se ensinava a religião católica foram fechadas; o número de padres foi limitado de tal maneira, que comarcas inteiras ficaram sem párocos. Os atropelos foram tão consideráveis e irritaram tanto o povo, que não tardou a produzir-se uma sublevação geral no centro do país. Ao grito de "Viva Cristo Rei!", camponeses mal armados se pronunciaram contra a ditadura de Calles, que, solidamente estabelecida e bem armada, massacrou os rebeldes. Essa rebelião foi ao mesmo tempo pretexto para que em todo o país os atentados governistas tomassem as formas mais selvagens. Mulheres da melhor classe social foram açoitadas em público por generais callistas. Outras foram entregues à soldadesca para screm violadas. Entre os homens capturados, houve requintes de torturas e mutilações dignas da África. Nunca correu mais sangue em todo o país, e nunca o opróbrio chegou a tal ponto!

— Desculpe-me se insisto nas reivindicações agrárias... Mas que fez Calles nesse terreno?

248

— Para proveito próprio e para contentar seus amigos gananciosos, Calles iniciou uma série de ocupações de terras e expropriações que determinaram verdadeiro pânico. O proprietário despojado que não se conformava era acusado de *cristero* e de rebelde, sendo fuzilado. Nas províncias, os caciques imitavam a conduta dos chefes da capital. E todo aquele que possuía algo teve de vender para poder conservar a vida. Todos, menos os estrangeiros!

José Vasconcelos refere-se às maquinações do embaixador americano no México naquela época, Dwight Morrow, o qual declarou ser Calles um dos grandes estadistas do momento.

— É que todas as exigências de Washington haviam sido satisfeitas por Calles. Quem exercia o poder, em última análise, era Don Dwight, ex-sócio de Morgan, diplomata, advogado, milionário e banqueiro.

Ao aproximarem-se as eleições de 1928, de novo o país foi agitado por movimentos armados. Como Álvaro Obregón se candidatasse de novo à presidência, parte do exército apresentou um candidato: general Arnulfo Gómez. O próprio Calles o incitou a que se candidatasse.

— Esse Gómez — explica mestre Vasconcelos — era sócio de Calles nas matanças. Por outro lado, um grupo obregonista apresentava a candidatura de Francisco Serrano, ex-ministro da Guerra, um tipo degenerado, morbidamente viciado, inteligente quando se achava em seu juízo perfeito, com engenho de palhaço, pois havia sido artista de circo. Quando estava embriagado, porém, ficava perigosíssimo. Por puro gosto matava choferes, mulheres públicas, amigos e inimigos. E como esses dois candidatos tivessem forte apoio do exército, começou-se a falar em pronunciamentos. Era exatamente isso que Obregón queria, pois estava pensando também em candidatar-se!

Amigos falsos levaram Francisco Serrano a Guernavaca e mataram-no. Por outro lado o divisionário Escobar assassinava Arnulfo Gómez.

— Obregón confiava no voto dos católicos — prossegue Vasconcelos. — Declarou que, embora respeitando a Constituição, tinha sabido contentar todos os partidos durante sua presidência. Essa declaração matou-o. Desde que ela se fez pública, todas as forças que apoiavam Calles por causa de sua sanha anticatólica se puseram em campo contra Obregón.

Vasconcelos cala-se, como que cansado de relembrar tanta miséria, tanta violência. Depois, com voz mais calma, diz:

— Obregón foi morto em julho de 1928, num restaurante onde comia com alguns amigos.

Aqui terminam meus colóquios com José Vasconcelos, que não torno a ver. Mas evidentemente não termina aqui a História do México.*

CINCO ANOS NEGROS

Os cinco ou seis anos que mediaram entre o assassinato de Obregón e a posse de Lázaro Cárdenas foram um período dúbio na história do México. Durante esse tempo três homens ocuparam a presidência. Calles indicou-os para o posto e Calles amparou-os. Primeiro veio Emilio Portes Gil, que o Congresso Nacional escolheu para presidente provisório de 1928 a 1930. Segundo as palavras de José Vasconcelos, era Portes Gil "formado em direito por uma escola ilegítima, ex-deputado, ex-agente de Victoriano Huerta convertido à revolução via Calles e, naturalmente, um exaltado radical, socialista e callista". Seguiu-se um levante armado de grande parte do exército, que Calles sufocou com o auxílio dos agraristas e dos sindicatos. Assumiu a presidência, com o beneplácito dos Estados Unidos, o diplomata Pascual Ortiz Rubio. Fora seu concorrente na eleição, como candidato dos independentes, o nosso José Vasconcelos, que aceitou sua candidatura não porque tivesse esperança de eleições livres, mas "para dar o exemplo e para preparar o terreno para uma rebelião nacional que expulsasse do governo toda a bastardia callista". Consumou-se a farsa eleitoral. Os eleitores de Vasconcelos foram intimidados pelos agentes e pelas forças do governo. Campeou a violência e a fraude, e o candidato oficial, como sempre, triunfou. A indignação popular, no entanto, era enorme. Por ocasião da posse de Ortiz, um patriota deu-lhe um tiro na cara que o deixou inválido por muito tempo, enquanto Calles dava as cartas no governo. Em 1933, Pascual Ortiz Rubio foi forçado a demitir-se. Tomou o governo o general Abelardo L. Rodriguez, que serviu até a eleição de Lázaro Cárdenas.

---

* Embora não tenham sido taquigrafados, todos estes colóquios reproduzem com a mais absoluta fidelidade as palavras de José Vasconcelos, que permitiu ao autor deste livro usar os trechos de sua *Breve história do México* referentes a pessoas, ideias e fatos discutidos nos diálogos.

LÁZARO CÁRDENAS

Aqui está um presidente por quem sempre tive pronunciada simpatia. Grandes coisas aconteceram no México durante sua gestão. Tenho a impressão de que ele deu uma atenção especial ao "homem comum", ao *peón*, ao índio, aos pequenos proprietários rurais. Costumava dar audiências públicas e escutar as queixas, reclamações e pedidos do povo. Era um desfile em que o patético e o cômico se alternavam. Vinham senhoras queixar-se da infidelidade dos maridos, *peones* acusavam vizinhos de haverem roubado uma galinha ou uma rês. Atribuem a Cárdenas uma frase admirável: "Eles precisam de tanta coisa! Paciência, pelo menos, eu lhes posso dar". E, fato raro na vida política mexicana, Don Lázaro era um homem que tinha grande respeito pela vida de seus semelhantes. Quando alguém estranhou que ele viajasse pelo país sem guarda-costas, disse: "É melhor morrer tentando fazer o bem do que conservar-se vivo por praticar o mal".

Era um homem silencioso (e nesse ponto, como em alguns outros, convida a um paralelo com Getúlio Vargas) e nada lhe parecia pequeno demais para merecer sua atenção. Não só os grandes projetos o atraíam. Achava que era importante abrir uma escolinha aqui, um hospital público mais além, e assim por diante.

Don Lázaro não era apenas uma criatura bondosa. Era também — combinação raríssima — um homem de coragem e energia. Seu primeiro gesto ao tomar o poder foi fazer frente a Calles e aos *callistas*. Funcionavam no país várias casas de jogo que gozavam de concessões federais. Cárdenas mandou fechá-las. Deu uma atenção especial ao problema agrário, acelerando a distribuição de terras entre as aldeias. Voltou os olhos também para o proletariado. Apoiou os sindicatos e exigiu que a indústria tratasse seus empregados como a seres humanos. E por fim — corajosa decisão! — confiscou as jazidas petrolíferas estrangeiras a fim de que "elas não influíssem na decisão da próxima eleição presidencial".

A expropriação do petróleo ocorreu em 1938 quando as companhias estrangeiras que o exploravam recusaram obedecer a uma decisão da Suprema Corte mexicana. Essa atitude equivalia a uma rebelião. A situação foi agravada por uma declaração pública das referidas companhias petroleiras que era um verdadeiro insulto à nação: elas não se responsabilizariam pelo que pudesse acontecer no país...

Lázaro Cárdenas revelou-se um homem à altura da situação, tomando a única resolução que cabia na conjuntura. Na minha opinião foi um gesto do mais legítimo senso comum. A questão não era apenas social e econômica: era também de ordem moral. Ali estava a oportunidade para dizer "Basta!" à intervenção de companhias estrangeiras nos negócios públicos mexicanos.

O povo do México apoiou entusiasticamente seu presidente. A questão parecia tornar mais forte que nunca a unidade nacional. Era comovente verem-se índios descalços a trazer níqueis, centavos, e até porcos, galinhas e outros produtos de seus pobres sítios "para ajudar a pagar as expropriações". A própria Igreja católica permitiu se fizessem coletas para esse fim à frente de seus templos. (Cárdenas usara seu prestígio pessoal para pôr fim às perseguições ao catolicismo.)

Havia em todo o país uma atmosfera de otimismo e esperança que parecia anunciar dias melhores. Cárdenas nacionalizou as estradas de ferro, entregando-as a seus empregados para que eles as fizessem funcionar. Criou um Banco Nacional de Crédito para fomentar o programa dos *ejidos*. Deu novo impulso ao projeto de irrigação. E, como um Pai Grande, continuou as audiências públicas em que recebia e ouvia praticamente toda a gente, por mais tola ou ingênua que fosse a queixa, o pedido ou a causa.

Mas ninguém obra milagres. Um homem, por melhor que seja, não pode mudar com decretos ou com o seu exemplo pessoal uma situação de mais de um século de erros e vícios. Cárdenas cercou-se de colaboradores capazes e decentes. Mas a burocracia do país continuava corrupta. E como o novo presidente tivesse acabado com a prática de liquidar os inimigos, estes continuaram com excelente saúde e naturalmente com seus apetites de lucro e sangue aguçados. Por outro lado, os empregados ferroviários a quem ele entregara os caminhos de ferro e os petroleiros a quem confiara a administração dos poços de petróleo, não revelaram nessas funções a competência e a integridade que era de se esperar e desejar.

Problemas de outra ordem surgiram. A Guerra Civil na Espanha determinou o nascimento no México dum movimento falangista de caráter nitidamente fascista, ao mesmo tempo que grupos nazistas se formaram no país — ponto eminentemente estratégico — e por meio da intriga, do suborno e da propaganda procuravam ganhar posições e influência no governo. Homem de espírito democrático, Lázaro Cárdenas pôs-se desde o princípio da Guerra Civil Espanhola ao lado do governo republicano, ao qual prestou auxílio; e, quando a luta terminou, abriu as portas do México aos republicanos exilados.

Sua atitude diante do caso das companhias de petróleo não fora um gesto de patriotismo irracional ou uma primária expressão de antiamericanismo. Quando rebentou a Segunda Grande Guerra, Don Lázaro comunicou aos Estados Unidos que, em caso de guerra deste país com o Japão, todos os recursos humanos e materiais do México estariam à disposição da nação vizinha.

Em 1938 o general Cedillo, caudilho de San Luis Potosí, rebelou-se contra o governo central. Foi o único levante armado que se verificou durante o governo de Lázaro Cárdenas. E as eleições presidenciais de 1940 — graças a esse presidente que queria ensinar a seu povo que ele podia ser governado sem crueldade — processaram-se sem nenhum pronunciamento, embora tivesse havido atos esporádicos de violência.

O general Manuel Ávila Camacho sucedeu a Lázaro Cárdenas e governou de 1940 a 1946. As eleições seguintes foram muito menos acidentadas que todas as anteriores e levaram ao poder um civil, o primeiro desde Francisco Madero — Miguel Alemán, que governou até 1951. Minhas esperanças quanto à regeneração política do México repousam, entre outros sintomas, no fato de que todos os presidentes que vieram depois de Obregón conseguiram deixar o poder com vida. É o destino que desejo a Ruiz Cortines, que ocupa a presidência no momento em que escrevo estas linhas.

9

Outra vez a capital

Estamos de novo na Cidade do México, no mesmo hotel, e Tito vem buscar-nos para uma visita ao convento de San Ángel e ao barão von Wuthenau.

Entramos num táxi que se precipita Paseo de la Reforma em fora, contornando vertiginosamente as *glorietas*, na direção do velho bairro de San Ángel.

Enquanto olho, hipnotizado, para o pescoço cabeludo do chofer, Tito traça breve biografia do barão:

— É duma antiga família da Saxônia. Pertencia ao serviço diplomático do Terceiro Reich, mas abandonou a carreira quando Hitler subiu ao poder. Radicou-se no México, onde é hoje considerado uma das maiores autoridades em arte colonial. Perdeu a mulher, que muito amava e admirava, e com a qual teve muitos filhos. Casou-se há pouco com a sobrinha da esposa. É a família mais boêmia que conheço. Os filhos, não sei quantos rapazes e meninas, crescem em liberdade como lindas plantas. O pai passa parte do tempo aqui, na residência de San Ángel, e, quando não anda viajando a visitar igrejas e ruínas, é visto na cidade de Taxco, onde a segunda mulher mantém uma pensão, na casa em que o barão Von Humboldt viveu no século XIX.

Não é preciso dizer mais nada. Estou já interessado nessa família, cujos membros começo a imaginar. O barão deve ser alto, corpulento, ruivo, de cara redonda, bochechas rosadas e cheias. Tem uma voz de trombone que contrasta com a doçura dos olhos azuis. Vejo ao redor dele uma coleção de cabeleiras fulvas, uma floresta de pernas finas e inquietas.

Chegamos. Apeamos diante da igreja de San Ángel. Entramos no adro murado, em cujo centro existe um velho poço, caminhamos sobre as lajes cinzentas, entramos no templo sombrio e fresco, onde Tito me cochicha ao ouvido:

— Você vai ver agora o mais imprevisto, o mais estranho "conjunto" do mundo.

Pega-me dum braço e me conduz. Yoly e minha companheira nos seguem. Entramos no convento de San Ángel, que é hoje um museu; andamos por seus corredores de pedra, visitamos suas celas, onde vemos instrumentos de cilício, olhamos as pinturas das paredes, descemos ao subsolo onde encontramos, em seus pequeninos caixões, múmias de freiras que aqui viveram.

— Onde está o barão? — pergunto.

— Tenha paciência. Já vimos uma parte do convento... Que é que você imagina que vamos ver agora na outra metade deste casarão?

— Uma fábrica?

— Errou.

Chama-me para junto da janela de uma das celas que está tapada com tábuas, por entre cujas frestas me faz espiar.

Vejo um pátio com arcadas, povoado de figuras humanas. Freiras? Frades? Não. É como um estranho congresso de marginais. *Pelados*, índios, mestiços, um ou dois brancos — todos homens, todos sujos, todos descalços, todos esfarrapados, todos melenudos.

— Que história é essa? — pergunto.

— Uma cadeia municipal.

— Aqui junto do convento?

— No mesmo edifício.

— E que tipo de presos mandam para cá?

— Vagabundos, gatunos, bêbedos...

Conta-me mais que essas pobres criaturas costumam meter a mão pela fresta que se abre entre o grande portão de ferro e o chão, e ali ficam horas inteiras, as palmas estendidas, esperando que algum passante caridoso ponha sobre elas um cigarro, uma bagana ou — *quién sabe!* — uma moeda.

— Mas não é tudo. Este mesmo convento, em que outrora viviam monjas em odor de santidade, nos reserva outras surpresas. Vamos.

Descemos para o adro, ganhamos a calçada, caminhamos alguns passos e paramos à frente do grande portão central que dá para vasto pátio.

— Aqui temos uma série de apartamentos ocupados em geral por artistas, poetas, escritores, pintores... Mas o melhor está na outra ala.

Para lá nos dirigimos.

— Mas onde diabo mora esse barão? — insisto.

Tito sorri.

— Temos que ir com cuidado e vou explicar por quê. O barão comprou uma ala do convento, mas uma americana louca que ocupa o apartamento vizinho está processando Von Wuthenau, pois acha que ela, só ela tem direito a toda essa parte do histórico edifício.

— Mas você falou em "ir com cuidado"... Que é que temos a ver com a questão?

— A americana costuma atiçar seus cães dinamarqueses contra as pessoas que vêm visitar o barão.

— Ai, ai, ai...

As mulheres fazem alto e recusam-se a ir adiante. Tito tranquiliza-as. Talvez tenha exagerado um pouco. É possível que toda a coisa não passe de uma invencionice...

Subimos alguns degraus e entramos num corredor.

— É melhor não fazer nenhum ruído. Silêncio, pois. O apartamento da gringa doida é aquele... — E aponta para uma velha porta.

Caminhamos na ponta dos pés, mudos. Paramos junto da entrada da residência do barão Alexander von Wuthenau.

Tito cochicha:

— Sabe com quem vive a americana? Com um alemão borracho que ela tirou da cadeia vizinha.

Estou encantado com o convento de San Ángel. Para ver tudo isto vale a pena a gente arriscar-se a ser estraçalhado pelos dinamarqueses da americana desvairada.

Tito bate à porta de mansinho. Passam-se alguns segundos, ela se abre e seu retângulo emoldura uma figura que parece saída dum conto dos Grimm. É uma menina esgalgada de seus treze anos, muito alva, de olhos claros, cabelos cor de palha, em longas tranças. Está vestida de branco e tem numa das mãos uma maçã recém-mordida. Como a luz vem de trás, sua cabeça está toda debruada de ouro.

— *Buenas tardes.*

Tem voz de água e vento. Deve chamar-se Gretchen. O pai? Moleiro. A mãe? Fiandeira. Quando não está na escola, a rapariguita é guardadora de patos. Lá vai ela, varinha na mão, descalça pelo campo, tangendo patos brancos de bicos e patas amarelos, que em fila indiana caminham para o lago. O vento, guardador de nuvens, tange no céu grandes rebanhos de algodão.

Como é que tantas imagens podem passar-nos pela mente numa simples fração de segundo?

A menina faz-nos entrar. O barão vem ao nosso encontro, com mais duas louras e magras crianças no seu encalço.

O BARÃO

Não é como eu o imaginava. De estatura meã, só parece alto porque é esguio. Tem um rosto anguloso, cabelos dum castanho claro, olhos

257

azuis. Está metido numa modesta roupa cinzenta, com uma rústica camisa de pelúcia. Parece mais um daqueles eletricistas alemães da minha infância do que um nobre da Saxônia.

Recebe-nos com uma agradável, natural cordialidade. Feitas as apresentações, põe-nos à vontade e nós nos movimentamos neste pequeno apartamento atravancado de imagens de santos, crucifixos, ex-votos, quadros de primitivos, candelabros e velhos pergaminhos. O quarto de dormir é também gabinete de trabalho. Alexander von Wuthenau conta-nos que no momento está construindo para um ricaço mexicano uma casa de residência em estilo colonial. Com essas cabeças, braços e pernas de estátuas atirados pelos cantos, isto aqui parece a oficina de Frankenstein.

O quarto me encanta. Com indiscrição muito própria dum romancista, vou olhar de perto o retrato que está sobre a mesinha de cabeceira, ao lado da grande cama de ferro. Vejo uma mulher com feições de menina, intensos olhos de tísica, a encarar o fotógrafo com um sorriso triste. Reconheço a morte na face pálida, na mirada febril. Deve ser a primeira esposa do barão. Possivelmente esta é a cama em que morreu.

Acerco-me duma pintura a óleo em que se vê um torreão medieval. O barão me explica:

— Esse torreão foi construído no ano de 935 pelos meus antepassados para se defenderem das invasões eslávicas. Hoje essa parte da Alemanha está em poder dos russos!

Von Wuthenau tem uma voz aguda. Seu espanhol é fluente mas de forte sotaque que se denuncia principalmente nos erres rascantes.

Toma-me do braço e me leva para uma área coberta, com arcadas, e aponta para a rua. Vejo um montão de ruínas.

— Sabe o que havia ali? Um edifício da era colonial, precioso. Demoliram-no para construir no lugar dele possivelmente uma dessas horríveis casas de apartamentos pseudomodernas.

É um homem de gestos nervosos que fala com uma paixão que a voz, nada teatral e um tanto fria, não consegue traduzir.

— A meia cultura está matando este país! — exclama, atirando os braços para o ar.

Minha companheira e Yoly distraem-se olhando quadros, bibelôs, tapetes e esteiras. Os filhos de Von Wuthenau brincam na área e, como saltimbancos, perigosamente caminham de braços abertos pelo rebordo do parapeito, dando-me calafrios. Um tombo ali seria fatal. Mas o barão parece não dar pela coisa.

— Por causa de barbaridades como essas — continua ele — é que resolvi escrever um memorial em verso, dirigido ao presidente da República e protestando contra demolições como essa. Porque desrespeitar os tesouros artísticos nacionais é o mesmo que violar a própria mãe!

— Publicou o memorial? — pergunto.

— Claro.

— E qual foi o resultado?

— Me meteram na cadeia por trinta dias!

Desatamos todos a rir. O barão ajeita a mecha de cabelo que lhe caiu sobre os olhos e aponta para um santo de pedra em cima duma mesa.

— Ali está uma bela imagem talhada por um índio. Tem nobreza, beleza, sentido. Mas que é que querem essas damas da sociedade, esses senhores ricos? Querem imagens bem-feitinhas, santos que parecem saídos duma *peluquería*! Querem porcarias de lodo. Lodo? Qual! Lodo é material nobre. De *mierda*!

E começa a dar pulinhos, agitado, a repetir freneticamente — *mierda! mierda! mierda!*.

Os acrobatas pernilongos continuam suas vertiginosas evoluções. Agora pulam do parapeito das arcadas para o velho aqueduto que corre paralelo a estas. As mulheres estão apreensivas, de olhos arregalados. O barão, porém, continua indiferente.

— Sabem quem mora no porão da minha casa? — pergunta. — Duas monjas indigentes e uma família de índios. Um total de catorze pessoas.

Penso na igreja, no convento, na cadeia, na gringa louca, nas monjas indigentes, na família de índios, no barão e seus louros rebentos — tento somar tudo isso, sinto vertigens e não chego a nenhum resultado. Torno a alinhar as parcelas e finalmente encontro o produto da soma: México!

A guardadora de patos agora tange os irmãos para o andar inferior onde fica o comedor. É a hora da merenda e lá vai a menina com seus patos louros. O barão segue-os com o olhar azul e vago, e depois murmura:

— Tenho mais três meninas que estão em Taxco com minha segunda mulher.

Se perguntarmos a dez brasileiros qual é a primeira palavra que lhes vem à mente quando leem o nome México, é possível que oito digam — revolução. No entanto sempre associei ao nome deste país a palavra *mural*, que de imediato me projeta na mente os vultos de Orozco, Rivera e Siqueiros.

Não creio que haja no mundo outro país que se possa gabar de possuir um grupo de muralistas desse porte. Tudo quanto o México tem de plástico, telúrico, trágico, grotesco, horrendo, absurdo e assustadoramente belo está, dum modo ou de outro, contido nas centenas de murais não só desses três pintores como de muitos outros, em afrescos que decoram as paredes de centenas de edifícios públicos do país.

Orozco faleceu em 1940. Rivera — vi-o e ouvi-o a semana passada numa conferência sobre arquitetura moderna. Mas conversei longamente com Siqueiros, com quem fiz boa camaradagem.

A pintura mural do México existia já antes da era cristã, e dela se conhecem exemplos nos afrescos de Bonampak, Chichén Itzá e Tulum, e nos murais de Teotihuacán. Depois da vinda dos espanhóis, pintaram-se incontáveis afrescos nas paredes de conventos, igrejas e casas residenciais, já agora com uma influência europeia e católica. (Ao passar há dias pelo convento de San Agustín de Acolman, vi, em suas paredes derrocadas, vestígios de um dos murais mais antigos do México pré-cortesiano.) Durante o porfiriato, a pintura mexicana decaiu a ponto de se tornar apenas um reflexo pálido e sem importância da pintura acadêmica europeia. Em princípios deste século, o dr. Atl voltou da Europa com os olhos e o coração cheios das obras dos artistas do Renascimento, principalmente das decorações da Capela Sistina e dos afrescos de Benozzo Gozzoli e Tintoretto. Seu entusiasmo contagiou os jovens pintores mexicanos que, com José Clemente Orozco à frente, fundaram o Centro Artístico, cuja finalidade principal era conseguir paredes para pintar. *Muros! Queremos Muros!* Com sua tenacidade mexicana e seu ardor de moços estão prestes a conseguir o objetivo, quando rebenta a Revolução e todas as esperanças dos jovens artistas se vão águas abaixo.

O dr. Atl, entretanto, com suas pinturas estava longe de prenunciar artistas plásticos da força dos muralistas de hoje. Pintava ainda anjos gordos e rosados, ninfas engrinaldadas e paródias das figuras de Michelangelo.

Foi quando, sem alarde, brotou do povo um artista singular, de natureza por assim dizer folclórica. Era Guadalupe Posada, gravurista, caricaturista político, castigador de costumes, que — novidade no México — dava a seus trabalhos uma finalidade de crítica social. Suas "Calaveras" tornaram-se famosas. Foi ele um dos maiores críticos do porfiriato. Retratava com um realismo cruel o panorama social em que aristocratas que sonhavam com a Espanha e pensavam em francês apoiavam uma ditadura prepotente, assistiam com indiferença à passagem das jazidas minerais do país para as mãos de estrangeiros, enquanto os camponeses eram despojados de suas terras e os operários tratados como "coisas" nas fábricas. De certo modo — não pela forma mas pelo conteúdo de protesto de seus trabalhos —, Posada foi um precursor dos pintores murais mexicanos de nossos dias.

Se a ideia dos jovens do Centro Artístico foi a semente desse movimento muralista, o espírito da Revolução de 1910 foi a terra, o sol e a água de que a semente necessitava para germinar. David Alfaro Siqueiros atribui também grande importância à greve de estudantes de 1911, como precursora do movimento de renovação da pintura mexicana. Essa *huelga* estudantil na Academia de Belas-Artes foi um ato de rebeldia contra os métodos pedagógicos vigentes, produtos do espírito porfiriano. "O Exército da Revolução", diz ainda Siqueiros, "entregou-nos a geografia e a arqueologia, a tradição inteira e o homem de nossa pátria, em seus mais diretos, complexos e dramáticos problemas sociais. Sem essa participação, não teria sido possível conceber e animar, mais tarde, em toda a sua integridade, o movimento pictórico mexicano."

Quando Obregón subiu ao poder, trazendo um período de razoável paz ao país, o velho sonho dos moços do Centro Artístico — agora homens maduros — tornou-se realidade. José Vasconcelos por fim lhes dava as paredes que eles pediam!

Foi esse o momento em que muitos artistas plásticos do México trocaram o cavalete pela parede e começaram a trabalhar na Escola Preparatória. No princípio estão ainda confusos, não sabem exatamente o que querem. Poucos anos antes, Siqueiros havia publicado um Manifesto aos Plásticos da América, clamando por "uma arte monumental e heroica, uma arte humana, uma arte pública, com o exemplo direto e vivo de nossas grandes e extraordinárias culturas pré-hispânicas da América". Mas o que Rivera produz nas paredes da Escola Preparatória está ainda longe desse ideal revolucionário.

No seu *Creación*, no Anfiteatro Bolívar da referida escola, vemos em proporções gigantescas os símbolos cristãos, a Fé, a Esperança e a Caridade, misturados com as figuras pagãs que representam a Justiça, a Força, a Sabedoria, a Prudência, a Dança. O próprio Rivera, referindo-se hoje a esse trabalho, classifica-o como "uma definida criação ítalo-bizantina".

E a todas essas que fazia Orozco? Primeiro pagava seu tributo — o último! — ao Renascimento, pintando à Botticelli uma Maternidade em que não falta nem a clássica ninfa com um cacho de uvas. Mas depois, como se uma inspiração o tivesse ferido com a força dum raio, alimentado por suas fundas raízes mexicanas, produz três painéis admiráveis: *La trinchera*, *La despedida* e *La trinidad*. Com essas obras tomava corpo, sentido, rumo o muralismo mexicano.

Siqueiros, que, durante sua permanência na Espanha, havia estado em contato com ideias radicais, funda em 1923 com alguns colegas o Sindicato de Pintores, Escultores e Gravadores Revolucionários do México, e publica um manifesto dirigido a "soldados, operários, camponeses e intelectuais que não estiverem a serviço da burguesia". Já os artistas mexicanos não lutam apenas em prol dos ideais da Revolução de 1910 — uma democracia burguesa, um capitalismo mexicano, a reforma agrária —, já agora se agitam, discutem, escrevem e principalmente pintam à luz dos ideais duma revolução proletária. Muitos deles — como Rivera, Orozco e Siqueiros — chegam a entrar para o Partido Comunista. Tenho a impressão de que Orozco em breve se desiludiu com o marxismo e mesmo nunca chegou a aceitar a socialização da arte. Rivera, indisciplinado, oscilou entre o trotskismo e o stalinismo, rompeu várias vezes com Moscou para depois voltar às boas. Dessa trindade, creio que Siqueiros tem sido o mais constante e o mais ativamente revolucionário.

OROZCO

José Clemente Orozco era talvez o mais pessimista dos três. Diego Rivera permite-se uns tons humorísticos e satíricos em seus murais. David Alfaro Siqueiros é dum otimismo e duma força que não conhecem esmorecimento; dele, como disse o poeta mexicano Carlos Pellicer, é "o punho que parte o horizonte em dois".

Graham Greene, que escreveu sobre este país um livro de indisfarçável má vontade e incompreensão, apesar de altamente legível e interessante, assim se manifesta sobre o grande muralista: "Orozco — por mais sem valor que consideremos sua ideologia — conhece-se a si mesmo e conhece seu mundo...". Aldous Huxley, outro inglês que parece não ter gostado do México, viu os murais de Orozco na Escola Preparatória e escreveu:

> Têm um mérito estranho, apesar de serem horríveis ao extremo — e alguns deles são tão horrendos quanto é possível a uma coisa ser horrenda. Sua impropriedade como decorações para uma escola de meninos e meninas adolescentes é quase absoluta. Mas são pinturas de verdade, feitas por um homem que sabe pintar. As invenções formais são muitas vezes extraordinariamente felizes; o colorido, sutil; a modelagem, a despeito da feroz brutalidade do assunto, muito sensível e viva. São pinturas que nos ficam na memória dum modo um tanto inquietador.

Será possível — me tenho perguntado muitas vezes — gostar das pinturas de Orozco sem gostar do México, do povo mexicano, do drama mexicano que elas representam? Talvez sim, porque os índios dos murais não cheiram mal, e porque o sangue dos fuzilados é de tinta seca e — claro! — porque nesses afrescos toda a violência, toda a tragédia e toda a aspereza do México estão transfiguradas em arte.

Se Rivera nos faz sorrir com suas sátiras ou pensar com seus epigramas; se Siqueiros nos arrebata com suas pinturas que parecem sair das paredes, agressivas, com três dimensões — Orozco nos produz um calafrio de horror com seus homens esfolados, seus tremendos entreveros em que mortos se empilham uns sobre os outros, as caras contorcidas, os pescoços, os peitos atravessados por baionetas, já visivelmente putrefatos. Coveiros, caveiras, múmias, *peones* seviciados, campos de batalha onde depois da refrega mulheres esqueléticas andam à procura dos cadáveres dos maridos — estes são alguns dos trágicos motivos de seus quadros. Aqui estou, na Escola Preparatória, na frente de seu painel *La despedida*. Sentada no chão, uma velha vestida de branco, de olhos vazios, ergue a mão que um homem de cabeça descoberta beija reverentemente. Não é preciso nenhuma legenda. É o filho que vai para a guerra. Não será esse o destino dos homens — lutar pela posse da terra? E que outra coisa pode fazer a mulher senão esperar, sobreviver para cuidar dos feridos ou enterrar os mortos?

Um traço curioso desse quase sádico criador de pesadelos apocalípticos é a sua ternura pela mulher que sofre, cala e espera, essa grande esquecida da arte e da literatura da nossa América Latina, mundo masculino de coloração medieval. Jamais vi um tema alegre em qualquer pintura mural ou de cavalete saída do pincel deste grande estilizador de cataclismos. Prefere ele as cores escuras e as neutras, e se usa o vermelho com frequência é porque de outra maneira não poderia pintar o sangue que escorre do corpo de suas figuras martirizadas.

RIVERA

Sempre que me pediam uma descrição física do nosso poeta Ascenso Ferreira eu costumava dizer: "É um sujeito grandalhão que lembra Diego Rivera". Seria tolo se agora, descrevendo Diego Rivera, eu invocasse a imagem do poeta pernambucano. De resto é difícil encontrar alguém que nunca tenha visto o retrato desse extraordinário artista mexicano que, mercê de seus ditos e feitos, é hoje uma figura quase folclórica.

Nascido em Guanajuato em 1886, Rivera foi muito jovem para Paris, onde, amigo de Apollinaire, era conhecido como "o mexicano de Montparnasse". Acompanhou de perto as experiências de Braque, Picasso e Juan Gris. Podia tomar em arte o caminho que quisesse e teria obtido sucesso em todos os gêneros, pois é um desenhista admirável, creio que tão grande quanto Picasso. Teria também feito uma fortuna pintando retratos acadêmicos de burgueses, mas, ao voltar à sua terra, falou mais forte nele o passado indígena. Aderiu ao movimento artístico revolucionário, do qual se transformou logo numa figura de proa.

Seu anedotário é vasto e suas experiências matrimoniais, múltiplas. Se não erro na conta, Rivera está agora com a sexta ou sétima esposa. (Ele me perdoará o haver-lhe aumentado ou diminuído o número de mulheres.) Quando uma vez alguém lhe perguntou sobre seus planos para o futuro, o pintor respondeu:

Nunca pensei em dedicar-me à vida de eremita. Minha avó me contava que o senhor meu avô teve a morte mais gloriosa a que um cavalheiro pode aspirar. Ele, que esteve em tantos campos de batalha lutando em três continentes, morreu aos 74 anos envenenado por uma jovem de vinte, ciumenta da mulher legítima. Não tenho a pretensão insensata de crer que sou como o meu avô, mas estou certo de poder conservar em meu organismo grande parte de sua vitalidade.

Doutra feita, entrevistado por um repórter americano, este lhe perguntou:

— É verdade que o senhor uma vez comeu carne humana?

E Diego Rivera, com sua voz de oboé, inesperada em tamanho homenzarrão, respondeu maciamente:

— Sim. Tem um gosto levemente adocicado.

É muito conhecida a rivalidade existente entre Rivera e Siqueiros, que explode em polêmicas escritas ou verbais. Desconfio que esses dois homens telúricos no fundo se respeitam e possivelmente se admiram e até estimam. Mas a verdade é que, atores ambos, mesmo que não se confessem como tais, têm que levar adiante a pitoresca comédia da rivalidade, que passou também a fazer parte do folclore mexicano.

Estamos na Secretaria de Educação Pública diante do afresco de Rivera, intitulado *La maestra rural*. Ali está a professorinha dentro dum círculo formado de alunos índios, homens, mulheres, adultos e crianças. A maestra tem numa das mãos um livro aberto. No segundo plano vê-se um revolucionário a cavalo, com a carabina na mão, a cartucheira a tiracolo; no fundo, homens trabalhando a terra adusta com arados.

Os murais deste artista quase sempre contam uma história. O *Corrido da revolução proletária* apresenta uma série de painéis como "La orgía", "En la trinchera" e "En el arsenal". No primeiro aparecem burgueses, senhores rurais, aristocratas de casaca e chapéu alto, bebendo champanha com prostitutas seminuas; à direita, no primeiro plano, um jovem de smoking está caído, já em estado de coma, com uma taça e uma garrafa de champanha emborcados a seus pés. Ao fundo, por trás de um arco, confabulam três revolucionários, com carabinas e cartucheiras. Neste painel, nas personagens que representam a burguesia, os traços são caricaturais e o tom francamente sarcástico. Já o tratamento das figuras dos rebeldes é sério e dramático.

Em "O arsenal" vemos operários trabalhando no fabrico de armas e munições para a revolução que mais tarde ou mais cedo há de derrubar os personagens da orgia e tudo quanto seu mundo representa — e nesse arsenal, onde se veem a foice e o martelo, no meio de máquinas, caixas com balas, confraternizam homens, mulheres e crianças. Prestando mais atenção aos detalhes do quadro, vejo ao fundo *peones*, guerrilheiros a cavalo, um deles empunhando uma bandeira vermelha com a foice e o martelo e esta legenda: TIERRA Y LIBERTAD. Será que meus olhos me enganam? No segundo plano à esquerda, surge, por trás dum operário armado, a cabeça de David Alfaro Siqueiros, com um chapéu claro em cuja copa se recorta a estrela vermelha soviética. "La trinchera" representa já a luta, a barricada, os soldados da revolução, quase todos com o uniforme de zuarte do operário, manejando uma metralhadora. E o curioso é que todas essas alegorias francamente comunistas foram pintadas nas paredes do Ministério de Educação dum país cujo governo, nos últimos tempos, tem derivado se não um pouco para a direita, pelo menos para o centro. E quem ofereceu estas paredes antes vazias aos pintores marxistas foi um homem que hoje é católico fervoroso.

De todos os murais que tenho visto, os mais *populosos*, os que apresentam o maior número de personagens e maior riqueza de pormenores são os de Diego Rivera.

Aqui estou eu, meio estonteado, diante do mural intitulado *La formación de México*. Na base do enorme quadro, soldados de Cortés, em suas armaduras de aço, entreveram-se com guerreiros astecas, e no meio do emaranhado de corpos, braços, caras, lanças, espadas, surgem máscaras de tigres e ocelotes. Mais acima, no centro, contra a pedra do Calendário, um sacerdote asteca empunha um coração humano, e por sobre sua cabeça uma enorme águia, empoleirada num nopal, prende no bico uma serpente. Depois perco-me, confuso, no meio de faces históricas. Ali está Hidalgo e os outros heróis da Independência, e Iturbide, o primeiro e último imperador do México, e o salafrário Santa Anna, e Obregón, Calles e uma série de *peones* anônimos. Bem no alto, Zapata com seu amplo *sombrero* e seus bigodões caídos, e uma faixa com o dístico TIERRA Y LIBERTAD, cercada de figuras de operários que minha ignorância não consegue identificar. Aprecio a perfeição do desenho deste grande afresco, respeito a intenção mas, palavra, não consigo ter nenhuma emoção artística ao contemplar o conjunto. Talvez as árvores não me permitam ver a floresta.

Há ainda neste mesmo palácio outra obra de Rivera — *La represión reaccionaria* — em que aparecem índios comunistas e agraristas enforcados, os pescoços partidos, as línguas para fora da boca arroxeada, operários espingardeados porque estão em greve, e sempre os índios encurvados, humildes, trabalhando a terra pobre por cuja posse lutam e sofrem.

Vou andando ao longo das galerias deste velho palácio dos primeiros tempos cortesianos, e finalmente começo a olhar os afrescos por onde se deve. Diego Rivera, o gigante com voz de menino, entre 1929 e 1946 entregou-se à descomunal tarefa de representar a epopeia de seu povo num tríptico que se inicia com o mito solar e humano de Quetzalcóatl e que representa a luta do mexicano contra a dominação estrangeira sob vários aspectos — a militar, a econômica, a política —, chegando ao desenlace na conquista plena da liberdade. Os primeiros painéis do tríptico são, do ponto de vista decorativo, os mais interessantes, como o que reproduz o Mercado de Tenochtitlán, terminado em 1946.

De todos os muralistas mexicanos, Rivera é talvez o que tem obra mais vasta, o mais apegado aos processos clássicos do afresco e o que melhor desenha. Orozco era indiscutivelmente o mais trágico, embora o menos espetacular. Tenho, porém, a impressão de que nenhum possui como Siqueiros o espírito da pintura mural, o sentido plástico do monumental.

SIQUEIROS

O que logo chama a atenção em David Alfaro Siqueiros é sua imponente cabeça, que parece ter sido pintada por ele próprio, e que faz com que este artista dê a impressão de ser mais alto do que realmente é. A basta cabeleira é negra e crespa, com raríssimos fios brancos. No rosto trigueiro, longo e carnudo, dois traços se destacam: o vigoroso nariz de narinas muito abertas e os olhos magnéticos de pupilas mosqueadas: berilo e obsidiana. Teso, de compleição atlética, gestos elásticos de jovem, aos sessenta anos David Alfaro parece quando muito um cinquentão bem conservado. Capaz de todas as violências e de todos os cavalheirismos, é um misto de artista do Renascimento, caudilho, agitador político e profeta.

Almoço um dia com ele e sua esposa Angélica, pálida morena de olhos rasgados, num restaurante autenticamente mexicano. E, comendo *quesadillas* de esquisito recheio, escuto a história romanesca deste muralista.

Aos quinze anos David Alfaro toma parte na greve estudantil da Academia de Belas-Artes. Aos dezessete participa da conspiração de seus colegas contra o governo de Victoriano Huerta. Pouco depois se incorpora ao Exército da Revolução, no ano mesmo em que havia de rebentar na Europa a Primeira Guerra Mundial.

— Quanto tempo durou a guerra civil? — pergunto.

— Quatro anos. Mas quatro anos de luta armada.

— Siqueiros chegou a capitão — informa Angélica.

Em 1918 David Alfaro encontra-se em Guadalajara com seus companheiros, tomando parte num Congresso de Artistas Soldados.

— Qual foi o resultado dessa reunião?

Significou o princípio do fim histórico do artista-boêmio tradicional, no México, para dar vida ao artista-cidadão.

E, mudando de tom, Siqueiros me diz:

— Prove essa *quesadilla* e me diga com que está recheada...

Obedeço. O gosto é delicioso, mas não consigo identificar o recheio. É uma pasta muito fina, dum negro arroxeado. Ergo para o meu anfitrião um olhar interrogador. Ele atira a cabeça para trás e solta uma risada.

— Por mais estranho que pareça, trata-se duma espécie de bolor do milho...

E pronuncia um nome índio que não consigo guardar.

— Mas continue a sua história — peço.

— *Bueno*. Em 1919 fui à Europa com meu soldo de capitão. Em Paris conheci Diego Rivera. Esse encontro, que reputo transcendental, representou o contato dum período importante do formalismo europeu, o pós-cezanniano, com as aspirações dos jovens pintores mexicanos participantes ativos da Revolução e partidários duma nova arte social.

Em 1921 Siqueiros publica o seu *Manifesto aos plásticos da América*. Em 1922, com Orozco, Rivera e outros, inicia o movimento muralista mexicano.

— Em 23 fui secretário-geral do Sindicato de Pintores, Escultores e Gravadores Revolucionários. Em 24 fundei e dirigi *El Machete*, órgão oficial do sindicato. Em 26 me converti em líder sindical e político, organizei o sindicato dos mineiros, orientei greves...

— E foi preso várias vezes... — adianto.

— Sim, muitas — concorda ele, sorrindo como um menino que recordasse uma travessura. — E compreendi que uma arte líder só pode ser obra de artistas líderes, na mais ampla acepção dos termos.

Em 1913 Siqueiros ficou "recluído judicialmente" em Taxco, onde pintou mais de cem telas, quase todas de temas sociais. No ano seguinte vai exilado para Los Angeles, onde pinta três murais que devem ter chocado os californianos: *Meeting na rua*, *América tropical* e *Retrato atual do México*.

— Foi o contato com esse grande país industrial, os Estados Unidos, que me fez ver o que havia de arcaico e anacrônico nos meios materiais então usados na execução da pintura mural no mundo inteiro. Partem daí as minhas experiências e realizações no campo de uma tecnologia moderna para a arte social contemporânea.

Sei que a técnica da pintura mural deve a Siqueiros inúmeras inovações. Foi ele o primeiro a afastar-se do processo clássico — a mistura de cal e areia — usado no afresco pelos egípcios, pelos pintores da Idade Média e do Renascimento e pela maioria dos muralistas de nosso tempo. Foi também o primeiro a usar a pistola pneumática para seu novo tipo de afresco com base de cimento. Em 1933, no Uruguai e na Argentina — novamente num exílio forçado — produziu as suas primeiras pinturas sobre um fundo de piroxilina. Volta no ano seguinte ao México e é eleito presidente da Liga Nacional Contra o Fascismo e a Guerra. E o artista me dá uma explicação pitoresca dessa atividade política:

— Ainda que à custa da perda transitória do exercício e da ginástica profissionais próprias do artista pintor de inclinação realista social, é conveniente que ele refresque de vez em quando sua militância...

Empina a cabeça, solta uma risada de boca fechada que lhe sai num sopro pelas narinas. Parece um potro.

Em 1935 Siqueiros funda em Nova York um Atelier Experimental no qual estuda mais profundamente os materiais e ferramentas modernos, bem como a composição dinâmica na pintura mural.

— Se não me falha a memória — digo —, você lutou também na Espanha...

— Sim, em 1936, com alguns companheiros do Atelier Experimental e com alguns militares mexicanos, incorporei-me ao Exército Republicano espanhol.

Nessa luta civil Siqueiros chegou ao posto de tenente-coronel, tendo comandado diversas brigadas durante três anos de ação militar.

De 1939 até esta data, entrega-se a uma busca incessante de novas formas e técnicas, tendo pintado centenas de obras de cavalete e principalmente importantes murais em edifícios públicos.

Terminado o almoço, Siqueiros me convida a ir ver alguns desses trabalhos. Não posso imaginar privilégio maior.

Deixamos Angélica no centro da cidade, entregue a compras, e metemo-nos num táxi que nos leva à Escola Preparatória.

— Uma arte sem função ideológica — diz Siqueiros no caminho, — a despeito do gênio de seus criadores ou, mais exatamente, de seus *fabricantes*, se transforma progressiva e inevitavelmente em jogo malabar de sociedade para "damas e cavalheiros".

Suas mãos fortes e expressivas estão estendidas sobre as coxas. Mas não permanecem por muito tempo nessa posição, pois no momento seguinte já se agitam ambas no ar como que ajudando a dar corpo e cor às palavras de seu dono.

— Um realismo cada vez mais integral, cada vez mais completo e verdadeiro é o que identifica os artistas de todos os períodos importantes da história da arte. E a perda dessa aspiração implica inevitavelmente decadência. É por tudo isso que nosso movimento mexicano moderno pode ser considerado o mais são do mundo inteiro!

Estamos agora na Escola Preparatória diante dum afresco pintado à maneira tradicional. Chama-se *El entierro del obrero sacrificado*. Três operários com feições indígenas (a cara dum deles, o do primeiro plano, parece-me uma versão grosseira da do próprio Siqueiros) levam nos ombros um rústico caixão de defunto em cuja tampa estão pintados um martelo e uma foice.

As mãos na cintura, contemplando sua obra, Siqueiros diz:

— Pintei esse afresco entre 1922 e 1923. O período de minha vida artística que começou em 22 se caracteriza por uma busca das bases pré-hispânicas, coloniais e folclóricas que formam a tradição artística nacional do meu país. E como este mural prova, eu já começava também a militância política.

Não é difícil interpretar a intenção do mural. O operário deve ter sido assassinado por ocasião duma greve. Deixamos a Escola Preparatória e caminhamos algumas quadras a pé. Lembro a Siqueiros um quadro seu que me impressionou profundamente, embora eu o tivesse visto apenas numa reprodução em preto. Representa uma índia sentada, a cara triste, os olhos vazios, os braços enlaçando as pernas, com um filho pequeno pendurado em cada lado dos ombros, enquanto um terceiro, o menor de todos, se encontra estatelado a seus pés, numa atitude de agonia. Tive a impressão de que as crianças, apesar do tamanho, tinham algo de fetos, e que tanto elas como a mãe estavam como que envoltas numa viscosa atmosfera placentária.

Siqueiros sorri e diz:

— Chama-se *Madre proletária*. Um óleo pintado em 1929.

Conta-me que de 1932 a 1938, descontente com as formas pré-hispânicas, coloniais e folclóricas, que passou a considerar arcaicas e anacrônicas, entregou-se à busca duma função pública, dum sentido social para a pintura — tudo isso sem abandonar a atividade política revolucionária. Foi durante esse período que pintou, entre muitas telas e murais contra a guerra e o fascismo, uma impressionante e profética *Explosão na cidade*. Numa vasta planície vê-se — do ângulo duma águia em pleno voo — a cidade destruída da qual sobe para o céu trágico uma enorme e turva nuvem de fumaça, que toma quase a forma do famoso cogumelo que muito mais tarde seria produzido pela explosão da primeira bomba atômica em Hiroshima. (O quadro é de 1936.) Dessa fase é também *O eco do pranto*. No meio de escombros duma explosão, avulta a grande cabeça duma criança que chora, e de sua boca negra escancarada sai uma reprodução em corpo inteiro da mesma criaturinha, também a chorar. As figuras, como o resto do quadro, têm um aspecto assustador de "coisas carbonizadas".

De 1929 a 1950 Siqueiros liquida a etapa técnico-experimental e entra teórica e praticamente num novo realismo cuja finalidade — e estas palavras são exatamente as que ele usou — é "dar uma melhor função cívica à arte". Desse período é o seu *Retrato da burguesia*, pintado na Casa do Sindicato Mexicano de Eletricistas, enorme mural em que aparecem capitalistas ingleses e americanos em trajos de gala, mas com as caras escondidas sob máscaras contra gases asfixiantes, o que lhes dá o aspecto de repelentes bichos. Do outro lado vemos Hitler e Mussolini, também com máscaras, e uma quantidade de outras figuras simbólicas do capitalismo americano e europeu, bem como do fascismo, que também é representado, no último plano, pelos seus soldados que marcham com uma regularidade e uma uniformidade de autômatos. Naturalmente o operário está também presente, não só no seu sacrifício aos donos do capital como também na esperança da revolução. De todos os murais de Siqueiros o de que menos gosto é deste, pelo excesso de figuras alegóricas, e principalmente pelo caráter circunstancial de muitos desses símbolos. Acho muito perigoso para o artista lidar com a mitologia e a simbologia política de nossa época. Parece-me que os símbolos e mitos astecas ou maias oferecem menos riscos, pois não creio que o tempo possa alterar-lhes o sentido. Exemplo concreto e claro do que estou dizendo é o mural transportável que Diego Rivera pintou em 1952, intitulado *Firmas para la paz*, e no qual aparecem, além de soldados fascistas fuzilando ou enforcando proletários, duas enormes figuras, a de Mao Tsé-tung e a de Stálin — belas, grandes e nobres em contraste com as tristes, ridículas caricaturas que representam os Estados Unidos, a França e a Inglaterra. Os dois líderes firmam um tratado de paz do qual serão a maior garantia. Que acontecerá agora a esse mural, depois que Khruschóv no seu famoso discurso apresentou ao seu povoIóssif Stálin não só como um paranoico, cruel e arbitrário, mas também como um homem que estava levando seu país à guerra?

Um *libre* nos conduz ao Palácio de Belas-Artes. Subimos as escadarias internas do casarão porfiriano e nos postamos diante do mural de Siqueiros, *A nova democracia*, pintado em 1943. O painel tem doze metros de largura por cinco de altura. A nova democracia está representada por uma gigantesca figura, bela e vigorosa mulher de fartos seios, nua da cintura para cima, os braços estendidos para a frente, mostrando as cadeias rompidas, e tendo numa das mãos um facho luminoso. Tem-se a impressão de que esses braços saltam da parede e nos golpeiam o plexo solar, tal a força brutal e o relevo escultórico da figura. Ao lado da imagem central há outras de homens caídos. Uma das coisas que admiro em Siqueiros é a audácia de seus escorços. Digo-lhe isto e ele me revela:

— Fui eu quem introduziu na pintura mural o uso da câmara fotográfica para fixar o documento humano. Graças à fotografia podemos empregar um realismo mais integral. A câmara também nos ajuda a analisar os volumes, o espaço e o movimento desses volumes no espaço.

Há aqui, nestes patamares de mármore, murais de Diego Rivera e de Rufino Tamayo. Este último começou pintando afrescos à maneira dos "três grandes", mas ultimamente se tem dedicado mais à pintura de cavalete, revelando-se mais permeável que qualquer outro artista mexicano a influências americanas e europeias. Sabendo que Siqueiros não o tolera, provoco-o:

— Que me diz de Tamayo?

— Se Rivera na sua pintura fala um nauatle afrancesado, Tamayo se expressa num francês de má construção e pior pronúncia, como fazem todos os nossos pintores subordinados ao Museu de Arte Moderna de Nova York.

Os artistas revolucionários mexicanos não perdoam a Tamayo a sua popularidade nos meios "*sophisticated*" dos Estados Unidos. Apesar de não me agradar o mural abstrato que Tamayo aqui pintou, considero-o um artista plástico de grande importância, um inquieto, incansável buscador de novas formas de expressão, como Portinari e Picasso. E quanto à sua indiferença à função social da pintura, não acho que o artista *deva* fazer arte *engagé*, política, interessada; penso que ele *poderá*, se quiser, seguir esse caminho. E se tiver talento, conseguirá conciliar arte com propaganda, embora isso não seja nada fácil.

Passamos a outra galeria, onde ficamos por algum tempo diante de outros murais de Siqueiros cuja figura central é Cuauhtémoc. Num dos painéis, o último imperador asteca aparece no momento em que está sendo torturado pelos soldados de Cortés, que lhe queimam os pés. Em outro o *Cuauhtémoc redivivo* surge de espada em punho, numa flamante armadura espanhola, tendo ao fundo um enorme cavalo caído, de patas para o ar. Em todos estes painéis o colorido de Siqueiros tem uma vivacidade extraordinária que chega quase a dar a suas figuras a qualidade sonora dum grito.

Um outro *libre*, um Plymouth fabricado num país onde Siqueiros dificilmente encontraria assunto de drama nas fábricas em que cada operário possui um carro tão bom como este e um salário que lhe permite um nível de vida melhor que o da classe média mexicana — um táxi veloz nos leva ao Hospital de la Raza, imponente estrutura de linhas modernas, ainda não completamente terminada.

Vejo num grande vestíbulo dois admiráveis afrescos de Rivera, de um desenho e de um colorido fascinantes. Representa o primeiro a medicina mágica do tempo dos astecas e o segundo a ciência médica do México moderno.

Siqueiros espera com paciência que eu examine os trabalhos de seu rival e depois me leva a ver os seus murais inacabados, dizendo:

— Antigamente os muralistas só pintavam em superfícies retangulares. Achei que era necessário também pintar em "superfícies ativas", côncavas, convexas, compostas de convexidades e concavidades, tanto como em superfícies planas, quebradas etc. Essas superfícies tornam possível opticamente o fenômeno dinâmico sonhado pelos pintores do passado.

Lembro-me de ter lido as seguintes palavras de Tamayo numa entrevista concedida ao jornal *Arte Vivo Mexicano*:

Dizer que a passagem da pintura mural em superfícies curvas é um acontecimento transcendental não passa duma asserção demagógica que leva implícita a afirmação de que a pintura mural foi realizada unicamente sobre superfícies retangulares. Ninguém que tenha um pouco de conhecimento da história da arte pode engolir tão enorme roda de moinho. A pintura mural, desde suas origens, tem estado sujeita às condições geométricas das superfícies sobre as quais teve de desenvolver-se, e é evidente que, desde a época pré-histórica, passando depois por todos os estilos arquitetônicos, até o momento presente, a pintura mural se tem produzido sobre superfícies de todo gênero.

Siqueiros ergue o braço para o alto e aponta para o teto abobadado:
— Olhe aquela figura lá em cima... Agora me diga uma coisa: para onde é que ela está olhando?
— Para nós.
— *Bueno*. Venha comigo.
Leva-me para o lado oposto do vasto salão.
— E agora, para onde está olhando a mesma figura?
Verifico, surpreendido, que a gigantesca criatura está de novo olhando na nossa direção. Siqueiros percebe a minha perplexidade e diz:
— Isso é o que chamo de "composição dinâmica". O espectador não é uma estátua que pressupõe a perspectiva curvilínea, mas sim um ser que se move sobre toda a superfície de uma topografia arquitetônica determinada. Os muralistas clássicos usavam a composição estática, acadêmica.
Cobrem estas paredes partes dum mural que se intitulará *Por una seguridad completa y para todos los mexicanos*. Siqueiros conseguiu dar novas formas e dimensões a este salão, criando a ilusão de profundidades insondáveis, produzindo perspectivas fantásticas, reentrâncias, quinas, abóbadas que arquitetonicamente não existem, pois são produtos da magia da pintura deste Michelangelo indígena que aqui está a meu lado, com seu ar urbano, a sua roupa de mescla cor de chumbo, os seus *"modales de caballero"* — coisas que à primeira vista nos tornam difícil associar este homem com o autor do fabuloso mural. De todo o conjunto inacabado, há um detalhe que me impressiona. A plataforma

rolante duma fábrica (no fundo uma turbina gigantesca simboliza o que a máquina tem de impessoal, desumano, monstruoso) traz para o primeiro plano o corpo dum operário morto num acidente de trabalho. Aqui está ele, com a cara ensanguentada. Três companheiros o contemplam numa tristeza grave.

Um pouco cansado, o peito fisicamente dolorido de todos os socos que lhe desfecharam os formidáveis punhos dos murais de Siqueiros, saio com o artista para o sol da tarde.

O PRIMO HENRIQUE

Uma noite, no apartamento de Vianna Moog, tornamos a encontrar Siqueiros e Angélica. O pintor, que está de verve, conta-nos duas histórias interessantes.

Teria ele os seus dezoito anos quando um dia o pai, que lera nos jornais a notícia da chegada ao México dum pintor local que voltava de Paris com certa reputação, perguntou ao filho:

— Por que não mostras a esse senhor uma de tuas pinturas? Pode ser que ele te incentive.

David Alfaro relutou um pouco, mas, como o velho insistisse, decidiu aceitar a sugestão, subiu ao sótão e deu uma busca entre velhas telas que havia pintado, e muitas das quais havia esquecido por completo. Selecionou duas, que lhe pareceram as menos más, e levou-as ao artista recém-chegado, que as examinou, gostou delas e no dia seguinte, numa entrevista à imprensa, referiu-se à sua "descoberta dum jovem pintor de talento", mencionando com minúcia as telas que havia visto. Ao ler a entrevista e ao identificar os quadros, o pai de Siqueiros levou as mãos à cabeça e exclamou:

— David Alfaro, *hombre*! As telas que mostraste a esse senhor não foram pintadas por ti, mas por teu primo Henrique!

Só então é que Siqueiros deu pelo engano.

Quando ele termina a história, não resisto à curiosidade de perguntar:

— E que fim levou esse talentoso primo Henrique, que pintava tão bem?

Siqueiros toma um gole de uísque e responde:

— Foi assassinado em Chicago em 32. Era pistoleiro de Al Capone.

O HERÓI

À segunda história Siqueiros costuma chamar *La perdida del valor*. É uma pena que eu não a possa reproduzir nas palavras do narrador, e em seu expressivo espanhol mexicano.

Durante a revolução contra Huerta, um pelotão comandado por Siqueiros prendeu um civil de aspecto suspeito que rondava o acampamento revolucionário. Interrogado o prisioneiro, verificou-se que se tratava dum coronel do exército legalista que tentava atravessar as linhas rebeldes para reunir-se aos seus. Julgado sumariamente, foi o homem condenado à morte por fuzilamento. O coronel não se defendeu, não pediu clemência, não pronunciou uma palavra durante o julgamento. Recebeu a sentença sem mover sequer um músculo da máscula face. Saiu da sala pisando firme, a cabeça erguida, o porte ereto. Na prisão, onde aguardava com outros condenados a execução da sentença de morte, recusou-se a receber a esposa, que, tendo sido informada do acontecido, viera desesperada e em pranto pedir aos revolucionários que poupassem a vida do marido. "Retire-se!", gritava este sem a mirar. "Não peço nem quero clemência. Volte para casa!"

Certa madrugada os guardas foram buscar o coronel e os outros condenados para levá-los a um cerro nos arredores do *pueblo*, onde seriam passados pelas armas. As mães, esposas e filhas dos condenados esperavam à porta da prisão. Quando aqueles apareceram, o clamor se ergueu. E as pobres mulheres, todas vestidas de negro, seguiram o sinistro grupo na luz fria da madrugada. Como tinham que atravessar o *pueblo*, o cortejo foi a pouco e pouco engrossando, e novas mulheres — algumas das quais nada tinham a ver com os condenados — juntaram o seu choro ao das outras. A esposa do coronel caminhava ao lado do marido, pendurava-se-lhe nos braços, no pescoço, beijava-lhe as mãos, que ele tinha amarradas às costas, mas o homem continuava a caminhar imperturbável, como se ela não existisse, os olhos postos no horizonte. A caminhada, porém, era longa. Siqueiros, que acompanhava o grupo, foi observando as mudanças que aos poucos se foram operando na face do coronel, à medida que o cortejo se aproximava do alto do cerro. O homem agora não caminhava teso; a cabeça lhe caía sobre o peito e seus passos eram menos firmes. Ele já olhava para a esposa com um misto de ternura e pena. Mas essa expressão transformou-se em terror quando, no alto do cerro, ele viu o primeiro companheiro cair diante do muro, crivado de balas. Haviam-no deixado para o fim e ele tinha de olhar ou pelo menos *ouvir* o fuzilamento dos outros, em meio dos gritos de desespero das mulheres.

Clareava a barra do horizonte. Galos amiudavam. Soprava um ventinho frio. Ouviu-se nova descarga. O fuzilado tombou. Seu sangue respingou o muro. O tenente aproximou-se do corpo, tirou o revólver e deu o tiro de misericórdia na cabeça do agonizante.

Nesse momento o orgulhoso coronel soltou um urro e atirou-se no chão, chorando como uma criança, e começou a pedir em altos brados que não o matassem. Beijou, babujou a mão do comandante do pelotão, enlaçou-lhe as pernas como uma fêmea desprezada e louca de paixão, e acabou rolando na poeira, o corpo dobrado, os joelhos contra o peito, a cabeça entre as mãos, recusando erguer-se e marchar para o muro como um bravo.

Neste ponto Siqueiros fez uma pausa. E quando um de nós lhe perguntou se tiveram de amarrar o coronel a um poste, respondeu:

— Não. Foi fuzilado ali mesmo no chão, como um verme.

LEMBRANÇAS

Agora, quando desta distância no espaço e no tempo recordo nossos últimos dias na Cidade do México, lembranças me acodem entreveradas ao espírito, numa indisciplina mexicana, sem a menor consideração para com o relógio ou o calendário. Algumas me surgem inteiras e nítidas. Outras se delineiam vagas como fantasmas. Valerá a pena pô-las em ordem? Será lícito retocar as pálidas com tintas artificiais?

Fecho os olhos e me vejo a certa esquina da avenida Juárez, numa manhã de sol. Sinto na pele, nas narinas, no corpo inteiro a leveza do ar. Vejo a fisionomia das casas e das pessoas. (As imagens do passado ficam mais claras quando cerramos os olhos.) Respiro como um convalescente que acaba de chegar da montanha, dum sanatório para tuberculosos onde lhe extirparam um pulmão. Avisto daqui o Caballito, o grande Arco da Revolução, monumento que sempre me pareceu horrendo e de que não há distância ou saudade capaz de melhorar-lhe a absurda estrutura.

Agora estamos dentro dum carro, com amigos, rodando pelo Paseo de la Reforma. E quando passamos por uma casa de frente envidraçada, alguém nos diz:

— Naquele café Victoriano Huerta costumava tomar suas bebedeiras. Lá pelas tantas, quando o general estava já em estado de coma, apagavam-se todas as luzes, para que os frequentadores do lugar não vissem o Presidente ser carregado para o automóvel nos braços dos *compinches*.

NOMES

Caminhamos, minha companheira e eu, pelos subúrbios. Somos agora colecionadores de tabuletas, cartazes e placas. Já descobrimos um açougue com o nome de La Atrevida. Uma *pulquería* chamada Las Ilusiones e outra, melhor ainda, em cuja fachada dum azul de índigo, lemos este dístico: La Purísima. Colado a uma vidraça, numa casinhola cor-de-rosa, com portas de ombreiras brancas, vemos uma cartolina com um anúncio que nos faz parar, ler e sorrir: SE HACEN BATAS PARA CARNICERO Y DOCTOR. Esperamos encontrar a qualquer minuto o famoso letreiro RECUERDOS DE SU PORVENIR.

Minha companheira declara-se fascinada pela sonoridade de alguns nomes de lugares mexicanos. Guadalajara... Jalisco... Cuernavaca... Acapulco... Querétaro... Churubusco... Chapingo... Hermosillo... Manzanillo... Polanco... Xochimilco.

A QUINTA LIBERDADE

Xochimilco! Não há turista que não estremeça de gozo ao ouvir este nome. Ir a Xochimilco é um passeio obrigatório. Lá estão os jardins flutuantes, as *chinampas* astecas. Gôndolas enfeitadas de flores percorrem os canais de água azul, por entre margens dum verde festivo. E se o turista é amante da música, pode levar no seu barco dois ou três *mariachis* de olhos e bigodes de veludo, com seus sombreros de *charro* e suas guitarras. Haverá maneira mais romântica e bela de passar um domingo?

Ora, sou um homem que sempre se bateu e se baterá em prol da liberdade de pensamento, palavra e locomoção, para não falar em outras que não vêm ao caso. Mas entre essas liberdades civis, há uma que tem sido muito negligenciada. É o direito de *não ir*. Quanto mais envelheço, mais compreendo a importância desse direito.

Fala-se tanto em Xochimilco, contam-se de *"los jardines flotantes"* tais maravilhas, dão tanto caráter de obrigatoriedade a esse passeio, que decidimos positivamente *não* fazê-lo.

E quando de volta a Washington alguma turista que tiver visitado este país me perguntar, batendo as pálpebras e revirando os olhos: "Viram os maravilhosos, os fabulosos jardins flutuantes de Xochimilco?" — quero ter a grande, a enorme, a indescritível alegria de responder: "Não, madame!".

CRISTOS, GALOS, PALHAÇOS

Visitamos, isso sim, Chucho Reyes, pintor folclórico. Solteirão, mora no centro da cidade, numa velha casa, em companhia duma irmã também solteira que toma conta dele. O estúdio do artista é pequeno e atravancado de cavaletes, potes de tinta, pincéis, esculturas de gesso e madeira, imagens de santos, velhas mobílias coloniais. Uma delícia, em suma!

Tito me apresenta a Chucho. Disseram-me que o pintor está já na casa dos sessenta, mas a impressão que dá é de ter muito menos idade. De estatura meã em termos ianques, mas considerado alto pelos padrões latino-americanos, é um homem esguio, de cabelos ainda negros, pele de marfim, rosto fino, maneiras fidalgas. Veste calças dum gris escuro e um suéter preto de lã, o que lhe dá um ar juvenil de universitário.

Chucho Reyes não pinta telas, mas *"papeles decorativos"*. É um artista pessoalíssimo e sua especialidade são Cristos, palhaços e galos. E não serão estes, por acaso, assuntos visceralmente mexicanos?

Há pouco afirmei que Reyes é um pintor folclorista. Última forma! Escrevendo sobre este artista, David Alfaro Siqueiros disse:

Um pintor folclorista? De nenhum modo! Jesús Reyes Ferreira é um autêntico e grande criador de raiz popular. Mas criador que não inventa um estilo popular ou retrospectivista como todos os formalistas de hoje... O estilo popular lhe sai de dentro, do corpo, da emoção e não do intelecto ou da cabeça. Assim, é mexicano de forma integral, um exemplo de estética para todos nós.

Chucho tem uma voz macia e é homem de poucas palavras. Indiferente à riqueza e à fama, vive na sua toca a pintar seus papéis em que se destacam uns roxos singulares, uns azuis de anil, uns dourados e prateados de igreja barroca, uns solferinos espantados.

Os quadros de Chucho Reyes estão para os murais de Rivera, Orozco e Siqueiros assim como um haicai está para um poema épico em centenas de cantos.

Mestre Reyes nos mostra alguns de seus trabalhos. Suas longas mãos pálidas pegam os frágeis papéis. Aqui está um galo de crista escarlate, cabeça erguida... Vem depois — malva contra fundo azul salpicado de rosas — um animal misto de cavalo e javali. Agora é um são Francisco de Assis com um crucifixo na mão direita e uma caveira na esquerda. A cabeça do santo, amarela contra o burel pardo, sugere uma caveira. Pinga sangue do crucifixo e das feridas nas mãos do santo. O artista mostra-nos figuras mais alegres, outros galos e cavalos. Mas lá vem um palhaço trágico apesar de suas cores gritantes. Depois, contra um fundo verde-oliva, um estranho esqueleto com manchas de sangue, como que todo desmontado. Por fim, o mais impressionante de todos os *papeles*. Chama-se *El Cristo negro de las velas*. No primeiro plano, dez velas amarelas acesas. Por trás delas, sentado, um cristo magro, escalavrado, com algo de demoníaco, o corpo todo negro, cheio de furos e estriado de vermelho. Na cabeça uma coroa de espinhos dum amarelo vivo, gotejando sangue. O Salvador tem no rosto uma expressão que não traduz sofrimento, tristeza ou resignação, mas perversidade. O fundo do quadro é dum azul-celeste, sereno como os olhos do pintor.

Quando saímos e passamos pelo pequeno pátio interno, onde peixes dourados nadam numa velha fonte por entre tartarugas imóveis, vou pensando: "Em que outro lugar do mundo, a não ser o México, podia existir um pintor como Chucho Reyes?".

Ao despedir-se, junto do portão quase em ruínas, o artista dá de presente à minha mulher uma rosa de papel.

O CAVALO BRANCO

Saímos do adro da igreja de San Felipe, onde vimos alguns escultores trabalhando com martelo e formão em estátuas de santos. Um jovem índio retocava os pés dum anjo mais alto que ele. Andava no ar um cheiro bom de madeira ferida. E era estranho ver tantos Cristos e anjos atirados sob o galpão rústico, na frente do templo. Estamos agora na rua Francisco Madero. Apontando para a fachada do Jockey Club, Tito me diz:

— Naquele clube um dia Zapata entrou a cavalo, assustando os burgueses que lá estavam.

De súbito, ergue-se uma ventania e uma onda de poeira tão forte, que temos de buscar abrigo num café. O ar fica pardo e áspero de poeira. Voam jornais, papéis, *sombreros*. Mulheres correm segurando as saias. Homens disparam com as mãos nos chapéus. Portas batem. Os dedos finos da areia arranham os vidros das vitrinas e das vidraças.

Tito sorri e explica:

— Isto acontece com frequência. É o nordeste que sopra à tardinha, trazendo a areia do Texcoco, o lago seco.

Poucos minutos depois o vento cessa, a poeira cai. E a vida continua. Começam a acender-se os anúncios luminosos.

Emiliano Zapata! — exclamo para mim mesmo. Os meteorologistas podem explicar o fenômeno como quiserem ou puderem. Mas na minha opinião essas tempestades são provocadas pelo teu cavalo branco que fugiu para as montanhas quando te assassinaram. Ele ainda te procura, Emiliano, por toda parte, com toda a fúria. Foi ele que entrou aqui agora a galope, feito vento. Que haverá no México no dia em que de novo vocês se encontrarem?

FUNERAL

Uma cena me ficou na memória com uma nitidez inapagável.

Parados no meio-fio duma calçada, no Paseo de la Reforma, vejo passar o enterro de um bombeiro que se suicidou. Os tambores, cobertos de crepe, estão abafados e soam surdos. Não se ouve sequer um toque de clarim. Atrás dos tambores marcham alguns pelotões. Os soldados, de uniforme negro, gola carmesim, crepe no braço, marcham em cadenciado silêncio. E sobre um carro também coberto de preto está o esquife cinzento envolto na bandeira mexicana.

Plan-ra-ta-plan! Plan-ra-ta-plan!, lá se vai o cortejo rumo do cemitério. Haverá outro país no mundo em que um velório seja mais velório, um enterro mais enterro, e a morte mais morte?

Plan-ra-ta-plan! Adeus, bombeiro! Nunca te vi. Teu nome não sei. Mas me será difícil, impossível esquecer o teu funeral. *Plan-ra-ta-plan!*

CORPUS CHRISTI

Dia de Corpus Christi. Entramos na catedral. Anda na atmosfera mística uma fragrância dulcíssima que vem das flores que cobrem os degraus dos altares, flores em profusão — copos-de-leite, gladíolos, rosas, cravos vermelhos e brancos, jasmins-do-cabo... Movemo-nos com dificuldade por entre a multidão que enche o templo. Ardem velas votivas. Mães trazem meninas vestidas de costumes típicos: *chinas poblanas*, camponesas de Costa Chica e da Sierra Zongólica. Há meninos de roupa branca e lenço vermelho ao pescoço, chapéu de palha, como campesinos Chantales de Tabasco. Cada criatura traz uma oferenda para os santos: braçadas de flores, gaiolas com pássaros ou cestos com frutas.

À entrada, um padre asperge com água benta os que entram. Aspergir não é bem o termo, porque o pobre sacerdote, que já deve estar cansado do gesto, agora como que atira sobre os fiéis água benta a mancheias, em quantidades quase diluvianas.

Andamos por entre estas douradas colunas retorcidas, olhando as imagens sofredoras, tropeçando a cada passo em índios e índias ajoelhados em oração. O murmúrio das preces enche o ar, como o zumbir dum enorme enxame de abelhas. Uma dama de negro está ajoelhada junto ao confessionário; um padre velho, com um aparelho Sonotone no ouvido, escuta-a com ar aborrecido...

Dizem que esta catedral tem dois Murillos, um na capela e outro no coro. Mas haverá pintura melhor que esta que temos viva diante dos olhos?

Os fiéis continuam a entrar em longas filas. Os sons dum órgão enchem o recinto, solenemente. (Ah! João Sebastião Bach, por que não nasceste católico?) As ofertas se acumulam ao pé dos altares. Lembro-me duma descrição que li desta mesma festa na igreja da missão jesuítica de São Miguel, no Rio Grande do Sul, no século XVIII. Há analogias impressionantes e a principal delas é o aspecto índio da solenidade. Acho estranha esta mistura de Idade Média, sugerida pelo templo, pelas imagens, pelos padres, pelas beatas de negro — e de século XX, de Europa e Ásia, de Espanha e mundo asteca... Sim — e por que não? — de catolicismo e paganismo. Os astecas tratavam de alimentar seus deuses. Agora esses católicos descendentes dos índios de Tenochtitlán vêm trazer presentes para os santos de sua devoção a fim de aplacá-los ou comprar-lhes a simpatia.

Saímos para a luminosa manhã mexicana. Na frente da igreja alguns índios dançam, metidos em costumes dum colorido que consideramos uma provocação à nossa câmara fotográfica. Ali está um dançarino de aspecto imponente. É jovem, de rosto fino, o corpo musculoso coberto por um manto vermelho com enfeites amarelos, cocar na cabeça, escudo amarelo na mão. Mulheres vestidas como nos tempos de Tenochtitlán também tomam parte no bailado. Fico fascinado por um escudo decorado com motivos positivamente gregos. Um dos dançarinos aproxima-se para me pedir dinheiro. Enquanto tiro a carteira, minha mulher bate um instantâneo do pedinte. E daí por diante se entrega a um delírio fotográfico. Ao som dum bandolim, cujo bojo é a carapaça dum tatu, e de espécies de alaúdes, índios e índias dançam, cercados de curiosos.

Voltamos para o hotel satisfeitos com a oportunidade que tivemos de fotografar os exóticos bailarinos. Mas Tito lança água fria no nosso entusiasmo:

— Aquilo é espetáculo preparado para turista. Esses índios recebem ordenado do município para dançar. São funcionários públicos.

TEOTIHUACÁN

Desta nossa base de operações na Cidade do México, fazemos várias viagens curtas a lugares interessantes das vizinhanças.

Vianna Moog me leva hoje em seu carro às ruínas de Teotihuacán, que ficam a pouco menos de cinquenta quilômetros daqui, a leste do Distrito Federal. Logo que saímos, resmunga:

— Se me aparece outro turista que eu tenha de levar a essas ruínas, fico doido. Já fui lá mais de mil vezes. Estou até aqui...

A coisa mais importante que existe no caminho são as ruínas do convento de San Agustín de Acolman, que data do século XVI e tem bela fachada em estilo plateresco.

Chegamos a Teotihuacán. Nesta tépida manhã de Anáhuac, somos os únicos visitantes na antiga cidade dos toltecas, se não contarmos um burrico que pasta, em recolhido silêncio, ao pé duma pirâmide.

Quando por aqui andou, o professor F. S. C. Northrop ficou impressionado pelo senso urbanístico dos índios que construíram esta cidade simétrica, que parece ter sido obra de arquitetos assistidos por sacerdotes, artistas, astrônomos e geômetras, pois tudo parece girar em torno da Pirâmide do Sol. Teotihuacán de certo modo reproduz o sistema solar tal como o viam os toltecas. O conjunto — pode-se ver isso do alto da pirâmide maior — deve ter sido um prodígio de harmonia e lógica urbanísticas. Creem alguns antropólogos que era esta uma cidade cerimonial e não propriamente residencial. Aqui estavam localizados os templos, as casas das pessoas que se ocupavam de funções religiosas.

Um certo mistério envolve a tribo dos toltecas, seus costumes e feitos. Dizem-se a respeito desses índios coisas tão desencontradas, que já houve quem chegasse a duvidar de sua existência.

Sabe-se que eram grandes arquitetos, carpinteiros e mecânicos, bem como hábeis agricultores.

É fora de dúvida que chegaram ao vale do México muito antes dos astecas.

Situada num vale, Teotihuacán ocupa uma área de pouco menos de seis quilômetros de comprimento por pouco mais de três de largura.

O índio convertido Ixtlilxóchitl, referindo-se à religião dos toltecas, menciona um Deus Supremo: Tloque Nahuaque. Mas é bem possível que os habitantes desta parte do vale tenham adorado o deus Sol e a deusa Lua, aos quais ergueram estes monumentos.

A Pirâmide do Sol, embora mais baixa que a Grande Pirâmide do Egito, tem a base mais larga. Subimos até o seu ápice. Vianna Moog está com a cabeça descoberta e a luz da manhã prende-lhe fogo nos cabelos.

— Pedro Alvarado! — digo-lhe.

— Quem é esse sujeito?

— O capitão de Cortés que os índios chamavam "O Sol" e que cometeu uns banditismos em Tenochtitlán...

— É assim que me pagas o sacrifício que fiz em trazer-te até aqui?

Olho para a pirâmide truncada da Lua, menor que a do Sol. Vianna Moog estende o braço na direção do oeste:

— Como vês, esta pirâmide fica no sul, mas não voltada para o poente. Está um pouquinho desviada para o norte. Os antropólogos trataram de descobrir a razão disso. Acabaram concluindo que estes dois monumentos, o do Sol e o da Lua, não estão orientados exatamente para o poente, mas sim para o lugar onde o sol se põe nos dias em que passa pelo zênite. Isso prova, acham eles, que esta pirâmide era dedicada ao deus Sol.

— E já notaste a analogia que existe entre estas pirâmides e os dois vulcões que dominam o vale?

— Como?

— A do Sol, a maior, corresponde ao Popocatépetl, um símbolo masculino. A da Lua, menor, corresponde ao Iztaccíhuatl, "a mulher deitada", símbolo feminino.

— Deixa o velho Freud em paz e vamos caminhar um pouco.

Descemos pelos degraus de pedra e, outra vez na base da pirâmide, tomamos o Caminho dos Mortos, rumo da Cidadela, onde fica o templo de Quetzalcóatl.

TOLUCA

Sexta-feira. Estamos em Toluca, capital do estado do México. Viemos ver o famoso mercado onde se vendem os mais belos cestos do país.

Mal descemos do carro, dois meninos sujos, maltrapilhos e descalços correm para nós gritando: "*Guatiucá? Guatiucá?*". Levamos algum tempo para compreender o que querem. Estão perguntando em inglês se queremos que cuidem de nosso carro: "*Watch your car?*". Duas caras redondas, morenas e alegres, estão erguidas para nós, recebendo em cheio o sol da manhã, que lhes dá um brilho de vidro aos grandes olhos negros de expressão doce e um pouco triste, como a dos olhos desses burricos que temos encontrado em *pueblos* e estradas.

Vianna Moog deixa o carro ao cuidado dos dois mexicanitos e me conduz na direção do mercado. A meio caminho somos assaltados por índias gordas e taciturnas que nos querem vender objetos de madeira trabalhados a canivete: porta-joias, cigarreiras, cinzeiros. Pedem um dólar por peça, uma miséria, pois se trata de trabalho delicado que deve ter ocupado semanas do artesão. Compro umas três ou quatro e meus bolsos vão aos poucos engordando.

Situada no vale do mesmo nome, esta cidade é mais alta ainda que a do México. Fino e frio é o ar da manhã de junho. Como quase toda cidade mexicana, Toluca possui um vulcão particular, El Nevado, com mais de quatro mil metros de altitude.

O mercado não difere muito dos outros que temos visto. É sujo e suas cores básicas são o negro — as vestes de alguns índios, os panelões tisnados — e várias tonalidades de pardo. Mas sobre essa base sombria salta alegremente o colorido dos cestos, nos mais variados formatos, tamanhos e padrões. Nunca os vi mais belos. Começo a comprá-los, sob os protestos de Vianna Moog, e em breve estamos ambos carregados deles, como vendedores ambulantes.

A arte de fazer cestos é das mais antigas do mundo. Alguns arqueólogos acham que foi através dela que os povos primitivos aprenderam acidentalmente a fazer potes de barro.

É possível que os primeiros cestos tenham sido feitos de junco ou duma palha grossa e resistente. E não será também plausível que a técnica do cesteiro — tramar o junco — haja sugerido a ideia de fazer tecidos?

Existe neste mercado uma coleção indescritível de cestos. Vejo um, bastante grande, o fundo marrom com desenhos em vermelho, amarelo-canário e amarelo de gema de ovo: cervos, águias e pirâmides. Não resisto à tentação de comprá-lo, e aqui vou mais carregado que nunca. Como é possível — pergunto ao meu amigo — que estes índios tristes, sujos e analfabetos possam produzir tais belezas? Moog me lembra um trecho do ensaio de Samuel Ramos sobre o mexicano: "Hoje a arte popular indígena é a reprodução invariável de um mesmo modelo, que se transmite de geração em geração. O índio atual não é um artista, é um artesão que fabrica suas obras mediante uma habilidade aprendida por tradição".

— Seja como for — digo —, *viva México!*

Um mexicano magro que passa e me ouve, tira o *sombrero* e diz, muito sério:

— *Y por que no? Viva México!*

Moog desata a rir. E juntos saímos, parando aqui e ali, por um longo corredor ladeado de tendas onde se exibem, além dos cestos, esteiras, bolsas, uma série interminável de pequenos objetos de palha para uso doméstico.

Vejo à frente de sua *tienda* um índio imóvel, de olhos cerrados, e pergunto-lhe:

— *Y que tal, amigo? Como le vá la vida?*

O índio entreabre os olhos, me lança uma fria mirada, estica o beiço inferior, encolhe de leve os ombros cobertos por um poncho bicolor, e me dá a melhor, a mais filosófica das respostas:

— *Pues...*

E torna a fechar os olhos.

MESTRE TIMOTEO

Metepec é um *pueblito* situado a pequena distância de Toluca. Vimos até aqui porque sei que nesta aldeia se fabricam figurinhas de barro. Vamos diretamente à fonte, evitando o intermediário.

Mestre Timoteo é um mestiço baixo, de ar reservado, que mora numa casinhola no centro do velho povoado. Vejo com certa emoção a sua oficina, o barro com que trabalha e muitas figuras ainda sem pintura, recém-saídas do forno.

O artesão nos leva a uma pequena sala onde se alinham os trabalhos prontos. Interesso-me — amor à primeira vista — por uns absurdos cavalinhos empinados, com crista vermelha e asas verdes, os corpos decorados em azul, roxo, encarnado e solferino.

— Que animais são estes? — pergunto, ignorante desta mitologia.

Mestre Timoteo me olha com gravidade e, depois de breve hesitação, diz:

— *Caballitos.*

Compro dois deles e mais outro animal, misto de boi e alce. E ainda uma bela Árvore da Vida, espécie de candelabro e incensário de barro, em cores vivas e variadas, e na qual vejo querubins, flores, frutos e pássaros. O preço destas coisas todas é ínfimo. Peço ao artesão que autografe para mim um de seus trabalhos. Ele acede. Com delícia vejo-o fazer por baixo do nome todos aqueles caprichosos rabiscos que se usavam sob as assinaturas no século XVIII.

Saímos para as ruas da vila, onde o tempo parece ter parado. Hoje aqui é sexta-feira, sim, mas de que século?

Meio-dia em ponto. O sol cai sobre as ruelas e becos desertos, de onde até as sombras estão ausentes. A erva cresce entre as pedras irregulares do calçamento. Que estranhos, indecifráveis mas inquietantes murais andou a idade pintando nestes muros e paredes com as tintas do vento, da terra, da chuva e do sol?

Comovido fico a contemplar o velho índio seco que ali está na calçada, envolto no seu poncho, numa imobilidade de estátua, como que postado a uma esquina da Eternidade, à espera de nada e de ninguém.

Depois da visita a Metepec, é bom rever a avenida Juárez, a rua Francisco Madero e o Paseo de la Reforma. Nosso quarto no hotel parece agora um museu de arte popular. Os *caballitos* de mestre Timoteo dão cor e tepidez ao ambiente antes frio e apagado. E há cestos, esteiras e tapetes por todos os cantos.

Saímos um sábado para Cuernavaca. A estrada é de primeira ordem, mas a paisagem me parece áspera e baça. Uma hora depois, porém, avistamos o vale de Cuernavaca e tudo muda. Lá estão os mais ricos verdes e as mais belas flores deste quadrante do México.

Alfonso Reyes escreveu:

Deus criou o mundo em seis dias e descansou no sétimo, de modo que inventou a semana. Para passar o *weekend* não sabemos como se arranjou. Agora, segundo dizem, passa o fim de semana em Cuernavaca, que possui um clima privilegiado. Alguns habitantes do México e alguns visitantes do país vizinho são da mesma opinião de Deus.

Estrelas do cinema americano e mexicano vêm passar as férias neste belo jardim, muito procurado também por aqueles cujos corações, cansados da altitude da capital, se sentem melhor nesta cidade seiscentos metros mais baixa. Cortés construiu em Cuernavaca seu palácio de verão, e Maximiliano e Carlota costumavam também passar os verões aqui. José de la Borde, um francês que enriqueceu com minas de prata no século XVIII, construiu uma residência cercada dum fabuloso jardim com toques mouriscos e andaluzes, que ainda hoje aqui está como uma das atrações turísticas do lugar.

Cuernavaca é também um centro de artistas. Escritores, escultores, pintores e atores vivem nesta localidade de sabor colonial, com casas pintadas de azul, amarelo e rosa, uma animada pracinha, mansões com pátios internos e arcadas, ruas irregulares, muitas delas acidentadas.

O *zócalo* me encanta. Passeio por entre suas árvores e bancos, em meio a animada multidão. Porque em Cuernavaca, pelo menos neste centro, sempre parece dia de festa.

Vejo uns homens sentados junto de mesas à frente de estranhas máquinas. Quem são? Que fazem? As engenhocas são máquinas de escrever do tipo mais primitivo, as pré-avós das que usamos hoje em nossos escritórios. Esses homens ganham a vida escrevendo cartas para pessoas analfabetas. Ali está um índio ditando a sua missiva. Ouço apenas estas palavras: *"Muy querida Eusebia..."*. O escriba bate no teclado, produzindo um ruído de ferro velho. Mais adiante uma mulher de negro dita... *"y nos llevaran una vaca y dos cerdos..."*. Que tipo de carta estará ditando o jovem mestiço de gravata dum verde de abacate e chapéu de feltro azul-elétrico? Acerco-me indiscretamente e ouço-lhe a voz firme: *"Si no me contestas, me mato, palabra de honor"*.

Os cafés e hotéis estão cheios de gente. Diante dum deles, no meio da rua, três *mariachis* cantam, dedilhando guitarras.

Na frente do Palácio de Cortés, pequena banda de música rompe a tocar um dobrado. Foguetes sobem zunindo e espoucam no ar: o eco responde — onde?

Encaminhamo-nos, curiosos, para o casarão e descobrimos que se está realizando um concurso popular de oratória. Entramos e tomamos lugar. Ouvimos apenas os últimos oradores, pois o torneio começou cedo. O vencedor é um índio de seus vinte anos, melenudo e sério. Em mangas de camisa, diante dum júri solene, faz fogoso discurso, exaltando a revolução agrária e citando frequentemente Pancho Villa e Zapata.

Almoçamos no jardim dum hotel, à sombra de jacarandás, tamarindos e buganvílias de flores purpúreas.

E no princípio da tarde seguimos adiante, até uma cidade que estou ansioso por conhecer.

10

Taxco

Com pouco mais de 10 mil habitantes, é Taxco a mais antiga das cidades mineiras do México. Avisto-a do fundo duma canhada por onde passa a estrada que vem de Cuernavaca, e sinto que encontro a cidade de meus sonhos. É mais um caso de amor à primeira vista. Está claro que eu vinha preparado para este momento e para esta afeição. Quem quer que haja vivido um pouco, deve ter concluído que, assim como existem corpos predispostos à tuberculose, almas há predispostas ao amor. No primeiro caso basta um golpe de vento. No segundo, uma simples troca de olhares.

Pois meu namoro com Taxco nasceu no dia em que vi a primeira fotografia deste velho burgo do estado de Guerrero.

Aqui vamos com Aurélio e Marina no carro de um simpático agrônomo brasileiro que está fazendo um curso de aperfeiçoamento no México. A estrada — sempre o tema mexicano da serpente — tem feito voltas estonteantes, subindo, descendo e contornando cerros pedrentos, cobertos de vegetação dum verde veludoso e vivo.

A primeira comparação que nos ocorre diante de Taxco é com um presepe. Mas é tão óbvia, tão fácil, que me recuso a fazê-la. As casas estão montadas na encosta dum cerro. As ruas são estreitas e algumas delas tão a pique que estão vedadas aos veículos e foi necessário construir nelas escadas para ajudar os pedestres. Dizem que Taxco lembra Toledo. Mas eu, que nunca fui à Espanha, acho-a um tanto parecida com Ouro Preto. Digamos que é uma rósea versão espanhola de Ouro Preto. Aqui também é proibido demolir as velhas casas ou construir novas em estilo moderno, de sorte que Taxco, segundo os entendidos, pouco tem mudado do século XVIII para cá. O governo a conserva como um monumento histórico e artístico.

Deixamos o carro no sopé do cerro e encaminhamo-nos a pé com nossas leves bagagens (pois passaremos aqui apenas um dia e algumas horas) para o centro da cidade. Há nos arredores um belo hotel de tipo americano, com *nightclub* e piscina, mas seria uma ignomínia se nos hospedássemos nele. A baronesa Von Wuthenau nos espera na Casa de Humboldt, misto de hospedaria e museu, edifício de fins do século XVI, onde costumavam pernoitar as caravanas de mercadores que vinham de Acapulco com preciosas cargas, rumo da Cidade do México.

Subimos devagar por duas razões poderosas. A primeira é que tanto mestre Aurélio como eu já há muito passamos da adolescência.

A segunda é que não resistimos à tentação de parar de vez em quando para ler o nome duma *tienda* ou olhar para dentro duma *pulquería* ou dum pátio. Agora, por exemplo. Lá está um belo e gordo galo de crista escarlate, plumagem fulva com penas dum negro com cambiantes verdes, passeando soberbo por cima de velho muro, assim com o ar de rei do terreiro. Num quintal vizinho galinhas ciscam no chão, onde porcos sujíssimos dormitam, com os ventres pelados e lustrosos meio submersos no lodo. Roupas pendem duma corda — vermelhas, azuis, amarelas — e drapejam como estandartes.

Continuamos a subir. O nome desta *pulquería* é Mi Oficina. Mais adiante, um reclame gaiato: NO TE APURES, CALENTURA, QUE AQUI ESTÁ TU MEJORAL. Depois é uma igreja, possivelmente quadricentenária, toda de pedra enegrecida, com uma das fachadas mais dramáticas de quantas tenho visto neste ou em qualquer outro país. Passamos por várias casas pintadas de cor-de-rosa ou azul-claro, por lampiões coloniais autênticos, janelas com *rejas*, pátios com arcadas, poços e azulejos. Começo a ficar irritado ante os automóveis que rodam flamantes e anacrônicos por estas ruas de mão única, e ante os fios e postes da iluminação. Não fossem esses sinais de progresso, seria possível conservar pura a atmosfera colonial.

SANTA PRISCA

Chegamos ao coração da cidadezinha. Um momento de descanso e silêncio para ouvi-lo pulsar. Estão escutando? Aurélio me assegura que as batidas são de nossos próprios corações, pois o da cidade, mudo e de pedra, não pulsa. Sentamo-nos num banco da pracinha, onde vicejam altas árvores de *calabazas* copadas. No centro, um quiosque de coberta vermelha. Ah! Ali está a famosa igreja de Santa Prisca. Toda rosada, com suas torres esguias e sua fachada churrigueresca, parece a ampliação duma joia feita por hábil ourives da era colonial. A cúpula de azulejos está muito recuada, e isso levou Aldous Huxley, que por aqui também passou, a comparar esta igreja com um corcunda e a dizer que nunca tinha visto um edifício em que cada parte, até o menor detalhe decorativo, fosse tão coerentemente fora de proporção. "Uma das mais suntuosas igrejas do México e uma das mais feias." "Uma obra invertida de gênio!" Lembro-me bem destas frases. Pois discordo. Santa Prisca pode ficar descansada: este brasileiro que acaba de chegar a Taxco gosta de sua igreja, não tem nada a objetar quanto a suas proporções e está até comovido (ou será pura canseira da subida?) pelo rendilhado de sua fachada, por sua grande porta de madeira lavrada e por sua cúpula mourisca.

O francês Joseph de Laborde que para cá veio em 1716, pobre mas cheio de ambições, encontrou tanta prata na mina vizinha de La Cañada que, num momento de entusiasmo, declarou que se Sua Majestade Católica se dignasse visitar a Nova Espanha, ele, De Laborde, se comprometia a calçar com moedas de prata todo o caminho de Vera Cruz à Cidade do México.

O rico mineiro, já agora com o nome mexicanizado — José de la Borda — mandou construir a igreja que temos na nossa frente, mas quando se esgotou o veio de prata de sua mina, pediu aos padres que lhe dessem de volta o tabernáculo crivado de joias que ele havia doado ao templo. O pedido foi satisfeito. De la Borda mudou-se para Zacatecas, no Norte, onde refez sua fortuna. Conta-se que seu único filho entrou para um convento, e ao morrer, La Borda deixou sua fortuna para a Igreja, sob a condição de que se celebrassem missas por sua alma.

Olho para as velhas pedras irregulares do calçamento que La Borda tantas vezes deve ter pisado quando, de tricórnio na cabeça, calções apertados nos joelhos, sapatos de fivela, punhos de renda, ia à igreja, onde devia ter um lugar reservado. Na hora da coleta, decerto atirava na sacola de veludo roxo do sacristão, várias moedas de prata. Prata de suas minas, onde os pobres índios eram tratados como animais.

Ouço o som de outros passos fantásticos na rua. Ali vai um jovem vestido à maneira de fins do século XVI. É Juan Ruiz. Nasceu aqui por acaso, pois seu pai é superintendente de minas. O rapaz está com a cabeça cheia de sonhos. Deseja voltar à Espanha, quer estudar, ler, escrever... Já rabisca suas coisas, meio em segredo. Um visionário? Não. Deste ponto do tempo posso fazer uma profecia segura. O mundo um dia conhecerá esse moço pelo nome de Juan Ruiz de Alarcón, autor teatral, cujas peças *El tejedor de Segovia* e *La verdad sospechosa* correrão mundo e marcarão época.

Mas o relógio da igreja nos diz que é meio-dia. A hospedaria fica a poucos passos daqui. Para lá nos dirigimos. Sinto-me leve, em espírito de feriado. Porque Taxco está fora do tempo. E o homem perderá mais de metade de suas angústias e cuidados no dia em que conseguir esquecer o relógio.

Estamos aboletados na Casa do Barão de Humboldt, assim chamada porque aqui viveu em princípios do século passado o famoso naturalista alemão.

A fachada, dum rosa desmaiado, tem uma vaga parecença com El Alamo de Texas, e um ar de ruína ilustre. Estarei cometendo alguma heresia dizendo que há nela algo de plateresco? Olhada da rua, a casa parece de um único andar, mas, construída sobre um barranco, na realidade tem três. Não me agrada muito a grande sala de estar onde foi recentemente construída uma lareira, que dá à hospedaria um sabor tirolês absolutamente fora de propósito. O resto do casarão é uma delícia, com suas paredes grossas e caiadas, suas muitas galerias e escadas de pedra, um terraço ajardinado com colunatas e arcadas, o vetusto jardim, umas alcovas misteriosas, uns corredores abobadados que nos levam, inescapavelmente, a pensar em duelos, ciladas e intrigas amorosas. Nosso quarto é duma agradável rusticidade e duma limpeza imaculada.

Almoçamos os cinco com a baronesa e seus enteados numa fresca sala térrea assoalhada de lajes. A sra. Von Wuthenau prefere que lhe chamemos Trixie, nome que senta bem a esta jovem alta e esbelta, de cabelos dum louro claro e olhos azuis desbotados. Tem mais um ar de colona da Picada Café (Rio Grande do Sul) que de baronesa alemã. E quando digo isso a minha intenção é evidentemente elogiosa.

Trixie fala pouco. Sua voz é doce. Ela toda parece um desenho esmaiado de azulejo holandês. Seus gestos são vagos. Segundo se murmura, há anos hospedou-se aqui um jovem árabe que se apaixonou por ela e que, à hora das refeições, passava todo o tempo com os cotovelos fincados na mesa, o rosto apoiado nas mãos, os olhos postos languidamente na senhora da casa, esquecido de comer, suspirando, infeliz, sofrendo calado seu amor não correspondido...

Eis um momento para relembrar. A rústica mesa, a tigela de madeira com tomates, alfaces e cenouras; a jarra de barro com limonada; os pratos coloridos de louça poblana; as crianças com caras de bonecas de Nuremberg. E os amigos, a imagem brumosa de Trixie, com seus longos braços, seus longos dedos, seus longos silêncios.

ARTISTAS, PRESOS E BURROS

Existe em Taxco uma colônia de artistas — pintores, escultores, escritores — entre os quais há muitos americanos que detestam o seu país e que para aqui vieram para ficar e viver com e como os nativos. Encontramos nas ruas e cafés os tipos mais improváveis. Ali vai um. Magríssimo, alto, ruivo, de seus cinquenta anos, passeia pela praça, vestido como um índio, de roupa de algodão branco, poncho dobrado sobre o ombro, chapéu de palha. Aquela senhora idosa, sentada à frente dum cavalete, procurando reproduzir na tela a imagem da igreja, parece também estrangeira.

Visitamos casas de prateiros, pois aqui os há em grande número. Conta-se que veio para cá um gringo, um tal de Mr. Spratling, que tem a melhor loja de prata do lugar. Esse americano mexicanizado é um arquiteto aposentado que conseguiu criar em Taxco uma indústria de latoaria. Faz cinzeiros, jarrinhas, espelhos, uma série incontável de objetos de lata, além de móveis de estilo colonial. Tem discípulos, fez escola e ganhou fama.

A cadeia local fica ao lado da igreja. Dizem que a municipalidade não dá de comer aos presos, deixando a alimentação a cargo das famílias dos mesmos. Tudo isso é dum esquisito sabor medieval.

Subimos até o alto do cerro onde a cidade está localizada, e no caminho encontramos muitos burros. Uma das poucas observações simpáticas que Aldous Huxley fez sobre o México refere-se a esses nossos pacientes irmãos. Observou ele que quando encontra um desses bicharocos, o mexicano se sente na obrigação de gritar: "*Burro!*" com toda a força de seus pulmões, "não porque isso adiante alguma coisa, mas pelo prazer de gritar". Acho que há algo mais que prazer: uma espécie de ternura envergonhada, uma maneira máscula de dizer ao bicho: "Estou contigo, tomo conhecimento de tua presença, o nome burro me agrada, sou teu amigo". É por isso que vamos também a cada passo gritando "Burro". Há burros dos mais variados pelos. Sobem ou descem o cerro com canastras no lombo. Seus olhos são, como sempre, tristes e ternos. "Burro!" — saudamos. E cada vez que pronuncia esta palavra, mestre Aurélio se volta para mim, sério, faz uma mesura e murmura: "Sem alusão...".

MARIACHIS AO LUAR

Nesta tarde de sábado, bandinhas de música andam pelas ruas puxando bandos precatórios. Na frente do grupo um índio solta foguetes. Seguem-se meninos com bandejas onde os transeuntes deixam cair moedas de cobre ou cédulas de peso. Atrás, a furiosa: seis músicos, todos com o trajo característico do homem do povo. Bombardão, trombone, pistão, clarineta, tambor e bombo. Saem por essas ruas estreitas ao som de seus *pasos dobles* e marchas, e quando já estão longe a gente continua ainda a ouvir por muito tempo o estouro dos foguetes e o rufar dos tambores.

À noite sentamos num banco da praça para ouvir os *mariachis* que cantam no balcão dum café. O ar está fresco e parado. As torres da igreja recortam-se contra um céu violeta *acribilado* de estrelas. (Num país em que a frase *"murió acribilado de balas"* se ouve com tanta frequência, não deixa de ser grata novidade usar a palavra "acribilado" com relação ao céu e às estrelas.)

A brisa nos traz o olor de madressilvas. A voz dos *mariachis* enche a praça, onde vultos passeiam à escassa luz dos combustores. Alguém grita *"Taquitos calientes!"*. Para cúmulo dos males, é noite de lua cheia. Uma sentinela passeia na frente da cadeia. Um grilo começa a cantar. Gemem os *mariachis*: *"Ando volando bajo!"*.

É muito estranha a sensação de estar em Taxco, em pleno coração da Sierra Madre, numa noite de junho de 1785.

NOITE NA HOSPEDARIA

Recolhemo-nos à meia-noite, e eu seria o último dos miseráveis se fosse direito para a cama, fechasse os olhos e caísse no sono. A lua, o ar picante da noite, o perfume dos jasmins — tudo me convida a ir para o terraço, debruçar-me à amurada e ficar olhando o casario de Taxco. Aceito o convite. Cachorros ladram na distância. Obrigado, amigos! O que me estava faltando à alma era isso mesmo. Uma noite latina com todo *"un horizonte de perros"*. E o canto de galo que me falta alguns minutos depois risca luminosamente a noite como um busca-pé.

A hospedaria está silenciosa. Mas se aguçamos o ouvido da fantasia é possível escutar o rumor de conversas no andar térreo. De quem são essas estranhas vozes? Que língua falam? Agora compreendo tudo. Estamos em pleno século XIX. Lá embaixo bebem e conversam os mercadores que subiram de Acapulco, onde há dois dias chegou um galeão espanhol vindo de Manila com uma carga de sedas chinesas, fardos de musselina indiana e sacos de especiarias e perfumes exóticos. Esta é uma noite como muitas do princípio do século passado. Ontem passou por aqui um chasque a cavalo na direção da Cidade do México, para anunciar a chegada do galeão. Por que tanto açodamento em dar a notícia? É simples. As mercancias que chegam são disputadíssimas. Na capital os comerciantes mais ricos, os membros da aristocracia e até mesmo do clero juntam seus recursos num fundo comum para arrematar a valiosa carga desses navios espanhóis para revendê-la no México com um belo lucro. Chama-se a essa operação "*la fraude china*".

E esse mesmo galeão, ao voltar para seu porto de origem, levará um carregamento de prata, em moedas ou barras, de azeite, de vinho, de lã e de cochinilha. Quantos homens serão assassinados esta noite em seus quartos para serem roubados? Trixie estará a salvo, porque mais de cem anos a separam dessa noite de bandidos, mercadores e piratas. Sim, entre os hóspedes fantasmas há chineses também. Chineses que vêm com seus barcos de Macau e Cantão, carregados de chá e seda crua.

Quem é o vulto que vejo a meu lado, debruçado também à amurada? É o barão Von Humboldt, o amigo de Goethe. Está olhando para as estrelas, pois a observação astronômica é essencial no cálculo exato das coordenadas geográficas. O barão decidiu fazer um mapa do México. É também um apaixonado por Taxco. E quem pensar que ele se preocupa apenas com a formação das rochas e a classificação das plantas, estará muito enganado. Humboldt já manifestou seu horror ante o tratamento desumano que se dá aos índios nas minas de prata; criticou também os métodos antiquados de exploração destas. Um dia escreverá que "homens de mais de sessenta anos e meninos de doze se arrastam em túneis mal ventilados, um horror de fumaça de pólvora e pó, quente como o inferno". Comparará a aristocracia latifundiária e mineira do México com a da Rússia dos czares, e profetizará a independência, para dentro de breve prazo, das nações indo-espanholas. Mais que isso: chegará mesmo a predizer a revolução mexicana. "Estou absolutamente convencido de que esta nação está destinada a avançar por meio da educação, num desafio à Igreja e aos governos autocráticos."

Vem agora de longe o som dum tiroteio. Seis detonações em rápida sucessão. Depois, o silêncio picado pelo latir de cachorros. Devem ter matado alguém em algum lugar. O índice de criminalidade no estado de Guerrero é dos mais altos do país. Mas não consigo associar a ideia de violência e morte às plácidas belezas de Taxco.

Volto para o quarto, dispo-me, meto-me na cama de colchão duro (nós os bucaneiros estamos acostumados a estes desconfortos), penso nos barões — no de Wuthenau e no de Humboldt —, em Trixie e seus enteados, na igreja de Santa Prisca com sua enorme imagem dum papa segurando paternalmente nos braços um Cristo que acaba de ser descido da Cruz, exangue... Depois meu pensamento vai ao Brasil, via Washington, à matriz de Cruz Alta, onde o padre José, com sua cara dum vermelho escuro de morango maduro, faz sermões indecifráveis... E me vejo menino numa casa de minha cidade natal, brincando com um navio de lata que tem pintado no costado um curioso nome — *Nemrod*... E depois o *Nemrod* cstá em Acapulco, descarregando balas de seda que são balas de revólver que *acribilam* o peito do céu da noite, o peito da baronesa chinesa poblana taxquenha...

Está claro que tudo isto já se passa dentro do sonho, pois estou ferrado no sono, na perfumada, evocativa noite de Taxco.

RETRATO DUMA DAMA

Manhã de domingo, com sol, sinos, pássaros e nuvens.

Marina e minha mulher foram à missa com Trixie. Decidi que não quero mais sair de Taxco por muito tempo. Meu projeto mais querido no momento é alugar uma casinhola bem antiga e ficar aqui pintando e escrevendo, com um chapéu de *charro* na cabeça e metido em roupas de índio. E por que não? A troco de que voltar para um escritório de aço e mármore para assinar papéis e mais papéis que ninguém jamais lerá, à sombra dum relógio implacável? Por que voltar às reuniões administrativas, às festas, aos embaixadores, e aos generais, num país que viaja com velocidade supersônica, quando aqui descobri um burgo que, por arrastar-se com a encantadora lentidão duma rósea lesma, ainda não saiu do século xviii?

Fico longo tempo olhando para um *callejón*, um beco de casas verdes, brancas e azuis, com lampiões coloniais, e burros amarrados a frades de pedra. Depois saio a fotografar Taxco de todos os ângulos possíveis e imagináveis. Subo ao terraço de um dos hotéis, apanho uma vista geral da cidade com uma chama de buganvílias vermelhas no primeiro plano. Na praça peço a uma índia, que está sentada num dos bancos, licença para fotografá-la. Ela acede com um discreto movimento de cabeça e não preciso pedir-lhe que fique imóvel por um instante, porque estes índios *são* imóveis por natureza. É uma bonita mulher ainda jovem, de rosto oval com pômulos salientes, o cabelo liso e negro, uma tristeza milenar nos olhos escuros e líquidos. Tem sobre os ombros um *rebozo* dum azul de turquesa. Só agora é que percebo que está grávida. O que mais me impressiona nela é o ar de repousada dignidade. Não lambeu os beiços, não ajeitou o cabelo ou o xale, não fez o menor gesto de faceirice quando viu que eu ia fotografá-la. Para falar a verdade, nem sequer tomou conhecimento do fotógrafo. E quando me afasto, fica ali com o seu cesto de frutas amarelas, a sua mudez, a sua imobilidade e o seu mistério.

SAÍDA DA MISSA

Mestre Aurélio volta dum passeio pelas ruas dos prateiros e aqui está a meu lado a contar histórias do Nordeste. Começou a retreta matinal. Os músicos no coreto tocam uma valsinha seresteira. Todos de chapéu de palha, sem casaco, e com esse jeito comovedoramente sério dos amadores. O velho da clarineta deve ser octogenário. O rapaz do bombardim não terá mais de quinze anos. O *maestro* de pele clara parece italiano, mas está vestido como os outros. São apenas sete músicos, o que não impede que — depois de tocar *huapangos, rancheras, pasodobles* —, a banda ataque com bravura *A cavalaria ligeira*, de Von Suppé. E um dos trechos mais vivos da música coincide com a saída da missa: os sinos batem e as portas da igreja despejam na praça uma multidão endomingada e festiva, que aos poucos vai enchendo os bancos. Crianças correm à sombra das grandes árvores cujos troncos ásperos e nodosos parecem membros de animais antediluvianos. E a banda termina a sua peça num rufar de tambores e bater de pratos. Aplausos.

Por entre as grades duma das janelinhas da cadeia, um preso de cara triste espia a praça.

Depois do almoço voltamos para Cuernavaca.

Adeus, Taxco! Adeus, Trixie! Adeus, bonecas de Nuremberg! Adeus, domingo que jamais voltará!

Deixamos para trás a cidade prateira de La Borda, entre os seus cerros de aquarela com seus terraços, becos, sinos, burros, buganvílias, ladeiras e lampiões.

Faz muito calor e o céu, que amanheceu tão limpo e azul, agora se faz áspero, com rabos-de-galo, numa ameaça de chuva.

Mestre Aurélio, a voz empostada e trêmula, imita um orador de Pernambuco que um dia, numa solenidade municipal, referindo-se ao São Francisco, gorjeou: "esse rio que passa cantando no bandolim das areias!".

Bandolim das areias! Desatamos a rir. Vêm outras histórias. As mulheres falam em prata e tapetes. E, conduzido por um chofer seguro, o auto se precipita pelas "coleantes estradas serpentinas", como diria o orador nordestino.

Quanto tempo faz que estamos viajando? É difícil dizer, porque a companhia é agradável e Taxco nos predispôs a achar tudo bom.

De súbito nosso carro estaca. Que foi? Avistamos no meio da estrada uma mulher que nos acena. É corpulenta, rica de cabeleira, e sua blusa branca está manchada de sangue. Crime? Cilada? Vemos um velho Chevrolet com o focinho amassado contra o barranco, ao lado da rodovia. E, a poucos metros do carro, dentro duma valeta, um homem em mangas de camisa, caído, com a cabeça toda ensanguentada no regaço duma mulher desfeita em pranto. Sobre o cimento da estrada vemos num rasto esbranquiçado a trajetória ziguezagueante do Chevrolet — espécie de gráfico do acidente. Carraspana dominical — diagnostico.

A desconhecida corre para nós exclamando:

— Virgem puríssima! Socorro, senhores, socorro! Um desastre horrível.

Aponta, ofegante, para as figuras da valeta, de onde a mulher que chora ergue para nós os olhos suplicantes. Consultamo-nos numa troca de olhares. O nosso agrônomo observa que no México é considerado um crime recolher na estrada pessoas feridas em acidentes, sem esperar a chegada da polícia. Mas acontece que sempre tive vocação para Bom Samaritano e não vou deixar passar esta oportunidade magnífica.

— Vamos socorrer o homem, mestre? — pergunto.

— Não podemos deixá-lo morrer.

Aurélio salta do carro e nós o seguimos. Seguro o ferido por baixo dos braços, ajudado pelo agrônomo, enquanto Aurélio lhe ergue as pernas. É um sujeito corpulento, quarentão, calvo, de grossos bigodes negros e barba por fazer. Conseguimos pô-lo com grande dificuldade no banco fronteiro, para o qual sobe também a mulher magra e chorosa. A outra, a de blusa ensanguentada, quer subir também, mas verificamos que há um sério problema de espaço.

— A senhora fique aqui — digo-lhe, fazendo o possível para *soar* como um mexicano. — Mandaremos alguém para buscá-la e tomar conta do auto.

— Existe alguma localidade próxima? — pergunta Aurélio.

— Sim — diz a mulher. — Puente de Ixtla. Fica a cinco minutos daqui.

O ferido murmura palavras ininteligíveis. O sangue escorre-lhe pela testa. Examino-lhe a cabeça e vejo-lhe na coroa um talho cuja profundidade não consigo avaliar, e sobre o qual o sangue começa a coagular-se. A mulherinha passa as mãos trêmulas pelas faces de seu *hombre*, murmurando:

— *Pobrecito, pobrecito...*

— É seu marido? — pergunta Marina com feminina malícia.

A *muchacha* sacode a cabeça negativamente e explica:

— *Es mi amigo.*

— Ah!

Está tudo claro, o quadro completo. Nosso carro arranca, rumo do *pueblo*. Cinco minutos? Levamos quase quinze. O ferido geme e balbucia:

— *Conchita, dame una pistola, meteme una bala en la cabeza.* — Conchita limita-se a chorar, as lágrimas lhe escorrem pelo rosto ossudo e mal pintado. Não podemos fazer nada. Olhamos para a estrada e não conseguimos avistar nenhum povoado. — *Dame la pistola, Conchita!* — O auto rola. O perfume de Conchita é doce, barato e enjoativo. — *Madre mia...* — choraminga o ferido.

Finalmente avistamos Puente de Ixtla. O auto deixa a estrada e entra no povoado. Perguntamos ao primeiro índio:

— Onde podemos encontrar um médico? — Ele encolhe os ombros:

— *Pues quién sabe?*

Temos mais sorte numa *gasolinera*, cujo encarregado nos mostra a residência dum doutor. Batemos. Uma criada abre a porta. Dizemo-lhes a que viemos. Ela vai até o fundo da casa, passa lá uma eternidade e volta com este recado:

— O doutor está no banho e manda dizer que não costuma atender clientes aos domingos.

— Mas é um caso urgente — insisto. — Temos no auto um homem gravemente ferido.

A índia permanece calada e imóvel. Não temos outro remédio senão perguntar:

— Onde é que há outro doutor?

Ela aponta para uma casa amarela, na quadra seguinte. Encaminhamo-nos para ela. Nesse ponto já uma pequena multidão de curiosos segue nosso automóvel. De dentro dum café vêm os sons estrídulos duma eletrola: Pedro Infante canta um bolero. Moscas voejam em torno das frutas dum mercadinho, a uma esquina.

Batemos em vão à porta da casa do segundo médico. Um vizinho assoma à janela e nos diz:

— O doutor foi pescar.

A procissão segue adiante. Vou até o carro para ver como está o ferido. Verifico que respira e não cessa de murmurar coisas, de dizer que lhe dói a cabeça, que não pode resistir e que o remédio é lhe darem uma pistola para que ele estoure os miolos.

Indicam-nos a casa dum outro médico, a três quadras de distância. Aurélio e eu dirigimo-nos para lá a pé, seguidos pelo resto da caravana dentro do automóvel, o qual por sua vez está cercado dum número crescente de curiosos. Atrás de nós caminha um mestiço de cara simpática, de *sombrero* de abas largas. Tenho a impressão de que nos segue há já algum tempo, de longe.

Finalmente conseguimos um doutor. É um sujeito retaco, moreno e pouco cordial.

— Tragam o ferido! — diz com certa aspereza.

Carregamos o nosso *hombre* para dentro do consultório bastante limpo e de agradável aspecto.

— Ali! — exclama o médico, mostrando um divã. Deitamos nele o doente. Conchita, que não o abandona, acaricia-lhe as faces.

— *Querido, pobrecito de mi amorcito.*

O doente choraminga:

— *Madrecita, dame la pistola!*

Aurélio e eu contemplamos o quadro, mudos. O doutor, que está junto da pia lavando as mãos, diz com maus modos:

— Que é que estão esperando? Dispam o doente para eu ver se quebrou alguma coisa.

Os dois samaritanos aproximam-se do paciente. Aurélio soergue-lhe o corpo, eu lhe afrouxo a cinta e no momento seguinte estou com as calças do desconhecido nas mãos. As roupas de baixo deste homenzarrão de má catadura são dum ingênuo azul-celeste. Aurélio e eu nos entreolhamos.

Neste momento o homem que nos seguia aproxima-se e diz:

— Sou da polícia local. Que foi que aconteceu?

Contamos-lhe toda a história que, para nossa surpresa, ele aceita sem discutir. Pedimos-lhe que mande um socorro para a mulher de blusa branca que ficou na estrada. O investigador toma nota de nossos nomes e endereços numa caderneta.

— Podemos ir? — perguntamos.

— Claro. Boa viagem!

O doutor termina o exame. E quando lhe perguntamos pelo estado do paciente, informa, sem nos olhar:

— Não quebrou nada.

— E o ferimento da cabeça?

— Não é grave.

Diz isto e vira-nos as costas. Conchita dá-nos *"las gracias"*. Vamo-nos de Puente de Ixtla, rumo de Cuernavaca, onde temos um almoço marcado. Chegaremos com um atraso de duas horas, mas com o coração alegre de escoteiros que cometeram uma boa ação.

Ao entrar na faixa de cimento, encontramos um burrico. E, para desabafar, solto um berro:

— Burrrro!

O OUTRO MÉXICO

Há uma palavra usada pelos mexicanos para designar o companheiro. É *cuate*. Corresponde ao francês *copain* e ao inglês *pal*. Tenho um *cuate* mexicano que se chama Ermilo Abreu Gómez, meu companheiro de trabalho na União Pan-Americana. É um dos mais importantes escritores do México, autor de peças de teatro, romances, contos, e de uma saborosa autobiografia em quatro volumes. Ermilo consegue o milagre — talvez um segredo dos índios maias de sua província natal — de parecer um juvenil cinquentão quando na realidade já entrou há três anos na casa dos sessenta. É um homem baixo, de gestos sóbrios e macios. Quando o vejo nos corredores de mármore da União, imagino-o metido numa batina de franciscano, a caminhar sob as arcadas dum pátio conventual. Mas ninguém se iluda com essa aparência monástica. Ermilo é homem duma ferina capacidade de ironia, dum agudo espírito satírico. Nos seus escritos conseguiu uma limpeza e uma economia de estilo que nós brasileiros não estamos acostumados a associar à literatura de língua espanhola.

De sua veia humorística vai aqui uma amostra.

Um dia Ermilo e eu viajávamos juntos e, num aeroporto sul-americano, aproximamo-nos do oficial de imigração, que examinou o passaporte de meu amigo e lhe perguntou:

— Qual é o seu destino? — Sem hesitar meu *cuate* respondeu:
— Negríssimo.

Escrevo estas coisas não só para chamar a atenção dos que me leem para um escritor que reputo importante, como também para relembrar que, quando nos despedimos em Washington, Ermilo recomendou:

— Não deixe de ir a Yucatán. É o outro México.

Não fui a Yucatán, como não fui a Jalisco nem a Vera Cruz ou Morelos. Asseguram-me amigos e livros que nessas zonas quentes o povo é mais alegre, a terra menos árida, a vida mais amável.

Falando nos contrastes mexicanos, Mariano Picón Salas no seu excelente *Gusto de México* pergunta se as diferenças entre o mexicano da altiplanície e o de Yucatán não corresponderão um pouco às do asteca guerreiro, esmagado por sua teogonia pessimista e trágica, e o maia, mais imaginativo, sensual e expressivamente naturalista.

Sob muitos aspectos, a civilização maia foi mais importante que a asteca, além de mais antiga. As ruínas de Chichén Itzá dão uma ideia da grandiosidade das cidades maias. Seus monumentos rivalizam com os do Egito dos faraós, com os da Índia e os da Grécia antigas. Alguém já disse que os maias são os gregos da América pré-cortesiana.

Tenho a impressão de que o Yucatán está para o México assim como Texas para os Estados Unidos: uma província à parte, povoada por gente de temperamento especial e psicologicamente separatista. No caso de Yucatán, porém, o isolamento não é apenas psicológico, mas também geográfico. Como paisagem, esse estado meridional mexicano se parece mais com a Guatemala, país com o qual partilha sua vigorosa tradição maia.

Mas continuo a afirmar — até que alguém me convença do contrário — que a zona mais expressiva do México é a do planalto central, não só porque aí se concentra a maioria da população do país, como também porque o que essa gente é, faz, pensa, sente e diz me parece representar melhor o caráter mexicano.

Ermilo, querido *cuate*, perdoe-me por eu não ter visitado seu Yucatán!

11

O mexicano

Entre o dia em que deixamos o México e o momento exato em que começo a escrever este capítulo, passaram-se dois anos, durante os quais procurei não perder de vista esse país e seu povo. Apesar de todas as observações pessoais e diretas feitas durante a viagem neste livro narrada, e das muitas leituras a que me entreguei antes e depois dela — encontro-me ainda intrigado e perplexo diante do enigma do caráter mexicano.

Entre os muitos ensaios que buscam desvendar o mistério, três pelo menos me parecem indispensáveis como bússola ou roteiro para quem quer que se aventure à terra incógnita da alma mexicana. Refiro-me a El laberinto de la soledad, *de Octavio Paz,* El perfil del hombre y la cultura en México, *de Samuel Ramos, e* Mito y magía del mexicano, *de Jorge Carrión. A estes três livros admiráveis devo principalmente muitas das ideias, teorias, informações e sugestões que tornaram possível o presente capítulo em que — cum grano salis — procuro discutir, já que não posso explicar, o caráter social e a psicologia do mexicano.*

Antes, porém, seria interessante que, mesmo correndo o risco de repisar muito terreno já andado nesta narrativa, eu dissesse alguma coisa sobre a configuração, o clima e os mais sérios problemas da terra do México.

A TERRA

Configuração

Como muito bem observou Frank Tannenbaum, a geografia física do México é de tal natureza, que parece ter sido feita especialmente para isolar os mexicanos uns dos outros e a nação inteira do resto do mundo. Não há praticamente nesse país um lugar em que o observador não esteja ou cercado de montanhas ou pelo menos avistando alguma montanha ao longe. Suas zonas mais ou menos planas não passam de um terço da superfície total.

As cadeias da Sierra Madre Ocidental e a Sierra Madre Oriental, que perlongam ambas as costas marítimas — das quais estão separadas por franjas de terras baixas — formam os contrafortes do platô central. Essas duas cordilheiras — que se unem a sudoeste de Puebla para se fundirem numa cadeia única, que termina abruptamente no istmo de Tehuantepec — são barreiras que separam a mesa central do Pacífico e do Golfo. Nessa rápida descida da terra rumo do sul, estreitam-se os vales, aprofundam-se as ravinas, modifica-se o clima e escasseiam as cidades. O terreno torna a erguer-se no estado de Chiapas, comparável em altitude às planícies de Chihuahua mas que, como acontece com a baixa Califórnia, está separado da parte central do país pela falta de estradas. Muitos viajantes admiram-se de encontrar, em áreas relativamente pequenas, comunidades que vivem separadas umas das outras, com seus costumes e tradições peculiares. As montanhas são as responsáveis por essas separações e isolamentos, que explicam também por que certas tribos conseguiam manter suas línguas próprias, às vezes tão diferentes das de grupos vizinhos que viviam a poucos quilômetros de distância, mas do outro lado da montanha.

Clima

É costume dividir-se o México em três zonas climáticas: Tierra Caliente, com vegetação de tropical a desértica, e correspondendo a uma área cuja altitude não passa de mil metros; Tierra Templada, ou subtropical, que fica em altitudes que vão de mil a dois mil metros; e Tierra Fria, que compreende as partes mais altas do platô central, e que vão de dois a três mil metros de altura. Nesta última zona nunca faz realmente calor nem se pode dizer que haja invernos rigorosos.

Como se não lhe bastassem todas as dificuldades topográficas, o México sofre ainda as consequências da má distribuição das chuvas. A terra do Norte é calcinada e seca. A umidade existente na parte central do país mal permite a vida vegetal. No Sul, entretanto, há água demais. As partes do país onde a chuva cai em quantidades suficientes, são tropicais e de escassa população. Existe uma pequena bacia, que vai da capital federal a Aguascalientes, na qual a agricultura é possível sem irrigação artificial, pois durante o verão chove com abundância embora sem regularidade. Quem cruza a baixa Califórnia e passa pela zona noroeste de Sonora — tremendos desertos arenosos de terra gretada e árida — dificilmente poderá imaginar que nas terras do Sul e do Sudeste, em Tehuantepec e Vera Cruz e Tabasco, há tanta água, tantos pantanais e tanta umidade no ar, que a vida e o trabalho ali se tornam quase insuportáveis. Por uma triste ironia, no México a água falta onde é mais necessária, e essa carência constitui um dos principais obstáculos à vida econômica do país. Os rios ou se somem chupados pelos desertos ou se precipitam no mar em torrentes indomáveis.

As populações das zonas desérticas, que durante o verão têm de aguentar um calor infernal, no inverno tiritam de frio sobre a terra ainda queimada e seca, batida por gélidos ventos que produzem tempestades de areia.

Pode-se dizer que a História do México se tem resumido numa luta pela posse da terra. Como cenário de qualidades pictóricas, poucas paisagens haverá no mundo que se possam igualar à mexicana em beleza e grandiosidade. Mas como fonte de alimento, de bem-estar e segurança para seu povo, não será excessiva fantasia comparar a natureza do México com uma esplêndida mulher de porte majestoso mas estéril, de seios empinados mas secos. E o camponês mexicano ama com silenciosa e obstinada paixão essa madrasta que lhe nega o sustento, e que de quando em quando explode em acessos de fúria que se manifestam em abalos sísmicos e erupções vulcânicas. É verdade que do seio dessa madre tem jorrado petróleo há já algum tempo, mas só o futuro poderá dizer até que ponto esse leite negro terá contribuído para matar a fome e melhorar as condições de vida das massas.

Apenas 7% de todo o território do México se pode aproveitar para a agricultura. E não creio que seja exagero afirmar que o mexicano, que viveu mal-alimentado nos tempos pré-cortesianos, entrou com fome na era colonial, continuou com fome depois da Independência e de certo modo ainda tem fome em nossos dias.

Correndo todos os riscos inerentes às simplificações e às afirmações de caráter absoluto, direi que, no México, se a terra tem sede crônica, o povo sofre de fome quase crônica.

O POVO

Grupos raciais

O México é uma nação em que predomina o sangue índio. Cerca de 30% de seus habitantes são racial e culturalmente índios. A menor parte da população — uns 10% — é formada de brancos (sempre escrevo esta palavra com dúvidas e reservas), de *criollos*, isto é, de filhos de pais e mães espanhóis mas nascidos no México, e de um bom número de pessoas oriundas de vários países europeus e dos Estados Unidos. Os 60% restantes são mestiços.

O índio é o elemento passivo da população, "o hinterland do mexicano", como disse Samuel Ramos. Constitui uma espécie de silencioso, imóvel coro na tragédia nacional. Sua capacidade de apagar-se não é apenas psicológica ou sociológica, mas também física, pois por um curioso mimetismo defensivo, como o de certos animais, o índio mexicano como que consegue diluir-se na paisagem.

Os 10% que são ou se consideram brancos vivem e pensam mais ou menos como os brancos de qualquer outro país da América, e seus dramas e neuroses não vêm, acredito, do fato de serem mexicanos, mas sim de pertencerem a uma determinada classe social e viverem neste século e nesta hora.

Assim, o que na minha opinião melhor representa o México é o mestiço, isto é, o de sangue espanhol e índio — não só porque ele constitui a maioria da população, mas também e principalmente porque dá a nota tônica na vida do país. Compreendê-lo, portanto, será compreender o México.

O mestiço

"Engendrado com violência e sem alegria, com dor vem o mestiço ao mundo." A frase, que me parece expressiva, é de Fernando Benítez. O mestiço, como a própria nação mexicana, é um produto da violência e da cupidez do espanhol. Surgido desde os primeiros dias da Conquista no cenário mexicano, esse tipo híbrido foi aos poucos constituindo uma espécie de ponte, de traço de união entre o europeu e os diversos grupos raciais do México; foi também um transmissor da cultura europeia aos nativos. Se considerarmos o índio pré-cortesiano como representante dum mundo caótico sem unidade nacional, dividido por diferenças de língua, costumes, interesses em conflito, e outras rivalidades, e se encararmos o espanhol como uma figura estranha a todo aquele meio bárbaro — teremos de reconhecer que o mestiço foi mesmo, desde os primeiros tempos da Colônia, o elemento mais importante da população mexicana, talvez o único a ter realmente uma ideia ou, melhor, um *desejo* de nação.

O índio era demasiadamente fechado e incomunicável e se havia retraído, como era natural, em virtude da mutilação psicológica e física que a Conquista lhe infligira. O *criollo*, esse, apesar de ter os pés plantados no solo onde nascera, não amava realmente sua terra nem sua gente, mantinha os olhos voltados para a Espanha, cuja vida, costumes e ideias procurava imitar. Mas o mestiço, sem jamais perder contato com a terra, sem deixar de ser teluricamente mexicano, tinha consciência do resto do mundo, sabia da existência de outros países, outros povos, outras culturas — consciência, essa, que lhe dava o desejo de construir também a *sua pátria*.

Condenado a atividades subalternas, durante a época colonial, em que lhe negavam o acesso a posições de governo e a oportunidade para melhorar de condição social e econômica, esse centauro — metade índio, metade espanhol — no que dependesse dos *criollos* e dos espanhóis estaria destinado a ser eternamente um marginal. Sua primeira oportunidade surgiu com o movimento em prol da independência do México, época em que sua presença começou a fazer-se notada no cenário nacional. A Revolução de 1910, deflagrada, pelo menos aparentemente, para dar terras aos índios, teve como chefe espiritual um *criollo*, Francisco Madero, mas foi comandada e orientada militarmente por chefes mestiços como Zapata, Huerta e vários outros. Mas eram também mestiços muitos dos que mais tarde traíram essa mesma Revolução. Isso parece confirmar uma ideia corrente sobre o caráter do mestiço, a saber, que ele tem duas faces: ambição pessoal e falta de escrúpulos. A ideia me desagrada não só pelo que encerra de assertiva e simplista como também pela sua leve tintura racista. A ambição pessoal me parece um traço da natureza humana e não uma qualidade exclusiva do mestiço. O que parece haver neste é o desejo desesperado de definir-se em sua dramática dicotomia — índio ou branco? — de libertar-se da sensação de inferioridade que nasce do desprezo com que os outros membros da sociedade o miram e tratam. E como não encontram maneira de alterar a cor da pele ou eliminar do sangue o que têm de índio, isto é, o seu *componente inferior*, segundo o conceito vigente nas sociedades chamadas brancas — o remédio é subir de posição social. Ora, essa ânsia de subir, de impor-se, de tornar-se notável ou pelo menos notado, de ganhar prestígio, riqueza ou poder político, leva-o fatalmente a não escolher os meios de ascensão. Sua conduta é regida ora pela tábua de valores do europeu, ora pela do índio e não raro por uma confusa mistura de ambas.

Tenho, entretanto, a impressão de que no México o mestiço resolveu em grande parte o seu problema por meio duma reconciliação com seu passado índio. Não há no país a vergonha de ter sangue asteca, maia ou qualquer outra origem indígena. Isso hoje é até um motivo de orgulho. Às vezes dum feroz orgulho, o que não deixa de ser uma fonte de novos problemas.

O campo e a cidade

Pode-se dizer que no México o elemento europeu predomina nas cidades e o índio no campo. O Norte do país é dum modo geral acentuadamente mestiço. O Sul, como um todo, é cultural e racialmente índio. A mim sempre me pareceu — e esta viagem confirmou a impressão — que há aqui, como em vários outros países latino-americanos, uma população que, embora não possa ser considerada índia, vive num nível cultural índio. Calcula-se que existam no México talvez uns cinco milhões de pessoas cujos hábitos, instrumentos e técnica de trabalho, utensílios domésticos, organização familiar e social, atitudes básicas e ideias sobre o mundo são mais índios que europeus.

O crescimento da população mexicana tem sido lento. Nunca foi possível calcular com exatidão o número de aborígines que viviam no México quando Hernán Cortés desembarcou em Vera Cruz. O que se sabe com certeza é que do dia do desembarque em diante começou a matança dos nativos. Houve ainda epidemias, mortes causadas por condições desfavoráveis de trabalhos nas minas e maus-tratos; e não podemos esquecer as migrações forçadas.

Desde o momento em que entrei no território mexicano, uma coisa me feriu a atenção. Foi a escassez de população nas vastas savanas da Chihuahua, em contraste com a zona da capital federal e as regiões que a circundam. A população do México está realmente mal distribuída. É muito densa no platô central e escassa na zona do litoral e nas fronteiras com os Estados Unidos e a Guatemala. O México é na realidade um país de *pueblitos*. A população rural não se encontra espalhada no campo em granjas, sítios, fazendas, mas está agrupada em povoados, aldeias, vilas e pequenas cidades.

O prestígio e o poder político e econômico concentram-se em mais ou menos 21 cidades com populações de 25 mil ou mais habitantes cada uma. Não sei até que ponto podemos dar crédito às estatísticas, mas afirma-se que 64,9% dos mexicanos vivem em distritos rurais. Noventa e nove vírgula dois por cento de todos os lugares habitados do México, em 1940, tinham populações de menos de 2500 almas. Só 0,7% viviam em áreas urbanas.

ASPECTOS DA VIDA E DO CARÁTER MEXICANOS

Língua

Se o espanhol da zona das Caraíbas tem a doçura e a consistência do melado, o que se fala no México é igualmente fluido e doce, embora muito mais claro. É um castelhano com mel e uma pitadinha de chile. Quem quer que tenha ouvido Cantinflas terá uma ideia da fala do mexicano do povo, com sua entonação musical, sua abundância de diminutivos, a sua qualidade pirotécnica, e a ênfase em certas vogais longuíssimas.

Deve ter sido principalmente o negro quem dulcificou o espanhol das Caraíbas (e o mesmo fez essa raça extraordinária com o português da Bahia). Mas do asteca e do maia o mexicano não podia esperar doçuras nem de língua nem de caráter, de sorte que parece ter sido o mestiço quem deu ao castelhano falado no México essa música, essa plasticidade e essa graça familiar.

Afirma-se que, se se fizesse um dicionário da verdadeira língua nacional mexicana, veríamos que metade de seus vocábulos são de origem indígena. A verdade é que os encontramos a cada passo, dando nome a lugares, utensílios domésticos, animais, frutas, plantas, comidas... Dois terços das denominações geográficas são de origem indígena. Felizmente a língua do espanhol e a do mestiço de certo modo *cristianizaram* muitas ou a maioria dessas palavras, tornando-as mais pronunciáveis. *Cuauhnáhuac* transformou-se em Cuernavaca. *Huexlotl* (peru) virou *guajalote*. *Chokolatl*, para sorte nossa, ficou reduzida a chocolate, e *petatatl* (esteira de palha) a *petate*, e assim por diante.

A ideia, aventada por alguns, de que o espanhol falado no México se parece com o andaluz, não encontra muitos adeptos. O que mais me encanta na língua mexicana são os diminutivos, a coisa que o forasteiro menos espera encontrar em boca duma gente com tanta capacidade para a violência e tão pouca inclinação para a ternura. Muitas vezes parei na rua para escutar furtivamente diálogos de gente do povo.

Vamos agora imaginar uma rápida conversa entre dois *pelados* numa *pulquería* chamada La Compañerita.

— *Quieres un poco de tequila, amiguito?*

— *Si.*

— *Cuanto?*

— *Un naditita.*
— *Un tantito así?*
— *Eso! Gracias, hermanito.*
— *Cuando vuelves a tu casa?*
— *Lueguito. Y tu?*
— *Nochecita no más.*

Quando um mexicano diz *"ahora"* (agora) na realidade ele não quer dizer "neste momento", pois sua ideia de tempo, repito, é diferente da comum. Mas se ele disse *"orita"* (agorinha) podemos esperar que a coisa prometida aconteça dentro de uma hora. Se, porém, apertando os lábios e prolongando muito os ii ele disse *"orititita"*, as perspectivas dum acontecimento mais rápido se tornarão melhores.

Há frases que se ouvem com muita frequência no linguajar cotidiano. Se contamos a alguém alguma coisa, é possível que esse alguém exclame: *"Que bueno!"*. Se lhe fazemos um pedido e ele acede, é muito possível que diga: *"Y como no!"* ou *"Pues si"*. O uso do *pues* (pois) como uma espécie de expletivo, é muito generalizado. *"Donde estás, hombre?"* *"Estoy aqui, pues."*

Quando uma determinada pessoa ou coisa não agrada ao mexicano, ele poderá dizer *"Me cay mal"*. Mas quando vê passar uma bela mulher, é possível que ele lhe atire um galanteio, que poderá ser uma ou as duas das expressões seguintes: *"Que chula!"* — *"Que mona!"*, correspondendo ambas, em gíria brasileira, a "Que boa!".

Se a pessoa a quem dirigimos a palavra não ouviu ou não compreendeu o que dissemos, é quase certo que dirá: *"Mande!"*, que é o *"I beg your pardon"* do inglês e o nosso "Como disse?".

É curioso no México o emprego da palavra *"mero"* e *"mera"*. Pergunto um dia a um rapazote onde fica determinado edifício, e ele me informa: *"Muy cerquita, señor; en la mera ciudad"*, isto é, na cidade propriamente dita.

Quando dois amigos se despedem, é muito frequente ouvir um deles dizer: *"Bueno... nos vemos"*. E outro: *"Nos vemos, pues"*. E nenhum compromisso estará devidamente selado se as partes não disserem: *"Vaya, pues"*.

Em suma, o mexicano me parece um homem áspero de língua doce.

Áspero? Mas não se fala tanto na cortesia mexicana?

Assim como o vivo, festivo colorido das flores, dos trajos regionais, dos tapetes, mantos e cestos que vemos no México não alteram o pardo essencial do seu chão — a cortesia do mexicano é uma iridescência de superfície que não consegue disfarçar por muito tempo os aspectos crepusculares de seu caráter.

Até certo ponto essa cortesia é um remanescente do cavalheirismo espanhol. É óbvio que a aristocracia *criolla*, que predominou durante a era porfiriana, espanhola de sangue e francesa de espírito, tivesse criado uma tradição e um código de cortesia que o mestiço acabou imitando e absorvendo. Essa tradição e esse código ficaram na superfície da vida do país em fórmulas literárias, palavras, gestos e atitudes.

Recebi cartas do México que começavam assim: *"Estimado y fino amigo"*. Quando um mexicano me diz que vai para casa, ele usa a expressão "su casa", e não "mi casa", porque seu código de cavalheirismo manda que ele diga que sua casa é minha. Uma vez, ao despedir-se, um *caballero* mexicano me disse: *"Pongame a los piés de su señora"*.

Escreveu Octavio Paz que "se nossa cortesia atrai, nossa reserva gela". Graham Greene, no seu *The Lawless Roads*, refere-se — de maneira um tanto simplista — ao que chama de "hipocrisia mexicana".

Estudando o burguês de seu país, Samuel Ramos comenta sua cortesia não raro exagerada, que dum momento para outro pode dar lugar a uma explosão de insultos que o nivela ao *pelado*. Observa o mesmo ensaísta que um dos traços do mexicano de classe média é a sua tendência para imitar em sua terra as formas de civilização europeia, para se sentir igualado ao homem europeu, formando em suas comunidades um grupo privilegiado que se considera superior a todos os outros compatriotas "não civilizados". Ora, é natural que a primeira coisa que ressalte no modelo a imitar seja essa cortesia de superfície que se costuma atribuir a uma "educação europeia".

Inclino-me a achar que a cortesia do mexicano é uma atitude defensiva, uma guarda avançada de seu caráter reservado, um produto de seu hermetismo — em suma, uma cerca, dourada se quiserem, mas dura e fria, que ele ergue entre sua pessoa e os outros, para mantê-los à distância. Sempre a trincheira, a barricada. Porque cortesia, amigos, está longe de ser cordialidade.

Disse também Octavio Paz que o mexicano, seja ele *criollo* ou mestiço, na sua arisca solidão é espinhoso e cortês a um tempo, e que "tudo lhe serve para defender-se, o silêncio e a palavra, a cortesia e o desprezo, a ironia e a resignação".

Gestos

Tenho um interesse especial pelos gestos folclóricos. No México observei alguns que não encontrei em nenhum outro dos países que até agora tenho visitado.

Devo esclarecer que o mexicano em geral é uma pessoa que gesticula pouco; quanto ao índio puro, este às vezes não parece mais rico em gestos que uma estátua.

Com que mímica nós os brasileiros designamos o dinheiro? Esfregando repetidamente o indicador contra o polegar. Creio que é um gesto quase universal. Pois no México se designa o dinheiro, o peso, formando um círculo com esses dois mesmos dedos, na configuração da moeda.

Muitas vezes quando um brasileiro convida outro, de longe, para tomar um cafezinho ou um trago, é natural que estique o polegar e o indicador, formando linhas, paralelas, e a distância entre uma e outra indicará a quantidade do líquido. O mexicano usa desse mesmo gesto para dar ideia de tempo ou de volume. Se de longe grito a um amigo: "*Vamos, hombre!*", ele poderá fazer esse mesmo gesto para dizer: "*Esperame un poquito.*". E usará ainda a mesma mímica para indicar a quantidade de tequila que deseja em seu copo.

Há um gesto de cortesia, de agradecimento, que consiste em erguer a mão aberta e dar-lhe uma volta rápida de um quarto de círculo, mantendo-a nessa postura. Significa: "*Gracias!*".

No seu saboroso livro *Cornucopia de México*, José Moreno Villa faz referência às três maneiras com que o mexicano indica a altura de pessoas, animais e coisas. No primeiro caso, dobra e apinha os dedos mínimo, anular e médio, esticando o indicador apoiado no polegar, como a reproduzir as linhas dum revólver:

No segundo, ele abre bem a mão, com todos os dedos juntos, e projeta-a no ar, como uma faca ou uma serra:

No último caso — quando se trata de coisas — usa a mão da mesma maneira, mas com a palma voltada para baixo, como se fosse pousá-la sobre uma superfície plana:

Todos esses gestos talvez não tenham muita importância nem ajudem a compreender melhor o mexicano; menciono-os por achá-los curiosos. É possível que outro, com mais argúcia que eu, possa descobrir neles um sentido oculto, a chave ou, melhor, uma das muitas chaves dos incontáveis cofres secretos da alma mexicana.

Cantinflas e o pelado

Haverá hoje em dia quem não conheça Cantinflas, o grande palhaço do cinema e do teatro mexicano, que muitos consideram tão grande como Charlie Chaplin? Cantinflas simboliza o *pelado*, isto é, o representante duma categoria social ínfima: o marginal, o refugo da grande cidade, um tipo que, segundo a definição de Samuel Ramos, sendo economicamente menos que um proletário, é intelectualmente um primitivo.

A indumentária do grande cômico — calças perigosamente presas abaixo da cintura, sempre prestes a cair, chapéu seboso de abas erguidas dos lados, como um *sombrero de dos picos*, camiseta branca cruzada por um inexplicável, comovente talabarte de pano sujo, a cara morena de barbicha rala — é uma muito boa síntese simbólica da maneira de vestir do *pelado*, que mesmo na mais negra miséria se permite umas certas faceirices e umas paródias de elegância. Mas convém notar que Cantinflas representa principalmente os aspectos mais amáveis e humorísticos do *pelado*, sua prosápia, seu desejo de parecer o que não é, a ânsia de aparecer, impor-se, a capacidade de simulação e, principalmente, a sua linguagem abundante, confusa, que parece um busca-pé no que tem de incerta, imprevista, chispeante e desnorteadora. Tudo isso é temperado por uns traços de cavalheirismo e quixotismo que às vezes chegam a dar a essa figura um ar patético.

Cantinflas como símbolo de vez em quando é compelido a trair a *classe* que representa, pois nem sempre lhe é possível continuar pensando, falando e agindo como um *pelado* dentro das histórias em geral pouco felizes de suas películas, em que a psicologia do herói tem de subordinar-se à efabulação. Mas mesmo assim *El gran pelado* consegue conservar algumas constantes admiráveis.

Estudando o *pelado*, Samuel Ramos diz que suas explosões são principalmente verbais. Ele se afirma na agressividade, na grosseria. "Criou um dialeto próprio cujo léxico abunda em palavras de uso corrente às quais dá sentido novo. É um animal que se entrega a pantomimas de ferocidade para assustar os demais, fazendo-se crer que é mais forte e decidido."

Há um tipo de "literatura" que sempre me cativou a atenção pelo que revela da psicologia do povo que a produz. Refiro-me às inscrições, palavras, frases, versos — muitas vezes sugestivamente ilustrados — que se encontram nas paredes dos lavatórios públicos. O que mais vemos nestes mictórios mexicanos são insultos. Dirigidos a quem? A quem ler. Aos outros. É o jornal mural do *pelado*. Nos Estados Unidos esse tipo de "literatura" é pobre e sem pitoresco. No Brasil, onde o espírito dessas frases e versos é mais gaiato que insultuoso, não raro as alusões e sátiras trazem o nome ou as iniciais da pessoa que o "escritor" quer atingir.

Samuel Ramos refere-se à abundância de alusões sexuais na terminologia do *pelado*. Elas revelam uma furiosa obsessão fálica. Há muito que venho chamando a atenção de meus amigos para uma tendência idêntica que noto no brasileiro, principalmente no homem gaúcho. É sintomática a insistência, a frequência e ao mesmo tempo a naturalidade com que nosso homem coça ou apalpa os órgãos genitais. Será que quer certificar-se de que ainda os possui? Vestígios de algum complexo de castração? Ele mostra o falo quando deseja insultar mimicamente um adversário ou quando quer dizer-lhe que é homem, tem virilidade ou coragem, qualidades que entre nós muitas vezes são sinônimas.

Quando um *pelado* briga com outro, a primeira coisa que faz para afirmar-se como macho é gritar: "*Yo soy hombre, tengo muchos huevos*". É frequente ver-se no México um homem, por despique, lançar dúvidas sobre a masculinidade de outro. Diz Samuel Ramos que como o *pelado* é um ser sem conteúdo substancial, trata de encher seu vácuo com o único valor a seu alcance: o do macho. Com o gaúcho, a explicação não deve ser tão simples. Sua tábua de valores é mais rica, melhor a sua condição social e econômica, isso para não falar no seu *pedigree*.

Mas não seria justo julgar o mexicano por esse "favelado". Continuemos, pois, a examinar outros aspectos do caráter do mestiço.

A desconfiança

Quando visitei o México pela primeira vez, esperava encontrar nesse país uma população alegre, comunicativa e sem inibições. Surpreendeu-me a frieza, a secura e a reserva dos habitantes de sua região mais representativa, a central. Mas acima de tudo desnorteou-me a desconfiança desse povo.

De onde vem ela? Acha Samuel Ramos que é da falta de confiança do mexicano em si mesmo, o que o leva a uma percepção errônea da realidade, a qual por sua vez se traduz numa desconfiança de tudo e de todos.

Na minha opinião essa desconfiança é um traço herdado do índio e aguçado pela Conquista e pelas muitas decepções, logros, violências e humilhações que a nação tem sofrido desde os primeiros anos de sua independência até nossos dias. Como é possível ser otimista e confiante num país cujos governantes não mantêm suas promessas, e vivem recorrendo à fraude, ao roubo, ao assassinato político, à violência e à autoridade arbitrária? Como confiar em vizinhos que nos arrebataram a melhor parte de nosso território e que mais duma vez invadiram e atravessaram nossas fronteiras com forças militares e propósitos agressivos? Como ver com olhos inocentes os estrangeiros que entram em nosso país para tomar conta de nossas riquezas minerais com a cumplicidade de nossos próprios homens de governo? Como confiar numa terra em que uma pacata roça de milho de um momento para outro pode dar à luz uma montanha vulcânica? Porque o mexicano se sente rodeado de perigos e possibilidades de violência. A atmosfera nacional vive saturada de ameaças. Ouve-se com frequência expressões como estas: *"Mira que te van a matar." "Me querían matar."* Tem-se a impressão de que no México ninguém morre de morte natural. Nas canções populares as palavras que mais ocorrem são "traidor", "me apunhalou pelas costas", "fui enganado", "amigo desleal", "mulher ingrata" etc.

E quando a desconfiança do índio se combina com a suscetibilidade do espanhol, o resultado é mais desconfiança e mais motivos de suscetibilidade.

Suscetibilidade

Disse o conde Keyserling que há na América do Sul um "primado da suscetibilidade". Não conheço povo mais suscetível que o mexicano. Existe na América Latina uma espécie de "primadonismo" — e o Brasil não é exceção —, uma sensibilidade à flor da pele que torna difícil o convívio com as pessoas. Temos que fiscalizar nossas palavras e nossos gestos, caminhar por entre essas sensitivas como quem anda numa loja de cristais.

Quando se anunciou que eu ia escrever este livro, um cronista mexicano publicou em seu jornal uma nota cheia de indignação, a qual dizia, em outras palavras, o que segue: "Que direito tem esse senhor, que mal nos conhece, de escrever um livro sobre o México, quando nós mesmos que aqui vivemos toda a nossa vida ainda não nos conhecemos bem, ainda não dissemos a palavra definitiva sobre nosso povo?".

O que o cronista parece ignorar é que só dando forma literária a suas impressões duma terra e dum povo, só pondo em ordem suas lembranças é que pode um escritor *começar* a compreender esse país e esse povo. E que não será por ter passado pouco tempo no México que eu vou deixar de contar o que ali pensei, senti e observei. E que só um irremediável idiota pode julgar-se capaz de dizer a última palavra sobre um grupo humano — ou sobre qualquer outro assunto.

Essa pequena crônica é reveladora de muitos traços do caráter mexicano que venho acentuando neste capítulo. É um produto da suscetibilidade e da desconfiança, e também do medo de ver sua terra e sua gente *mais uma vez maltratadas por um estrangeiro*. Nem sequer passou pela cabeça do jornalista que eu pudesse ter gostado e — por um milagre da virgem de Guadalupe — até mesmo *compreendido* o México.

Patriotismo

O mexicano é dum patriotismo exacerbado.

Li em Octavio Paz (e outros amigos verbalmente me haviam chamado a atenção para isso) que nos dias de festa nacional é comum ouvir-se o mexicano gritar: *"Viva México, hijos de la chingada!"*. Mas quem são os filhos da *chingada*? São inimigos imaginários, qualquer pessoa de qualquer raça que possa estar dizendo ou mesmo pensando o contrário: "Morra o México!".

A crônica a que aludi no parágrafo anterior vale por um *"Viva México, hijo de la chingada"* atirado na minha direção.

Álvaro Moreyra costuma dizer que o Brasil é o único lugar do mundo onde "mãe" é nome feio. Mas quem é essa *chingada* mexicana a quem o homem da rua atribui a maternidade de todos os seus desafetos? Não se trata duma *"madre"* de carne e osso — explica Paz — mas duma figura mítica. Eu diria que é a mesma eterna *mãe* de filhos ilegítimos do nosso folclore brasileiro. *Chingar* é verbo difícil de definir. *Chingar* pode ser defecar. Também significa fracassar, gorar, "pifar". Diz-se *"empresa chingada"*. Um foguete que não estourou é um *"cohete chingado"*. *Chingar* é também fornicar, o primeiro significado que me ocorreu, por analogia, ao ouvir a expressão *"hijos de la chingada"*. A *chingada* é, pois, mais uma figura importante na mitologia mexicana, como o *gringo* e o *gachupín*.

Uma vez um brasileiro na Cidade do México foi visitar Aurélio Buarque de Holanda e estacionou à porta da casa do escritor seu auto fechado a chave, pois deixava dentro dele uma gaita-piano. Demorou-se um pouco menos de dez minutos na visita e, quando saiu, teve a surpresa de ver que o carro havia sido arrombado e a gaita roubada. Dias depois, contando a história a um mexicano, surpreendeu-se ante a reação deste que, com fisionomia iluminada, exclamou: "Em dez minutos? Mas os ladrões mexicanos são os melhores do mundo!". Esse amigo brasileiro me assegura que o homem falava sério, sem a menor intenção humorística.

Doutra feita — contou-me o mesmo compatriota — como ele se referisse ao planalto central do Brasil, o seu interlocutor mexicano replicou: "Não me venha com histórias. Todos sabem que o México é o único país do mundo que tem uma meseta central".

Na esfera intelectual o patriotismo do mexicano revela-se numa tremenda "vontade de poder", num empenho de "ganhar todas". Durante os três anos em que trabalhei numa organização interamericana, tive a oportunidade de verificar que os representantes do México eram sempre os mais bravos *peleadores*, os mais encarniçados polemistas e os que mais dificilmente se conformavam com a derrota. (Devo esclarecer que estou longe de considerar esses traços como *defeitos*.) Há neles sempre o desejo de levar para o seu país o maior número possível de instituições internacionais e, uma vez conseguido o objetivo, começa o lento mas implacável processo de mexicanização desses organismos.

Assisti a um diálogo que ilustra à maravilha o patriotismo mexicano e a sua agressividade com relação aos Estados Unidos. A cena se passou em Washington, na sede da OEA, num almoço em que um bibliotecário americano manifestava a um ilustre representante do México a sua inquietação quanto ao destino da biblioteca pública do Distrito Federal, cujos livros acabavam de passar do velho edifício situado no centro da metrópole para a biblioteca da nova Cidade Universitária que, pela sua distância, ficava fora do alcance do público.

— Que podemos nós aqui fazer — perguntava o americano com seu ar de missionário — para remediar a situação?

O mexicano chupou o cachimbo, soltou uma baforada e disse:

— Nada. Não se preocupe. De que servem todas as formidáveis bibliotecas dos Estados Unidos, se este país não tem arte própria? Mas veja o México. Homens como Orozco, Rivera e Siqueiros nunca frequentaram universidades e, no entanto, estão entre os maiores pintores do mundo.

O americano sorriu com paciência. Eu baixei a cabeça para o prato de salada. O mexicano continuou no seu ataque por alguns minutos, afastando-se cada vez mais do assunto que nos congregara.

Festas

O mexicano é um ser cuja solidão continua, mesmo quando ele está no meio duma multidão, numa festa ou qualquer outra reunião pública. O calendário deste país está cheio de feriados e dias santos. Nada há de mais ruidoso, violento e trepidante que uma festa mexicana. Se a festa é religiosa, o mexicano reza, acende velas, sai em procissão com seus santos, entrega-se às celebrações tradicionais — algumas das quais têm quase uma qualidade de bailado ou de auto. E come, bebe, embriaga-se, invoca a Virgem de Guadalupe, grita, assobia, dá tiros, briga e não raro mata ou morre. Mas faz tudo isso sem alegria. O que às vezes dá a impressão de alegria é fúria. O que parece contentamento é violência. Observei uma curiosa predileção do mexicano do povo pelos fogos de artifício, principalmente pelo foguete e pelo busca-pé. Tanto um como outro tem dois predicados que o mexicano admira do fundo da alma: são ambos explosivos, chispantes e coloridos. *"En la fiesta nos disparamos"*, diz Octavio Paz. Nas festas os mexicanos descarregam as pistolas e o peito, lançam petardos, atiram os *sombreros* para o céu. No fundo, uma festa se parece com uma revolução. É uma válvula de escape para a sua violência reprimida. Quem a observa de longe — os fogos de artifício, os balões coloridos, a multidão a cantar, a gritar, a dançar, no meio da explosão dos foguetes — tem uma impressão de alegria. Mas não nos devemos iludir. Se a floresta é alegre, as árvores são tristes.

Contou-me alguém que certa vez, num estádio em que se disputava uma partida de futebol, algumas pessoas que se achavam nos degraus mais elevados das arquibancadas divertiam-se prendendo fogo em mechas embebidas de gasolina e jogando-as para baixo em cima do público.

Não é de admirar, pois, que um dos passatempos prediletos do mexicano seja a corrida de touros.

Touradas

Assim como não fui a Xochimilco, não vi nenhuma tourada, outro lugar-comum da vida do México. É que nossa visita não coincidiu com a temporada. Agora me vem à mente a descrição que faz D. H. Lawrence duma corrida de touros, em seu romance *A serpente emplumada*. É o momento em que um touro investe contra o cavalo do picador e rasga com os chifres o abdome do animal. Cavalo e cavaleiro tombam. O *picador* consegue desvencilhar-se e corre em busca de refúgio. O velho cavalo, estonteado, esforça-se por erguer-se, assim com o ar estúpido de quem não está compreendendo bem o que se passa, e o touro, que o *picador* ferira, fica a olhar em torno na mesma atitude de estupor irremediável. Mas a ferida dói e sangra, e, vendo o cavalo que se soergue, o Miúra, sentindo cheiro de sangue e de tripas, de novo investe às cegas e torna a meter os cornos na barriga do outro animal, cujas entranhas ensanguentadas se arrastam na poeira do chão.

Sangue e tripas — que visão admirável! A multidão urra. Depois vem o toureiro, seguem-se momentos de glória e emoção, os passes de capa, o lançar das farpas, e mais tarde o sacrifício final do touro.

Já se afirmou que o mexicano não tem espírito de comunidade, de solidariedade, e que esses dois sentimentos só se revelam nos atos religiosos e nas touradas. O espetáculo do sobrenatural ou a presença da violência (em ambos, é claro, está latente a ideia da Morte) os aproxima e une. Erguem as vozes em coro nas orações dirigidas a Deus ou à Virgem Morena. E essas mesmas vozes, num outro tom, sobem no ar luminoso da praça de touros para aplaudir, incitar ou vaiar os toureiros e para excitar os touros.

Tem-se feito com frequência a psicanálise do toureiro e da tourada. O boi simboliza o elemento masculino, forte, agressivo — e eu não precisarei dizer o que representam as aspas. O toureiro, na sua indumentária adamada, representa o elemento feminino. É o toureiro quem dança diante do touro, provocando-o com ademanes e trajos coloridos. Fiel ainda à psicologia feminina (pelo menos à psicologia aceita pelo folclore mexicano), esquiva-se quando o touro investe, nega o corpo e, como se isso não bastasse, fere o animal com as farpas e, no fim desse bailado tragicômico, mata o touro. Mas o grande, o raro momento — que parece produzir um orgasmo nos *aficionados* da tauromaquia — é quando o macho, o touro, consegue a posse da fêmea, penetra-a, rasgando-lhe as carnes, produzindo sangue. É o ato da cópula que finalmente se consuma!

Tenho a impressão de que na praça de touros o mexicano jamais resolve a sua ambivalência. Ele é ora pelo toureiro — pois a coragem o fascina — ora pelo touro, uma vez que a força bruta e a violência o hipnotizam. E diante desse espetáculo de sangue e de sol ele jamais permanece neutro. Se o toureiro é bravo e hábil, ele o aplaude. Mas se o touro se revela arisco ou medroso, ele o apupa, envolvendo também o toureiro na vaia.

Haverá no mundo espetáculo mais indicado para o mestiço que as corridas de touros? O amor às touradas lhe deve ter vindo na corrente do sangue espanhol. A fascinação pelo espetáculo sangrento da morte e do sacrifício é uma herança de seus antepassados índios.

Mas a verdade é que, para quem nunca assistiu a uma corrida de touros, estou discorrendo demais sobre o assunto.

Tempo

Foi Vianna Moog quem primeiro me chamou a atenção para a "intemporalidade" do mexicano. No espírito desse povo singular, o ontem, o hoje e o amanhã parecem misturar-se numa ausência de perspectiva que lembra um pouco a dos desenhos astecas.

Odeiam Cortés e veneram Juárez com tal intensidade e *atualidade*, que se tem a impressão de que essas duas figuras históricas não só são contemporâneas uma da outra como também continuam vivas. É como se o mexicano não soubesse a diferença que existe entre *desde* e *até*. Não é, pois, de estranhar que exista no país uma *pulquería* com o nome de Recuerdos de su Porvenir.

Deve-se ao índio esse estranho conceito de tempo. Diz Lévy-Bruhl no seu livro *La mentalité primitive*:

> O conceito de tempo (e também de espaço), que julgamos inato no espírito humano, quase não existe na mentalidade primitiva, que vê o nexo causal imediato entre o fenômeno dado e a força oculta extraespacial. Para eles o mundo visível e o invisível não formam senão um só, e o sobrenatural passa a ser o natural.

Para o americano, que ama as fórmulas simplificadoras, nenhuma palavra define melhor a psicologia do homem do povo mexicano do que o "*Mañana!*". Sim, fica tudo para amanhã. Por que fazer hoje o que se pode fazer amanhã ou depois? É um eterno transferir — mistura de preguiça, fatalismo e não-vale-a-penismo. E a clássica expressão "*Quién sabe!*" — na qual não há sequer uma interrogação, o que seria indício de interesse — não passa também duma protelação não só no tempo como também no espaço. Reconheço todos os perigos de fazer afirmações categóricas quando estudamos o caráter social dum povo. Está claro que nem todos os mexicanos vivem sob o signo do *mañana!* Há muitos que marcham acelerados como os seus vizinhos anglo-saxões. Por outro lado, quem poderá afirmar que a ideia de tempo dum habitante das montanhas Ozark ou dum *hillbilly* de Oklahoma ou Alabama seja idêntica à de um homem de negócios de Nova York ou Chicago? Há, pois, um "tempo mexicano" também em certas regiões dos Estados Unidos.

Mas pode-se dizer, dum modo geral, que neste último país predomina o conceito ocidental de tempo e no México — como de resto em quase toda a América Latina — o oriental.

"*Time is money!*" — exclama o ianque. O latino-americano encolhe os ombros e replica que não será por madrugar que ele há de fazer que o dia desponte mais cedo.

Estoicismo

Não é de admirar que uma das virtudes mais apreciadas pelo mexicano seja o estoicismo, tanto na guerra como na paz, na vida pública como na privada. Os heróis nacionais são figuras como Cuauhtémoc, que mesmo torturado não confessou onde estavam os tesouros do império asteca. É Zapata, que morreu como um homem pelos seus ideais agraristas. É Juárez, o imperturbável.

E que dizer então de Jesus Cristo? O homem que sofreu na cruz sem queixar-se não podia deixar de enternecer a alma mexicana.

Uma anedota corre pelo México — embora eu não afirme tenha nascido lá — que não deixa de ser uma exaltação humorística do estoicismo.

Um capitão do exército sai a caminhar por um campo, minutos depois de terminada a batalha em que o inimigo foi completamente dizimado. Caminhando por entre mortos nas mais horripilantes posturas, chega ao lugar onde está um de seus soldados ainda vivo, com uma baioneta espetada no peito. O capitão acocora-se ao pé dele e pergunta, apontando para a baioneta: "Está doendo muito?". Ao que o soldado responde com voz cava, deitando sangue pela boca: "Não, meu capitão. Só quando me rio".

Humorismo

Circulam no México chistes de toda a natureza, mas dois são os tipos que predominam. A anedota em torno de sexo (como acontece em toda a América Latina, em maior ou menor grau) e a baseada em motivos macabros.

Da primeira darei um exemplo. Dois *peladitos* conversam a uma esquina da Cidade do México. Diz um deles:

— Queres que te explique a diferença entre plutocracia e democracia?

— *Bueno, hombre, explica pues.*

— Imagina que estamos os dois aqui conversando e passa um burguês no seu Cadillac, nos respinga barro na cara e vai embora sem nos olhar... Isso é plutocracia.

— *Bueno.* E democracia?

— *Figurate* o seguinte. O burguês manda o chofer parar o Cadillac, me convida para entrar, me aperta a mão, me abraça, me beija, me leva para sua casa, me serve champanha, me dá de comer os melhores petiscos, me presenteia com roupas e joias e, por fim, acaba me convidando para viver com ele...

O outro franze o sobrolho e pergunta:

— Mas já te aconteceu isso alguma vez, companheiro?

— A mim não. Mas a uma irmã minha, sim.

As anedotas de sabor macabro constituem legião. Há uma cujo mecanismo se repete, vestido com as roupagens mais diversas.

Um homem encontra um conhecido e pergunta-lhe:

— Gostas de flores?

— Muito!

O primeiro tira da pistola, mete uma bala no outro e diz:

— Amanhã as terás!

Ou então:

— Como te chamas?

— Carlos.

Pum!

— Te chamavas...

Pode parecer estranho que a morte seja motivo de humorismo para o mexicano, mas a verdade é que assim como o tempo dessa estranha gente não é o nosso tempo, sua morte não é a nossa morte ou, se é, apresenta outras faces. Disse o poeta que

La muerte toma siempre la forma de la alcoba que la contiene.

No México a morte é uma espécie de concubina, uma companheira que cada homem carrega consigo por toda a parte a todas as horas. O mexicano exibe sua morte como um enfeite, uma joia. Escreve Jorge Carrión que a morte é a única consagração possível. "Só em seu silêncio expressivo transcendem as essências do herói civil ou militar, como só na substância amorfa e estratificada do mito e da lenda popular se forma a consciência histórica do mexicano." Foi por isso que Santa Anna, astuto conhecedor de seu povo, enterrou com pompa militar sua própria perna, perdida numa batalha em Vera Cruz. "Isso equivalia a morrer um pouco e alcançar em vida algo da substância mortal da heroicidade."

"Nossa morte ilumina nossa vida" — disse Octavio Paz. Não é apenas uma frase: é uma verdade. E o termo *ilumina* está bem empregado.

No nosso mundo a consciência da morte geralmente lança uma sombra sobre nossas vidas. No mundo mexicano é diferente. A ideia de morrer tem algo de luminoso e às vezes até de humorístico. Porque a morte para essa gente é também um *juguete*, um brinquedo.

Donde vem essa estranha atitude diante da morte?

Do espanhol não é, porque este, embora tenha seus namoros com a Parca, não a vê sem temor e não deixa nunca de encará-la como um símbolo de aniquilamento, a despeito de seu catolicismo.

Acho que o mexicano deve essa tendência ao componente índio de seu caráter. Para o índio pré-cortesiano, o além-túmulo não prometia torturas ou castigos. Os astecas aceitavam a ideia da imortalidade. Para eles, a força vital continuava depois da morte. O próprio comportamento da natureza não seria indício disso? Não se sucediam as estações? O Sol — símbolo da força e da vida —, o Sol que desaparecia engolido pela noite não tornava a aparecer na manhã seguinte? Mais ainda. Quetzalcóatl, o deus que o fogo destruiu, não ressurgiu depois transformado no planeta Vênus, precursor do Sol, arauto dum novo dia?

A morte, pois, não significava destruição, mas transformação, era uma fase dum ciclo infinito. A morte, portanto, não é eterna, mas efêmera. É um perene rejuvenescimento da vida. Isso explica a alegria com que caminhavam para a morte aqueles belos jovens sacrificados a Tezcatlipoca, o deus da eterna juventude. Os maias chamavam aos recém-nascidos "prisioneiros da vida".

Escreveu o poeta Xavier Villaurrutia: "Aqui no México se tem uma grande facilidade para morrer que é mais forte em sua atração quanto maior seja o sangue índio que tenhamos nas veias. Quanto mais *criollo* se é, maior temor temos da morte, visto como isso é o que nos ensinam".

Se a morte é a maior fonte de angústia do homem, e se o mexicano não a encara com horror, de onde vem o drama de que está saturada a vida desse povo? Eu diria que vem da própria angústia de viver, da fatalidade da vida. Há uma espécie de morte que o mestiço teme: a morte social, o horror de não triunfar, de não subir, de ficar por baixo, ignorado e sem nome.

Se um cristão ordinário teme os demônios do Inferno de além-túmulo, o que o mexicano teme são as forças demoníacas deste mundo cheio de influências mágicas, em sua maioria maléficas. A morte — parece ele dizer — é certa; o incerto é a vida. Num dos capítulos deste livro mencionei uma canção que diz "a vida não vale nada". Uma outra frase muito encontradiça é — "Que me importa a morte se não me importa a vida?".

Segundo a lenda indígena dos Sóis, os primeiros homens foram criados de ossos de defuntos. O ato sexual, a procriação é representada nos códices astecas por uma cena em que o homem está sentado na frente da mulher, segurando-lhe as mãos, tendo ambos nas bocas uma faca de obsidiana, bem como a usada pelos sacerdotes para arrancar o coração das vítimas nas cerimônias dos sacrifícios. Como muito bem observa Paul Westheim, o *tecpatl*, a faca de pederneira, simboliza o *afilado*, o *cortante*, é, pois, um símbolo de morte, ao mesmo tempo que a obsidiana é a pedra que produz a chispa, a chama vivificadora e fecundante. Assim temos mais um indício de que os índios associavam a ideia de procriação à de morte. Numa de suas obras históricas o índio Ixtlilxóchitl descreve a cerimônia nupcial dum príncipe índio na qual o sacerdote, ereto diante do altar sobre a pirâmide do templo, cobria os recém-casados com "*unas mantas muy galanas, que en médio de ellas estaba pintada la muerte*".

Aqui cabe uma pergunta. Que transformação sofreu esse conceito de imortalidade do índio mexicano nestes quatrocentos anos de influência católica? Creio que não foi muito fácil para o aborígine trocar os seus céus verticais e horizontais pelo Céu único dos cristãos, com o respectivo entreposto, o Purgatório. Quanto ao Inferno, a ideia do castigo eterno só pode ter contribuído para desgraçar o pobre índio.

No mais, vejo muitos pontos de contato entre o pensamento mágico do índio com referência ao *más alla* e as ideias católicas da ressurreição do corpo, da transitoriedade da vida terrena e da convicção de que este mundo é mesmo um vale de lágrimas.

Há uma poesia asteca que exprime o efêmero da vida na terra:

> *Só viemos dormir*
> *Só viemos sonhar*
> *Não é verdade, não é verdade*
> *que viemos viver na terra.*

O dia dos mortos

Depois de tudo quanto ficou dito, não seria interessante ver como comemoram os mexicanos o Dia de Finados?

Diz Paul Westheim, em seu valioso livro *La calavera*, que no dia 2 de novembro reina "uma certa liberdade de Carnaval". Na véspera as comadres preparam o *pan de muerto*, um pão enfeitado com caveira de açúcar, tendo por baixo o nome duma pessoa. Aliás a caveira é um motivo de decoração muito popular no México. As personagens da maioria dos desenhos políticos ou sociais (ou de intenção meramente humorística) de Guadalupe Posada, bem como o de outros desenhistas como Manuel Manilla e Santiago Hernández, eram esqueletos. Na parte em que apresentei alguns aspectos do mundo pré-cortesiano, mencionei a caveira como um dos temas da escultura dos astecas.

Preparam-se também *flores de muerto*, com grinaldas de papel de seda e imagens de santos. A casa é enfeitada com flores, principalmente com os *cempasúchiles* que desde o tempo dos astecas são consideradas *flores de muerto* por excelência. Improvisa-se na sala principal da casa um altar, ao pé do qual se colocam (bem como faziam os antepassados índios na sepultura dos seus mortos) oferendas para o defunto ou defuntos da família: uma série de guloseimas em que predominam os pratos que o morto ou mortos preferiam em vida. As crianças da casa andam pelos cantos a comer caveiras e esqueletos de chocolate e açúcar, alguns enfeitados de papéis de vivas cores ou faiscantes lentejoulas — tudo naturalmente na medida da imaginação e dos recursos econômicos de cada família.

Pela manhã do dia 1º de novembro começam a aparecer panfletos com *calaveras*, em geral contendo sátiras e críticas políticas, com legendas em prosa ou verso.

No Dia de Finados começa a romaria aos cemitérios. As sepulturas enfeitam-se de flores. Acendem-se velas ao redor delas e de noite o cemitério dá a impressão de que está assombrado por uma legião de boitatás. Os grupos familiares começam a vigília noturna, comendo e trocando lembranças sobre os defuntos. A garrafa de pulque ou tequila corre a roda. É possível que alguém cante uma canção em surdina, em língua indígena. É quase certo que se fazem longos silêncios.

Em Tonantzintla, no vale de Cholula, e em outros *pueblos* como esse em que ainda se observam velhos usos, costumam os índios tapetar o caminho que leva da tumba do morto até a porta de sua casa, com cravos da índia ou com folhas *para que el difunto no se extravíe*. Na ilha de Janitzio, no lago de Pátzcuaro (a descrição é de Carlos González, citado por Paul Westheim) às seis da tarde, na véspera do Dia de Finados, começa a ouvir-se o toque dos mortos e, com intervalos de meio minuto, o sino continua dobrando até o raiar do dia. Pouco antes da meia-noite, as famílias saem de suas casas rumo do cemitério, as mulheres envergando suas roupas domingueiras e seus colares mais vistosos. Levam todos nas mãos velas acesas, para iluminar o caminho. E assim se vai a estranha procissão rumo da cidade dos mortos, onde cada grupo se encaminha para a sepultura de seus familiares, cobrindo-as de flores e velas. À meia-noite as mulheres se ajoelham e os homens começam então a entoar os louvores fúnebres aos mortos, enquanto o sino continua a dobrar. De espaço a espaço as mulheres desfolham os *cempasúchiles* sobre as tumbas, voltando depois para o seu silêncio triste e contemplativo. E assim se passam as horas, se consomem as velas, em meio de suspiros e gemidos de dor, ou de canções tristes numa língua que os brancos não entendem, embora possam sentir.

Perto do cemitério, no adro da paróquia, celebra-se uma missa em honra dos mortos, a qual reúne as famílias *"que no tienen muertos o cuyos deudos tienen más de tres años de enterrados"*. Essas não levam ramos nem coroas. Limitam-se a acender velas num arco muito enfeitado que se ergue na frente da igreja, onde depositam suas bandejas com as oferendas.

Como se explica essa cerimônia? Tem raízes na crença indígena segundo a qual durante três anos resta na sepultura algo do morto e por isso devem ser levadas oferendas a esse túmulo. Mas quando, depois de três anos, o espírito do morto deixa de ter personalidade própria, ele se funde — curiosa semelhança com a teoria monista — no Grande Todo, num só e imenso espírito a quem é erguido aquele arco.

É interessante anotar que essa concepção pré-cortesiana — a de que o morto tinha que fazer longa e áspera viagem, passando por várias provas, antes de atingir a morada definitiva, o Mictlán — existia paralela e harmoniosamente com as doutrinas e as cerimônias católicas.

Religião

Durante a Conquista, e mesmo depois dela, enquanto os soldados de Cortés se empenhavam na liquidação do Império Asteca — dizimando suas tribos, demolindo seus templos, destruindo as imagens de seus deuses —, começavam os frades franciscanos o difícil trabalho da catequização do gentio. Só um indianismo fanático ou um puro diabolismo literário poderia induzir um homem de nosso tempo a afirmar que a cristianização dos indígenas foi um erro, ou que o índio tenha perdido na troca de seus bárbaros deuses pelo Deus dos cristãos. E só um anticlericalismo cego nos poderia levar a dizer que a influência da Igreja foi apenas nefasta nos tempos da Colônia. Não posso nem quero esquecer que houve padres que individualmente cometeram faltas graves e que a própria Igreja incorreu em erros políticos e sociais em mais de uma instância, durante a era colonial e nos anos que se seguiram à Independência do México. Nas primeiras décadas da Conquista, vários índios foram queimados vivos por pecados de idolatria. Em Yucatán o bispo Landa torturou alguns maias e um cacique foi executado em Texcoco por se haver curvado diante de deuses de pedra. Mas é de justiça reconhecer-se que muitas vezes eram os padres franciscanos e seus conventos e igrejas o único abrigo que o índio encontrava para fugir à sanha do conquistador. Mais de um prelado excomungou funcionários da Coroa e *encomenderos* que se recusavam a tratar os índios como pessoas humanas. Nos primeiros tempos da dominação espanhola pode-se dizer que os padres eram os únicos advogados com que os índios podiam contar. E graças à religião, como muito bem observa Octavio Paz, a ordem colonial "não foi uma mera superposição de novas formas históricas, mas um organismo vivo". A Igreja, em suma, foi o centro da vida da Colônia.

O catolicismo de certo modo encheu o vazio da alma indígena que a morte dos deuses e dos chefes havia reduzido a um deplorável estado de orfandade. Povo primitivo, dominado pelo pensamento mágico, os índios do México encontraram ainda na Igreja católica a atmosfera de magia e sobrenatural a que estavam habituados, e sem a qual lhes teria sido mais difícil viver. A fé católica deu-lhes uma nova mãe na pessoa da Virgem Maria. A esse povo habituado aos sacrifícios sangrentos aos deuses, os frades devem ter explicado que Cristo se sacrificara *uma vez por todas* para salvar a humanidade inteira. E espero que não seja mera imagem literária dizer que o hábito de antropofagia ritual tenha encontrado alguma satisfação no sacramento da Comunhão em que se dava a comer aos índios convertidos o Corpo de Cristo. Para muitos deles Jesus deve ter parecido uma nova encarnação de Quetzalcóatl, símbolo do amor e da sabedoria, o deus que se sacrificou pelo seu povo para depois ressurgir e subir ao céu. E havia ainda o fascínio do ritual católico, o ouro dos altares, os cânticos, a fumaça e o cheiro do incenso, a confissão, as procissões, o jejum, a penitência, o toque dos sinos... E o ostensório de ouro não corresponderia no espírito do gentio à imagem de Tonatiuh, o deus do Sol que aparece no centro do Calendário de pedra?

Mas essa troca de religião não deve ter sido rápida nem fácil para os nativos. É natural que nos primeiros tempos da Colônia o índio fosse um ser retraído, triste, assustado. O catolicismo lhe oferecia principalmente símbolos masculinos como os da Santíssima Trindade, que deviam corresponder no inconsciente do indígena à imagem temida ou odiada do espanhol, do Conquistador, encarnação da violência e da autoridade arbitrária. O que o indígena desejava, com sua alma infantil, eram símbolos femininos. É compreensível, pois, que o aborígine se tivesse voltado para a Virgem Maria que, como muito bem observou F. S. C. Northrop, representa o que Platão chamava de *éros* feminino (o princípio emocional, apaixonado e metafísico que existe na natureza das coisas) em contraposição ao *lógos* masculino (o princípio racional, doutrinário, formalizado explicitamente no catolicismo ortodoxo por Santo Tomás de Aquino). Isso pode explicar o prestígio da Mãe de Deus entre a população nativa que, nos primeiros tempos da Conquista, se refugiou em seu milagroso regaço.

Apesar de tudo, tratava-se ainda duma santa branca, *estrangeira*, trazida pelos conquistadores, uma deusa, enfim, sem raízes no solo mexicano. Entre Nossa Senhora e aqueles índios não existia nenhum *elo racial*. Assim como o mestiço seria mais tarde um traço de união entre o *criollo* e os índios, necessitavam estes duma intermediária que fosse um pouco ou inteiramente de sua raça, para estabelecer a mediação entre eles e o Deus Único da religião que os frades franciscanos lhes ofereciam.

A mediadora apareceu. Surgiu de onde devia surgir: da terra.

A Virgem Morena

Entre 9 e 12 de dezembro do ano de 1531, apareceu ao índio Juan Diego, no cerro do Tepeyac, uma visão que lhe disse: "Sou a Virgem Maria, mãe do verdadeiro Deus". E mandou o índio dizer ao bispo do México, frei Juan de Zumárraga, que lhe erguesse um templo no lugar da aparição. Ora, o bispo recebeu o recado com ceticismo e pediu ao índio que lhe desse uma prova, um sinal de que o que dizia era verdadeiro. Aconselhado pela Santa, Juan Diego cortou rosas e outras flores do cerro e levou-as ao prelado. E quando, na frente deste, abriu a capa que as envolvia, apareceu pintada nela, dentro dum oval, a imagem da santa que o México hoje venera como Nossa Senhora de Guadalupe.

Creio que esse foi o acontecimento mais importante da história religiosa do país. Houve até um momento em que a Virgem chegou a ser quase identificada com a própria imagem da pátria. Foram as ideias democráticas de Voltaire e Rousseau que de certo modo inspiraram o movimento de independência do México, mas foi a imagem de Nossa Senhora de Guadalupe que serviu de bandeira aos revolucionários, incitando-os à vitória. Mais tarde, os agraristas de Zapata haveriam de lutar em nome dessa mesma santa mexicana. Hoje sua imagem pintada ou esculpida é vista em toda parte no México, em casas particulares e edifícios públicos, em *pulquerías* e *tiendas*; e não há ônibus em que se não veja, por cima da cabeça do chofer, uma litografia da Virgem Morena, muitas vezes com esta inscrição: "Nossa Senhora de Guadalupe, Rainha do México, Imperatriz da América".

Segundo não só o testemunho de Juan Diego como o da imagem milagrosamente aparecida no manto, Nossa Senhora de Guadalupe era morena, particularidade que logo a tornou simpática aos corações dos índios. A aparição se verificou exatamente no lugar onde existira antes o templo asteca de Tonantzin (também uma virgem e conhecida como a

Mãezinha), a deusa da terra e do milho. A destruição desse templo causou enorme choque e tristeza aos habitantes de Tenochtitlán.

Fosse como fosse, tinham os índios agora uma Mãe de Deus mexicana em que podiam confiar e a cuja sombra buscavam refúgio em momentos de perigo ou desgraça.

A popularidade que desde o início a Virgem de Guadalupe conquistou, a sua universal aceitação entre o elemento índio do México, criou problemas para a Igreja. No princípio houve até uma certa rivalidade entre essa santa índia e a Madona dos Remédios, a padroeira dos espanhóis.

E o melhor ou o pior — isso depende do ponto de vista do observador — é que os índios aceitavam a ideia da divindade mediata de sua Virgem, divina por direito próprio sem necessitar a mediação de seu Filho. Nunca encontrei nenhuma imagem da Virgem Morena com o Menino Jesus nos braços. Ela aparece sozinha no nicho da basílica que foi erguida em sua intenção na Cidade do México, a pouca distância do lugar em que, segundo a tradição, apareceu pela primeira vez. Está claro que os padres afirmarão — como não poderiam deixar de fazê-lo — que a virtude da Madona Morena é mediada através de Cristo. Esse ponto, entretanto, não é discutido e, que eu saiba, nunca houve uma tentativa séria de explicar o problema aos mexicanos.

Visitei a basílica de Guadalupe num belo dia de sol e fiquei perplexo ao ver os fiéis, principalmente mulheres, fazerem todo o percurso do portão do adro até o altar da Virgem, dentro do templo, arrastando-se de joelhos sobre as ásperas lajes. Há uma ala da basílica cujas paredes estão completamente cobertas de ex-votos contendo agradecimentos à Rainha do México por graças obtidas. E os mexicanos mais eruditos em assuntos religiosos nos informam que o templo não é uma catedral, mas uma basílica, o terceiro templo em hierarquia em toda a cristandade católica. Um guia, chamando-me à parte com ar de conspirador, me disse:

— *Le aseguro, señor, que la basílica de Guadalupe es más importante que la mera catedral del zócalo.*

Igreja e Estado

Como explicar que a Igreja católica tenha sofrido tantas perseguições e restrições numa terra de gente tão profundamente religiosa como o

México? Ora, o assunto pede um livro inteiro, e não disponho aqui senão de algumas linhas.

Nos tempos coloniais estava a Igreja de tal modo identificada com a Coroa espanhola, mercê do patronato, que seria impossível para o mexicano revoltar-se contra esta última sem automaticamente hostilizar também a primeira. Durante os trezentos anos de duração da Colônia, a Igreja enriqueceu de tal forma, que se tornou a maior proprietária de latifúndios num país cujos camponeses famintos viviam clamando por um pedacinho de terra para cultivar. Era natural que essa riqueza e mais os privilégios e imunidades de que gozava tornassem a Igreja católica mexicana um alvo natural para os patriotas que sofriam sob o jugo espanhol e, que, sob a influência das ideias dos enciclopedistas, queriam criar uma pátria livre e liberal.

Está claro que o índio, o mestiço, o homem do campo não tinham ideia da existência duma Igreja ecumênica, com um papa em Roma e uma tradição milenar tanto no plano espiritual como no temporal. Para eles havia apenas a igreja de seu *pueblo*, com o vigário e principalmente os santos de sua devoção, que em alguns casos eram quase como membros de suas famílias. Nunca existiram no México padres em quantidade suficiente para atender a todas as paróquias. Pode-se mesmo afirmar que no país sempre houve mais capelas e igrejas do que sacerdotes.

Quando se desencadearam as lutas pela Independência, o clero mexicano se dividiu. Os altos dignitários, monsenhores, bispos, arcebispos, em sua maioria espanhóis de nascimento, ficaram ao lado da Espanha. Os padres pobres, quase todos mexicanos e em muitos casos com sua dose de sangue índio, os curas que viviam em contato íntimo com as massas miseráveis, esses tomaram o partido dos insurgentes. É bom não esquecer que dois dos grandes heróis dessa insurreição — Hidalgo e Morelos — eram sacerdotes católicos.

Terminada a luta e expulsos os representantes da Espanha, começaram os atritos entre a Igreja e o novo Estado, como consequência natural da posição tomada pela primeira em face da luta.

Lançaram-se, então, os camponeses índios e mestiços contra a Madre Igreja? Não. Continuaram mudos e alheios à contenda religiosa. Quem hostilizava o clero era gente de cidade, os alfabetizados, os letrados, os liberais. O objetivo desses era arrebatar à Igreja os privilégios que o patronato lhe dera na época colonial e graças aos quais o clero tinha um controle absoluto sobre a educação e as maiores facilidades para aumentar os bens materiais das comunidades religiosas. Dizia-se que metade da terra mexicana pertencia a essas confrarias e que, além de exercer a usura, a Igreja mantinha hipotecas sobre terras que não possuía. Além do mais, para maior garantia de todas essas liberdades e vantagens, estava a Igreja fora da jurisdição dos tribunais. Não era, pois, de admirar que ela tivesse no México uma tão grande força política, constituindo muitas vezes um sério estorvo à administração.

Em 1833 o governo mexicano secularizou a educação, suprimiu a universidade, por se achar esta sob o domínio do clero, e declarou também que o pagamento do dízimo à Igreja não era uma obrigação civil.

Nos colóquios com José Vasconcelos tivemos a oportunidade de ouvir, da boca desse ilustre homem de letras, a dramática enumeração das restrições impostas à Igreja católica mexicana e as perseguições que sacerdotes e fiéis sofreram em diversos períodos da história do país.

Em 1910 a Igreja manifestou-se contra a revolução agrária, ficando ao lado dos conservadores e das companhias estrangeiras que tinham interesses no México. O catolicismo mexicano dividiu-se uma vez mais. Revoltava-se o *peón* católico que ia à missa e que vivia sob a proteção de Nossa Senhora de Guadalupe, cuja imagem lhe serviu de bandeira de guerra. Mas o alto clero ficava fiel ao ditador Porfirio Díaz que, durante seu governo, devolvera à Igreja algumas das grandes liberdades e vantagens perdidas. O mais grave, porém, era que a opinião mexicana de novo identificava a Igreja católica com os interesses estrangeiros no país: primeiro haviam sido os espanhóis, e agora eram os ingleses e os americanos. Mais tarde esse mesmo clero favoreceu o general Huerta e recusou obedecer à Constituição de 1917.

Ao subir ao poder em 1926, Plutarco Elías Calles reavivou a campanha anticlerical, fazendo cumprir rigorosamente a Constituição de 1917 e levando a luta a reprováveis excessos, em virtude de seu temperamento atrabiliário e de seus ódios pessoais, como vimos através do depoimento de Vasconcelos. Por essa época as relações entre os Estados Unidos e o México chegavam a um ponto de grande tensão, por causa da legislação agrária e mineira. Mais uma vez deu a Igreja a impressão de estar aplaudindo a intervenção estrangeira no México. As lutas religiosas que se seguiram, com o sangrento episódio dos *cristeros* e outras manifestações de violência, são uma consequência de todos esses fatos político-econômicos combinados com o temperamento mexicano, que não conhece o meio-termo, e com os interesses e idiossincrasias dos chefes políticos dos Estados.

Já vimos também como a influência pessoal dum homem moderado e bondoso como Lázaro Cárdenas conseguiu terminar a campanha contra a Igreja, sem que para isso fosse necessário alterar a lei federal. Pode-se dizer que hoje não há mais perseguições religiosas no México, onde a Igreja mantém seus templos, colégios e hospitais, e onde seus sacerdotes exercem suas funções livremente em todo o território nacional.

A mim me parece que a saúde moral da Igreja católica mexicana só pode ter-se beneficiado com a perda de seus privilégios e imunidades e principalmente de seus latifúndios e do direito de cobrar o dízimo e exercer a usura.

Diálogo

No livro que escrevi sobre minha segunda viagem aos Estados Unidos, inventei uma personagem que estava para o autor assim como o dr. Watson para Sherlock Holmes. Tobias — assim se chama ele — é o interlocutor providencial, que pode ser alternadamente inocente e malicioso, lúcido e estúpido, tudo dependendo da conveniência de seu criador e do rumo do diálogo.

Invoquemos o excelente Tobias e conversemos com ele sobre o México. Suponhamos que o diálogo se passe entre quatro paredes, na mais estrita intimidade, o que deixará ambos os interlocutores completamente à vontade para dar voz a todos os absurdos que lhes vierem à mente.

Aqui está o nosso Tobias, desta vez com um chapéu de *charro* na cabeça e um *zarape* tricolor sobre os ombros. É ele quem começa a conversa.

— Se você tivesse de fazer a psicanálise do povo mexicano, como explicaria essa sensação angustiosa de insegurança e inquietude em que ele parece viver?

— Tobias, você sabe que sou um leigo.

— Se o analista com tanta frequência invade o campo da ficção, por que não há de ter o romancista o direito de fazer o mesmo na província da psicanálise?

— Mesmo assim, meu velho. Tenho medo de me perder em labirintos.

— Vamos, tenha coragem. Perca esse medo aos labirintos.

— Bom. Um trauma de nascimento, que marcou fundamente o inconsciente coletivo deste país, deve ser o responsável pela neurose de angústia que domina o povo mexicano.

— E como se caracteriza essa angústia?

— Por uma sensação aflitiva de que algo de mau, algo de terrível está sempre por acontecer. O nascimento da nação mexicana foi difícil, dilacerante, sangrento, doloroso.

— E como se portou o recém-nascido?

— O índio que sobreviveu à Conquista não se adaptou ao ambiente frio e hostil criado pelo invasor: desejou voltar ao ventre materno, isto é, à terra.

— E o mestiço?

— Esse, talvez mais infeliz ainda, hesitou entre o desejo de tornar às entranhas da Mãe e o de reconciliar-se com o seu próprio nascimento.

— Mas o tempo passou. A nação cresceu.

— Tenho a impressão de que ainda hoje o índio procura sumir-se, perder-se na paisagem. Qual é a postura clássica do mexicano?

— A do *hombre acurrucado*.

— Isso! O homem agachado. O busto inclinado, as mãos cruzadas sobre o peito, os joelhos contra as mãos, a cabeça contra os joelhos. Em suma, quase a posição fetal. Assim ele passa longas horas, dormindo, pensando, modorrando, buscando aquecer-se no próprio calor ou no calor do sol ou da terra.

— E que se passou com o mestiço?

— Debateu-se numa ambivalência, indeciso entre o desejo de voltar à matriz e o de reconciliar-se com o fato de haver nascido. Tudo indica que, tendo prevalecido a segunda tendência, procurou afirmar-se, o que fez duma maneira violenta, de acordo com sua natureza e condicionado pelos outros traumas nacionais.

— Refere-se às invasões estrangeiras?

— Exatamente. Ainda na sua adolescência como nação, o México sofreu o trauma da invasão americana. Foi vítima também duma castração: a perda em favor dos Estados Unidos da maior parte de seu território. Por causa dessas humilhações e diminuições, o mexicano até hoje tem tentado afirmar-se numa *mexicanidad* exacerbada que às vezes chega a ser xenofobia, num *machismo* agressivo e numa desconfiança indiscriminada que atinge tanto os estrangeiros como seus próprios compatriotas. E a vizinhança duma nação forte, branca e até certo ponto racista não tem contribuído em nada para aliviar-lhe essa neurose de angústia.

— E como explicaria você o ódio do mexicano pelo espanhol?

— Complexo de Édipo. O mexicano, depois da Conquista, odiou o padrasto (e no caso do mestiço, o pai legítimo) na figura do espanhol que violou sua mãe, a terra mexicana. Escreveu Jorge Carrión que a Conquista se revestiu dum claro caráter erótico. É a impressão que tenho. Foi um ato de libidinagem. A atitude do espanhol com relação à terra mexicana foi a dum macho faminto diante duma fêmea jovem e bela. E poucos desvirginamentos na História do mundo produziram tanta dor e tanto sangue. Depois desse ato de violência o mexicano passou a ver no conquistador um símbolo da Lei, da autoridade arbitrária, de tudo quanto restringe e produz desconforto e dor. Houve um momento em que essa *madre tierra* se corporificou em Nossa Senhora de Guadalupe. E para que o símbolo materno fosse mais perfeito, a imagem da Virgem Morena, em cujo seio o mexicano psicologicamente busca refúgio, aparece sempre contra um fundo que lembra o germe ovular.

— Mas não terá o mexicano superado esse complexo?

— Até certo ponto. Contaram-me que por ocasião da data da Independência nacional, há mexicanos que se embriagam e saem à rua em busca de *gachupines* para espancá-los. É uma espécie de castigo anual e simbólico do Pai.

— Não creio que ainda hoje exista, muito forte, esse ódio.

— Houve um momento em que essa malquerença foi transferida para o gringo...

— Que no caso representaria... quê?

— Não mais o Pai, mas o vizinho que arromba a porta da casa para violentar a *madre*, e que não hesita nem em sacrificar os filhos menores que se opõem à agressão: os cadetes de Chapultepec. Mas está claro que já faz muito que deixamos a misteriosa província da psicanálise para entrar no reino sem limites da ficção.

México e Estados Unidos

Mais uma vez recorro a Tobias, sugerindo-lhe que me faça esta pergunta:

— Como são hoje as relações entre o México e os Estados Unidos?

— Oficialmente muito boas. O México está terminando de pagar a dívida contraída com o vizinho pela expropriação das companhias petrolíferas. Não há no momento entre esses dois países nenhuma questão séria pendente.

— E no nível popular? Existe no México o ódio ao gringo?

— Eu não usaria a palavra *ódio*. É demasiado forte. Às vezes até penso que o gringo é tão necessário à mitologia mexicana quanto o diabo à mitologia cristã.

— Uma espécie de bode expiatório?

— Isso! A teoria do bode expiatório tem caráter folclórico, mas na minha opinião possui também certo valor sociológico. O bode expiatório do mexicano é o gringo. O bode expiatório do russo é o capitalismo simbolizado pelos Estados Unidos. O bode expiatório dos americanos poderá muito bem ser (ou será que já é?) a Rússia no dia em que seu país sofrer qualquer crise econômica ou social séria. Não precisarei recordar que o bode expiatório dos nazistas foi o judeu.

— Mas existe ou não desconfiança, prevenção, malquerença da parte do mexicano para com o americano?

— Existe. O difícil é determinar o grau dessa malquerença. Há um momento em que esses sentimentos coletivos perdem a força, o calor e até a razão, para se transformarem num hábito.

— Em 1847 os mexicanos foram derrotados militarmente pelos americanos. Metade de seu território passou para as mãos dos vizinhos. Em 1914 e 1917 os Estados Unidos de novo intervieram por meio das armas no México. Não ficaram ressentimentos nos mexicanos por causa desses fatos?

— Sim, o ressentimento deve ter ficado no inconsciente coletivo. Mas não creio que exista no México qualquer desejo de desforra ou qualquer esperança de recuperação do Texas, da Califórnia e do Novo México.

— Acha então que há um perfeito entendimento entre esses dois povos?

— Pelas cinzas de Montezuma, não! Longe disso. Existe sempre um atrito. Perduram as diferenças.

— Como se manifestam elas?

— Um povo não aceita o tipo de vida do outro. O mexicano irrita-se com a pressa, a mania de estandardização e mecanização do americano. Este, por sua vez, não tem muita paciência com o conceito de tempo do vizinho moreno, com seu lento ritmo de vida, com sua imprevidência; não compreende suas explosões, nem as contradições de seu caráter. (No plano das relações humanas, você já viu pobre *amar* rico? Ou rico tratar pobre de igual para igual?) O mexicano de certo modo não perdoa ao americano sua prosperidade, seu conforto, seu desafogo financeiro. O americano inquieta-se um pouco com a presença do vizinho turbulento e instável. Repetirei o que venho sugerindo em todo este livro: o americano é um povo lógico, o mexicano um povo mágico. Vivem dentro de coordenadas diferentes. De vez em quando um se sente fascinado pelo tipo de vida do outro. O mágico busca o mundo lógico e o lógico se perde no mundo mágico. Como têm mais dinheiro, os lógicos viajam mais. A atração exercida pelo mundo mágico é poderosíssima. No fundo, os americanos sentem a nostalgia, para eles pecaminosa, duma vida boêmia e despreocupada, cujo símbolo parecem ser os *relógios derretidos* do famoso quadro de Dalí. Já o fascínio que o mundo lógico exerce no espírito do homem de pensamento mágico está tingido de medo — medo à máquina, à disciplina, à obrigação, ao horário, à desumanização...

— E até que ponto o turismo contribui para uma melhor compreensão entre os dois povos?

— Não contribui. Às vezes até piora a situação. A presença contínua no México dos turistas ianques gastadores, despreocupados, com esse ar arrogante de quem acha que pode comprar tudo e todos (e que eu, que julgo conhecê-los bem, considero um traço mais ingênuo e juvenil do que malicioso), essa presença acintosa irrita o mexicano. E depois, meu caro, um homem é um homem e uma nação é uma nação. Acho o alemão melhor como indivíduo do que como nação. Já com o inglês se passa justamente o contrário. Individualmente o latino-americano dum modo geral impressiona muito bem e, com seu cavalheirismo, seu pitoresco, sua inteligência viva tende a dar no estrangeiro a impressão de que sua pátria, como um todo, possui todas essas qualidades — o que na realidade não acontece. Já com o americano se passa o inverso. Esses gurizões ignorantes de geografia, esses latagões de conversas e reações demasiadamente condicionadas, esses especialistas irremediáveis formam uma nação formidável, produtiva, inteligente, lúcida onde se vive maravilhosamente bem. Falo *ex cathedra*. Vivi seis anos nos Estados Unidos. Asseguro-lhe que o turista americano não dá sequer uma pálida ideia do que os Estados Unidos representam como nação.

— E se os americanos de repente deixassem por completo de visitar o México?

— Os mexicanos clamariam: "*Boycott!*". E seu desamor pelo gringo aumentaria.

— Qual é a ideia que o americano faz do mexicano?

— Infelizmente não é muito lisonjeira. Para cada dez mexicanos educados e cultos que visitam os Estados Unidos, dando uma excelente impressão de seu país, há pelo menos duzentos, quinhentos trabalhadores rurais, em geral analfabetos e de triste aspecto físico. Por desgraça é por essa maioria de *braceros* que os ianques julgam o povo vizinho. Em suma, para eles o mexicano é um tipo moreno, cabeludo, de má catadura e inclinações criminosas. (Fora disso há a ideia tola e falsa de Hollywood, o "*gay caballero*", o *charro* romântico etc.) Mas não creio que seja exagero afirmar que para o americano o mexicano, grosso modo, é um ser inferior física, intelectual e moralmente.

— E como julga o mexicano os seus vizinhos?

— Ricos mas estúpidos. "*Los gringos tienen plata, pero nosotros tenemos sensibilidad y cultura.*" São bons maridos porque lavam pratos, cuidam dos filhos; mas péssimos amantes. "*Los machos somos nosotros.*" Diz Jorge Carrión que as manifestações da energia e da libido pelas quais o mexicano canaliza parte de seu ressentimento contra os Estados Unidos se podem condensar na frase daquela jornalista americana: "Cada mexicano sonha sempre com a conquista amorosa de três ou quatro gringas". E o mesmo autor cita outras frases sintomáticas: "*Todas las gringas son libertinas. Los gringos, en cambio, son sexualmente débiles. Aquéllas, por eso, desean latinos — un romance — y como estos, los mexicanos son de virilidad exaltada...*". Isso reforça a tese de Samuel Ramos sobre o *pelado*: o homem do povo no México procura ofender o adversário levantando suspeitas quanto à sua virilidade.

— Que outra diferença importante existe entre os dois povos?

— A que corresponde à diferença entre dois verbos: *ser* e *fazer*. Para os americanos, povo de ação, o importante é *fazer*. Para o mexicano, povo de paixão, o importante é *ser*. "Nosso corpo existe", escreveu Octavio Paz, "nós o sofremos e gozamos." Já o americano dá a impressão de ter mais confiança nas suas engenhocas do que no próprio corpo, do qual parece sentir uma certa vergonha, revelada, muitas vezes, num pudor das emoções, isto é, das coisas que o corpo sente, solicita ou repele. Isso talvez seja um vestígio do puritanismo dos tempos coloniais, portanto um traço anglo-saxão e protestante. Nos países católicos — onde a Igreja promete a ressurreição da carne e proíbe a incineração dos cadáveres — há uma consciência mais aguda do corpo, não de todo, força é confessar, destituída de vergonha e da ideia do pecado.

— Poderá essa diferença ser fonte de conflitos?

— Conflitos de opinião, talvez. O diabo é que nos países latino-americanos que, como o México, se inclinam mais para o *ser* do que para o *fazer*, a classe média ou, melhor, as classes que têm algum poder aquisitivo, estão achando cada vez mais difícil *ser* sem o auxílio das coisas que o americano faz, fabrica. Refiro-me a essas máquinas e aparelhos cujo uso melhora materialmente nossas vidas ao mesmo passo que nos cria dificuldades financeiras, pois como podem povos de nível econômico baixo ter o conforto e as facilidades de que goza uma nação rica como os Estados Unidos? Quanto ao homem do povo, bem ou mal, ele continua, no México e em outras partes da América Latina, a usar a mais perfeita máquina até hoje inventada: o seu corpo. Melhorar essas máquinas, dar-lhes o combustível e o cuidado adequado, fazê-las funcionar com propriedade e plenitude — eis todo um programa social.

— Agora outra pergunta. Até que ponto se está o México modificando sob a influência americana?

— Na superfície de sua vida há vestígios visíveis dessa influência. O famoso "destino manifesto" que levou os pioneiros ianques primeiro a conquistar o Oeste e depois a arrebatar terras ao México, parece agora definitivamente satisfeito no plano geográfico. Continua, porém, no plano econômico. E é natural que os americanos exportem, com suas mercadorias, também seus costumes e a sua filosofia da vida. Sou e sempre fui a favor duma política de amizade entre nossos países e os Estados Unidos, dum *modus vivendi* baseado em respeito e interesses recíprocos. Acho que podemos importar automóveis dos Estados Unidos (já que ainda não os estamos produzindo domesticamente) sem ter de forçosamente perder nossas características nacionais para aceitar a maneira de ser e viver dos americanos.

— Mas é inegável que o México se americaniza.

— Bom, as novas gerações estão demasiadamente expostas à sedução da vida e dos costumes do vizinho do Norte, através do cinema, do rádio, de revistas, de livros e da própria presença física dos turistas americanos. Existe na classe burguesa mexicana um certo desejo pedante de imitar os ianques. Por outro lado, o propósito de atrair e agradar o turista leva-os a criar no México hotéis, *nightclubs*, bares, restaurantes, *drugstores*, lojas etc., de tipo americano. O cinema mexicano está a um tempo entre os melhores e os piores do mundo. Para cada filme de valor artístico e folclórico como *Raices*, *María Candelaria* ou *La perla*, há centenas de más imitações de Hollywood que apresentam um México falso e ridículo, que na realidade ou não existe ou constitui minoria sem importância.

— Crê que essa influência é muito profunda?

— Waldo Frank, sincero amigo da América Latina, acha que é, e isso o inquieta. Eu creio que *ainda* não é. Espero sinceramente que não seja. Por mais que admire o tipo de vida americano, não desejo ver o resto do mundo americanizado. Seria triste e absurdo, além de monótono.

— Que elementos de resistência oferece o México?

— Primeiro o elemento índio, o cerne da nação. Esse permanecerá intocado, impenetrável, irremediavelmente mexicano, numa resistência passiva invencível.

— E quanto à resistência *ativa*?

— Só poderá ser mantida, e acho que está sendo, por tudo quanto representa o México Moderno, que, repito, nasceu dolorosamente da Revolução de 1910, e que se exprime na arte, na literatura e na vida. É a sua extraordinária pintura mural, as suas audácias arquitetônicas tão bem consubstanciadas na nova Cidade Universitária. É a sua literatura de raiz e inspiração mexicanas. É um nacionalismo racional, consciente de suas possibilidades, orgulhoso de suas raízes índias, confiante na sua força cósmica, animado pela certeza de que, bem ou mal, o México é uma nação diferente de todas as outras do mundo, senhora dum caráter e de um estilo próprios.

— Acha que seja possível um dia um completo entendimento entre esses dois povos vizinhos?

— Completo entendimento, não. Coexistência pacífica e decente, baseada em respeito mútuo, sim. Para isso temos de contar com o que cada um desses países tem de melhor nas suas elites. Refiro-me aos grupos liberais de um lado e outro do rio Grande, aos homens de pensamento humanista libertos de compromissos comerciais e financeiros e de qualquer preconceito racial ou social. Falando nos liberais de seu país, o admirável ensaísta mexicano Daniel Cosío Villegas escreveu:

E por felicidade o liberal mexicano não está inteiramente só: acompanham-no os liberais norte-americanos, que não são poucos, e todos os ianques que, sem o serem de maneira expressa, são compreensivos e retos. Esses abundam ainda mais nos Estados Unidos. Da opinião pública norte-americana podemos esperar certamente grandes aberrações, mas também a mais limpa justiça.

12

A volta

PRINCÍPIO DO FIM

Vai se acabar o feriado: temos de voltar para Washington.

Como desejamos ver ainda Guanajuato e Querétaro, que ficam ao norte da capital, decidimos ir de ônibus até essas duas cidades. Incumbimos Tito de meter nossas bagagens no trem que sai daqui para os Estados Unidos dentro de três dias, e no qual pretendemos embarcar na última daquelas localidades.

Surge, porém, uma dúvida. Será que *el Internacional* costuma parar em Querétaro? Não conseguimos uma informação segura. Uns dizem que sim; muitos afirmam que não; outros murmuram *quién sabe!*. Um amigo prudente aconselha-nos a desistir da excursão. Minha mulher declara que está por tudo. E eu, que durante esta visita tenho absorvido um pouco do fatalismo do índio, estou disposto a correr todos os riscos, inclusive o de perder o trem. Pois então vamos!

PUEBLOS FANTASMAS

Fomos. Dessa viagem me ficaram algumas impressões inapagáveis, dentre as quais me lembro particularmente de travessias à noite por misteriosos *pueblos* que pareciam apenas um produto da magia dos holofotes do ônibus. Era a sua luz viva e súbita que pintava na treva aquelas ruas estreitas, aqueles muros, casas, faces, vultos, todo um povoado, enfim, deixando em nossa sonolência a impressão de que, passado o ônibus, o *pueblito* fantasma tornava a desaparecer na noite do tempo e do espaço.

Outra cena inesquecível foi a que ocorreu num vilarejo dos arredores de Guanajuato, quando nosso carro rolava lento e pesado por entre casas de adobe com aspecto de ruínas e nas quais não se via vivalma. De repente minha companheira e eu, que íamos sentados no primeiro banco, vimos surgir na estrada uma mulher de negro, correndo à frente do veículo, e procurando fugir à luz de seus refletores. De vez em quando voltava a cabeça para trás e — imaginação ou realidade? — parecia-nos ver-lhe no rosto uma expressão de pavor. A coisa toda sugeria um drama. A criatura fugia de algo terrível. Tinha matado alguém ou então acabara de presenciar um crime... Por alguns segundos debateu-se como uma lebre estonteada dentro dos feixes luminosos. De súbito, como que se apagou no ar. À nossa frente ficou apenas a estrada de terra batida. E pouco depois as luzes de Guanajuato começaram a piscar na distância.

CANSEIRA

Noutro capítulo deste livro falei na "canseira de museu" e na "canseira de fim de viagem". É uma fadiga que acaba fatalmente atacando todo viajante, por mais resistente que ele seja e por mais que esteja gostando da gente que o hospeda. Sentimos essa fadiga no corpo e no espírito. No estômago ela se faz presente numa sensação de ardência e leve náusea. É o resultado de continuadas quebras de dieta, das comidas exóticas e condimentadas que, por cortesia ou curiosidade combinada com falta de caráter, comemos, a horas incertas e em lugares inesperados. (Uma úlcera mexicana? Ah! Que condecoração!) A fadiga dos membros nos vem das muitas caminhadas — às vezes corridas — não raro em lugares de grandes altitudes; dos compromissos que se sucedem sem pausas de repouso; desse eterno entrar e sair de automóveis, desse infindável sacolejar ao longo de estradas vertiginosas; do interminável dormir em camas estranhas. Acima de tudo sentimos um cansaço de espírito, espécie de enfaramento vindo dum excesso de coisas vistas em prazo demasiadamente curto e às pressas — e tome igrejas, e tome mercados, e tome museus e cidades e vilas e monumentos... É bem possível que nesta página quem me lê já esteja sentindo — se é que não sentiu antes — uma "canseira de fim de livro".

Mas o leitor tem um remédio. Pode fechar o volume e deixá-lo de lado por alguns dias ou para sempre. Mas nós não queremos *fechar* a nossa viagem. Temos de aproveitar esta oportunidade até o fim, pois não sei quando poderemos visitar outra vez este país. E queremos ver Guanajuato, que passa por ser uma rival de Taxco no que diz respeito a tradições e encantos coloniais.

GUANAJUATO

O gerente da Posada de Santa Fé, onde nos hospedamos, explica que o nome Guanajuato vem da língua tarasca, *Quanaxhuato*, e quer dizer *"lugar montuoso donde abundan las ranas"*. Em 1550 Juan Rayas, tropeiro de mulas, descobriu aqui a primeira mina de prata. Quatro anos depois fundavam os espanhóis esta cidade.

Guanajuato está cercada de morros duma beleza indescritível, nos seus verdes-gaios manchados de rosa e pardo. A atmosfera das ruas é deliciosamente colonial. Notamos em muitos edifícios um toque mourisco. É que para cá vieram também colonos andaluzes, com toda a sua carga de Arábia no sangue e nos olhos. As ruas são estreitas, tortuosas e frequentemente íngremes. Não encontrei ainda nenhuma que, por um considerável número de quadras, seguisse a linha reta. Aqui está uma *calle* suave e graciosamente curva. Logo adiante encontramos um *callejón* que se quebra em ângulo obtuso. Aposto como haverá ângulos agudos e até retos na trajetória destas ruelas. Enamoro-me de certos becos com nomes românticos: Callejón del Beso, del Campanero, de los Cantaritos, de las Crucecitas. Subimos com especial cuidado o beco do Resbalón. As ruas também possuem nomes gostosos: Calle Matavacas, Calle del Sol, Calle del Cerero...

Delicia-me a ingênua audácia com que esta gente pinta suas casas. Ali está uma fachada toda em amarelo de mostarda. À frente da Fuente del Baratillo, encontramos uma parede cor de vinho na qual se abrem janelas de moldura branca. As casas rosadas e as azuis a cada passo saltam contentes a nossos olhos. Não é de admirar que haja nascido aqui um homem que sabe como poucos lidar com as cores: Diego Rivera. Mas o grande muralista evidentemente nada tem a ver com o Teatro Juárez, ali na praça, pesado edifício do século passado, com um pórtico sustentado por doze colunas, e uma elaborada platibanda sobre a qual se alinham seis figuras de pedra em tamanho natural. (Se são as Musas, como me informa um transeunte, não compreendo por que estão faltando três.)

O México nos tem ensinado, entre muitas outras coisas, a apreciar a beleza das velhas pedras. Interrompamos nosso passeio por um instante para contemplar esta parede centenária. Parece contar uma história. À primeira vista, não passa duma coisa velha e malcuidada. Aos poucos, porém, com a cumplicidade da luz do sol e das sombras do beco, ela nos vai revelando sua face mais profunda. Seu revestimento de estuque, pintado de azul-claro com um rodapé cor de ferrugem, se está desprendendo da pedra, formando bolhas e gretas em desenhos labirínticos, de sorte que o conjunto dá a impressão duma paisagem lunar com suas montanhas, crateras, vales e canais. Há algo de indescritivelmente fascinante — eu diria quase humano — nesta antiga parede contra a qual minha mulher insiste em tirar o meu retrato. Sei que não mereço este belo pano de fundo, mas não tenho outro remédio senão perder-me na Lua. Estou fotografado.

Encontramos velhos conhecidos nestes becos. Cumprimentamo-los com efusiva intimidade: "Burro!". Eles nos respondem, abanando as peludas orelhas, e lá se vão no seu trote miúdo e batido.

Tem esta plácida Guanajuato — onde continuamos a caminhar apesar de nossa fadiga — trechos que lembram ora Salvador da Bahia, ora cidades árabes, com suas brancas casas cúbicas sem telhados, trepadas na encosta de morros. Aquele sobradão com sacada de ferro, com um pouquinho de boa vontade podia estar no Recife. Um espanhol me assegurou que conhece recantos de Guanajuato que se parecem com Toledo. E este beco onde entramos agora não podia ser um *vericuete* do Kasbah?

E que diabo de casarão é aquele lá no alto da lomba, atarracado e maciço, com ar importante de coisa tradicional? É a Alhóndigas de Granaditas. (Estes nomes juntos, um árabe e outro andaluz, valem por um capítulo de sociologia.) Era nos tempos coloniais apenas um depósito de cereais, mas ganhou estatura histórica porque, durante a guerra pela Independência, os legalistas se refugiaram por trás de suas grossas paredes e ali ofereceram resistência aos rebeldes. Um patriota, José Barajas, conhecido também como Pipila, precipitou-se contra a porta do casarão e ateou-lhe fogo, o que permitiu que os insurgentes penetrassem na cidadela, dominando-a. Por muito tempo, nas quatro quinas deste edifício estiveram expostas, para escarmento dos nativos, as cabeças de quatro chefes revolucionários: Hidalgo, Allende, Aldama e Jiménez. A enorme estátua de Pipila, com uma tocha na mão, coroa hoje o cerro que se ergue no centro mesmo da cidade.

Continuamos nosso passeio nestas calçadas que, de tão estreitas, mal permitem que duas pessoas caminhem lado a lado. Espiamos para dentro de casas e vemos alfaiates que me lembram, não sei bem por quê, os dos contos de *As mil e uma noites*; salas de visitas onde impera a imagem de Nossa Senhora de Guadalupe; oficinas de ourives e prateiros; salões de barbeiros onde se aparam melenas bíblicas e bigodões zapatistas. Aquela loja de calçados tem um nome que me agrada — El Botín Rojo. Solto um grito de triunfo ao ler o nome duma livraria: El Galo Pitagórico.

Existe em Guanajuato uma velha e famosa universidade. À noite assistimos a uma passeata de estudantes em que mocinhas desfilam pelas ruas sentadas em para-lamas de automóveis, puxadas por uma banda de música, e seguidas dum ruidoso cortejo de rapazes a pé, empunhando lanternas e faixas com dísticos. Trata-se das candidatas ao título de Reina de los Estudiantes. Somos informados de que as eleições se realizarão amanhã. Quem vencerá? Rosário? Amparito? Sol? Gregoria? Pía? Rosita? Dolores? Vejo à luz das lanternas fisionomias simpáticas e sorridentes. Predomina como sempre o tipo moreno indiático. Mas de quando em quando se nos depara a surpresa duma cabeça loura, duma cara branca e nórdica. (Algum gringo extraviado?) O cortejo perde-se nas ruas tortas. Por algum tempo ouvimos os sons dum *pasodoble* e os das aclamações. Depois fica o silêncio e a noite. E raros vultos nas ruas semiadormecidas. E os lampiões coloniais que parecem segredar-nos histórias dos tempos do vice-reinado. Não me surpreenderia se do fundo de um desses becos surgisse o sereno, de lanterna em punho, gritando as horas...

Passamos de longe em longe por cafés e *pulquerías* de onde vêm o rumor de vozes e a música de guitarras. E no silêncio leve e antigo que nos acompanha, soam nossos passos, que não alcançam quebrá-lo, pois agora são parte dele. No silêncio, como num mar morto, boiam nossos corpos cansados.

De súbito, no céu que uma boca de rua emoldura, damos com a carantonha luminosa da lua. *Buenas noches, señora!*

A PLAZA DE LOS FAROLES

Mais ou menos na época em que Miguel de Cervantes escrevia suas novelas, peças de teatro e entremezes, construía-se na vila de Guanajuato, graças à prosperidade de suas minas de prata, um templo que seria dedicado a são Roque. Sobre as pedras de seu adro, numa pequena praça que teria também o nome do santo, ergueu-se um cruzeiro de pedra, cercado de lampiões de ferro negro — o que levaria o povo da terra a dar também ao largo o nome de Plaza de los Faroles. Ninguém me sabe explicar por que não terminaram uma das torres desta singela e severa igreja. Observo que as hastes dos lampiões não são retas, mas retorcidas — sempre o tema mexicano da tortura, da agonia, do sofrimento. Quem chega a esta *plazuela* tem a impressão de entrar em pleno século XVI. Não é, pois, de surpreender que o Teatro Universitário local, sob a direção de Enrique Ruelas, tenha tido a ideia de fazer representar neste adro os entremezes de Cervantes. Armaram-se rústicas arquibancadas, como as de circo, à frente do templo. A primeira representação realizou-se há uns dois anos. Tomaram parte nela, além de estudantes, o juiz distrital e vários mineiros e comerciantes de Guanajuato.

Um jovem universitário me descreve agora com apaixonado entusiasmo o espetáculo de fevereiro deste ano em que foram encenados três entremezes cervantinos: *La guardia cuidadosa*, *Los habladores* e *El retablo de las maravillas*.

As arquibancadas acham-se apinhadas de gente de todas as classes sociais. Os lugares de honra estão ocupados pela delegação que o presidente da República mandou para representá-lo no festival. Veem-se também, entre o público, turistas vindos da Europa, das Antilhas e dos Estados Unidos. Conta-se que está presente até um cidadão da Islândia!

Anoitece. Um vulto metido num hábito de monge, em meio do maior silêncio, aproxima-se em passadas lentas e solenes do cruzeiro e acende as lâmpadas de azeite. Depois que a sombria figura desaparece, põem-se a badalar os sinos da igreja, anunciando que os entremezes vão começar. Microfones dispostos em pontos estratégicos, e habilmente escondidos, levam as vozes para os alto-falantes — que as projeta na praça.

Agora que a noite caiu por completo, tem-se a impressão de que o adro está iluminado apenas pela luz indecisa dos lampiões. Na realidade, Ruelas ilumina os pontos convenientes por meio de refletores disfarçados, a cuja luz começam a desfilar as personagens de Cervantes: homens e mulheres, alcaides, corregedores, frades, jograis, músicos, mágicos, mascates, espadachins... Mas antes de iniciar-se o primeiro entremez, uma figura esbelta, vestida à maneira do século XVI, de aguda pera no agudo rosto, atravessa o adro e entra na igreja. Quem é? — cochicha-se entre o público. A informação corre de boca em boca. É d. Miguel de Cervantes Saavedra.

E para que nada falte ao espetáculo, mais tarde o próprio Dom Quixote, cavalgando o Rocinante, entra no adro, seguido de Sancho Panza, a cujo peso sofre um resignado jumento.

Conta-me também o estudante que surgiram curiosos e inesperados problemas durante a representação dos entremezes, nesse palco em que o único cenário são o adro, a fachada da igreja e as casas da pracinha. Ora, o espetáculo durava quatro horas e os moradores dessas residências durante esse tempo tinham necessidade de entrar ou sair... Como fazer para não quebrar o sortilégio da atmosfera do século xvi? Sempre que o morador duma das casas voltava para o lar ou saía dele, metiam-no no burel dum monge e lá se ia o homem por entre a comparsaria, sem perturbar a representação. Uma noite, um médico precisou entrar numa das casas da praça para ver um doente. Ruelas não teve dúvidas. Cobriu-o com uma longa capa negra e pôs-lhe na mão uma lanterna acesa. E assim a personagem silenciosa que Cervantes não imaginara entrou em cena e deu ao entremez um gratuito e fortuito encanto.

Hoje esses espetáculos anuais patrocinados pelo estado de Guanajuato e pela Escola de Artes Dramáticas da universidade são um dos maiores elementos de atração desta brava cidade colonial, que bem pode vir a ser um dia uma espécie de Oberammergau americana. Comunico esta esperança ao estudante, que replica:

— *Pero, señor, ya lo es. Y mucho más auténtica que la alemana!*

AS MÚMIAS

Manhã dum novo dia. Estamos sentados num banco da pequena praça à frente da Posada, tratando de estudar um programa para as próximas horas. Um meninote aproxima-se de nós, oferecendo-se como guia. Começa por mostrar uma árvore ao lado do quiosque:

— *Bueno, aqui está un arbolito... No sé quién lo plantó, pero les aseguro que es muy histórico.*

Dou uma moeda de cobre ao garoto e mando-o embora:

— Descubra o nome do herói que plantou a árvore e volte.

Vemos um velho Ford de aluguel parado junto à calçada, entramos nele e perguntamos ao chofer:

— Que lugares interessantes há para ver em Guanajuato?

— As múmias, naturalmente.

— Pois vamos às múmias!

O carro arranca e sai a rodar através destas retorcidas ruas. Subimos um cerro, nos arredores da cidade, e paramos à frente do cemitério. Minha mulher recusa-se a descer, alegando que detesta os espetáculos mórbidos.

— Nada de defunto comigo — diz ela. — Eu fico no carro.

Paciência. Vou sozinho. Entro no cemitério de Guanajuato, que em muita coisa se parece com o de Cruz Alta. O zelador vem a meu encontro.

— *Las momias?* — pergunta, olhando-me atravessado.

— *Las momias.*

— *Sigame pues.*

Obedeço. Caminhamos por entre anjos melancólicos de mármore e pedra, tocados pelo ouro da manhã. Um passarinho de papo amarelo canta alegremente, encarapitado na cabeça dum arcanjo. O céu é dum azul luminoso de porcelana. O ar seco tem uma leveza e uma transparência de cristal. Uma lagartixa passa coleando por entre sepulturas rasas. Vou lendo fragmentariamente os epitáfios dessas velhas lajes.

O zelador faz alto, inclina-se e, segurando uma argola de ferro, ergue a tampa circular dum alçapão. Agora percebo que as múmias se encontram numa catacumba no subsolo do cemitério. O homem já está com mais da metade do corpo dentro da terra. Ergue para mim a cara patibular e murmura:

— Por aqui.

Sigo-o. Descemos por uma estreita escada de pedra em espiral. Outro pesadelo... Que seja tudo pelo amor da antropologia e da arqueologia!

Estamos agora num pequeno vestíbulo de aspecto vetusto e sinistro, a um de cujos cantos se amontoam caveiras centenárias, duma suja cor de marfim. Sinto todas essas órbitas vazias postas em mim. Recebo os horrendos, cariados sorrisos como uma saudação de boas-vindas.

— Ali — resmunga o zelador, apontando para a entrada da galeria.

Contra a bandeirola da porta, uma inscrição solene exorta o visitante à humildade, pois um dia ele ficará reduzido *àquilo* que agora vai ver...

— *Le voy presentar a las momias* — diz o zelador, como se fôssemos entrar numa reunião social. É curioso, mas a primeira impressão que tenho é duma dessas festas americanas em que a *"receiving line"*, a fila de recepção, fica logo à porta, formada pelos donos da casa e pelos homenageados. O convidado entra e vai apertando mãos, de um a um.

As múmias encontram-se numa espécie de corredor de teto abobadado, de menos de três metros de largura por uns quinze de comprimento. Estão quase todas de pé, recostadas às paredes, e são mais horrendas do que eu imaginava. O esqueleto puro e simples é uma forma clássica, já não consegue assustar ninguém. Passou para o lugar-comum do horripilante. Mas as múmias! Para principiar o horror, elas conservam a pele, retesada sobre a ossatura descarnada, numa cor entre cinza e pardo claro que lembra perturbadoramente a da *tortilla*. Em alguns destes cadáveres encontro ainda chumaços de cabelo nos crânios lisos — detalhe dum grotesco que não convida ao riso: gela. Em muitos rostos é possível ainda ao observador reconstituir vagamente a fisionomia que o cadáver possuía em vida. Ali está uma múmia que conserva numa das pernas uma meia. Vejo, lá no fundo, um cavalheiro de fraque, camisa de renda e gravata de seda — coisa que me deixa intrigado, pois eu esperava encontrar aqui múmias centenárias ou milenares e esse senhor, se não me engano, está vestido à maneira da segunda metade do século passado. Não tenho nenhuma razão para esconder que não me sinto bem. O horror inicial se transforma em náusea. Por que não saio desta cripta em busca de ar livre? Por outro lado, seria hipocrisia negar que esta macabra e silenciosa festa de certo modo me atrai... Coragem, pois. Ando dum lado para outro com ar científico. O zelador não cessou de falar desde que entramos aqui. Que é que diz agora? Aponta para uma múmia em atitude agônica, as mãos crispadas erguidas à altura do rosto.

— Esta foi enterrada viva... — explica. Mostra outro cadáver. — Está vendo a marca no pescoço? Pois este moço enforcou-se. — Leva-me para o lugar onde se encontram os restos muito bem conservados de duas crianças e murmura: — *Angelitos.* — Parecem bonecos nos seus minúsculos esquifes.

As posturas destes corpos são as mais grotescas. Estão quase todos encurvados, as mãos cruzadas sobre os peitos, as bocas tortas e abertas. Em alguns ficaram todos os dentes. Uma mulher tem na mão esquerda algo que me parece um boneco.

— Essa morreu duma operação cesariana — esclarece o zelador. — Veja o sinal do talho no ventre. O que ela tem na mão é o feto.

O mais estranho é que a impressão de que estou em uma reunião social continua, pois vejo múmias com a cabeça inclinada para o lado, como se estivessem a conversar com o vizinho. Lá no fundo, a presidir o fúnebre *cocktail party*, encontra-se a mais velha das múmias, no seu caixão de madeira carcomida, metida num sudário que aos poucos se desfaz em pó. Agora percebo que a morte devolveu estas figuras à sua mais remota ancestralidade, dando-lhes uma aparência de símios.

— Quantos séculos têm estes cadáveres? — pergunto.

— Séculos? — estranha o zelador. — Mas são cadáveres trazidos de nosso próprio cemitério. Alguns deles têm menos de dez anos!

Santo Deus, múmias frescas! Aos poucos vou compreendendo a estranha situação. Como a terra e o ar de Guanajuato são muito secos, depois de alguns anos os cadáveres aqui se mineralizam.

— Mas por que os trazem para cá?

— *Bueno*. Isto acontece quando seus parentes não pagam os direitos sobre as sepulturas.

Conta-me que um dia entrou nesta cripta um jovem e, ao dar com uma das múmias, exclamou: "Meu tio!". Com os olhos cheios de lágrimas foi à administração do cemitério e, mediante o pagamento do aluguel dum pedaço de terra, conseguiu que o parente deixasse de ser atração turística para voltar à paz duma sepultura cristã.

Concluo que é tempo de abandonar a festa. O zelador, entretanto, me quer mostrar algo mais. Puxa-me para perto duma múmia do sexo feminino e conta:

— Esta era uma velha ricaça de Guanajuato. Os sobrinhos a estrangularam para lhe roubarem as joias.

— Que aconteceu aos rapazes?

— Isso foi há muito tempo. Não sei e não me interessa. O importante é que a *viejita* está aqui conosco.

Pergunto quem é a múmia de fraque.

— É um famoso médico de Guanajuato. Fazia curas milagrosas e era muito conceituado. Viveu lá por 1860 ou 70.

Apresenta-me a outras "pessoas": uma prostituta, um frade, um bandido...

— Acho que podemos subir — sugiro.

— *Usted manda, señor.*

Estamos subindo a escada quando ele me pergunta:

— Vive em Guanajuato?

— Não se preocupe. O senhor não terá a minha múmia.

Faço a mim mesmo um juramento solene: o de morrer e ser sepultado em terra úmida que me devore as carnes, me reduza a um limpo e honrado esqueleto e que, com a ajuda do tempo, me transforme finalmente em poeira. Amém!

Subo para a superfície da vida, sorvo com gosto o ar livre, o céu livre. Sou Lázaro e acabo de ressurgir dentre os mortos. Não há dúvida: viver é bom. Dou uma gorjeta ao homem que me guiou através do Reino da Morte, saio do cemitério e entro no automóvel.

— Então? — indaga minha mulher. — Muito divertido?

— Chofer, para o hotel!

O auto movimenta-se na direção da cidade.

— E as múmias? Conta alguma coisa.

— Depois...

Não posso esquecer a cripta, os monstruosos arenques defumados de formas humanas. Tenho a impressão de que agora os vejo com uma nitidez muito maior do que quando estava na catacumba.

— Estás te sentindo mal?

— Quem? Eu? Pelo contrário — minto. — Estou até muito bem.

— Palavra? Estás verde. Acho que essas múmias...

— Qual! São interessantíssimas. Não sabes o que perdeste.

ANALOGIAS

Ao meio-dia sentamo-nos a uma mesa, no restaurante do hotel. Nas *tortillas* que nos trazem vejo a pele pardacenta e ressequida das *momias*. Tento comer alguma coisa mas não consigo. Recuso a sopa. A carne me causa engulhos. Olho em torno e ponho-me a imaginar como será a futura múmia de cada um dos hóspedes que aqui se encontram. O brinquedo não me diverte. A náusea continua. É como se meu estômago fosse uma cripta onde se enfileirassem cem cadáveres mineralizados.

Minha mulher, que almoçou normalmente, sorri e pergunta:

— Por que não confessas que a excursão ao cemitério te estragou o apetite?

Solto um suspiro e me entrego. Confesso tudo.

E à tarde, no ônibus a caminho de Querétaro, depois duma longa hora de silêncio e reflexão, murmuro para a companheira:

— A solução é o forno crematório. Ficas autorizada...

QUERÉTARO

Pouco ou nada vemos de Querétaro, aonde chegamos à noitinha, cansados e meio deprimidos. Vamos direito ao hotel e nos recolhemos cerca das dez, depois dum rápido giro pelas ruas centrais.

Querétaro, que quer dizer "pátio de dança" em nauatle, está situada ao pé da colina de Sangremal. É uma antiga cidade de pouco mais de 50 mil habitantes. Fundada pelos índios otomis, muito antes do descobrimento da América, passou a fazer parte do Império Asteca no século xv, sendo dominada pelos espanhóis em 1531.

Muito cedo, no dia seguinte, saímos para visitar rapidamente o lugar onde o imperador Maximiliano foi fuzilado.

Estamos um pouco preocupados com o trem que deve passar por aqui esta manhã às dez. Será que vai parar na estação local? Estarão nossas bagagens no camarote?

CINCO BALAS DE CHUMBO

O Cerro de las Campanas fica nos arredores da cidade e é dum verde pardacento e triste. Entramos na Capela Expiatória que o governo austríaco há alguns anos mandou erguer no alto do morro, no local do fuzilamento. O zelador nos mostra as três pequenas colunas na frente do altar.

— Essas pedras marcam exatamente o lugar em que ficaram Maximiliano e os seus generais Miramón e Mejía diante do pelotão de fuzilamento. O imperador estava no meio, mas acabou dando o lugar de honra a Miramón.

As paredes da singela capelinha estão cobertas de quadros com fotografias: retratos de Maximiliano e de Carlota, gravuras reproduzindo a cena do fuzilamento; fac-símiles de documentos relativos ao drama desse império efêmero. Detenho-me diante do retrato de Maximiliano em seu leito de morte, a face tranquila como se apenas dormisse.

O zelador aproxima-se de mim e murmura:

— Maximiliano deu uma moeda de ouro a cada membro do pelotão de fuzilamento para que eles lhe fizessem pontaria no peito, deixando-lhe a cabeça intacta... Como vê, os soldados cumpriram o trato.

Minha mulher reza ao pé do altar. Começo a ouvir o vento lá fora e a pensar em que decerto ventava assim no trágico dia.

— Sabe duma coisa? — continua o zelador. — Faz hoje, exatamente hoje, oitenta e oito anos que mataram Maximiliano.

Vem-me à memória a voz de José Vasconcelos: "Esse fuzilamento inútil é uma das manchas de nossa História". Enfim, já que não chego a tempo de salvar a vida do imperador e de seus generais, o remédio é ir embora.

Saímos da capela para a claridade da manhã tranquila. O vento foi pura obra da minha imaginação. A companheira e eu descemos o cerro lado a lado, em silêncio. Recordo o final dum soneto do poeta mexicano Rafael López.

> *Pobre Max. Sólo queda de la ciega aventura*
> *que llevan de la mano la muerte y la locura*
> *una canción burlesca, cinco balas de plomo*
>
> *que motean de humo la mañana estival,*
> *y objetos empolvados en el museo, como*
> *viejas decoraciones de una pieza teatral.*

Sim, no fim quase tudo acaba em decoração de teatro, tema literário, peça de museu. Mas não posso deixar de pensar no homem vivo e sensível, na sua carne, nos seus nervos, na agonia daquele momento em face da morte; nos dias que precederam o fuzilamento, na decepção, no abandono; no drama de Carlota a bater inutilmente de porta em porta, já meio tresloucada, a suplicar ao papa, a Napoleão III e a outros potentados europeus que salvassem o marido.

Cinco balas de plomo. Esta frase me persegue o resto do dia. *Cinco balas de chumbo.* Repete-a o automóvel aos solavancos pelas ruas de Querétaro. Mais tarde cantam-na como um estribilho as rodas do trem.

Porque o comboio parou na estação de Querétaro. O cabineiro e o condutor nos acenaram frenéticos da plataforma:

— *Vamos, suban! Solo paramos aqui por ustedes!* — E mal pusemos os pés no Pullmann, a composição retomou a marcha. Tudo isso durou poucos segundos. Encontramos nossas malas no camarote. Contamo-las. Não faltava nenhuma. Respiramos, aliviados.

E agora aqui estou à janela do carro, olhando para os subúrbios de Querétaro que vamos deixando para trás. Este trem é mais limpo, mais rápido e confortável que o outro no qual viemos de Juárez. A viagem será menos longa e se fará quase toda dentro do estado de Nuevo León. Esta é a verdadeira rota do turismo.

Cinco balas de chumbo. Procuro espantar da mente a frase obsessiva. Não quero que essas cruéis palavras sejam minha última recordação do México. Penso em pessoas, coisas e momentos mais claros e alegres. Passam-me pelo espírito imagens amigas. Juanito sovando desesperadamente meus sapatos e lançando olhares entre ternos e desconfiados para a *Gringa*. José e Alberto guiando-nos pelos meandros sagrados de Cholula. Um trecho de rua em Puebla. A fachada de Santa Maria Tonatzintla. Um rútilo galo de Chucho Reyes. Os Jardins do Pedregal. A cabeça de Siqueiros. Os *mariachis* do Tenampa. Burricos em Taxco.

Quantos anos precisarei para digerir o México? Quantas vidas devia viver para compreendê-lo? Mas um consolo me resta e basta. Não preciso nem de mais um minuto para amá-lo.

EPÍLOGO

Minha tia-avó Adelina gostava dos romances com prólogos e epílogos. E os epílogos das histórias que lia eram sempre felizes. "E casaram-se, tiveram inúmeros filhos e foram muito venturosos por longos anos."

Estamos de volta a Washington. Já retomamos a doce rotina familiar. Nossa casa de repente se mexicanizou: são *zarapes* no chão, nas paredes e em cima de poltronas; cestos de Toluca pelos cantos; os *caballitos* de mestre Timoteo em cima da lareira; vasos, bilhas e pratos de Oaxaca e Guadalajara em armários e prateleiras...

Nossa eletrola, tão afeita à música de Bach, Mozart e Vivaldi, por muitos dias só toca *huapangos*, *rancheras* e valsinhas mexicanas.

E para provar que os suaves milagres ainda acontecem nesta era atômica, direi que as fotografias coloridas que tiramos no México saíram magníficas.

No escritório, Mary, minha impecável secretária, lembra-me de compromissos próximos: uma conferência sobre Machado de Assis na Universidade Harvard; outra sobre "A arte da novela", em Yale. Uma viagem a Cincinatti. Uma mesa-redonda em Porto Rico.

É bom estar de volta. Tenho de confessar a mim mesmo que já sentia falta desta ordem, desta limpeza, deste conforto.

Mas ai! O tempo passa, a saudade do México começa a assaltar-me com tanta frequência que termino numa confusão de sentimentos.

Eu sabia que o epílogo deste livro não podia ser feliz! Estou talvez condenado a oscilar o resto da vida entre esses dois amores, sem saber exatamente o que desejo mais, se o mundo mágico ou o mundo lógico. Só me resta uma esperança de salvação. É a de que, entre a tese americana e a antítese mexicana, o Brasil possa vir a ser um dia a desejada síntese.

Y quién sabe?

Posfácio

O presente volume, terceiro livro de viagem produzido por Erico Verissimo, revela uma interessante narrativa do autor no México em circunstâncias peculiares, isto é, num momento de "impasse" em seu processo de criação literária. Em fins de 1952, Erico Verissimo recebera um convite do Ministério das Relações Exteriores para substituir Alceu Amoroso Lima no cargo de diretor do Departamento de Assuntos Culturais da União Pan-Americana, na secretaria da Organização dos Estados Americanos (OEA). No verão de 1953, ainda no Brasil, ele faz algumas tentativas para compor o último volume da trilogia *O tempo e o vento*, *O arquipélago*. Entretanto, escreve a novela *Noite*, publicada no ano seguinte (1954). Com pouco entusiasmo, o escritor aceita o chamado e embarca pela segunda vez com a família para os Estados Unidos em março do mesmo ano. É a terceira viagem de Erico ao país. Ele o visitara sozinho pela primeira vez em 1941, a convite do Departamento de Estado americano, para uma excursão de três meses. Retorna em 1943, com um novo convite, acompanhado pela esposa e filhos, para lecionar literatura brasileira na Universidade da Califórnia em Berkeley durante dois anos.

Homem de reflexão, imaginação e sensibilidade, características de modo geral comuns aos grandes escritores, em "O mausoléu de mármore", derradeiro capítulo do seu primeiro volume de memórias, *Solo de clarineta*, Erico relata sua experiência como adido cultural em Washington D.C. no período entre 1953 e 1956, no qual desempenha diversas funções administrativas. Viaja pelos Estados Unidos e outros países da América Central e do Sul (Porto Rico, Panamá, Venezuela, Equador, Peru) para participar de congressos, mesas-redondas, seminários e conferências. O exercício de tais funções como diretor da União Pan-Americana constituía uma rotina intensa, com muitos problemas, contratempos e compromissos.

E ao trabalhar, compenetrado em suas obrigações burocráticas ao longo de sete ou oito horas por dia, o romancista continua a fazer novas tentativas para redigir *O arquipélago*, mas não obtém sucesso. O universo sistemático do ofício burocrático não favorecia o engenho criativo do autor, que sentia as personagens "fechadas e congeladas dentro duma câmara frigorífica" em algum lugar de seu ser. O processo de criação literária do autor se encontrava "bloqueado" pelo cenário de Washington e pela jornada de trabalho. Tal rotina o desagradava e ele confessa, em entrevista concedida a Clarice Lispector em 1967, "detestar" a função que o impedia de escrever.*

Separados pelo século e pela nacionalidade, mas unidos pela condição singular do ser escritor, as reflexões de Erico são semelhantes às do ficcionista Nathaniel Hawthorne. Em "A alfândega" — texto introdutório ao romance *A letra escarlate* —, o autor norte-americano descreve seu trabalho no posto alfandegário da cidade de Salem, Massachusetts, como inspetor, também ao longo de três anos. A experiência da rotina burocrática o afeta substancialmente. A capacidade de criação do escritor é prejudicada, uma vez que o ambiente da alfândega é "pouco afeito à delicada colheita da imaginação e da sensibilidade" e seu imaginário se transformara num "espelho embaçado". Se para Erico Verissimo as personagens de *O arquipélago* estão "congeladas", para Hawthorne, possuem a rigidez de cadáveres que o encaravam com "um sorriso fixo e sinistro de insolente desafio".

Como diretor da União Pan-Americana, Erico empreendeu viagens a diversos países latino-americanos, mas estas não o fazem reencontrar-se como escritor, com exceção de uma: a ida ao México. Erico avista rapidamente o país pela primeira vez em 1941 (ao voltar dos Estados Unidos), onde passa apenas uma noite, entre um avião e outro rumo à América Central. Sua segunda viagem é curta (não dura mais de uma semana) e é realizada a serviço da OEA: de Washington, Verissimo embarca para a capital mexicana a fim de negociar com o Comitê de Ação Cultural. A terceira e mais importante viagem aconteceria em maio de 1955.

Acompanhado pela esposa, Mafalda (que também viajaria com ele à Europa e Israel posteriormente), o "romancista em hibernação" decide retornar ao México não em missão de trabalho, mas em férias. Dessa excursão, que se prolongaria por quase um mês, nasce uma narrativa de viagem significativa, empreendida num momento específico de sua trajetória de escritor, isto é, o da maturidade. Erico esclarece em suas memórias e entrevistas que suas viagens sempre foram orientadas por uma busca. Não é diferente no caso da viagem ao México, com a explanação da situação que o impulsionou a realizá-la feita no prólogo.

* "Não sou profundo" (entrevista a Clarice Lispector). A entrevista faz parte do livro *A liberdade de escrever*, organizado por Maria da Glória Bordini (São Paulo: Globo, 1999).

As curiosidades do autor com relação aos Estados Unidos já estavam praticamente satisfeitas, nas inúmeras observações narradas em dois relatos de viagem anteriores, *Gato preto em campo de neve* (1941) e *A volta do gato preto* (1946). A realidade desse país, vista pelo olhar de Erico, é caracterizada por ser um "mundo lógico" onde predominam a técnica e os números, provido de um pragmatismo que reflete as relações sociais da nação. E esse "mundo lógico e perfeito" não estimula nem um pouco o "contador de histórias" que o habita:

> Sou apenas um funcionário enfarado da burocracia e do mundo que o cerca. Mas espere! Quero que me compreenda. Amo este país, gosto de Washington. É um burgo encantador, um plácido jardim de turistas, diplomatas e funcionários públicos — *correct, charmant et ridicule*. Um modelo de organização, um primor de urbanismo. Tudo aqui funciona direitinho, "a tempo e hora", como dizia dona Maurícia, minha falecida avó. [...] Esta cidade simétrica, que funciona como uma máquina eletrônica de selecionar fichas, começa a me cansar e emburrecer. Desde que cheguei, não escrevi uma linha sequer. Não sinto gana. Tenho a impressão de estar vivendo dentro dum cartão-postal colorido, lustroso, encantador, pois não, mas desprovido da terceira dimensão. E talvez essa dimensão que falta seja o simples fato de não ter eu nascido aqui, não possuir um passado neste país, raízes sentimentais nesta terra. É possível que tudo me corra demasiadamente bem. Ou que eu sinta falta dos atritos brasileiros. [...] Pois creio que o romance é o produto duma irritação do romancista. Mas tem de ser um certo tipo especial de irritação. Esta que tomou conta de mim não serve, é estéril, só leva ao bocejo. E nós sabemos que a vida, major, não merece bocejos. É rica demais, séria demais, interessante demais e principalmente curta demais para que fiquemos diante dela nessa atitude de fastio. Em suma, estou cansado deste mundo lógico, anseio por voltar, nem que seja por poucos dias, a um mundo mágico. Sinto saudade da desordem latino-americana, das imagens, sons e cheiros de nosso mundinho em que o relógio é apenas um elemento decorativo e o tempo, assunto de poesia. Deem-me o México, o mágico México, o absurdo México! (pp. 21-3)

Já a realidade latino-americana, representada segundo o romancista pelo México e seu "mundo mágico", carrega uma profunda carga mítica, simbólica, inexata, retratada no comportamento displicente de um povo sofrido e dramático, cujas expressões culturais revelam grandes conflitos, disparidade de emoções e estímulos sensoriais:

> Há um ano e pouco visitei esse país, meu poeta, e voltei a Washington perturbado com o pouco que vi e o muito que adivinhei. O gosto do México ainda não me saiu da memória. Doce? Não. Amargo? Também não. Esquisito, raro, diferente, mistura de *tortilla*, cigarro de palha, chile e sangue. Um gosto seco, às vezes com certa aspereza de terra desértica, não raro com inesperadas e perecíveis doçuras de fruto tropical. Se eu fosse dar-lhe uma cor, diria que é um gosto pardo. Se me pedissem para qualificá-lo, arriscaria dizer: gosto de rústica tragédia. Céus! Será que estou ficando metafísico? (p. 23-4)

Em busca do universo latino-americano e do "pensamento mágico", o narrador começa sua história de viagem. De Washington D.C., Erico Verissimo e sua companheira embarcam num trem para Los Angeles (onde o escritor faz o discurso inaugural de uma mesa-redonda na Universidade da Califórnia) e dessa cidade para El Paso, no Texas, com destino a Juárez, do outro lado da fronteira. De Juárez, o casal Verissimo segue para a Cidade do México num segundo comboio. Nessa viagem, decide buscar a expressão verdadeira do México, percorrendo-o por terra em suas regiões mais representativas e, por vezes, inóspitas. A busca de um sentido conduz as impressões do narrador viajante. Em suas "páginas ao vento" (no dizer de Hawthorne), Erico elabora, como já foi assinalado pela crítica, uma escrita híbrida, subjetiva e confessional na qual memória, história e ficção se cruzam em uma narrativa ímpar: viagem realizada por uma necessidade do autor de observar novamente aspectos autênticos da cultura latino-americana, assim como o comportamento de seu povo.

México, além de ser um diário de viagem, constitui um documento desse país, na medida em que o leitor é apresentado à sua paisagem geográfica, cultural e histórica em capítulos distintos, ao longo dos quais as imagens do México surgem em cores vivas.

A viagem ao México significa um reencontro do autor com a ficção. "Quando transpus a fronteira do México, senti novamente o desejo de escrever", declara em uma entrevista ao jornal *Folha da Tarde*, em dezembro de 1955, em um breve retorno ao Brasil por ocasião de seu quinquagésimo aniversário. O romancista, que "hibernara" durante dois anos em Washington D.C., ressurge ao contemplar a primeira das inúmeras paisagens descritas ao longo da narrativa, já em território mexicano. Ao descrever o trajeto de ida ao país visitado, os Verissimo percorrem o deserto de Chihuahua com destino à capital federal num percurso de cinco dias, atrasado por um episódio de descarrilamento do trem que os conduzia.

A desordem peculiar do mundo latino-americano se manifesta em diversos momentos bem-humorados do texto:

> Desço em algumas estações, caminho por entre índios, malas, sacos, engradados, tendas e quitandas coroadas de moscas... [...] O trem apita. Subo para o carro e a viagem continua. Temos bom apetite, mas é sem a menor alegria que fazemos nossas visitas ao Juventino Rosas. Sentimos saudade da alvura das toalhas dos carros-restaurantes americanos, do brilho argentino de seus talheres, da limpa rigidez dos geladinhos caracóis de manteiga. Aqui as toalhas são de má qualidade e estão cheias de nódoas de vinho, banha e café. A manteiga é amarela como margarina e já vem para a mesa meio derretida, com uma consistência de pomada. Os talheres são de qualidade inferior e estão de ordinário com os cabos engordurados. O açúcar é grosso e dum branco duvidoso. E como sabemos que em cada gota da água que nos servem pode abrigar-se toda uma população de protozoários, só bebemos a mineral de Tehuacán. Queixo-me de tudo isso à minha mulher, que observa:
> — O teu mundo mágico.
> Reajo:
> — Ah, mas teremos compensações! Espera.
> — É essa esperança que me traz de pé. (p. 35)
> [...]
> Outro ônibus, desta vez prateado e grande; outra manhã de ouro, outra viagem, desta vez larga. Vamos para o sul e nosso objetivo é Oaxaca. [...] O ônibus estaca inesperadamente no meio da estrada e o cobrador salta para fora. Pouco depois reaparece e diz algo ao chofer, num tom que denuncia algo de anormal. Que será? [...]
> — Saltem todos! O ônibus está pegando fogo! [...]
> Não há pânico. Saímos para o forno da manhã, procurando a sombra da primeira árvore. O tenente nos explica, pachorrento, que o fogo começou perto duma das rodas dianteiras. Lá estão

agora o chofer e o cobrador tentando apagá-lo. Os passageiros acham-se espalhados pelos arredores, alguns deles já meio dissolvidos na paisagem. No chão coberto de arbustos estorricados, lagartixas passam ariscas. A luz é tão intensa que chega a descolorir o céu. Tento confortar minha mulher murmurando o clássico "Não há de ser nada". Ela encolhe os ombros e diz, filosoficamente: "Afinal de contas, se não acontecem coisas como estas, sobre que vais escrever?". (pp. 183-4)

O casal de viajantes visita, além da capital do país, as cidades de Puebla, Cholula, Oaxaca, Toluca, Cuernavaca, Taxco, Guanajuato e Querétaro entre outras que, para Erico, representavam melhor o caráter mexicano. O escritor evita lugares preparados especialmente para turistas, "cheios dum falso pitoresco, duma postiça cor local". Desse modo, não faz a rota turística convencional ou o "outro México", o "México diferente", como o balneário de Acapulco, Yucatán, Xochimilco, Jalisco, Vera Cruz.

A viagem norteia a narrativa e permite que esta seja construída ao andamento regular da sequência de paisagens vistas pelo autor. E os deslocamentos da jornada são seguidos cuidadosamente por relatos; suas observações se transformam em motes para contar histórias: travessias noturnas por misteriosos *pueblos*, a lenda da receita do *mole poblano* contada pela zeladora do convento de Santa Rosa em Puebla, a amizade com o pequeno engraxate Juanito, a visita ao artesão mestre Timoteo e ao pintor folclórico Chucho Reyes, as canções dos *mariachis* na Cidade do México em companhia de Aurélio Buarque de Holanda, o passeio ao mercado de Oaxaca repleto de rostos, sons, sabores, texturas e cheiros, a cor da terra, das igrejas, conventos e casas.

O entusiasmo de Erico Verissimo pelo México transparece ao longo de suas impressões. Além disso, ele estuda as origens da nacionalidade do povo mexicano, a história da Conquista empreendida por Hernán Cortés e da colonização espanhola, assim como aspectos míticos e religiosos do povo asteca. Os capítulos "Tenochtitlán", "Aspectos do mundo asteca" e "A Conquista" intercalam e contextualizam o panorama do passado histórico mexicano ao relato do viajante no tempo presente (década de 1950). O escritor também lê e conversa com especialistas em assuntos mexicanos, como o pintor David Alfaro Siqueiros e o historiador hispanista José Vasconcelos, com quem estabelece sete colóquios. Além disso, consulta uma vasta bibliografia, listada ao fim do relato, sobre temáticas relacionadas ao país visitado (civilização asteca, história da Conquista, época colonial, história do México, vida, caráter e problemas mexicanos, arte, literatura, textos de viajantes estrangeiros), num esforço para entender os elementos que integram a alma da nação e de seu povo trágico, com o qual se identifica.

O México, para Erico, é um país que não permite a indiferença e estimula seus pensamentos mais profundos. Os momentos de contemplação, cruciais para o processo da criação literária, ressurgem muitas vezes na viagem por um país onde a marcha do tempo pode ser interrompida, ao contrário da ordem dominante vivida pelo autor nos Estados Unidos:

> Sinto-me leve, em espírito de feriado. Porque Taxco está fora do tempo. E o homem perderá mais de metade de suas angústias e cuidados no dia em que conseguir esquecer o relógio. [...]
>
> Decidi que não quero mais sair de Taxco por muito tempo. Meu projeto mais querido no momento é alugar uma casinhola bem antiga e ficar aqui pintando e escrevendo, com um chapéu de *charro* na cabeça e metido em roupas de índio. E por que não? A troco de que voltar para um escritório de aço e mármore para assinar papéis e mais papéis que ninguém jamais lerá, à sombra dum relógio implacável? Por que voltar às reuniões administrativas, às festas, aos embaixadores, e aos generais, num país que viaja com velocidade supersônica, quando aqui descobri um burgo que, por arrastar-se com a encantadora lentidão duma rósea lesma, ainda não saiu do século XVIII?
>
> Fico longo tempo olhando para um *callejón*, um beco de casas verdes, brancas e azuis, com lampiões coloniais, e burros amarrados a frades de pedra. Depois saio a fotografar Taxco de todos os ângulos possíveis e imagináveis. (pp. 293 e 298-9)

A atmosfera única do México é vista pelo olhar fascinado de Erico como extremamente plástica, pictórica e telúrica, um estímulo vigoroso para sua fantasia de ficcionista. "Dessa viagem me ficaram algumas impressões inapagáveis", confessa o narrador nas páginas finais do relato. A busca que o motivara a viajar é bem-sucedida: o romancista "desperta" num país "tão próximo da terra e das raízes da vida". Erico e Mafalda retornam a Washington de trem para a rotina familiar e de trabalho, mas o México permanece vivo em suas lembranças.

Decidido a regressar de vez ao Brasil e ao universo de suas ficções, Erico pede demissão do cargo na União Pan-Americana e retorna em setembro em 1956, após três anos e cinco meses nos Estados Unidos. No início de 1957, em Porto Alegre, ele começa a elaborar a história da viagem a uma nação diferente de todas as outras, "insubmissa", e que o marcara de forma definitiva: "Quantos anos precisarei para digerir o México? Quantas vidas devia viver para compreendê-lo?", questiona o escritor ao fim de narrativa e também em *Solo de clarineta*. Um roteiro de viagem escolhido em função de uma necessidade criativa do autor resulta num texto rico, que assinala sua "volta" ao reino do imaginário e da criação literária:

A gente e as coisas mexicanas fascinavam em mim o romancista, o pintor irrealizado e possivelmente o remoto índio que dormita agachado em algum abscôndito recanto de meu ser.

Passei todo aquele verão e parte do outono que se seguiu absorvido a escrever sobre o México, com um enorme gosto e ímpeto. De certo modo a luz e o calor desse país mágico e trágico tiveram o dom de acelerar o processo de descongelamento da cidade de Santa Fé e das personagens d'*O arquipélago*.*

O romancista argentino Ernesto Sabato acredita que "o verdadeiro escritor escreve sobre a realidade que sofreu e de que se alimentou, isto é, sobre a pátria". Essa afirmação corrobora a ideia de que a viagem ao México constitui um fator importante para a elaboração do texto literário, conforme relata Erico Verissimo, uma vez que proporciona, a partir do conhecimento de nações estrangeiras, redescobrir seu próprio mundo e rincão.

Anita de Moraes doutora em Literatura Brasileira pela Faculdade de Filosofia Letras e Ciências Humanas da Universidade de São Paulo.

---

* Ver *Solo de clarineta* (São Paulo: Companhia das Letras, 2005), v. 2, p. 14.

Bibliografia

CIVILIZAÇÃO ASTECA

VAILLANT, G. C. *The Aztecs of Mexico*. London: Penguin Books, 1955.

HISTÓRIA DA CONQUISTA

BENÍTEZ, Fernando. *La ruta de Cortés*. México, D. F.: Fondo de Cultura Económica, 1956.

DÍAZ DEL CASTILLO, Bernal. *Historia verdadera de la conquista de la Nueva España*. Buenos Aires: Espasa-Calpe Argentina, 1955.

IGLESIA, Ramón. *Cronistas e historiadores de la conquista de México: El ciclo de Hernán Cortés*. México, D. F.: El Colégio de México, 1948.

PRESCOTT, William H. *The Conquest of Mexico*. New York: Modern Library, 1948.

ÉPOCA COLONIAL

CLAVIJERO, S. J., Francisco Xavier. *Historia antigua de México*. México, D. F.: Editorial Delfin, 1944. 2 v.

HISTÓRIA DO MÉXICO

SIERRA, Justo. *Evolución política del pueblo mexicano*. México, D. F.: La Casa de España en México, 1940.

VASCONCELOS, José. *Breve historia de México*. Madrid: Ediciones Cultura Hispánica, 1952.

ZAVALA, Silvio. *Aproximaciones a la historia de México*. México, D. F.: Porrúa y Obregón S. A., 1953. (Col. México y lo Mexicano)

VIDA, CARÁTER E PROBLEMAS MEXICANOS

CARRIÓN, Jorge. *Mito y magía del mexicano*. México, D. F.: Porrúa y Obregón, 1952. (Col. México y lo Mexicano)

COSÍO VILLEGAS, Daniel. *Extremos de América*. México, D. F.: Fondo de Cultura Económica, 1949. (Col. Tezontle)

MORENO VILLA, José. *Cornucopia de México*. México, D. F.: Porrúa y Obregón, 1952. (Col. México y lo Mexicano)

PAZ, Octavio. *El laberinto de la soledad*. México, D. F.: Cuadernos de América, 1949.

PICÓN SALAS, Mario. *Gusto de México*. México, D. F.: Porrúa y Obregón, 1952. (Col. México y lo Mexicano)

RAMOS, Samuel. *El perfil del hombre y la cultura en México*. Buenos Aires: Espasa-Calpe Argentina, 1951. (Col. Austral)

TANNENBAUM, Frank. *México, the Struggle for Peace and Bread*. New York: Alfred Knopf, 1950.

WESTHEIM, Paul. *La calavera*. México, D. F.: Antigua Librería Robredo, 1953. (Col. México y lo Mexicano)

XIRAU, Ramón. *Tres poetas de la soledad*. México, D. F.: Porrúa y Obregón, 1955. (Col. México y lo Mexicano)

ZEA, Leopoldo. *La filosofía como compromiso y otros ensayos*. México, D. F.: Fondo de Cultura Económica, 1952. (Col. Tezontle)

ARTE MEXICANA

GARZA LIVAS, Rafael. "Arte de la revolución". *Artes de México*, México D. F.: Frente Nacional de Artes Plásticas, n. 5-6, 1955.

GROTH-KIMBALL, Irmgard; FEUTCHWANGER. F. *The art of ancient México*. London: Thames and Hudson, 1954.

MORENO VILLA, José. *Lo mexicano en las artes plásticas*. México, D. F.: El Colégio de México, 1948.

RODRÍGUEZ, Antonio. "Eje del desarrollo artístico de México en el siglo XX". *Artes de México*, México D. F.: Frente Nacional de Artes Plásticas, n. 5-6, 1955.

ROSS, Patricia Fent. *Made in México*. New York: Alfred Knopf, 1952.

SIQUEIROS, D. A. Monografia editada pelo Instituto Nacional de Belas-Artes. México, D. F. Instituto Nacional de Belas-Artes 1951.

OUTRAS FONTES

CASTRO LEAL, Antonio. *La poesía mexicana moderna*. México, D. F.: Fondo de Cultura Económica, 1953. (Col. Letras Mexicanas)

GREENE, Graham. *The Lawless Roads*. London: William Heinemann, 1950.

HERRING, Hubert. *A History of Latin America*. New York: Alfred Knopf, 1955.

HUXLEY, Aldous. *Beyond the Mexique Bay*. London, 1950.

LAWRENCE, D. H. *The Plumed Serpent*. New York: A Vintage Book, 1955.

LE MEXIQUE, Amerique Centrale, Antilles. Paris: Éditions Odé, 1955.

NORTHROP, F. S. C. *The Meeting of East and West*. New York: Alfred Knopf, 1946.

TERRA, Helmut de. *Humboldt*. New York: Alfred Knopf, 1954.

Biografia de Erico Verissimo

Erico Verissimo nasceu em Cruz Alta (RS), em 1905, e faleceu em Porto Alegre, em 1975. Na juventude, foi bancário e sócio de uma farmácia. Em 1931 casou-se com Mafalda Halfen von Volpe, com quem teve os filhos Clarissa e Luis Fernando. Sua estreia literária foi na *Revista do Globo*, com o conto "Ladrões de gado". A partir de 1930, já radicado em Porto Alegre, tornou-se redator da revista. Depois, foi secretário do Departamento Editorial da Livraria do Globo e também conselheiro editorial, até o fim da vida.

A década de 1930 marca a ascensão literária do escritor. Em 1932, ele publica o primeiro livro de contos, *Fantoches*, e em 1933 o primeiro romance, *Clarissa*, inaugurando um grupo de personagens que acompanharia boa parte de sua obra. Em 1938, tem seu primeiro grande sucesso: *Olhai os lírios do campo*. O livro marca o reconhecimento de Erico no país inteiro e em seguida internacionalmente, com a edição de seus romances em vários países: Estados Unidos, Inglaterra, França, Itália, Argentina, Espanha, México, Alemanha, Holanda, Noruega, Japão, Hungria, Indonésia, Polônia, Romênia, Rússia, Suécia, Tchecoslováquia e Finlândia. Erico escreve também livros infantis, como *Os três porquinhos pobres*, *O urso com música na barriga*, *As aventuras do avião vermelho* e *A vida do elefante Basílio*.

Em 1941 faz uma viagem de três meses aos Estados Unidos a convite do Departamento de Estado norte-americano. A estada resulta na obra *Gato preto em campo de neve*, o primeiro de uma série de livros de viagens. Em 1943, dá aulas na Universidade da Califórnia em Berkeley. Volta ao Brasil em 1945, no fim da Segunda Guerra Mundial e do Estado Novo. Em 1953 vai mais uma vez aos Estados Unidos, como diretor do Departamento de Assuntos Culturais da União Pan-Americana, secretaria da Organização dos Estados Americanos (OEA).

Em 1947 Erico Verissimo começa a escrever a trilogia *O tempo e o vento*, cuja publicação só termina em 1962. Recebe vários prêmios, como o Jabuti e o Pen Club. Em 1965 publica *O senhor embaixador*, ambientado num hipotético país do Caribe que lembra Cuba. Em 1967 é a vez de *O prisioneiro*, parábola sobre a intervenção dos Estados Unidos no Vietnã. Em plena ditadura, lança *Incidente em Antares* (1971), crítica ao regime militar. Em 1973 sai o primeiro volume de *Solo de clarineta*, seu livro de memórias. Morre em 1975, quando terminava o segundo volume, publicado postumamente.

Obras de Erico Verissimo

Fantoches [1932]
Clarissa [1933]
Música ao longe [1935]
Caminhos cruzados [1935]
Um lugar ao sol [1936]
Olhai os lírios do campo [1938]
Saga [1940]
Gato preto em campo de neve [narrativa de viagem, 1941]
O resto é silêncio [1943]
Breve história da literatura brasileira [ensaio, 1944]
A volta do gato preto [narrativa de viagem, 1946]
As mãos de meu filho [1948]
Noite [1954]
México [narrativa de viagem, 1957]
O senhor embaixador [1965]
O prisioneiro [1967]
Israel em abril [narrativa de viagem, 1969]
Um certo capitão Rodrigo [1970]
Incidente em Antares [1971]
Ana Terra [1971]
Um certo Henrique Bertaso [biografia, 1972]
Solo de clarineta [memórias, 2 volumes, 1973, 1976]

O TEMPO E O VENTO

Parte I: *O continente* [2 volumes, 1949]
Parte II: *O retrato* [2 volumes, 1951]
Parte III: *O arquipélago* [3 volumes, 1961-2]

OBRAS INFANTOJUVENIS

A vida de Joana d'Arc [1935]
Meu ABC [1936]
Rosa Maria no castelo encantado [1936]
Os três porquinhos pobres [1936]
As aventuras do avião vermelho [1936]
As aventuras de Tibicuera [1937]
O urso com música na barriga [1938]
Outra vez os três porquinhos [1939]
Aventuras no mundo da higiene [1939]
A vida do elefante Basílio [1939]
Viagem à aurora do mundo [1939]
Gente e bichos [1956]

Créditos das imagens

Grafia atualizada segundo o Acordo Ortográfico da Língua Portuguesa de 1990, que entrou em vigor no Brasil em 2009.

CAPA E PROJETO GRÁFICO Raul Loureiro

ILUSTRAÇÕES ORIGINAIS DA EDIÇÃO DE *MÉXICO* (1957) Erico Verissimo

FOTO DE CAPA Werner Bischof/ Magnum Photos/ Latinstock

FOTO DE ERICO VERISSIMO Leonid Streliaev

SUPERVISÃO EDITORIAL Flávio Aguiar

ESTABELECIMENTO DO TEXTO Maria da Glória Bordini e Eduardo Belmonte de Souza

PREPARAÇÃO Leny Cordeiro

REVISÃO Thaís Totino Richter e Luciana Baraldi

1ª edição, 1957
10ª edição, 1987

Dados Internacionais de Catalogação na Publicação (CIP)
(Câmara Brasileira do Livro, SP, Brasil)

Verissimo, Erico, 1905-1975.
    México / Erico Verissimo ; ilustrações de Erico Verissimo ; prefácio Flávio Aguiar ; posfácio Anita de Moraes — 1ª ed. — São Paulo : Companhia das Letras, 2013.

    ISBN 978-85-359-2272-1

    1. México - Descrição e viagens I. Andrade, Rodrigo II. Aguiar, Flávio III. Moraes, Anita de IV. Título

13-03867   CDD-917.2

Índice para catálogo sistemático:
1. México : Descrição e viagens 917.2

Esta obra foi composta em Janson
por Osmane Garcia Filho e impressa
pela RR Donnelley em ofsete sobre
papel pólen soft da Suzano Papel e
Celulose para a Editora Schwarcz
em maio de 2013